JN423196

문화연구의 렌즈로
대중문화를 읽다

일러두기

- 한글 전용을 원칙으로 하되, 필요한 경우 원어나 한자를 병기하였다.
- 한글 맞춤법은 '한글 맞춤법' 및 '표준어 규정'(1988), '표준어 모음'(1990)을 적용하였다.
- 외국의 인명, 지명 등은 국립국어원의 외래어 표기법을 따랐으며, 관례로 굳어진 경우는 예외를 두었다.
- 사용된 기호는 다음과 같다.
  신문 및 잡지 등 정기 간행물, 학위 논문, 영화, 노래, 웹툰, 방송 프로그램 등 : 〈 〉
  책(단행본): 《 》

컬처룩 미디어 총서 013

문화연구의 렌즈로 대중문화를 읽다

변화하는 한국 대중문화 지형도

한국방송학회 엮음 | 이기형 이동후 외 지음

컬처룩 미디어 총서 013
문화연구의 렌즈로 대중문화를 읽다
변화하는 한국 대중문화 지형도

엮은이 한국방송학회
지은이 이기형 이동후 외
펴낸이 이리라

책임 편집 이여진
편집 에디토리얼 렌즈
표지 디자인 엄혜리

2018년 11월 10일 1판 1쇄 펴냄
2020년 2월 28일 1판 2쇄 펴냄

펴낸곳 컬처룩
등록 2010. 2. 26 제2011- 000149호
주소 03993 서울시 마포구 동교로 27길 12 씨티빌딩 302호
전화 02.322.7019 | 팩스 070.8257.7019 | culturelook@daum.net
www.culturelook.net

ⓒ 2018 한국방송학회

ISBN 979-11-85521-63-3 94300
ISBN 979-11-85521-06-0 94300(세트)

* 이 도서의 국립중앙도서관 출판예정도서목록(CIP)은 서지정보유통지원시스템 홈페이지(http://seoji.nl.go.kr)와 국가자료공동목록시스템(http://www.nl.go.kr/kolisnet)에서 이용하실 수 있습니다. (CIP제어번호: CIP2018034690)
* 이 책의 출판권은 저자와의 계약을 통해 컬처룩에 있습니다. 저작권법에 의해 보호를 받는 저작물이므로 어떤 형태나 어떤 방법으로도 무단 전재와 무단 복제를 금합니다.

culturelook

차례

서론

문화연구의 렌즈로 읽어낸 대중문화의 변화들

이기형 이동후

이기형은 경희대학교 언론정보학과 교수로 대중문화와 민속지학, 청년연구와 미디어 생산자 연구에 관심을 갖고 연구하고 있다. 연세대학교 영어영문학과를 졸업하고 미국 일리노이대학교 대학원 사회학 석사 및 커뮤니케이션학 박사 학위를 받았다. 책으로는 《미디어 문화연구와 문화정치로의 초대》, 《미디어 문화연구의 질적 방법론》(공저), *South Korean Golden Age Melodrama*(공저) 등이 있다.

이동후는 인천대학교 신문방송학과 교수로 뉴 미디어 문화, 미디어생태학에 관심을 갖고 연구하고 있다. 서울대학교 종교학과를 졸업한 후 미국 뉴욕대학교에서 미디어생태학 박사 학위를 받았다. 책으로는 《모바일미디어환경과 인간》, 《미디어와 한국현대사》(공저), 《지금, 여기, 여성적 삶과 문화》(공저), 《TV 이후의 텔레비전》(공저) 등이 있다.

1

우리 일상에서 대중문화는 어떤 존재이며 어떤 역할을 발휘하는가? 대중문화를 구성하는 주요 장르의 생산 과정에는 어떤 변화가 일어나고 있는가?[1] 한편 대중문화가 상업성 같은 특정한 이해관계를 강하게 추구하면서 빚는 논란과 갈등은 어떻게 균형 있게 조명할 수 있는가? 일견 많은 이들에게 매우 친근하며, 즐거움과 위안이 될 뿐 아니라, 감성과 상상력의 주요 원천이기도 한 대중문화는, 변화하는 현실을 어떻게 반영하고 있는가?

이 책은 앞서 제기한 일련의 연계된 질문들에 관한 진중한 고민과 상세한 관찰 그리고 사려 깊은 사유를 녹여내고자 한다. 특히 대중문화가 발현하는 낯익은 편재성이나 역동성 혹은 간과된 영향력에 관해서도 진전된 진단을 하고자 한다. 그뿐 아니라 대중문화물의 생산이나 수용의 주

---

1 여기서 장르genre란 개념은 생산의 주체들과 수용자들 사이에 불균등하게 형성되는 구성물이면서, 기대와 소비의 욕구를 견인하는 상품이자, 광의의 사회문화적인 변화상을 응축하는 복합적인 문화 양식이라고도 논할 수 있다.

요 단면이 발휘하는 보다 확장된 사회문화적인 함의를 성찰적으로 해독하는 데에도 노력을 기울였다.

동시에 이 작업은 대중문화 영역 내 주요 장르물의 기획이나 텍스트의 구성과 의미 작용 등에 주로 집중해 온 문화 콘텐츠 자체를 분석하는 데 초점을 맞추는 접근과는 일정하게 차별성을 추구한다. 예컨대 이 책의 관점은 대중문화 내에서 큰 성공이나 확장된 관심을 견인한 주요 콘텐츠와 포맷 특성이나 상업적인 가능성 등에 주로 주목하는 기존의 작업과 차별화되는 대안적인 문제의식을 도모한다. 그러한 지향성을 드러내는 텍스트들은 이미 상당히 출간되고 축적된 편이다. 하지만 당대를 대표하는 문화 현상이나 주요 대중문화물의 구성과 사회문화적인 함의에 다층적인 관심과 심화된 분석의 렌즈를 적용하는 작업은 상대적으로 정체되어 있다는 판단에서 이 기획은 출발했다.

이 책에 참여한 주체들은 대중문화 현상과 문화산업의 변화를 사례 연구나 비평 그리고 문화 현실과 이론적인 모색을 동태적으로 결합하는 실천 등으로 다년간 탐구해 온 이들이다. 동시에 활용하는 주요한 지적·비판적인 해석틀과 문제의식의 측면에서, 대다수 필자들은 '문화연구cultural studies'라는 특정한 지식 생산의 전통과 자장 속에서 연구와 비평 그리고 분석 작업을 꾸준히 해 왔다.[2] 짧게 설명하자면, 문화연구는 사회 내에서 구현되는 광의의 문화적인 영역이나 요인들의 역할과 함의에 크게 주목하는 문제의식을 일관되게 드러낸다. 이러한 주의 깊은 관심과 결집된 노력 속에서, 문화연구는 기존에 문화를 경제적인 또는 정치적인 요인에 상당 부분

2 문화연구의 정의와 특징 그리고 활동 영역과 관련된 참고할 책들로는 다음이 유용하다. 요시미 순야(2008),《문화연구》, 동국대 출판부; 정재철(2014),《문화연구의 핵심 개념》, 커뮤니케이션북스; 원용진(2014),《새로 쓴 대중문화의 패러다임》, 한나래출판사; 김창남(2018),《대중문화의 이해》, 한울; 이동연(2017),《문화연구의 종말과 생성》, 문화과학사.

종속시키는 관점이나 주로 협소하게 문화 현상이라는 대상을 정의 내리고 기능적인 측면을 중심으로 접근하는 관성과 통념에서 벗어나고자 한다. 문화연구는 (대중)문화가 수행하는 능동성과 확장성 그리고 현실 변화의 주요 동인으로서의 다면적인 역할과 함께 문화의 생산과 수용 과정에서 작용하는 일련의 권력 효과와 이해관계에도 크게 주목하기 때문이다.

한편 주요 접근 방식의 측면에서, 문화연구의 특징으로 특히 '간학문적인' 접근과 분석 대상을 구성하는 크고 작은 맥락context들의 효과와 결합에 각별한 관심을 투사하는 지향성을 들 수 있다. 문화연구자들은 인문학과 사회과학의 영역에서 구현된 다양한 지적·비판적인 자원을 자신들의 탐구와 분석의 과정 속에서 긴밀하게 조응시키려는 노력을 기울인다. 특히 전자로부터는 텍스트 비평, 서사와 장르 분석, 기호학, 수용자 연구 등의 접근 방식을 벼려내면서 전술적으로 활용하며 나아가서 재고안하는 방안을 적극적으로 실행한다. 후자의 경우, 생산 연구나 현장 연구 혹은 제도 분석과 담론분석 등의 접근법을 수용하면서, 개별 문화 양식을 넘어서는 차원의 기획과 생산 그리고 수용을 둘러싼 일련의 관계망과 제도적인 영향들에 관한 심화된 문제 제기와 함께 보다 긴 호흡의 진단을 추구하기도 한다.[3]

---

3 요컨대 문화연구자들이 지난 십수 년간 범언론학 영역에서 추구해 온 생산 연구production studies의 경우, 기존의 문화 콘텐츠와 텍스트 중심의 분석을 넘어서려는 집합적인 지향성과 대안 추구를 선명하게 보여 준다. 이 과정을 압축시켜 풀어내면 다음과 같다. 특정 미디어 콘텐츠가 생성하는 의미와 이데올로기 작용에 관한 세밀한 문화적 분석이나 정제된 비평 작업이 여전히 미디어 문화연구의 지형 속에서 상당히 긴요한 부분을 차지한다. 그럼에도 제작과 기획을 둘러싼 상세한 과정적 특징과 '이면backstage issues'이나, 인적 구성을 넘어서서 발휘되는 제도적인 쟁점과 압박들, 그리고 변화하는 매체 조직이 직면하는 불안정한 내부의 가치체계와 이해관계 그리고 노동의 현실은 텍스트 분석이나 콘텐츠 중심의 해독으로 포착하기가 쉽지 않다. 생산 연구는 특정한 방송·문화 콘텐츠의 구성과 생산에 개입하는 앞서 거론한 크고 작은 맥락의 효과와 복합적인 영향을 현장 연구와 민속 지학 등을 활용

부연하자면 문화연구자들은 특정한 의미와 상징이나 이데올로기 작용에 주목하는 개별 텍스트 중심의 해독을 넘어서, 대중문화의 장field과 환경에 강력한 영향력을 발휘하는 물질적인 실행이나 제도적·기술적인 요인들에도 분석적인 초점과 진단을 다양한 방식으로 적용하고자 한다. 이 같은 상당히 폭이 넓은 활동을 수행하면서, 문화연구는 개별 대중문화 현상 속에서 관찰되는 특정한 의미 작용이나 정서적인 효과에만 집중하지 않으며, (대중)문화라는 '부드럽지만 강한 자원과 힘'이 발휘하는 일련의 집합적인 효과와 공적인 반향에도 지대한 관심을 투여한다. 정리하자면 대중문화에 대한 다양한 유형의 탐색과 이론화의 작업을 수행하면서, 문화연구는 특정 문화 현상이나 (대중)문화물이 수행하는 사회문화적인 동학과 제도적인 조건을 상세하게 그리고 '개입적인' 방식으로 조명하는 데 많은 노력과 분석적인 관심을 기울이는 것이다.

이제 방향을 돌려 대중문화의 역할과 특성을 둘러싼 사회적인 함의와 역사적인 의의에 관하여 좀 더 상세한 관찰점을 고려해 보자. 먼저 대중문화는 삶 속에 녹아들고 확산된 편재성이나 용이한 접근성과 일상적인 활용 그리고 관행화된 소비 등으로 인해, 매우 친근하면서 '만만하게' 여겨지는 주제라고 말할 수 있다. 예컨대 우리는 일상에서 특정한 드라마나 영화 혹은 대중음악 장르의 팬임을 스스로 드러내는 감정과 욕망이 진하게 표출되는 수많은 담화나, 새로운 감수성과 취향을 예시해 주는 특정 대중문화

하면서 중층적으로 탐구하려는 노력을 구체화한 작업이다. 생산 연구는 콘텐츠를 기획·생산하는 다양한 위계와 역량 및 이해관계를 가진 주체들을 직접 만나며 이들의 활동상과 애환이나 감정 노동과 젠더 노동의 특성 등을 '근접해서' 관찰하려는 노력을 기울인다. 이 같은 방향성은 기존의 접근법이 드러내는 관성과 관습성을 벗어난 대안적 문제의식을 육화하려는 특화된 지적-비판적 실행이기도 하다. 관련 논의는 임영호(2019)의 《지식의 장, 학문의 제도화: 한국 언론학의 정체성 탐색》(컬처룩)을 참조하라.

물에 관한 상당한 호응과 반향을 수시로 접하게 된다. 이를테면 언론의 지면이나 온라인과 SNS상에서 비평적인 글쓰기나 관찰적인 시각을 변주해 내는 무수히 많은 유형의 담화와 서사를 일상적으로 만날 수 있다. 또한 다루는 대중문화 장르에 관해 매우 전문적이고 열정적인 이른바 '마니아'적인 감성이나 취향과 심화된 지식을 표출하는 이들도 적지 않다.

한편 대중문화와 청년문화는 사회 내 다양한 집단의 구성원들이 원하거나 감정과 욕망을 투사할 수 있는 새롭고 대안적인 정체성의 형성과 활성화에 크게 기여하는 촉매제catalyst이자, 역사사회적인 변동에 관여하는 주요 질료resources로서의 역할과 수행성을 크게 발휘하기도 한다.[4] 예컨대 1990년대를 기점으로 폭발적으로 부상한 대중문화와 다양한 문화 관련 담론들은, 탈전통화와 소비자본주의의 확장과 영향을 크게 예시해 준다. 이는 과거에는 목소리를 내기 어려웠고 실행 또한 제어되던 다양한 스타일과 차이 및 취향 그리고 다기한 욕망의 분출을 시사한다.

또한 2002년 월드컵에서 거리를 결연과 축제의 공간으로 재구성하면서 분출되었던 '붉은 악마' 현상이나, 이후 '촛불 광장'의 전개 속에서 시민 주체들 상당수가 공유한 문화적인 저항과 변화를 희구하는 감수성 그리고 정념의 유기적인 결합 또한 한국 사회의 변동을 관찰하게 해 주는 대표적

4 예컨대 서구에서의 '68혁명'과 같은 거대한 변혁의 사건 속에서, 문화 영역을 통한 집합적인 욕망과 도발적인 상상력의 발휘는 사회 변동의 기념비적인 이정표로 종종 자리매김된다. 짧게 논하면, 1968년을 기점으로 미국과 독일 및 일본 등지에서 폭발적으로 부상한 '문화 혁명'과 다수의 청년층이 가세한 사회 변혁을 추구했던 집합적인 운동의 흐름 속에, 회람되던 핵심적인 슬로건은 '상상력을 권좌로'였다. 이 거대한 진폭을 보이면서 사회를 바꾸려 했던 운동은 세대와 계급 간의 갈등, 심화되는 자본주의의 확장이 생성한 비인간화와 훈육에 대한 저항, 일상 속에 폭력적으로 작동하는 인종주의와 젠더의 위계화에 대한 반발과 자성, 그리고 하위문화가 제기한 강력한 에너지 등을 결합해 낸 바 있다. 이 과정에서 다양한 문화적 자원과 아래로부터의 '발칙하고 도발적인' 상상력이 운동의 핵심 구성물로 활용되었다.

인 이정표라고 할 수 있다. 이렇듯 과거에는 종종 간과되었던 현실에 작용하는 긴요한 자원이자 생산적인 촉매제로서 문화의 역할은, 소비와 즐거움의 차원을 넘어 명백하게 사회정치적인 가능성이나 공적인 변환에도 직간접적으로 개입하면서 무시 못할 역량과 존재감을 발산하고 있는 것이다.

대중문화물이 재현하는 일련의 트렌드나 주제와 관련하여, 치열한 논쟁과 논란을 형성하면서 사회적인 이목과 공명 그리고 파장을 생성하게 되는 경우들도 적지 않다. 이와 관련하여 온라인과 SNS 공간에서 특정 대중문화 현상을 둘러싼 비평이나 크고 작은 논란과 입장의 차이들이 치열하게 부상하는 단면을 근접해서 대면하게도 된다. 예컨대, 다양한 수용자들의 욕구와 감각에 주목하는 대중문화물의 생산과 소비의 회로 속에서, 민족주의나 애국심의 재현을 둘러싼 열띤 공방전이나 대립, 역사와 기억의 재구성이나 퇴행과 관련된 이견과 마찰이 크게 형성되면서 사회적으로 확산된 논쟁과 더불어 감정적으로 고양된 담론 작용을 이끌어 내기도 한다.[5]

이와 함께, 대중문화라는 특정한 영역의 — 혹은 다양한 문화 양식과 단면들로 구성된 '정경landscape'의 — 구현은, 과거와 비교할 때 매우 확장되면서 동시에 실로 다양한 변화의 흐름과 분산되는 지류들을 생성해내기도 한다. 우리는 종종 세대 간의 간극이나, 선호하는 공적 가치들의 차별성과 충돌, 그리고 대중문화의 생산과 수용을 크게 변화시키는 사

5 관련 사례들 들면, 〈태극기 휘날리며〉, 〈화려한 휴가〉, 〈그때 그사람들〉, 〈인천상륙작전〉, 〈변호인〉, 〈국제시장〉, 〈1987〉, 〈택시운전사〉와 같은 영화 텍스트들의 수용 과정에서 역사와 기억을 둘러싼 관점의 충돌이나 상당한 이견이 공적으로 불거진 사례가 다수 있다. 한편 〈기생충〉의 경우, 신자유주의가 심화된 한국 사회의 사회 경제적 환경과 난맥상 속에서, 계급 문제와 가족 및 청년층이 대면하는 위기 상황과 생존의 단면을 세련된 블랙 코미디의 스타일과 재기발랄한 풍자로 풀어 낸다. 이 텍스트는 상업 영화의 외피를 빌리지만, 대중문화물이 당대 삶의 그늘진 양상과 욕망을 노련하게 파고드는 만만치 않은 역량과 문화적 감성의 효과적인 재현을 구현한 사례로 진단된다.

회기술적인 변동 등으로 인해, 대중문화물의 부상과 수용의 과정에서 결코 작지 않은 분화 현상들이나 심화된 간극과 차이들이 생성되는 측면을 경험하고 있다. 단적인 예로, 중년층에 속하는 이들의 청년기에, 힙합이나 아이돌 같은 현재 대중적으로 소구되는 지배적인 음악 유형이 매우 생경하거나 상대적 소수만이 관심을 표명하던 부상하는emergent 음악이자 문화적 스타일이었던 것을 돌아볼 수 있다. 이제 대중문화 내에서 '우세종'을 형성하는 이 두 양식은, 문화 현상의 확산된 탈지역화와 초국화transnationalization의 존재와 과정을 예시하는 대표적인 사례로 인지된다.

특히 문화의 세계화와 지역 간의 수용이나 이동성이 매우 활발하며 가속화된 시대에, 한국의 대중문화에서도 K팝이나 힙합의 사례를 중심으로 상당히 다양한 문화적 혼종성과 '잡종적인' 스타일이 구현되는 사례들을 어렵지 않게 관찰할 수 있다.[6] 또한 현 국면에서 매우 큰 관심을 끌고 있는 K팝 주도의 아이돌 현상은 지난 십수 년간 한류가 발현하는 '탈지역적인 흐름'을 끌어가는 매우 가시적인 동인의 기능을 수행하면서, 대중음악 영역 내에서도 공고한 위상을 점유하고 있다. 이와 관련해, 한편으로는 다문화주의나 문화적 다양성의 추구가 문화산업의 주도하에 자본의 증식을 주로 고려하면서 확산되고 있는 측면을 엿볼 수 있다.[7] 하지만

6 또한 이 같은 현상 속에서, 한때 공고했던 민족주의나 기존에 확립되었던 공동체의 문화가 크게 변화하고 있는 — 혹은 '탈영토화'하면서 균열이나 부분적인 해체 등을 발현하고 있는 — 단면들이나 관찰 가능한 징후들을 대면하게도 된다. 동시에 대중문화의 공간 속에서, 앞서 거론한 민족주의나 공동체주의가 크게 사라지거나 축소되기보다는 새롭게 재편되거나 일부는 강화되는 측면도 관찰된다.

7 주지하다시피 K팝이나 K컬처 등의 표제어가 저널리즘과 문화 정책의 영역에서 현재 큰 주목과 더불어 상당한 활용도를 보이면서, 한국산 대중문화물의 탈지역적인 부상과 약진을 응축시켜 표현하는 용어로도 종종 활용된다. 동시에 K팝의 경우, 이미 이 특정 문화 양식 내에 외부로부터 유입되고 변주된 스타일과 장르 문법이 녹아들어 있으며, 이 같은 구성은 전통

다른 한편으로는, 비록 상업적인 고려나 국가(주의) 중심의 상상력 발현이 한류를 둘러싼 거시적인 담론들 속에서 여전히 큰 영향력을 발휘하기는 하지만, 다국적인 팬덤 현상이나 지역적인 경계를 넘어선 수많은 수용자들의 참여와 결연networked participation이 앞서 언급한 상업적인 추구에 오롯이 포섭되거나 포획되지 않은 채, 문화적 자율성의 실천과 비상업적인 상호 작용의 흐름을 보여 주기도 한다.

이제 지리적인 경계와 권역을 넘어서 (재)구성되고 있는 대중문화의 광활하고 복잡다단한 정경 속에서, 지배와 전유, 균열과 모순, 굴절과 결연, 혼합과 절충 등의 가시적이면서 기존의 인식을 해체하기도 하는 새롭고 대안적인 흐름들이 불균등하게 생성되고 있는 상황을 주시할 상당한 필요성이 존재하는 것이다. 요컨대 대중문화는 탈전통화detraditionalization와 근대적인 기획의 역사적 과정 속에서, (재)구성되는 가치와 관습 그리고 정서와 감각의 변화상을 능동적으로 반영하는 거대하고 복잡하게 형성된 구성체라고도 논할 수 있다. 이는 대중문화 영역에서 작용하는 다양한 사회문화적인 조류와 복합적인 상징성과 상상력의 확장된 효과에 주목하는 작업의 필요성과 의의를 크게 시사해 준다. 요컨대 젠더나 인종, 섹슈얼리티, 세대, 지역, 그리고 사회경제적인 차이를 재현하는 대중문화의 복합적인 역할과 수행 속에, 제도 정치와는 다소 차별되지만 동시에 만만치 않은 쟁점이나 논쟁을 빚어내면서 사회 내 주체들에게 크고 작은 영향을 미치는 공적·정치적인 효과들이 수시로 부상하는 것이다.[8]

적인 한국의 문화와는 매우 이질적인 문화적 혼종성의 가시적인 사례라는 측면을 시사한다.

8 문화연구자들은 이 같은 쟁점과 효과의 함의를 논하면서 '문화정치학cultural politics'이라는 특정한 명칭을 고안하기도 한다. 이와 관련하여, 젠더나 세대 혹은 섹슈얼리티나 인종을 기조로 한 정체성의 구현이나 특정한 문화의 구현과 결집은 기성의 정치 영역이 충분히 포착하지 못하는 쟁점과 파급 효과를 생성하며, 공적 의제와 정치적 입장에 상당한 압박과 증폭

한편 앞서 거론한 일련의 징후들로 인하여, 대중문화와 관련된 조직적인 분석을 시행하거나 상세한 진단을 하고자 할 때면 만만치 않은 난점들과 필연적으로 마주치게 된다. 이는 당대 대중문화물들이 보여 주는 빠른 부상과 부침, 특정 문화 양식과 결합되는 다기한 욕망과 감정의 표출, 그리고 이 과정에 결합되는 상이한 사회경제적인 이해관계 등이 복잡하게 접합되는 사안들이 존재하기 때문이다.

대중문화 지형의 이러한 복합적인 구성이나 빠른 변화 등으로 인해, 신속한 진단이나 심화된 분석 작업이 적잖이 어려움 겪기도 한다. 주지하다시피 대중문화를 대상으로 한 진단이나 비평 작업은 실제 대중문화물의 수용과는 차별화되거나 대중의 인식과는 거리가 상당한 전문가 중심의 관점을 투사한다는 이유로 — 혹은 그런 과정에서 협소한 엘리트 중심의 문제의식을 개진한다는 이유로 — 종종 이견과 비난을 매개하기도 한다. 연구자들의 경우, 세밀한 진단이나 연구를 위해 소요되는 시간이나 지식 노동의 까다로운 요건 등으로 인해, 변화무쌍한 대중문화의 현실을 빠르게 탐구하며 대응하는 역할에는 정체된 측면이나 한계를 드러내기도 한다. 예컨대 변화무쌍한 문화 현실에 관한 탄력적인 비평 작업이나 현실에 접맥된 문화 저널리즘의 구현은 주로 비평가들이나 기자 집단의 몫으로 설정되기도 한다.

된 비판의 힘을 발휘한다. 예시하자면, 치열한 경쟁 속에서 현재 '공정성'을 둘러싼 청년층의 관심과 요구는 종종 공적 담론과 정책의 영역으로 파고들고 있으며, 쉽게 스러지지 않으면서 격한 감정적 흐름을 사회 내로 분출한다. 또한, 젠더라는 문제틀을 둘러싼 마찰과 인식의 차이나 괴리 또한 심대하며, 성정치학은 온라인과 오프라인에서 매우 큰 쟁점과 이견 그리고 분노와 혐오 등의 반응을 생성한다. 문화정치학은 전술한 일련의 거시적 담론 효과와 폭발력을 내장한 감정의 흐름을 세밀하게 탐구하면서, 생성된 갈등과 난점의 제 양상과 맥락적 특성을 주의 깊게 풀어내려는 노력을 반영한다.

그럼에도 앞서 강조한 대중문화의 복합적인 역할과 생산 및 현실 구성의 함의를 심도 있고 균형적으로 판단하기 위해서는, 지식 생산의 과정에서 유연한 방식의 진단을 모색하고 '중층적인' 탐구를 수행하는 데 필수적인 지난한 노력이 연구자에게 요구된다. 이 같은 작업은 무수하게 부상하고 부침하는 문화 현상에 관한 감각적이면서 재구성되고 있는 현실의 변화에 준거를 둔 정치한 해독과 함께, 보다 확장된 가변적인 요인들에 관한 진중한 고려를 가능하게 하는 고단한 지적·비판적 노동을 필요로 하는 것이다. 문화산업이 대중의 기호와 욕망을 적절하게 아우르고 '관리'하면서, 대중적인 주체들이 향유할 만한 '매력적인' 콘텐츠와 스타일을 신속하게 생산해내며 영향력과 이해관계를 크게 확장하는 측면과 '이면' 또한 간과할 수는 없기 때문이다.

예컨대 하위문화의 양식으로 출발한 펑크나 인디 문화와 같은 주류 대중문화와는 성격이나 역할을 적지 않게 달리하는 소수 문화가 대중문화 속에 편입되면서, 애초의 신선함이나 반항적인 성격이 탈색되고 중화되는 경우도 어렵지 않게 볼 수 있다. 또한 젠더와 문화적 차이들이 대중문화의 상업성과 대중성을 고양하기 위한 방편으로 전술적으로 활용되거나 혹은 '전유appropriation'되는 징후들도 종종 관찰된다.[9] 또 다른 사례로, 과거에는 외부에서 유입된 미국의 대중문화나 스타일이 '풍속'을 해치고 내부의 지배적인 도덕적인 질서를 위반하며 훼손한다는 이유로 강하게 비난받고, 국가권력이나 상징권력에 의해 처벌되거나 훈육되는 사안들의 함의를 지금 여기의 관점에서 돌아볼 수도 있다. 권위주의의 시대에 국가 주도의 관제적인 문화를 기획하면서, 문화 영역 내에 희구되고 생성되는 차

9 조혜영 외(2017),《소녀들: K-pop 스크린 광장》(여이연)과 김수아 · 홍종윤(2017),《지금 여기 힙합: 열광하거나 비난하거나》(스리체어스)를 참조하라.

이와 차별성이나 자유에 대한 갈증을 억누르려 했던 정치권력의 전횡을 마땅히 잊지 말아야 한다. 한편, 가족과 젠더에 관한 남성 중심의 가치나 상징적 질서에 균열이 생기고, '성정치학'과 같은 표제어로 압축될 수 있는 대안적인 기류와 관점이 모색되는 측면을 텔레비전 드라마나 영화 텍스트와 같은 당대를 대표하는 문화 양식에서 어렵지 않게 접할 수 있다. 이 같은 사례에서, 다시금 대중문화의 영역이 다양하게 체화된 정치성과 권력 작용을 포함하는 일련의 갈등과 투쟁 그리고 힘겨루기의 공간이기도 하다는 점을 곱씹게 된다.

대중문화의 영역은 광활하며, 그 영토 내에 매우 다양한 양식과 기획들이 존재하지만, 일상에서 대중이 만나게 되는 대중문화물의 상당수는 소수의 생산자 집단이나 자본의 이해관계에 의해 좌우된다. 이 같은 문제의식에는, 대중문화 영역 내에서 접합되는 일련의 사회경제적인 실행과 이해관계들을 조직적으로 풀어내고 해독하려는 세심한 관찰력과 더불어, 앞서 언급한 복잡한 관계망을 유기적으로 엮어내는 통찰이 요구된다. 바꾸어 말하면 대중문화 공간 내에 매우 많은 장르와 양식들이 존재하고 경합하고 있으며, 이 공간에서 영향력을 발하는 관련 행위자들이나 이해당사자 집단이 활동한다는 측면도 곱씹을 필요가 있다.

이와 관련하여 일종의 거대한 '문화권력'이자 자본과 문화 콘텐츠를 다양한 방식으로 조합해내는 문화산업이 불공정성이나 독과점화의 문제를 드러내고, 다른 공적인 가치들을 주변화하는 초상업주의를 추구하는 현실을 무시할 수는 없다. 이런 유형의 지적은 대중문화가 주는 효용성이나 즐거움과 감응의 원천으로서의 역할에 관한 탐구 외에, 과도한 상업성의 추구나 소수가 지배력을 발휘하는 문화의 생산이 오히려 '문화 민주주의'에 부정적인 효과를 끼치게 되는 측면을 환기시켜 준다. 그러한 단면에 주목하면서, 대중문화를 둘러싼 복합적인 쟁점을 주의 깊게 풀어나가기 위한 방안으로, 우리가 종종 낯익다고 생각하는 대중문화의 정경 속으로 들어가서, 조금 더 관련 사안들의 복합성을 세밀하게 풀어내고자 한다. 그런 특정한 방향성과 목적을 추구하면서, 특히 앞서 거론했던 '문화연구의 시각과 렌즈'라는 핵심적인 문제의식을 표출하게 되었다.

2

이 책의 구성은 크게 1부와 2부로 나눠져 있다. 1부에서는 다소 관행화된 분류의 방식이기는 하지만, 일상 속에서 상당한 영향력을 행사하는 대중문화 영역 내 핵심 장르들을 중심으로 진단과 논점을 세밀하게 풀어 가는 방식을 택했다. 예컨대 1부는 사회 내에서 꾸준한 관심과 활발한 수용의 단면을 생성하고 있는 드라마, 대중음악, 리얼리티 프로그램, 웹툰, 게임 등 대중문화 지형 내 주요 장르를 선정하고, 이들 대표적인 양식들이 발현하는 특성과 더불어 당대의 사회문화적인 기류와 쟁점을 조밀하게 조명한다. 주요 대중문화 장르의 변화 양상과 복합적 측면을 현재적 맥락에서 살펴볼 뿐만 아니라, 기존 연구 작업에서 충분한 관심을 받지 못했지만 현재 청년층에게 주목을 받으며 사회적 기류와 감성을 포착하는 웹툰이나 힙합 등의 문화 양식을 다면적으로 탐구한다.

먼저 김낙호(1장)는 웹툰이 오늘날 주류화될 수 있었던 다층적인 맥락을 살펴보고, 그 안에서 어떠한 향유와 복합적인 문화적 특징들이 형성되었는지를 꼼꼼하게 탐색한다. 그의 작업은 다수 청년층에게 주류 문화로 자리 잡게 된 웹툰의 산업적, 문화적, 기술적, 제도적 맥락과 웹툰을 향유하는 청년문화의 양상을 함께 고찰하면서, 웹툰이라는 부상하는 대중문화 장르를 둘러싼 정경을 다면적으로 바라볼 수 있게 해 준다.

김수아(2장)는 힙합이라는 특정한 미국 대중음악 장르와 문법이 어떻게 한국에서 변용되고 수용되었는지 주목한다. 특히 그는 국내에서 구현되는 힙합이 신자유주의가 주도하는 한국 사회 속에 크게 확산된 자기 계발 담론과 접합된 단면과 효과를 어떻게 발현하는지를 면밀하게 분석해 낸다.

김수정(3장)은 이제는 한국의 텔레비전 영역에서 확고하게 자리 잡은 리얼리티 쇼의 확장된 특성과 함의를 진단하면서, 이 특정한 문화 양식 속에 신자유주의가 추동하는 지배적 가치와 욕망이 어떻게 녹아드는지를 밀도 있게 풀어낸다. 그는 한국 리얼리티 쇼의 독특한 구성과 생산이 한국 사회의 정서 및 이데올로기 코드와 상호 구성적인 관계성 속에서 발현되고 있는 측면에 주목하면서, 이 같은 특성이 발휘하는 문화정치적인 함의를 다양한 관점과 비판을 토대로 짚어낸다.

홍석경(4장)은 급변하는 미디어 환경 속 텔레비전 드라마의 미디어 문화를 살펴보기 위한 방안으로, 재현과 담론 작용 그리고 산업적인 측면을 유기적으로 포함하는 입체적인 고려가 필요함을 강조한다. 이 작업은 한국 텔레비전 드라마의 형식 및 재현의 변화가 지난 20년간의 미디어 기술 환경 및 시장의 변화와 맞물려 있음을 구체적으로 보여 준다.

김영대(5장)는 미국 내 K팝 담론과 수용 방식의 변화된 양상을 북미 최대 K팝 축제인 케이콘과 방탄소년단의 사례를 중심으로 탐색한다. 그는 기존의 한류 중심의 논의와 차별화되는 미국에서의 K팝을 둘러싼 담론 생산 양식과 수용 방식의 흐름을 주목하면서, K팝의 탈지역화를 이해하는 데 매우 유용한 단서와 관점을 제시한다.

1부의 마지막으로 윤태진(6장)은 대중적으로 매우 큰 관심을 생성하지만 지적인 측면에서는 주로 모색의 과정 속에 놓인 게임 문화연구의 구현과 진전된 숙고를 위해 짚어 보아야 할 일련의 쟁점과 문제의식을 비판적으로 검토한다. 그는 게임과 게이머에 관한 사회적으로 구성된 인식과 담론을 구체적으로 조명하면서, 게임 문화를 일상 속에 편입된 현실로 바라볼 것을 제안한다.

2부는 접근 방식과 논지의 전개에서 1부와 결을 다소 달리한다. 저자들은 대중문화 지형 내 특정 장르를 넘어서 관찰되는 새로운 문화 현상의 징후와 주목할 필요가 있는 담론적인 흐름을 주요 키워드 중심으로 읽어낸다. 여기서는 대중문화 현상과 문화산업 내 주요 쟁점과 흐름을 진단할 새로운 이론적 틀과 성찰적 방식을 숙고하면서, 변화하는 문화 현실 속에서 주시되는 주요 단면들에 관한 세밀하고 맥락적인 작업을 제시한다.

우선 이상길(7장)은 대중문화의 영역을 체계적으로 탐구할 대안적인 접근이 필요하다는 입장을 개진하면서, 이를 위해 '상징경제'라는 특정한 해석의 틀을 제시한다. 그의 작업은 영향력을 크게 확장하고 있는 한국의 연예 산업을 구성하는 핵심 요소로 연예인, 연예 매니지먼트사, 미디어 플랫폼 등에 상징경제가 어떻게 복합적으로 작동하는지를 유연하게 분석하면서, 이 측면에 주목하는 접근이 대중문화산업의 새로운 변화와 동향을 이해하는 데 긴요한 이론적인 논의와 통찰력을 구체적으로 모색한다.

이종임(8장)은 빠르게 변화하는 미디어 생태계의 위상과 현실 속에서 문화산업의 주요한 변화 양상을 집약적인 사례 분석을 통해서 추적한다. 그는 특히 국내 콘텐츠 생산 및 유통의 주요 주체들이 콘텐츠 플랫폼의 변화에 대응하고 시장 지배력을 확장하면서 거대 문화권력으로 부상한 제도적인 동시에 거시적인 측면을 비판적으로 탐구한다.

원용진과 김지만(9장)은 아이돌이라는 매우 가시적인 현상을 국가의 정책, 지배적 미디어 담론, 기업 담론과 글로벌 경영 담론과 절합되어 등장한 신자유주의적 징후이자 '사회적 장치'의 생산물로 조명한다. 이들은 한국 사회에서 이제는 매우 낯익고 동시에 심대한 사회경제적인 이해관계를 포함하는 아이돌 문화의 위상과 관련하여, 이 독특한 문화구성체에 작용하고 있는 사회적 메커니즘의 특성과 효과를 치밀하고 확장된 방식으로 진단해내고 있다. 동시에 이들의 작업은 기존의 협소한 문화주의적인 접근이나 팬덤 중심의 분석을 넘어서, 아이돌 현상의 이면과 제도와 담론 수준의 결합에 주목하는 유형의 대안적인 관점을 추구한다.

이설희(10장)는 소셜 미디어 환경 속에서 늘어나는 '마이크로셀러브리티' 현상에 주목하면서, 이 같은 현상이 어떻게 후기 자본주의 소비 사회와 연동되어 구성되는지를 분석한다. 그는 특히 인터넷 개인 방송 BJ의 기업가적 정체성의 형성과 자기 브랜드화 과정에 관한 구체적인 사례 연구와 질적인 탐구를 통해서, 저변을 점차 넓혀가고 있는 이 현상 내 주요 작동 방식과 쟁점을 곱씹게 해 주는 일련의 관찰점과 진단을 제기한다.

마지막으로 박진우(11장)는 그간 학계에서 다소 간과되었던 미디어 노동과 비물질 노동의 문제에 주목하면서, 미디어 노동의 현실과 경험 그리고 '창의성' 담론과 연동되는 측면을 사려 깊게 조명하고 쟁점화하는 작업을 시도한다. 그는 미디어 노동의 문제가 미디어 산업뿐만 아니라 일상적인 삶을 재구성하는 중요한 이론적이면서 동시에 실천적인 접점이라는 문제의식을 풀어내면서, 이런 입장과 관련된 성찰적인 진단과 논점을 진중하게 제시한다.

3

이 책은 현재적 맥락에서 대중문화와 문화산업 내에 주목할 필요성이 현저한 이슈와 쟁점을 문화연구의 시각에서 다면적이고 체계적인 방식으로 숙고하는 기획이 필요하다는 문제의식에서 출발하였다. 이 책에 참여한 저자들은 오랫동안 관련 분야에서 연구하고 함께 활동해 온 동료 연구자들이지만, 제한된 시간의 압박 속에서 이들의 작업을 하나의 책으로 묶는 과정은 만만치 않은 도전이었다. 이들은 기꺼이 기획에 참여했고, 두 차례에 걸쳐 열린 '미디어 문화 포럼'에서 릴레이 발표와 열띤 토론을 펼쳐 가며 책의 집합적인 방향성과 완성도를 끌어올리기 위한 노력과 수고를 마다하지 않았다. 당대를 대표하는 문화 현실이라는 상당히 광범위한 대상을 복합적이고 다양한 결을 가진 문화연구의 '렌즈'로 탐구하면서, 일관성과 응집력이 발휘되는 책으로 펴낸다는 기획 자체는 적지 않은 난점과 대면하게 되는 과정이기도 했다. 그렇지만 저자들은 의견을 교류하고 비판적인 논점을 교환하면서 이러한 기획과 저술 과정을 의미 있는 여정으로 만드는 데 크게 기여했다.

이 책은 현재 관찰되는 문화 현실의 복합성과 중층적인 구성을 이해하기 위해, 새롭고 대안적인 해석의 틀과 다면적인 분석을 활용하려는 일련의 노력을 기울였다. 동시에 저자들은 미처 다루지 못한 대중문화 현실 내 이슈와 쟁점이 여전히 존재한다는 측면을 자각하며, 보다 치밀한 분석과 정교한 해석의 틀을 고안할 필요성 또한 인지하게도 된다. 우리는 그러한 작업을 후속 연구의 몫으로 남겨 놓고자 한다. 아무쪼록 저자들이 공유한 문제의식과 추구한 분석 작업이 주는 함의와 통찰력이 독자들에게 어느 정도 의미 있게 수용되기를 기대해 본다.

책을 만드는 과정에 애써 주신 여러 선생님들께 감사드리고 싶다. 책의 기획 의도에 공감하면서 매우 바쁜 일정 속에서도 좋은 글을 써 주신 저자들에게 무한히 감사드린다. 두 차례의 미디어 문화 포럼에 참여하면서 기획과 저술 과정에 유익한 의견을 개진해 주신 동료 연구자들께도 이 지면을 빌려 고마움을 전한다. 특히 미디어 문화 포럼을 기획하고 관련 연구자들을 모으며 많은 도움과 수고를 마다하지 않으신 채석진 선생님과, 이 기획에 물심양면으로 지원해 주신 한국방송학회 김영찬 회장님께도 감사의 뜻을 표한다. 또한 촉박한 일정에도 출판을 맡아 꼼꼼하게 작업을 해 주신 컬처룩의 이여진 선생님께도 감사드린다.

1부

1 웹툰의 사회학과 청년문화

2 힙합의 문화 정치

3 리얼리티 쇼의 사회문화적 발현

4 멀티플랫폼 시대의 텔레비전 드라마에 대한 미디어 문화적 접근

5 하위문화로부터 탈한류 담론의 가능성까지

6 한국의 '게임 문화' 그 정경과 쟁점

웹툰의 사회학과 청년문화

김낙호

1

#웹툰 #청년문화 #만화

#공감대 #세대현실

#장르미학 #스타산업 #유희성

#온라인커뮤니티 #하위문화

김낙호는 미국 펜실베이니아주립대학교(해리스버그 캠퍼스) 커뮤니케이션학과 교수로 미디어 생태계의 발달과 참여적 속성을 연구하고 있다. 위스콘신대학교 언론학과에서 박사 학위를 받았으며, 만화연구가로도 활동을 하고 있다. 책으로는 *Public Journalism 2.0: The Promise and Reality of a Citizen Engaged Press*(공저), *Media and Public Spheres*(공저), 《만화로 돈을 벌어보자》, 《만화가 담아내는 세상》 등이 있으며, 옮긴 책으로 《만화의 이해》 연작 등이 있다.

왜 웹툰인가

한국 사회에서 만화라는 미디어에 오랫동안 부여되었던 대표적 편견은 '유치함' 또는 '불량함'이었고, 이러한 인식을 타파하는 것이 만화 관련 연구 및 비평의 오랜 화두였다. 하지만 이 굴레는 역설적으로 만화라는 예술 양식이 한국 사회에서 장기적으로 차지해 온 두 가지 문화적 특징을 반영하는 것이기도 했다. 첫째는 바로 젊은 층에 대한 호소력이고, 둘째는 순수 예술의 영역으로 대중 취향과 분리되기보다는 지극히 장르 오락적인 서사 문화로서 대부분의 입지를 다졌다는 점이다. 좌판의 떼기 만화가 어린이들의 일상적 오락이 되었던 1950년대든, 성인극화 장르로 무장한 만화 대본소가 당대 청년 룸펜 문화의 거처가 되던 1980년대든, 단행본 시장이 번성하는 와중에 청소년보호법이 확립되던 1990년대든, 만화는 불량의 딱지와 젊은 층 문화의 표상을 겸비했다.

웹툰, 즉 만화라는 서사적 표현 양식을 웹 환경에 적합한 형태로 제작한다는 개념은, 오늘날 미디어 환경에서 한국 만화의 주류를 이루고 있다. 실제로 온라인상에서 특정 키워드가 유통되는 상대적 정도를 시계열적으로 분석해 주는 서비스인 구글 트렌드를 통해서 살펴보면, 2011년 무렵부터 웹툰이라는 용어의 사용량이 급증하고 2016년에는 만화라는 일반 명사까지도 앞지르게 되었다. 만화가 청년 세대의 일상적인 대중 서사 향유 방식이었던 이전 시대의 흐름이 오늘날에도 지속되고 있다면, 그 위치에 있는 것은 바로 웹툰일 것이다.

검색어로서의 관심 너머 실제로 웹툰의 붐이 존재하는지를 살펴보는 여러 방법 가운데, 산업적 측면은 계량이 가능하기에 상대적으로 명료하다. 한국콘텐츠진흥원의 산업 통계에 따르면, 2017년의 한국 만화 산업 매출액은 총 1조 원으로 1년 전보다 6.3% 증가했으며, 그중 온라인 만화 제작과 유통이 차지하는 비중이 이미 13.5%에 이른다(한국콘텐츠진흥원, 2018a). 여기에는 만화 향유의 주류 방식인 연재형 만화의 고정 발행처가 종이 정기 간행물이 아닌 온라인 서비스로 이동했다는 점이 작용했다. 2017년 기준으로 웹툰을 전문적으로 연재하는 서비스는 40여 개에 달했으며 그중 상위 4개 플랫폼이 총 613개 작품(레진코믹스 252개, 네이버웹툰 163개, 다음웹툰 110개, 케이툰 88개)에 정기 연재를 제공했다. 1990년대에 성행하던 만화 잡지 방식이 일반적으로 10~20개 사이의 연재작을 수용했음을 고려할 때, 만화의 창작 및 유통 규모 증가를 가늠해 볼 수 있다. 또한 이용 측면에서도 2016년 기준으로 양대 포털 사이트의 웹툰 담당 자회사 사업 규모는 네이버웹툰주식회사가 국내 기준으로 월간 1800만 명, 다음웹툰컴퍼니가 월 1000만 명에 달했다(한국콘텐츠진흥원, 2018a). 이런 추이를 바탕으로 KT경제경영연구소는 2020년까지 웹툰 자체만의 시장이 1조 원 규모로 성장할 전망을 추산하기도 했다(KT경제경영연구소, 2015).

웹툰 향유층에 대한 세부 통계는 아직까지 체계적으로 축적된 것이 부족하지만, 대학내일 20대연구소의 2015년 문화 생활 설문 조사를 참조할 수 있다. 여기에 따르면 "지난 일주일 동안 웹툰을 읽어본 사람"은

20대 초반에서 64.5%, 후반에서 48.7%에 달했다. 그 경우 독자는 1주일에 평균 8.6편의 작품을 읽으며, 매일 구독하는 사람도 56.6%였다. 나아가 연재가 올라오는 당일에 바로 읽는 이른바 '본방 사수' 방식의 구독도 11.7%에 달했다(대학내일 20대연구소, 2015). 작품을 읽는 환경 또한 잠자리에 들기 전 30.9%, 휴식 시간 39.5%로 밝혀지며, 웹툰 향유가 특수한 문화 이벤트라기보다는 일상의 관습임을 보여 준다.

한편 웹툰의 청년문화로서의 속성을 문화적 측면에서 진단하는 것도 질적 평가를 통해 일부분 가능하다. 웹툰 관련 학술 연구의 추세를 메타 분석한 안상원의 연구를 참조하자면, 웹툰에 대한 관심이 형성되던 초기의 연구는 교육, 소비자 분석, 연출 기법, 법적 규제 등의 방향으로 전개되었음을 볼 수 있다. 하지만 최근 들어 점차 개별 작품에 대한 작가론 및 작품론이 대두되는데, 특히 주제론 가운데에서도 사회경제적 상황, 문화적 자의식에 대한 내용을 주목했다(안상원, 2017). 한편 제작의 측면에 있어서도, 서비스 플랫폼을 제공하는 업체들이 의식적으로 청년층을 노리고 있음이 기획 당사자들의 목소리로 직접 나오고 있다. 전 연령을 대상으로 하는 업계 선두 주자 네이버웹툰의 경우 아예 서비스 기획 자체를 10대를 겨냥해서 만들고 있고(위근우, 2015), 성인 웹툰 수요를 공략한 레진코믹스의 경우도 20~30대 여성의 선호 장르와 소재를 중심으로 출범했다(블로터, 2014).

이런 상황을 종합하면, 웹툰의 붐과 청년층의 일상화된 대중문화로서의 주류화는 실재함을 추론할 수 있다. 그런데 웹툰이 청년층에 호소력을 지닌 문화라는 일반론적 기술 너머 중요한 지점은, 청년문화로서의 웹툰이 어떻게 그들의 현실에 관계하는지 작품 내적으로, 그리고 작품을 둘러싼 향유 방식으로 조망해 보는 것이다. 즉 개별적 작품론 너머 대중문화 양식으로서 웹툰이 지니는 경향성까지 고려해야 한다. 웹툰을 통해서 동시대 청년들의 사회적 현실의 반영을 살피는 것은 물론이고, 특정한 사회관이 소통되는 방식 등 오늘날 청년층의 미디어 문화 전반을 파악하기 위한 중요한 진입로로 활용하는 것이 가능해지기 때문이다.

이 장은 웹툰이 오늘날 주류화가 될 수 있었던 다층적인 맥락을 살펴보고, 그 맥락의 상호 작용 속에서 어떤 향유 문화 특징이 형성되었는지를 분석하는 것을 목표로 한다. 예를 들어 웹툰에서 가장 인기 있는 장르가 개그 만화라는 설문 결과 하나만 놓더라도(대학내일 20대연구소, 2015) 청년층이 웃음을 필요로 한다는 정도의 진단으로는 불충분하다. 모바일을 중심으로 한 짧고 즉각적인 향유의 정착, 유희성 게시판 커뮤니티의 전통, 초밀집 네트워크 사회 속 공감의 갈구 등 여러 요인들을 함께 고려하고, 그 결과가 하필이면 웹툰을 통해서 발현되는 이유를 살펴봐야 비로소 현상에 가까워질 수 있기 때문이다. 즉 웹툰 문화의 배경과 발현 방식의 요인들을 체계적으로 파악하여, 웹툰으로 매개되는 현상들을 문화연구로 다루기 위한 기본 분석틀을 제공하는 것이 이 글의 목표다.

웹툰은 어떻게 주류 문화가 되었는가

청년문화로서의 웹툰의 기본 속성을 파악하려면 양식 자체의 형성 과정부터 짚어 볼 필요가 있다. 연출론 같은 미학적 요인보다는, 웹툰이 어떤 문화적, 산업적 수요를 이전 여타 대중문화 양식과 차별화된 방식으로 충족하며 주류화되었는지를 살피는 것이다. 그 기반 위에서 비로소 웹툰이 청년층의 문화 안에서 어떤 방식으로 더 수월하게 향유가 이뤄지는지 경향성을 진단하는 것이 가능해지기 때문이다. 이를 위해 웹툰이 2000년대 한국 사회의 맥락 속에서 만화, 나아가 대중 오락 문화 전반의 중심으로 떠오른 복합적 맥락을 제시하고자 한다.

특정한 현상이 일상에 뿌리내리게 되는 복합적 맥락을 체계적으로 따지기 위해 유용한 분석틀 가운데 하나는, 사이버 법학자 로런스 레식 Lawrence Lessig이 1998년에 고안한 신시카고학파 접근법이다(Lessig, 1998). 행동을 사회적으로 규제하는 기제에 대한 이론으로 상정된 이 접근법은, 원래 인터넷에서 유통될 수 있는 내용에 대한 규제가 이뤄지는 방식을 규명하여 정보 공유 운동의 기반을 만들기 위한 도구로서 고안되었던 바 있다. 하지만 사회적 행동 전반, 특히 특정한 문화 현상의 정착 과정에도 느슨하게 적용이 가능할 정도로 보편적 설명력을 지니는 것이 특징이다. 이 분석틀에는 어떤 대상이 특정한 행동을 하도록 압박하고, 상호 작용하며 힘을 발휘하는 네 가지 요인이 상정되는데, 바로 시장, 사회적 규범, 법제, 기술 구조다. 이들은 각각 가시적이되 유동적인 영향, 비가시적이고 유동적인 영향, 가시적이고 경직된 영향, 비가시적이되 경직된 영향이라는 점에서 함께 결합되어 포괄적인 상황 파악을 가능하게 한다.

위 요인들을 본래의 규제 이론 너머로 특정한 관습의 발현에 적용하고자 한다면, 산업적 요인, 제도적 요인, 문화적 요인, 기술적 요인으로 치환하는 것이 합리적이다. 웹툰의 주류화 과정에서 등장한 지점으로 구체화하면 만화 산업 구조 변동, 온라인의 참여적 하위문화, 기관 중심의 산업 지원과 느슨한 내용 규제, 그리고 빠른 플랫폼 인프라 보급으로 압축될 수 있다.

산업적 요인: 만화 산업 일반의 구조 변동과 대형 포털 사이트 중심의 상업화

산업적 측면에서 볼 때 웹툰의 대두는 2000년대 초입에 발생한 한국 만화 업계 구조 변동과 관련을 찾을 수 있다. 일본 만화 업계의 단행본 수익성 중심의 제작 시스템을 적극적으로 도입하여 1990년대에 큰 성장을 이룬 한국 만화 산업의 당대 사업 모델이, 도서 대여점 시장에 편승하여 박리다매 방식으로 확장하다가 대여점의 감소와 함께 흔들린 것이다(박인하·김낙호, 2012). 그와 동시에 가정 및 PC방 등의 초고속 인터넷 보급 증가에 힘입어, 온라인 공간을 매개로 하는 게임, 게시판 커뮤니티 활동이 젊은 세대 여가 문화의 많은 부분을 차지하게 되었다. 이런 미디어 환경 변화 속에서 만화계 일각은 적극적으로 인터넷에 적응하는 쪽을 선택해서 종이 만화를 온라인상에서 열람하는 온라인 만화방 전문 서비스가 다수 출범했다. n4, 이코믹스, 코믹스투데이, 코믹플러스 등이 기존 종이 잡지의 관행을 이식하여 독자 취향층에 따른 섹션화를 시도하거나 보유 작품량을 늘리며 차별화를 꾀했고, 현금 가치를 지닌 자체 포인트의 구매를 유도했다. 하지만 이런 시도는 초기 인터넷 결제 시스템의 불편함, 종이로 출판된 바 있는 구작 위주의 장서, 개별 서비스의 인지도 미비 등 사업적 난관으로 한계에 봉착했다.

한편 웹툰을 작가 개인 차원에서 수익화하려는 시도도 이뤄졌는데, 권윤주의 〈스노우캣〉, 정철연의 〈마린블루스〉 등의 히트작이 여기에 속한다. 개인 홈페이지를 통해서 작품이 대중적 인기를 누리게 되고, 작품 감상 자체는 무료지만 작가가 직접 관련 상품 개발을 통해 수익성을 시도하는 방식이었다. 하지만 이 모델은 창작자가 직접 사업에 뛰어드는 능력을 요구하기에, 소수의 개별 성공 사례 너머 일정한 주류 사업으로 확장되지 못했다.

여기에 돌파구가 되어 준 것이 바로 종합 포털 사이트들의 만화 섹션 구축이었다. 2000년대 초반은 한국 인터넷 사용 문화가 포털 사이트로 중심으로 집중하며, 주도권을 확보하려는 여러 포털 사이트 사업자들 사이의 방문자 확보 경쟁이 심해진 시기였다. 초기 포털 사이트의 사업 방식은 개별 콘텐츠의 유료화를 통한 수익 창출이라는 모델을 사실상 배제하고, 방문자 수를 극대화하여 광고 시장의 단가를 키우는 것에 집중했다

(한선, 2010). 그런 의미에서 온라인 만화 섹션은 가벼운 오락적 수요를 확보하는 수단이었던 것이다. 포털 사이트들은 초기에는 온라인 만화방 업체의 콘텐츠 제공에 의존했지만, 2004년 미디어다음에서 연재된 강풀의 〈순정만화〉의 대중적 성공이 변화의 분기점이 되었다. 신문이나 잡지 등의 지면 연재를 온라인에 이식하는 것이 아니라, 온전히 웹 서비스의 일부로서 창작된 작품을 정기 연재로 만들어 대규모 방문자를 확보하는 모델이 주류로 자리 잡게 된 것이다.

포털 사이트가 기존 종이 잡지의 역할을 대신하여 일정한 고료를 안정적으로 지급하고, 포털 사이트의 접근성을 통해 대규모 방문자에게 접근 기회를 연결해 주는 방식은 한국에서 웹툰이 대규모 산업이자 주류 오락 문화로 급성장하게 된 중요한 요인 가운데 하나다. 연재작의 양적 확장에 대한 결정이 콘텐츠 자체의 수익성 검증을 전제하지 않은 만큼 공격적으로 이뤄질 수 있었고, 개별적 인지도 축적이나 수익 모델의 개발에 대한 고민을 덜어낼 수 있기에, 포털 사이트의 만화 섹션에 데뷔하는 것을 목표로 삼는 신인 창작자들이 늘어났다. 한편, 웹툰 산업화의 포털 사이트에 대한 높은 의존도는 포털 사이트 자체의 이용자 과점 능력이 작품 성공의 중요한 요인이 되도록 만들었다. 〈대학내일〉의 설문 결과에서 웹툰 독자들이 각 연재 공간을 찾은 비율은 네이버 50.6%, 다음 22.6%, 레진코믹스 5.7%, 네이트 5.2%로, 만화만 다루는 전용 서비스인 레진코믹스를 제외하면 각 포털 사이트의 이용량 순위와 다르지 않았다.

이렇듯 포털 사이트 중심의 인터넷 활용이라는 한국적 맥락은, 웹툰이 포털 사이트를 중심으로 시장성 검증보다 산업 체계와 대규모 독자층이 먼저 확립되는 현상을 이끌어 냈다. 한편으로는 다양한 소재의 시도, 빠르고 넓은 문화적 파급력 등의 기반으로 작용할 수 있었고, 다른 한편으로는 개인 창작자 대 대기업의 관계 속에서 발생하는 계약 불공정성 분쟁, 무리한 작업 부담 등 노동권 문제를 발생시키기도 했다.

문화적 요인: 참여적 하위문화의 발달

비교적 명료한 파악이 가능한 산업적 흐름에 대한 진단과 달리, 문화적 요인은 더 섬세한 질적 해석을 필요로 한다. 다만 웹툰이 만들어진 공간인 포괄적인 온라인 사용자 문화의 틀에서 몇 가지 핵심 단서를 찾는 것은 가능하다. 기존의 일방적 미디어 공간과 대비되어 모두가 한층 평등하고 열린 관계에 놓여 있다는 인식 위에 성립한 참여적 문화, 그리고 세분화된 인식 또는 취향에 대한 호응이 쉽게 결집할 수 있는 하위문화적 속성이 대표적이다.

참여적 문화가 온라인상에서 발현된 대표적인 방식 가운데 하나는, 바로 소재 중심 게시판 커뮤니티의 발달이다. 한국에서 각종 온라인 문화 현상을 주도했던 온라인 커뮤니티 서비스인 디씨인사이드의 사례를 보면, 원래 디지털 사진 기기에 대한 정보 교류를 내걸고 출범했다. 하지만 각종 세부적인 소재가 제안될 때마다 개별 게시판을 만들어 주기 시작하면서 본격적으로 성장했다. 온라인 커뮤니티에서 사용자들이 하위문화를 형성하여 동질감을 나누는 모습에 대해, 디씨인사이드 사례를 세부 분석한 이길호는 사이버 공간이 가지고 있는 자체적이고 자기 발생적인 문법에 의해서 벌어지는 일이라는 것으로 규정했으며, 유사 형제 의식, 극단적 평등주의 등의 특징을 꼽은 바 있다(이길호, 2012). 이러한 모습은 인터넷 보급 이전부터 존재했던 PC 통신 서비스와 유사성이 있지만, 유연한 인터페이스로 발달하고 시각적 이미지를 통한 소통을 중시하는 웹 환경에서 한층 적극적인 문화를 낳았다. 댓글 문화 등 특유의 참여적 소비 방식이 발달했으며, 불특정 다수의 참여를 통해 트렌드 유행의 속도가 증가했다.

이런 흐름이 만화 분야에 적용되어 아마추어 창작자들의 커뮤니티

극단적 평등주의

모든 성원들이 완전히 평등한 권력 관계에 있어야 한다는 명분을 내세워서, 내부 규율 및 외부 집단에 대한 대처에 있어서 과격하고 공격적인 접근까지 정당화하는 일련의 문화 규범을 통칭한다. 초창기 한국 인터넷 커뮤니티의 구심점이었던 디씨인사이드에 대해서 이길호가 정립한 개념으로, 극단적 평등주의가 작용하던 코미디갤러리 등의 공동체가 내부적으로는 게시판 기존 이용자들을 우대하는 효과가 있다는 이유로 '친목 행위' 금지를 천명하고, 차이를 부각하는 '허세'를 배격하며, 다른 방식으로 운영되던 공간인 여성갤러리에 대해 여성 혐오적 인식을 포함한 강한 공격성을 드러낸 것이 대표적 사례다(이길호, 2012).

게시판을 통해 작품을 발표하는 사례가 일반적으로 자리 잡았는데, 대표적으로는 디씨인사이드의 하부 게시판이었던 카툰 연재 갤러리, 컴퓨터 게임 애호가 커뮤니티인 루리웹의 만화가 지망생 소모임이 있다. 여기에서는 기존 미디어에서는 등단의 진입 장벽으로 작용했던 기술적 완성도가 부족해도 다른 호응 이유가 발견될 경우 인기를 모으는 현상이 가능해졌는데, 댓글을 통한 빠른 피드백, 그리고 적극적인 피드백 수용이 인기의 동력이 된 것이다. 이것은 일종의 온라인을 매개로 한 "공동 독서의 가능성"을 열었다(김건형, 2016).

게시판 커뮤니티의 번성은 게시판을 중심으로 한 취향의 결집, 즉 하위문화적 속성의 발현으로 이어졌다. 그 안에서 뚜렷하게 대두된 현상은 바로 솔직함에 대한 고평가, 그리고 유희성의 강조다. 솔직함은 평등의 감정을 누리기 위한 기제인데, 정제되지 않은 노골적 인식과 표현을 구사함으로써 외부 사회의 기준을 깨는 일종의 해방감을 공유하는 것은 물론이고, 그것을 함께 누릴 수 있음에 대한 안정적 소속감을 만들어 내는 효과가 있다. 그렇기에 성, 폭력, 사회관 등의 측면에서 노골적인 표현이 많이 출몰하는 것도 온라인 공간의 한 특징이다.

유희성의 강조 또한 특기할 만하다. 이것은 PC 통신 시절에도 유머 게시판이 가장 높은 인기를 누렸고, 연재 에세이, 소설 등에서도 유머를 강조한 히트작이 다수를 차지했을 정도로 오래된 현상이며, 웹상의 온라인 커뮤니티 활동에 있어서도 즉각적 웃음의 재미를 주는 것이 히트작의 지름길처럼 각인되었다. 유머가 공동체를 결집하는 힘이라는 심리학적 기제와 함께, 인터넷에서 다른 이들과 취향에 몰두하는 것 자체가 이미 여가이자 오락의 범주인 만큼, 유머의 호소력이 적극 선호된 것이다. 그런 배경이 있기에, 앞선 〈대학내일〉의 설문에서 웹툰 독자들의 최우선 선호 장르가 개그 만화(28.2%)인 것은 자연스러운 결과다.

이런 문화적 요인들이 결합하며 만들어지는 현상으로, 향유층이 지닌 동시대 정서를 정제 없는 노골적인 유머로 던지는 것을 들 수 있다. 예를 들어 2000년대 후반의 청년문화 트렌드로 사회에서 강요하는 자기 계발과 막중한 역할 부여를 현실적으로 해낼 가능성이 없음을 자조하며 만들어 내는 잉여 세대 자의식이 있었고, 그런 허망함을 부조리한 화법의 유머로 소화해내는 속칭 '병맛' 유머가 대두되었다. 〈이말년씨리즈〉(이말년) 등을 분석한 김수환의 연구에 의하면, 이러한 병맛, 잉여 등의 묘사는 그 자체로 인터넷을 중심으로 한 새로운 청년들의 문화와 정체성을 보여주는 것이다(김수환, 2011).

이렇듯 게시판 커뮤니티를 중심으로 생겨난 특유의 평등한 상호 작용 갈구, 노골성, 유희성 등의 문화적 맥락은, 웹툰의 향유 과정에서 독자들이 기대하는 작가, 작품, 독자의 관계맺음에 대한 인식의 기반이다. 나아가 웹툰이 청년문화를 더 선명하게 반영해내는 부분을 진단하기 위해 반드시 고려해야 할 부분이다.

기술적 요인: 인프라의 빠른 보급

한국에서 온라인 문화를 설명하기 위한 기술적 맥락 요인의 가장 가시적인 특징은, 인프라의 빠르고 넓은 보급에 있다. 만화의 경우는 그림의 연쇄로 서사를 펼치는 표현 특성 때문에 이미지 파일의 유통을 필요로 하는데, 따라서 온라인이 대두된 초창기부터 데이터 송수신 속도와 소비자에게 부담되는 데이터 비용에 민감했다. 전화선 기반 모뎀을 중심으로 한 PC 통신 시절에도 나우누리에서 온라인 만화 서비스가 시도된 바 있지만, 느린 송수신 속도와 종량제 요금으로 인해 주류화에 실패했던 것이 좋은 예다. 하지만 데이터의 양이 아니라 대역폭이 상품으로 정착하게 된 초고속 인터넷 가입자 서비스의 보급이 빠르게 이뤄지면서, 이미지 위주의 정보가 비로소 중심에 나설 수 있었다. 특히 동영상 서비스가 송수신 속도, 개별 하드웨어의 성능 문제로 2006년 무렵이 되어서야 본격적으로 대중 사업이 되었던 것을 감안하면, 정지 이미지의 연속으로 이야기를 펼쳤던 웹툰은 5년 넘게 이미지가 중심 오락성 대중 서사 분야를 석권할 수 있었던 셈이다. 이렇듯 기술적 요인을 통해서 웹툰에 대한 포털 사이트 업체들의 집중적 투자, 독자들의 집중적 관심을 일부 설명할 수 있다.

그리고 비슷한 기제가 온라인 접속이 모바일 기기 중심으로 바뀌던 시기에 반복되었다. 원래 모바일 기기에서 만화를 서비스하는 것 자체는 2000년대 초부터 이미 시도되었는데, 통신사가 제공하는 데이터 서비스를 통해서 만화 〈천하무적 홍대리〉(홍윤표)의 칸 단위 모바일 버전이 2003년 서비스된 것이 좋은 사례다. 그러나 이미지 데이터의 비용 부담, 기기의 해

상도 문제 등으로 열람 경험의 부실 속에 대중적 호응으로 이어지지 못했다. 모바일 웹툰이 본격적으로 자리잡게 된 것은 속칭 '스마트폰'이 보편화되면서부터, 즉 2009년 아이폰 국내 출시를 계기로 국내 휴대폰 제조사들이 데이터 요금 수익을 극대화하는 폐쇄적 전략을 버리고, 아이폰과 마찬가지로 와이파이를 기본 탑재시킨 시기부터다. 모바일 기기로도 막중한 소비자 비용 부담 없이 웹 서비스를 사용할 수 있게 되었기 때문이다.

초고속망, 특히 모바일에서도 구현 가능한 접속력을 기반으로, 웹툰 서비스는 고용량 이미지 및 다양한 작품의 대규모 아카이브로 독자들의 열람 경험과 선택권을 넓히는 것이 가능해졌다. 특히 네이버, 다음 등의 선두 주자들은 스마트폰 전용 앱을 개발하여, 와이파이가 되지 않는 이동 상황에서도 작품을 볼 수 있도록 개별 에피소드를 일시 저장하는 편의까지 제공했다. 이런 과감한 개발 투자와 급격한 적응이 가능했던 것은 스마트폰 보급 자체가 워낙 빠르게 이뤄졌고 그에 따른 빠른 적응의 필요성이 널리 인식되었기 때문이다. 특히 웹툰의 주요 독자층인 젊은 세대에서 스마트폰의 보급은 더욱 빨라서, 2012년 1월에 이미 20대는 88%, 30대도 77%에 도달했다(한국갤럽, 2014).

이러한 흐름 속에서, 개별 웹툰 작품들 역시 점차 모바일 기기에 특화한 적응을 시도했다. 박인하는 이런 현상에 대해서 절제된 이야기 호흡, 공감의 호소, 최적화하는 작화와 연출 등을 꼽으며 그것이 바로 한국 웹툰의 변별적 특성임을 주장한 바 있다(박인하, 2014). 즉 오늘날 웹툰의 화법을 논하려면, 빠른 인프라 보급이라는 기술적 기반을 함께 고려하는 것까지 필요한 셈이다.

제도적 요인: 진흥 기관의 웹툰 몰입, 규제의 느슨함

제도적 요인의 측면에서 웹툰에 주어졌던 조건은 크게 나누어 산업으로서의 진흥, 그리고 문화로서의 규제가 상대적으로 덜했다는 점을 꼽을 수 있다. 먼저 산업으로서의 진흥을 보자면, 2000년대 초반 이래로 한국콘텐츠진흥원을 중심으로 이뤄진 한국 문화 작품의 해외 수출에 대한 강조 기조를 들 수 있다. 만화는 그 기조 안에서 구체적 지원 대상으로 부각되었고, 문화부가 2002년부터 적용된 만화 발전 5개년 계획을 수립하여 지원 예산을 배분했다. 이것은 2008년에 2차 5개년 계획으로 연장되어, 각종 창작 지원 사업과 함께 2012년의 만화진흥법 입법으로까지 연결되었다. 이 시기는 만화의 주류가 웹툰으로 전환되던 시기와 겹쳤는데, 만화 진흥 기관은 물론이고 일부 만화 교육 기관(대학교 만화 관련 학과) 또한 업계 변화를 반영하고자 커리큘럼에서 웹툰을 강화하는 방향으로 움직였다. 지원의 내실에 대한 평가는 만화계 내부에서 찬반이 제기되기도 했으나, 지원 기조 자체는 가시적이었다.

한편 규제의 측면에서는, 전담 규제 기구 및 규제 기준의 확립 난항으로 인하여 오히려 다양한 소재와 표현이 등장 가능했다. 원래 만화는 출판물로 간주되어 한국간행물윤리위원회의 소관에 놓였지만, 웹툰의 경우는 인터넷 콘텐츠로 간주하여 방송통신심의위원회의 규제 영역이 된다. 하지만 방송통신심의위원회는 주종이 방송물이며, 인터넷 규제의 경우도 북한 관련 사이트, 음란물 사이트 등이 집중 분야였다. 인터넷에서 유통되지만 내용 표현과 이용 측면에서 출판물의 방식에 가까운 문화 양식에 대한 세부적 기준이 미비한 상태에서, 웹툰은 주류 문화로 발돋움했다.

이런 기조에 대한 위기는 2012년에 일어났는데, 〈조선일보〉를 필두로 한 보수 미디어들이 당시 사회 문제로 부각되었던 학원 폭력의 원인을 〈열혈초등학교〉(귀귀) 등 웹툰 작품으로 상정하며 여론 형성에 나섰던 것이다. 하지만 만화를 사회 문제의 원인으로 지목하여 규제하려던 익숙한 방식은, 이번에는 만화가들의 조직적 반대 운동 및 웹툰 산업의 성장에

호의적이었던 사회 분위기에 부딪혔다. 사안이 제기되었던 초반에는 웹툰에 대한 청소년 유해 미디어 지정을 추진했던 심의위원회는, 결국 한국만화가협회와 업무 협약을 맺어 협회가 규칙을 세우고 집행하는 자율 규제의 방향으로 합의하게 되었다. 그런데 그 후에도 규제를 확립하기 위한 과정이 느리게 전개되었다. 2016년이 되어서야 정식 위원회가 출범했으며 규제 기준 역시 한국콘텐츠진흥원의 연구 보고서(2016)를 필두로 시작했으나 2018년 현재까지도 개발 과정에 있다.

이러한 공백 속에 웹툰은 중앙화된 검열 효과에 대한 경계보다는 다양한 소재 선택과 강력한 표현을 구사하며 성장했다. 개별적 논란이 벌어진 경우에도 해당 작품의 열람 가능 대상을 성인으로 제한하는 정도의 기술적 해결로 돌파했고, 이미 자율 규제로 방향이 정해진 웹툰 규제 체계 전반에 대한 압박이 효력을 발휘하지 못했다.

이렇듯 산업적, 문화적, 기술적, 제도적 맥락의 복합적 영향으로 인하여 한국에서 웹툰은, 인터넷을 하위문화의 장으로 빠르게 받아들인 청년층에게 저비용으로 양질의 오락을 일상적 상황 곳곳에서 즐길 수 있고 또한 집단적 향유 교류를 할 수 있는 양식이 되었다. 그렇다면 그 향유의 방식은 어떤 식으로 이뤄지며, 어떤 의식을 반영하게 되었는가를 몇 가지 패턴을 통해 살펴볼 차례다.

청년문화로서의 웹툰 향유 패턴

웹툰이 오늘날 청년 세대의 향유 방식을 이끌어 내는 대중 서사 문화로 작용하게 된 구체적 방식을 포괄적으로 파악해 보기 위해서는 소재 선정, 호소 방식, 미학, 그리고 분야 자체에 대한 인식 등을 나누어 생각해 볼 수 있다. 각각에 대한 웹툰 문화의 모습으로 세대적 현실 감각의 밀접한 반영, 즉각적인 공감의 갈구, 장르적 세련에 대한 강한 요구, 창작자의 스타화 등을 제시해 보고자 한다.

소재 선정: 세대적 현실 감각

웹툰이 젊은 세대를 독자층으로 공략하고 또한 그들의 내용적 피드백이 주어지는 과정 속에서 생겨난 자연스러운 현상은 동시대 청년 세대의 사회적 고민거리를 담아 내는 트렌드, 즉 "사회적인 것을 재현하는 웹툰"이라는 측면의 부각이다(박범기, 2016). 비록 가장 큰 인기를 모으는 작품은 10대 독자층의 호응에 힘입은 "전형적인 소년 만화 서사 구조를 따르는 액션물"이 차지하고 있지만, 그 뒤를 잇는 것은 자신들에게 주어진 사회적 현실을 반영하는 작품들이다(위근우, 2015). 10대의 경우 그것은 학교생활을 무대로 하는 것으로 발현되는데, 그중에서도 학교 사회의 폭력적 권력, 입시 제도의 압박 등이 주요 소재가 된다. 이런 흐름은 20대 이상에서는 취직 현실의 문제, 성별과 계급에서 오는 일상적 불평등으로도 나타난다.

이러한 밀접한 반영의 배경에는 포털 사이트가 한국 인터넷 사용자 문화에서 차지하는 대규모 전파력과 다량의 작품 발표를 통한 트렌드 형성력이라는 산업적 요인이 있다. 나아가 문화적 요인으로 온라인 하위문화의 걸러지지 않은 노골성의 문화와 피드백 반영의 기대가, 비교적 정제된 결과물을 만들어야 하는 주류 상업 웹툰에서도 드러나는 측면이 있다. 여기에 기술적 요인인 모바일 위주 향유 방식 특유의 밀착성이 더해지며, 청년층의 사회적 현실을 반영하고, 그들이 현실 인식을 재현하는 웹툰 작품이 부각되는 것이 자연스러운 현상이 되었다. 다만 상기해야 할 지점은, 그런 인기작을 통해 반영되는 세대적 현실감은 앞서 살펴본 여러 맥락 요인 안에서 형성된 것이기에 기본적으로 즉각적 호응에 최적화되어 선명한 방향으로 증폭된 것이라는 측면이다. 그 결과 웹툰에 담겨진 세대적 현실은 정제된 관찰이라기보다는 노골적인 자의식의 발현에 가깝게 변용될 가능성이 있는 만큼, 의의와 한계를 염두에 두고 살펴야 한다.

청년 세대가 처한 특유의 현실과 가치관이라는 소재는 웹툰 문화의 초창기부터 이미 부각된 지점으로, 〈스노우캣〉이 처음 웹툰의 파급력을 선보이던 1990년대 말에도 해당 작품에 담긴 개인주의 가치관이 화제를 모은 바 있다. 더욱 명료한 사례는 입시 교육 비판이라는 소재다. "웹툰에서 재현하는 입시 문제"를 〈사립입시명문정글고〉(김규삼) 등 다수의 작품을 통해 분석한 서정행의 연구에 따르면, 해당 웹툰들은 당사자 문화의 시각에서 입시에 대한 양가적 인식을 담아내는 유용한 자료다(서정행, 2014). 그런데 〈사립입시명문정글고〉에서 펼쳐지는 교육 제도에 대한 공격은, 이전 종이 잡지 중심의 학교 만화에서는 찾아보기 어려웠던 노골적이고 신랄한 풍자적 유머의 면모가 호응을 얻는 핵심 요인이었다. 매 회마다 더 강하게 나갈 것을 주문하는 다량의 댓글이 이러한 접근을 실시간으로 직접 지지해 준 것 역시 웹툰이기에 가능한 모습이었다.

청년 세대의 사회적 관심사 가운데 기존 양식에서는 오락성의 한계로 인해 과소 반영되었으나 웹툰 문화와 함께 큰 호응을 얻게 된 소재 가운데 하나가 바로 노동 현실이다. 웹툰 〈미생〉(윤태호)이 대기업 직장을 무대로 비정규직 문제, 육아 분담, 업무 경쟁 등 회사원의 현실을 그려 내며, 청년층이 처한 갑을 관계 문제를 엿보기 위한 단골 사례로 활용되는 것이 좋은 예다(이승연, 2013; 이종승, 2014). 비슷하게 노동 불평등을 다루지만, 개인의 분투보다는 사회적 모순을 직시하고 노동조합을 통한 해결 시도를 논하는 〈송곳〉(최규석) 또한 대형 포털 사이트인 네이버에서 웹툰으로 연재되며 호응을 얻을 수 있었다. 그 외에도 체감되는 청년 문제를 부동산 지대 추구에서 직업 진로 결정의 현실까지 다방면으로 확장하기 위해 변호사 주인공의 수임 사건 단위로 구성한 〈동네변호사 조들호〉(해츨링), 주거 공간에서 주민들의 상호 압박을 꼬집는 〈재앙은 미묘하게〉(안성호), 가족 내 성차별에 특화한 자전적 일상툰 〈단지〉(단지) 등, 웹툰은 다변화하는 문제 제기를 반영하기에 적합할 정도로 대중문화로서 파급력을 누리면서도 아직 산업적 효율성으로 내용이 획일화되지 않은 상태에 놓여 있다.

웹툰의 청년 문제 반영이라는 지점에서 또 다른 중요한 방향이라면 명백하게 존재하지만 그간 주류 문화에서 배제되었던 문제적 문화를 발굴하여 논의하게 만드는 것이다. "복학왕의 사회학"이라는 논문을 통해 최종렬은, 〈복학왕〉(기안84)이라는 작품에서 주류 미디어에서 재현을 거부해 온 지방대 복학생이라는 대상을 주인공으로 펼치는 과장된 자기 비하가 오히려 비수도권 청년문화의 비루한 현실을 가감 없이 전달함을 지목했다(최종렬, 2017). 반면 청소년 사회에서의 폭력적 위계를 잘생긴 외모로 돌파하게 된다는 내용을 그려 내는 〈외모지상주의〉(박태준) 같은 작품의 히트에서 보듯, 청년 문제에 대해서 당사자들이 꿈꾸는 해결 방식의 모습 또한 중요한 분석 대상으로 삼을 만하다. 폭력적 승자 독식 구조의 혁파보다는 승자가 되는 것에 대한 동경, 무임승차라고 인식되는 것에 대한 응징 등 다양한 현실 인식 반영이 여기에 해당된다.

호소 방식: 즉각적인 공감의 갈구

동세대의 공통된 인지가 가능한 현실 감각을 반영하기 위해서는 특별하게 호소력을 발휘하는 접근이 필요한데, 그중 하나는 바로 공감대의 갈구다. 공감대를 갈구하는 것은 모든 대중문화의 기본 속성일 수 있지만, 웹툰이라는 문화 양식에서는 한층 중요한 위치로 자리매김해서 공감툰, 썰만화 등 아예 그 방향으로 특화한 세부 장르 호칭까지 존재하고 있다. 인터넷상의 빠르고 넓은 확산을 위해서는 이성적 동의보다는 즉각적인 공감 반응에 민감할 것을 요구받는 환경인 만큼, 즉각적 공감의 모집에 특화한 방식의 웹툰 문법이 유행하게 된 것은 당연하다.

문화적 맥락으로서 온라인 커뮤니티와 그 안에서 공유되는 하위문화의 부족 공동체, 기술적 맥락으로서의 모바일 기술의 즉각성을 타고 증폭된다. 나아가 아예 모바일 기기를 중심의 사용 행태에서는 온라인 게시판 중심의 향유 너머 소셜 미디어 위주의 활용이 더욱 부각되어, 공감과 확산에 대한 추구라는 경향성은 더욱 강해지기 쉽다. 많은 소셜 미디어가 즉각적인 공감의 피드백이 곧 정보를 다른 이들에게 연쇄적으로 확산하는 행위가 되도록 고안하여, 폭발적이고 일차원적인 피드백을 강화하기 때문이다. 오늘날의 웹툰을 논하려면 이러한 맥락 속에서 공감의 추구 방식을 분석해야 한다.

비교적 초기부터 공감 추구를 장르적 재미로 승화한 것은 일상툰으로 칭해지는 일군의 일기체 만화였다. 이것은 작가 자신을 반영한 것으로 전제한 주연 캐릭터, 속칭 '오너캐'가 일상을 살아가는 내용으로 채우는 방식이었다. 당대 청년들의 키덜트 문화를 유머 감각으로 반영해내며 웹툰 문화의 초기 히트작으로 등극했던 〈마린블루스〉 이후, 젊은 여성 직장인의 생활을 그리는 〈낢이 사는 이야기〉(서나래) 등이 등장하고, 생활에 대한 성찰을 강화한 〈어쿠스틱 라이프〉(난다), 동성애자로서 겪는 평범한 일상을 논하는 〈모두에게 완자가〉(완자) 등 그 안에서 다양한 방식의 세부 소재를 찾아냈다. 동시대 생활인의 삶의 디테일, 그 것을 받아들이는 작가의 판단 방식 등이 공감의 대상이 되는데, 현실 그대로의 반영으로 받아들이기보다는 당대의 독자층이 공감하고 싶어 하는 일정 부분 이상화한 욕망을 읽어 내고자 할 때 좋은 텍스트가 되어 줄 수 있다.

공감대를 극대화하기 위해서는, 작화의 완성도 같은 기존의 평가 가

사이버 부족주의

사이버 부족주의cyber tribalism란 온라인 공간에서 사람들이 사회적 관계를 맺는 과정에서, 특정한 관심사, 이념, 문화 등에 대한 집합 감정을 구심점으로 하는 동질적이며 배타적인 공동체가 만들어지는 경향성을 지칭한다. 한편으로는 전통적 공동체를 규정하는 물리적 공간이나 사회적 조직에 얽매이지 않는 가상 공간이기 때문에 가능해진, 세부적인 이합집산의 모습이라고 볼 수 있다. 다른 한편으로는 이것은 프랑스 사회학자 미셸 마페졸리Michel Maffesoli가 "신부족주의"라고 개념화한, 근대의 합리적 개인주의에 기반을 둔 사회 제도와 문화가 한계에 부딪히고 사람들이 오히려 집합적 감정에 기반을 둔 소규모 사회 집단에 소속감을 보이게 되는 거시적 사회 현상이 온라인 공간에서 발현된 것이기도 하다.

치도 종종 무시될 수 있었다. 기술적으로 미숙한 낙서체 만화가 오히려, 전문 작가가 아니라 독자 대다수와 마찬가지인 일반인이 그저 공감하고자 하는 바가 있어서 무언가를 표현했다는 뉘앙스에 유리한 경우가 있기 때문이다. 자다가 폰을 얼굴에 떨어트려 본 일화같이 굳이 제대로 된 서사 작품에서 그리기에는 지나치게 소소하지만 친숙한 상황이 주요 소재였는데, 게시판 커뮤니티 등에서 무명의 공감툰이 추천 속에 유행을 타는 과정이 빈번했다.

공감의 지렛대로 쓰이는 것은 화법 측면의 대표적 기법으로는 유머와 통쾌함을 들 수 있다. 유머의 경우, 이미 유머를 높이 쳐주는 온라인 공간에서 만화가 일찍부터 적응한 것에 가깝다. 아마추어적 표현을 오히려 유머로 승화시키는 기법으로 2000년대 초 〈폐인의 세계〉(김풍)가 디씨인사이드 중심의 온라인 룸펜 문화의 공감대를 자아내며 성공을 거뒀다. 또한 〈애욕전선 이상없다〉(고필헌)의 경우처럼 밀도 낮은 그림체로 패러디, 언어 유희 및 황당한 상황을 극대화하는 방향이 발달했고, 부조리 요소를 강화하여 '병맛 만화'라고 통칭되기에 이르렀다. 장르의 성공 속에서, 〈이말년씨리즈〉 같은 일부 작품은 그 안에서 다시 청년 현실을 풍자적으로 녹여 내기도 했다.

한편 통쾌함에 대한 추구는, 현실의 흐릿함을 선명하게 갈라 주는 효과를 발휘한다. 행복한 식사를 통해서 사회생활의 스트레스에 대처하는 젊은 여성을 그린 〈먹는 존재〉(들개이빨)의 사례처럼, 이것은 때로는 일종의 자기 정체성 각인 과정이기도 해서, "자신을 사회의 보편적 구태의연함과 구별지으려는 문화적 욕구"로 칭하는 연구도 이뤄진 바 있다(한혜원·함초롬, 2015). 통쾌한 자기 위치 규정하기 서사는 비단 프로 작품에서만 나타나는 것이 아니라, 직접적으로 자기 커뮤니티의 정체성과 소속감을 강변하기 위한 표현 양식이 되기도 한다. 적절한 사례로, 유머 게시판에서 시작해서 반사회적 극우 성향 유저들의 활동 무대가 된 일베저장소가 사회적 지탄을 받자 한 사용자가 그려 낸 〈일베충의 일기〉가 있다. 이 작품은 어떻게 일베 사용자들의 사회관과 행동 양식이 형성되었고 그것이 정당화되는지를, 논리적 문제와 사회적 부적절함은 대체로 무시하고 자신들에게 동정적인 방식으로 선명하게 풀어낸다. 즉 일베 문화의 자기 서사를 파악하여 극단화의 문제적 과정을 진단하기 위한 재료인 셈이다.

2010년 후반에 등장한 이른바 '사이다' 추구 문화도 통쾌함에 대한 추구가 극대화되는 흐름 속에서 설명해 볼 수도 있다. 페미니즘을 소재로 하여 소셜 미디어에서 인기를 모은 2017년 작품 〈쌍년의 미학〉(민서영)의 경우, 거의 모든 에피소드가 극단적으로 남성 우월적인 가상의 인물을 등장시킨 후 그의 발언을 직설적으로 받아치는 방식이다. 유머도, 절묘한 연출도, 정밀한 현실 반영도 없이, 오롯이 통쾌함 자체만으로도 호응이 모이는 것이다. 하지만 세밀함을 통해서 공감을 모아 내는 새로운 종류의 진지함도 생겨났는데, 〈며느라기〉(수신지)가 좋은 사례다. 기혼 여성이 확장 가족 관계 속에서 겪는 차별을 섬세하게 제시하는 작품인데, 포털 사이트를 통해서 연재하지 않고 인스타그램, 페이스북 등 소셜 미디어에서 작품 속 주인공이 직접 포스팅하는 방식으로 펼쳐 냈다. 즉 소구하는 독자층과 주인공의 미디어 활동 공간을 일치시켜서, 미디어의 공감대로 내용의 공감대를 증폭한 셈이다. 이런 경우에서 볼 수 있듯, 공감대라는 축을 중심으로 웹툰으로 청년문화의 모습을 짚어 보려면 담아내는 내용 너머 공감의 갈구 방식까지 함께 묶어서 탐구하는 것이 더욱 중요하다.

미학: 장르적 세련에 대한 강한 요구

디지털 창작 도구가 발달하면 만화의 작화 작업이 더 수월해져서 장르적 세련이 자연스레 높아질 것을 상상했던 과거의 인식이 있었다. 하지만 현실은 장르물로서의 완성도에 민감한 향유층의 눈높이를 충족시킬 수 있는 세련된 장르 구사력을 보여 주는 창작자들이 웹툰에 몰렸고, 과잉 경쟁 속에서 제작 과정의 노동력이 더욱 많이 요구되었다.

산업적으로 포털 사이트 연재를 중심으로 발달한 웹툰 환경은, 큰 독자 규모를 통해서 명성과 안정적 수입을 얻는 경로로 대중적 이미지가 형성되었다. 특히 2015년에 네이버와 다음 양대 포털 사이트가 선점한 웹툰 시장에 유료 결제를 통해 작가 수익 분배 비중을 높이겠다고 표방한 레진코믹스가 급성장하면서, 서비스 업체 사이에 작품 섭외 경쟁이 격화되었고 동시에 활발해진 업계의 모습에서 기회를 엿보고 더욱 많은 웹툰 지망생들이 고개를 들었다. 업체 간 경쟁, 창작자 간 경쟁의 와중에서 장르적 세련, 특히 그림의 밀도는 명료하게 가시적인 차별화 지점이다.

이런 현상의 문화적 맥락으로는, 온라인 하위문화에서 만화 전반에 대한 애호가 작용하는 부분이 있다. 향유 의사가 있는 독자들이 이미 다양한 장르적 완성도가 높은 만화 작품들을 접하여, 더 정교하고 화려한 그림과 이야기를 기대하게 된 것이다. 동시에 기술적으로는 초고속 인터넷의 보편화, 모바일 기기 화면의 발달 등으로 인하여 고해상도 컬러 이미지를 열람하는 것이 기본이 되었다. 태블릿 같은 디지털 기기와 소프트웨어가 창작의 도구로 널리 보급되었지만, 거꾸로 모든 작품이 당연하게 컬러로 만들어져야 했으며 정식 연재를 위한 회당 연재 분량으로 막대한 양의 그림을 요구받는 역설이 발생했다.

장르적 세련에 대한 요구가 포털 사이트의 몸집 불리기 접근과 결합한 것이 긍정적 효과를 만들기도 했는데, 바로 완성도가 담보된다면 기존의 기준으로는 낯선 장르라고 할지라도 연재 기회가 주어지는 현상이 한 사례다. 노동 운동 드라마 〈송곳〉, 유머 만화 그림체의 연쇄 살인 스릴러 〈살인자ㅇ난감〉(꼬마비), 지식 교양 트렌디 코미디 〈다이어터〉(네온비) 등, 생경한 접근의 작품이 이렇게 히트를 기록하며 독자층의 관심사가 흘러가는 다양한 방향을 엿보기 위한 좋은 기제가 되어 주었다.

한편 이러한 미학적 관심이, 창작의 노동 강도에 대한 문제로 연결되기도 한다. 웹툰 작가는 포털 사이트라는 대기업에 발표를 하는 독립적 예술인이지만 동시에 연재 과정에서는 기업의 관리하에서 정기적으로 작업물을 공급해야 하는 유사 임노동자로서의 속성이 생긴다. 한국콘텐츠진흥원에서 발간한 〈만화·웹툰 작가 실태 기초 조사〉(2018)에 따르면, 웹툰 작가들이 활동에서 가장 어려운 점으로 꼽은 것은 창작의 고통 같은 예술적 영역이 아니라, 연재를 들어갔을 때 휴식 시간 부족, 차기작 준비 기간 동안의 생활고 문제, 그 과정에서의 건강 악화 등이었다. 작가군도 독자층도 대부분 청년층에 속하는 것이 웹툰 분야의 속성인 만큼, 높아진 장르적 완성도에 대한 기대를 충족하기 위해 더욱 부담이 커진 창작 노동을 둘러싼 난관에 대해서 더 많은 연구가 나와야 한다. 창작 노동의 문제가 당사자들 사이에서 어떤 식으로 대처되며, 그것에 대한 사회 일반의 인식이 어떻게 전개되는지를 살펴보는 것은, 청년층 전반의 노동 현실과 대처 방식, 대처에 대한 인식을 살펴보기 위한 좋은 진입로가 될 수 있기 때문이다.

분야 인식: 창작자의 스타화

만화의 주류가 웹툰으로 넘어오면서 생겨난 또 다른 중요한 특징 가운데 하나는, 작품의 유명세가 작품에 국한되지 않고, 창작자에게 스타로서 열광하는 사례가 늘어난 점이다. 이것은 웹툰 업계가 성공할 경우 부와 명예를 쥘 수 있는 분야로 널리 인식되어야 함과 더불어, 창작자를 캐릭터로서 받아들일 만한 소재가 지속적으로 제공되어야 가능한 현상이다. 의도적으로 스타를 육성하는 연예계의 패턴이, 웹툰에서도 발생하는 셈이다. 2010년대 후반에는 이말년, 김풍, 기안84 등의 사례처럼 인터넷 방송, 또는 방송국의 예능 프로그램 출연 등으로 본격적으로 웹툰 작가로서 연예인의 영역에 진입하는 작가들까지 등장했다.

창작자의 스타화는 무엇보다 산업적 맥락, 즉 포털 사이트를 통한 급격한 규모의 경제가 기본이 된다. 하지만 그 위에 문화적 맥락으로, 온라인 하위문화에서 자주 발생하는 동경의 집결, 참여적 팬덤 활동의 강화가 작용한다. 여기에 더하여 기술적으로는 소셜 미디어를 통해서 스타와 팬이 대등하게 쌍방향 교류를 할 수 있을 것 같은 이미지의, 강화된 팬덤 인터페이스도 더해진다.

팬이 창작자를 스타로서 즐기기 위한 소재, 즉 캐릭터 구축을 앞당기는 웹툰 특유의 방식 가운데 하나는 자전적 주인공 캐릭터("오너캐")인데,

이것은 "자기 반영적"이라고도 개념화되기도 했다(류철균·이지영, 2013). 원래 작품의 인기는 종종 작중 주인공의 스타화로 이어지곤 하는데, 그 주인공이 바로 작가 자신이 되는 경우다. 이것은 스타 창작자, 즉 스타 감독이라기보다는 작품 안에 등장하는 캐릭터의 정체성을 배우로서 함께 누리게 되는 스타 배우의 모습에 가깝다. 팬의 입장에서도 자신들이 동경하는 캐릭터가 일종의 물리적 실체가 생기는 것이기에, 몰입하고 공감하기에 더 효과적인 부분이 있다. 좋은 사례로 〈마음의 소리〉와 그 창작자이자 주인공인 조석을 들 수 있는데, 이 작품은 원래는 일상툰 장르에 가깝게 사연 풀어내기가 대부분이었으나, 인기리에 연재가 계속되면서 노골적인 가상 설정의 이야기와 만화의 표현 특징을 활용한 시각적 개그 위주로 변모했다. 이렇게 뚜렷하게 가상의 존재가 되어 있음에도, 캐릭터와 작가가 동일시된 스타덤은 지속되었다.

그런데 스타화의 이면에는, 스타 숭배는 일방적 동경의 관계가 아니라 업자와 고객의 관계라는 속성이 존재한다. 이 방향의 흥미로운 사례가 2016년의 속칭 '예스컷 운동' 사태인데, 정작 시작도 전개도 원래는 웹툰과는 무관한 방향에서 발생했다. '메갈리아의 딸들'이라는 게시판 커뮤니티를 구심점으로 일련의 시민들이 기존보다 과격한 방법론으로 페미니즘을 추구했고, 메갈리아 반대자들의 압박으로 한 게임 작품에서 특정 여성 성우의 작업이 제거되는 문제가 발생했다. 이에 대해서 일부 웹툰 작가들이 성우에 대한 지지를 표명하자, 해당 작가들에 대한 보이콧이 불붙고, 작가들이 상대방의 반페미니즘 정서를 공격하는 과정에서 웹툰 독자들의 역할을 경시하는 발언을 남겼다. 논쟁은 격화되고, 일각에서 아예 웹툰에 대한 공권력의 검열을 찬성하거나 검열당할 때 반대하지 않겠다는 캠페인이 시작되었던 것이다.

예스컷 사태는 웹툰 향유자들에게 웹툰 작가는 동경하는 성공담이자 캐릭터로서 즐기는 스타지만, 동시에 시간과 돈을 지불하는 나에게 봉사해야 하는 일종의 갑을 관계로 인식된다는 점을 보여 준다. 해당 논쟁에 휘말린 작가들 또한 팬을 누리는 스타로서의 프로페셔널리즘 가치에 매진하기보다는, 자신에게 반대하는 이들을 일반화하여 적으로 간주하고 폄하하는 일반적인 온라인 공간 논쟁의 경향성을 따랐다. 이런 다층적인 관계를 세밀하게 살펴볼 때, 비로소 산업적 의존성으로 엮인 대중문화 분야가 반영하는 오늘날 청년층의 사회적 관계맺음의 결을 정밀하게 진단할 수 있게 된다.

웹툰으로 문화를 질문하기

요약하자면, 한국에서 웹툰은 기존 만화가 지녔던 대중문화 속성과 젊은 세대에 대한 친화력을 온라인 환경에 결합하며 청년층의 주류 문화로 정착했다. 특정한 산업적, 문화적, 기술적, 제도적 맥락이 작용하여 현재의 모습이 되었고, 형성된 특징 안에서 웹툰은 세대적 현실 감각의 밀접한 반영, 즉각적인 공감의 갈구, 장르적 세련에 대한 강한 요구, 창작자의 스타화 등의 성향을 드러냈다. 지금까지 살펴본 웹툰의 주류 정착 맥락과 향유 방식을 토대로 할 때, 문화 현상으로서의 웹툰을 소재로 한층 심화된 질문들을 제기하고 체계적으로 접근하는 것이 가능해진다. 몇 가지 예를 들며 글을 맺고자 한다.

오늘날 웹툰은 청년층에게 반영과 공감대의 위로를 넘어, 어떻게 실제 현실 참여를 독려해낼 수 있는가. 한편으로는 폭발적 확산력의 공감 극대화에 특화되어 사실 관계를 단순화하게 되는 '사이다' 내용의 웹툰을 연구하여, 이들이 현실 참여에 미치는 성과와 한계에 대한 질문을 해 볼 필요가 있다. 또한 산업적, 문화적, 기술적, 제도적 요인들을 종합적으로 판단하여 참여적 메시지를 강화한 작품이 효과적으로 등장할 수 있는 유도 방안을 고민해 볼 수 있다. 특히 메시지가 작품 안에 머물지 않고 널리 담론의 장에 파고들게 하려면 이미 웹툰 문화와 긴밀하게 연결되어 있는 속성들을 어떻게 보다 포괄적으로 활용할지에 대한 실험이 필요하다.

웹툰 작품에 반영되는 여성, 지역, 성적 지향, 외지인, 타 문화 등 사회적 약자를 향한 혐오 표현과 그 수용 방식을 비판적으로 분석하려면 어떻게 해야 하는가. 텍스트 안에 혐오 표현이 등장한다는 단편적 진단으로는 한계가 명백하다. 작품의 독자층에 해당하는 세대적 그룹의 현실 인식을 반영해야 하고, 공감의 갈구를 극대화하도록 하는 문화적, 기술적 편향과 여러 하위문화적 속성의 결합 속에서 그 성공 과정을 파악한 후, 대처를 궁리해야 한다. 청년문화가 사회적 좌절을 손쉬운 적대를 발명하고 그것을 조롱의 유희 문화로 승화하여 혐오를 공고히 하는 패턴에 빠지는 것을 막기 위해, 중요한 질문이다.

청년층에게 웹툰 작가의 입지는 어떤 사회적 서사를 반영하는가. 온라인 명성의 가치, 상업적 성공의 부각과 창작 노동 현실의 괴리 등에 대한 고려가 필요하다. 작가를 동경하며 동시에 내 통제하에 놓여야 하는 것으로 취급하는 스타 숭배가, 웹툰을 매개체로 하는 경우에는 다른 대중문화와 어떤 부분이 유사하고 또 달라지는가. 이 질문은 자연스럽게 웹툰 분야가 어떻게 청년층에게 선망의 문화산업으로 지속될 수 있는지에 대한 산업적인 질문으로 발전시켜 볼 수도 있다. 창작 노동의 세부 내역, 공감 소재의 제한된 폭, 포털 사이트 중심 사업 모델의 한계와 가능성 등을 결합한 논의가 필요하다.

참고 문헌

김건형 (2016). "웹툰 플랫폼의 공동독서와 그 정치미학적 가능성," 〈대중서사연구〉, 22(3), pp.119~169.

김수환 (2011). "웹툰에 나타난 세대의 감성구조: 잉여에서 병맛까지," 〈탈경계 인문학〉, 4(2), pp.101~123.

대학내일 20대연구소 (2015). "전국 20대 웹툰 소비 실태 조사," 〈연구리포트〉, 2015-13.

류철균 · 이지영. (2013). "자기 재현적 웹툰의 주제 의식 연구," 〈대중서사연구〉, 19(2), pp.117~147.

박범기 (2016). "웹툰, 사회적인 것을 재현하는 대중매체?," 〈문화과학〉, 85, pp.320~331.

박인하 (2015). "한국 웹툰의 변별적 특성연구," 〈애니메이션연구〉, 11(3), pp.82~97.

박인하 · 김낙호 (2012). 《한국현대만화사: 1945~2010》. 두보CMC.

블로터 (2014). [트렌드] 레진코믹스 "왜 팔렸나 봐야, 더 팔리죠." 블로터, 2014. 1. 9. http://www.bloter.net/archives/176888

서정행 (2014). "웹툰에서 재현하는 입시문제," 〈만화애니메이션 연구〉, pp.335~360.

안상원 (2017). "웹툰 연구의 현황과 전망," 〈대중서사연구〉, 23(1), pp.33~63.

위근우 (2015). "웹툰은 어떻게 10대의 목소리를 담게 되었나," 〈창비어린이〉, 13(4), pp.42~48.

이길호 (2012). 《우리는 디씨: 디시, 잉여 그리고 사이버 스페이스의 인류학》. 이매진.

이승연 · 박지훈 (2014). "웹툰이 재현하는 청년문제와 재현방식," 〈스피치와 커뮤니케이션〉, (23), pp.209~242.

이종승 (2014). "TV 드라마-웹툰에서 반영된 갑을관계/청년세대 문제와 법제(개)정의 관계," 〈씨네포럼〉, (18), pp.309~343.

최종렬 (2017). "'복학왕'의 사회학," 〈한국사회학〉, 51(1), pp.243~293.

KT경제경영연구소 (2015). "웹툰, 1조원 시장을 꿈꾸다," 〈디지에코보고서〉, 2015. 1. 7.

한국갤럽 (2014). 〈스마트폰 사용에 대한 조사 2012~2014〉. 한국갤럽리포트.

한국콘텐츠진흥원 (2016). 〈웹툰 내용 규제 체계 개선 방안에 대한 연구〉, KOCCA 16-28.

한국콘텐츠진흥원 (2018a). 〈2018년 콘텐츠산업 전망 보고서〉, KOCCA 17-25.

한국콘텐츠진흥원 (2018b). 〈만화 · 웹툰 작가 실태 기초 조사 보고서〉, KOCA 18-04.

한선 (2010). "네이버의 포털 시장 내 구조 변화와 사회적 함의," 〈한국언론학보〉, 54(1), pp.107~127.

한혜원 · 함초롬 (2015). "한국 웹툰에 나타난 스노비즘 연구," 〈애니메이션연구〉, 11(5), pp.310~333.

Lessig, L. (1998). "The new Chicago school," *The Journal of Legal Studies*, 27(S2), pp.661~691.

힙합의 문화 정치

김수아

2

#힙합 #머니스웨거

#자기계발 #신자유주의

#진정성 #루저

#여성혐오

김수아는 서울대학교 언론정보학과-여성학협동과정 겸무교수로 대중문화 영역에서 페미니즘 관점과 관련된 다양한 연구를 하고 있다. 서울대학교 언론정보학과를 졸업하고 같은 학과 대학원에서 박사 학위를 받았다. 책으로는 《지금, 여기, 힙합》(공저), 《다시 보는 미디어와 젠더》(공저) 등이 있다.

장면 하나

힙합 레이블 AOMG의 대표였던 사이먼 도미닉(정기석)은 2018년 〈Me no Jay Park〉이라는 싱글을 발표하면서 레이블 대표직을 관둔다는 사실을 가사를 통해 알렸다. 이 곡에서 그는 훅hook(후렴구)으로 "일해라 정기석"을 반복한다. 최근 사이먼 도미닉은 EP 〈DARKROOM: roommates only〉를 발매했는데, 이 앨범은 2011년 1집 앨범 〈Simon Dominic Presents 'SNL LEAGUE BEGINS'〉 이후 7년 만에, 2015년 4곡을 담은 〈₩ & ONLY〉발매 후 3년 만에 발매된 것이다. "일해라 정기석"은 디씨인사이드 힙합 갤러리(www.dcinside.com/hiphop), 힙합엘이(hiphople.com) 혹은 힙합플레이야(hiphopplaya.com) 및 페이스북의 힙합 관련 팬페이지와 같은 힙합 청취자 커뮤니티에서 사이먼 도미닉이 앨범을 만들지 않고 연예인 놀이나 하고 있다면서 비난하기 위해 만들어진 문구로, 게시글이나 댓글에서 사용되었다. 〈Me no Jay Park〉이란 제목은, 같은 레이블의 공동

● 이 장에는 김수아와 홍종윤(2015)이 쓴 "슬픈 랩스타 — 머니 스웨거와 진정성의 맥락화"(《대중음악》, 15권, pp.9~44)의 내용이 일부 포함되어 있다.

대표였던 박재범이 꾸준히 앨범을 발매해서 사이먼 도미닉이 19곡 쓸 동안 112곡을 발표했다고 비교한 것에 대한 반응이기도 하다.

장면 둘

Mnet의 새로운 힙합 오디션 프로그램 〈고등래퍼〉는 수많은 화제를 불러일으켰다. 그중에서도 참가자 김하온의 자퇴 계획서는 이 프로그램의 존재 의의를 설명하는 가장 중요한 한 장면이라고 할 수 있다. 김하온은 커다란 대자보에 써내려간 자퇴 계획서에서 학교는 "시간과 에너지 그리고 돈 낭비이고 대학을 안가는 나에겐 정말 의미 없는 곳이며 다닐 이유가 없는 곳"이며, "증명의 기회는 학교 바깥에 있다"고 말한다.

장면 셋

래퍼 재키 와이는 래퍼 스윙스가 만든 서브 레이블 인디고에 2018년 합류했던 신인 래퍼다. 〈쇼미더머니〉나 〈언프리티랩스타〉 등 힙합 경연 서바이벌 프로그램에 출연한 바 없이, 음악만으로 자신의 이름을 알렸다는 점에서 인정을 받았던 그는 2018년 정규 앨범 발매 직후 논란에 휘말렸다. 공연 중 멘트로 "니네 그거 알아 니들이 알바하는 한달 월급이 내 저작권료보다 적어"라고 말했기 때문이다. 해당 사건은 힙합 관련 온라인 커뮤니티와 SNS에서 하루 종일 화제가 되었다. 레이블 일리네어 소속 래퍼들은 매번 하던 발언인데 왜 문제 삼는가라는 반응, 재키 와이가 여성 래퍼이기 때문에 더 문제로 지적하는 것이라는 반응도 존재했지만 "팬을 멸시했다"는 반응도 상당히 많이 나타났다.

이 세 가지 사건은 최근 국내 힙합 커뮤니티에서 일어난 일인데 언뜻 보기에는 서로 다른 맥락과 상황에서 일어난 일인 것처럼 보인다. 하지만

스웨거

스웨거란 힙합에서 자신을 뽐내고 드러내는 특유의 방식으로, 자신의 부와 명예, 실력, 태도 등을 소재로 삼을 수 있다(김봉현, 2014). 이 중 머니 스웨거란 자신의 부를 스웨거의 소재로 삼는 것이다. 래퍼들은 가사에 흔히 자동차의 브랜드명이나 고급 디자이너 의류 브랜드명을 나열하며, 자신의 통장에 얼마가 있고 지난 달 혹은 지난 해에 얼마나 벌었는지를 표현한다. 스웨거가 곧 머니 스웨거는 아니지만 가장 중요한 소재 중 하나로 채택되는 것이 사실이다. 미국 힙합의 머니 스웨거는 예컨대 래퍼 제이지Jay-Z가 카니예 웨스트Kanye West의 곡 〈다이아몬즈 프롬 시에라리온 *Diamonds From Sierra Leone*〉(Remix)에서 쓴 가사 "I'm not a businessman; I'm a business, man!" 같은 데에서 대표적으로 드러난다.

이 사건들은 한 가지 맥락 속에서 이해되는 일이기도 하다. 즉 힙합이라는 철저한 미국산 장르의 문법이 한국에서 어떻게 변용되었는지, 그래서 어떻게 한국 사회에서 수용되고 인기를 얻었는지에 대한 것이다. 신자유주의적 자기 계발 서사와 성공 신화란 주제는 모두에게 너무나 식상한 주제로 느껴질 수 있다. 그러나 오늘날 한국 힙합에 대해서 이야기한다면 이를 빼놓고 할 수가 없다. 한국 힙합은 '스웨거swagger'라는 힙합 특유의 장르적 문법을 '성실함과 노력의 결과로 얻은 명예와 돈'이라는 코드로 재구성하였다.

떠나온 곳이 '개천'일수록, 열심히 일한 증거가 있을수록 그의 성공은 '리얼'이 된다. 그리고 그의 성공이 '리얼'인 만큼이나, 개천의 현실 또한 '리얼'이다. 불행은 모두에게 공평하고 그래서 불안은 모두의 것이지만, '개천'에서 벗어날 수 있는 꿈을 판다. 그러나 실제로 벗어나는 이는 소수에 불과한 현재 한국 사회에서, 청년의 불안을 반영하면서도 청년을 위한 성공 비결을 '장르적 문법'으로 구성한 사례가 한국 힙합의 현재적 의미라고 할 수 있다.

이 장은 국내 힙합 음악의 가사[1]와 이를 즐기는 수용자의 반응을, 힙합의 장르적 문법을 사용하여 자신의 노력의 결과라고 성공을 과시하는 청년과, 자기 이야기의 진정성 코드로 불안함을 이겨내는 다양한 방법들을 제시하는 청년이라는 두 가지 차원에서 바라보려는 시도다. 이는 '생존주의'[2]가 힙합 장르 문법을 통해 양식화된 것이라고 할 수 있는데, 자신의 노력만으로 살아남았으며 이것이 힙합식 '진정성'의 증명이라고 하는 한국 힙합 특유의 스웨거 내용이 이와 유사하기 때문이다. 그리고 이 문법에 몰입하고 학교를 자퇴하면서 청년 래퍼로서의 성공을 꿈꾸는 청년들은, 사실상 "자격증 따고, 토익 공부하고, 해외여행 갔다 오고……. 그래서 뭐? 의미가 명료하지 않은"(최종렬, 2017: 287) 일반화된 자기 계발의 담론을 힙합이라는 '특정한 영역' 내 구체화하고 이를 실현할 수 있다고 믿는, 열렬한 주체들이기도 하다.

힙합의 '진정성'과 한국 힙합에서의 변용

대중음악 장르에서 '진정성authenticity'은 장르의 참여자를 규율하고 장르 소비의 규칙을 만들어 주는 기준으로 작용하는데, 이는 '진정성' 개념이 대

1 이 글은 가사만을 연구 대상으로 하고 음악 분석(장르적 특성, 랩 퍼포먼스의 특성 등)을 아울러 수행하지 않았다는 점에서 한계가 있다.

2 생존주의란, 후기 근대 사회에서 삶의 곤경에 놓인 청년들이 생존을 가장 중요하게 여기면서 도태되지 않기를 꿈꾸고 살아남고자 하는 집합 심리 시스템을 말한다(김홍중, 2015).

중음악의 생산과 전달, 전유를 결정하고 상징적 가치를 구성하는 역할을 하기 때문이다(송화숙, 2009). 힙합이 미국에서 탄생한 장르이며 특히 인종적 배경이 강하다는 점에서, 힙합 장르의 문법과 코드는 특정한 맥락 내에서 의미를 구성하게 되고, 이에 따라 항상 힙합에 대한 논란이 불거질 때에는 레퍼런스로서의 '미국 힙합'이 따라 나오게 된다. '미국 힙합'의 '진정성' 코드에 대한 논의는 다양하게 전개되어 왔다. 대표적으로 켐브루 매클라우드Kembrew McLeod(1999)의 경우 힙합의 '진정성'은 사회심리학적·인종적·정치경제학적·젠더적·사회적 위치 및 문화적 의미로 정의된다고 하였다. 힙합의 '진정성' 개념에서 공통적으로 드러나는 것을 꼽아 보면, 스스로에게 진실한 것, '진정성 있는 흑인'이어야 한다는 것, 언더그라운드의 정신이 있어야 한다는 것, 초남성적인 것, 그리고 거리street와 자신을 동일시하며 힙합 문화의 전통을 이해해야 한다는 것 등이다. 한편 에드워드 암스트롱Edward Armstrong(2004)은 힙합의 '진정성' 요소로 스스로에게 진실한 것, 지역적인 연대성과 정체성을 갖는 것, 랩의 근원(역사)과 연결되는 것 등 세 가지를 꼽은 바 있다. 마이클 제프리스Michael Jeffries(2011)는 힙합 수용자들의 반응을 통해 특히 상업주의와 관련하여 수용자의 맥락에서 '진정성'은 돈이 아닌 진정한 가치를 추구하며, 이를 수용층과 공유하려 하고, 이 문화에 해가 되는 가짜fake 래퍼를 배격하려는 것으로 이해된다고도 하였다. 이를 종합하며 보면, 미국 힙합에서 '진정성'의 핵심적인 요인은 인종적 정체성이며, 초남성성의 재현,[3] 흑인 남성 간의 연대, 흑인 거주 지역(게토)과의 관련성, 상업성이 아닌 가치를 추구하는 것 등이다.

'진정성'의 가장 중요한 원천은 자신의 이야기를 하는 것, 즉 '리얼함'

3 장르의 '진정성'이 특히 흑인 남성성과 관련되어 정의되기에, 힙합은 끊임없는 '여성 혐오misogyny' 논란 속에 있는 장르이기도 하다(김수아, 2015a).

이다. 그런데 래퍼 메소드 맨Method Man이 자신의 음악이 '리얼'이라고 주장할 때, 상업적인 것이 아니라는 점이 더해진다(McLeod, 1999). 'selling out'이 아니라는 주장이 '진정성'과 연결된다는 것은, 힙합의 코드에서 요구하는 '진정성'의 개념에 수용층이 인정할 수 있는 진정성, 즉 인종적 리얼함과, 상업성에 매몰되지 않은 "우리 거리의 삶"이라는 코드가 포함된다는 것을 의미한다(김봉현, 2014).

하지만 이와 같은 미국 힙합의 '진정성' 담론이 한국에 그대로 적용되기는 어렵다. 이는 역사적 맥락과 인종적 정체성을 핵심으로 하는 특수한 담론 체계이기 때문이다. 장르의 수입을 통해 의미를 재구성해야 하는 한국의 경우에도 진정성 담론은 래퍼 자신과 수용자 간 담론적 상호 작용을 통해 구성되어 왔다. 그렇다면 먼저 '거리'의 문제를 살펴보자. 한국 힙합은 형성 초기에서부터 온라인을 일종의 '거리'로 삼아 배태되었다.[4] 물론 홍대 지역과 같은 특정한 장소를 '거리'로 의미화하고자 하는 시도가 없었던 것은 아니다. 김수아(2015b)는 홍대 공간에서 클럽 '마스터 플랜'을 통해 사이퍼Cypher[5] 경험을 하면서 이 공간을 일종의 '거리'로 상상하는 초기 힙합 팬의 목소리를 들려준 바 있다. '거리'가 인종 차별과 마약, 폭력의 공간인 동시에 흑인 남성성의 후드(연대) 공간이라는 점에서, 연대를 위한 공동체의 성격을 가졌던 초기 홍대 클럽 공간을 '거리'로, 그리고 이후 홍대라는 상징적 장소를 일종의 방송국과 같은 상업 공간과 대비되는 '거리'로 간주하려는 시도는 한국 힙합 래퍼들 사이에서 꾸준히 있었다고 보여진다. 특히 사이퍼와 프리스타일 랩을 하는 래퍼들에게 이런 경향이

4 힙합, R&B 웹진인 〈리드머〉의 평론가 남성훈의 주장이기도 하다.

5 사이퍼는 여러 명이 프리스타일로 돌아가면서 랩을 하는 것을 말한다. 보통 동그랗게 원을 그리고 모여 서서 랩을 주고받기 때문에 사이퍼라고 불린다.

두드러진다. 홍대 놀이터, 윗잔다리 근처를 중심으로 행해지는 사이퍼 공연을 통해 힙합 문화를 만들어 간다고 주장하는 일군의 래퍼들이 있다.[6] 이들은 방송국과 거리를 대비하면서 상업적인 것이 아닌 인디펜던트 힙합의 진정성을 주장한다.

상업성을 적대의 대상으로 삼는 '진정성' 담론은 한편으로는 아이돌 힙합과의 구분을 중시한다. 물론 아이돌에 대한 적대는 인디 장르 전반에서 유사하게 반복되지만, 힙합에서는 특히 강력한 수용자 담론으로 형성되어 있다. 힙합 아이돌을 표방하는 방탄소년단이 미국에서 상업적 성공을 거둔 지금도 힙합 커뮤니티 게시판에서는 이들의 랩 실력을 평가절하하고 아이돌의 한계를 지적하려고 하는 경향이 있다. 한국 힙합 '진정성' 담론에서는 아이돌에 대한 적대가 상업성에 대한 적대로 치환되어 나타난다. 2000년대 말, '힙합 아이돌'이 일종의 아이돌 제작 키워드로 자리잡으면서 이 현상은 가속화되었다. 2014년 Mnet이 진행한 서바이벌 경연 프로그램 〈쇼미더머니〉에 YG엔터테인먼트의 연습생 바비와 비아이가 출연했을 때 이 논쟁은 대중까지 참여하는 가시화된 담론이 되었다.

대중음악 평론가들은 아이돌이 '진정성'을 전유하는 방식으로 언더그라운드 래퍼 시절을 강조하거나, 랩으로 경쟁하겠다는 포부를 밝히며 〈쇼미더머니〉에 출연하는 현상을 논의하고 있다. 작사 및 작곡 능력을 증명하고, 언더그라운드와 연계되어 있다는 것을 셀링 포인트로 삼는 경우가 늘어나고 있다는 것이다(김영대, 2014; bluc, 2014a; 로보토미, 하박국, 아이돌로지, 2014 등). 힙합 장르 참여자들 가운데에서도 힙합-아이돌의 문제가 자주 다루어졌다. 〈쇼미더머니 3〉에 출연한 래퍼 올티[7]가 공개 경연곡에서

---

6 ADV 크루가 대표적인 사례라고 할 수 있다.

7 올티는 ADV 크루의 일원으로 '거리'에서 랩 배틀을 하면서 성장해 왔다는 것을 자신의

YG엔터테인먼트 소속인 출연자 바비에게 "너는 이쁜 바비 인형"에 불과하다는 디스를 한 것은 대표적인 사례라고 할 수 있다.

아이돌이 힙합을 표방하는 데 대한 거부감은 수용층 가운데에서도 상당하다. 힙합엘이와 같은 장르 전문 커뮤니티에서 수용자들이 아이돌의 실력을 부정적으로 평가하는 게시글을 쉽게 만날 수 있다. 이들의 주장에 따르면, 아이돌이 힙합의 '진정성'을 가질 수 없는 이유는 아이돌의 이야기는 자기 이야기가 아니고 실력도 부족하기 때문이다. 힙합은 스스로 만들어 낸 음악이지만 아이돌의 음악은 기획사에서 정해 준 음악이라는 점에서 차이가 있다고 간주된다. '진정한' 힙합의 대립항, 상업성을 함의하는 아이돌은 자기 이야기와 음악 실력 두 가지 차원에서 비교항으로 설정되고, 이에 반하는 것으로 힙합 음악의 '진정성' 의미가 구축되는 것이다.

하지만 상업성의 대립항으로서의 인디펜던트와, '진정한' 힙합은 〈쇼미더머니〉 프로그램이 2018년 7년째 방영되면서 그 의미 구성에서 많은 변화를 겪었다. 〈쇼미더머니〉 프로그램이 시작된 초기에는 〈쇼미니더머니〉에 나가지 않는 것이 상업성과 타협하지 않는 힙합의 '진정성'을 함의하는 행위로 이해되었다. 이러한 이해는 래퍼 화나가 〈쇼미더머니〉와 관련하여 경쟁에 참여하라는 제의를 받았다는 이야기를 하면서, 이 프로그램의 제작진이 힙합에 대한 이해가 없고 그저 상업적으로 이용하려는 목적만 가진 것이 분명하니 이에 저항해야 한다는 생각이 수용자들에게도 광범위하게 받아들여졌던 것에서 볼 수 있다. 이 시기만 해도, '진정한' 힙합을 하는 래퍼들이 〈쇼미더머니〉에 참여하는 래퍼들과 구분되었다. 인디펜던트 힙합을 표방하는 이들은 거대 자본과 방송국에 의지하지 않고, 힙합플레이야와 같은 독립적 쇼핑몰을 통해 음반을 판매하거나 레이블 자체에서 음반을 유

주요 서사로 삼았다.

통하기도 하고, 레이블 자체에서 홍대 인근의 소극장을 이용한 공연을 기획하는 등, 이른바 DIY식 운영을 해오는 경우가 많았다.

하지만 〈쇼미더머니〉 이후 한국 힙합 시장의 수요 공급 구조가 달라지기 시작했다. 시장에서의 반응은 〈쇼미더머니〉에 나왔던 래퍼에게 몰렸고, 〈쇼미더머니〉가 본격적으로 궤도에 오른 시즌 2가 시작된 2013년부터 대학 축제의 초대 가수는 힙합을 하는 래퍼들 위주로 재편되었다. 〈쇼미더머니〉 출연진이 각종 축제에 섭외되고 음원 차트에서 성공을 거두기 시작하면서, 성공의 의미는 가시적인 상업적 성과를 거두는 것을 의미하게 되었다. 상황이 이렇기 때문에 〈쇼미더머니〉 프로그램에 기성 래퍼들의 참여는 계속 늘어나고 있다. 시즌 4에 팔로알토와 그의 레이블 '하이라이트' 산하 래퍼들이 출연했을 때, 시즌 6에 VMC 레이블의 래퍼와 ADV 크루의 수장 JJK가 출연했을 때 힙합 수용자들은 이러한 시장 구조의 변화를 받아들이지 않을 수 없게 되었다. 2018년 〈쇼미더머니 777〉에 참여하지 않은 래퍼는 레이블 데이즈 얼라이브 소속 래퍼 외에는 거의 없다고 해도 과언이 아닌 상황이 되었다.

〈쇼미더머니〉 출연은 단순히 방송국에서 래퍼를 볼 수 있다는 의미가 아니라, 이후 힙합의 음반 제작이나 유통, 새로운 래퍼의 육성 등 모든 과정에서 방송국과 자본력이 개입된다는 것을 의미하게 되었다. 대표적으로 〈쇼미더머니〉 출연과 연계되면서, 레이블 하이라이트, VMC 등은 CJ E&M에게 지분을 넘기게 되었다. AOMG 등의 유명 레이블 역시 이미 CJ E&M이 지분을 소유하는 업무 제휴 관계에 놓여 있다. 해당 레이블 소속 래퍼들이 작업물에 대한 지시를 받지 않기 때문에 독립성을 갖고 있다고 주장하고 있으며 실제로 영향을 주는 일이 없다고 해도, 자본과 미디어 영향력 밖에서 독립적 시장을 구축한 하위문화로서의 힙합 시장이란 이제는 찾아보기 어렵게 된 것이다.

이런 상황에서 〈쇼미더머니〉에 출연하지 않은 것이 힙합의 진정성이라는 주장을 할 수는 없다. 따라서 상업성에 대응하는 힙합의 '진정성'은 이제 한국 힙합의 수용자 층에서는 아이돌이라는 대립항을 통해서만 구성될 수 있는 개념이 되었다고도 할 수 있다. "이름 있는 아이돌의 후렴구에 랩하는 아이디언 도대체 누구 건데"라는, 2014년 가장 성공한 힙합 음악이 된 일리네어 레코즈의 노래 〈연결고리〉에서, 래퍼 빈지노는 아이돌의 인지도에 기대 차트에서 좋은 성과를 올리는 래퍼들을 구획하여 비판했으며 이는 한국 힙합 신scene을 진정한 래퍼와, 아이돌과 영합한 상업 래퍼로 구분하는 기준을 장르 참여자의 입으로 직접 규정하는 사건이 되었다.

한편으로 상업적이지 않은 진정한 힙합의 요건으로 '성실성'이 강력하게 추가되는 현상이 나타났다. 이는 후술할 레이블 일리네어가 주도한 것이기도 하지만, 상업적인 연계 없이 이 시장에서 존재하는 것 자체가 불가능하다는 것을 알게 된 힙합 수용층이 상업성에 대응하는 진정성의 증거로서 래퍼들에게 요구하게 된 것이기도 하다. 앨범은 내지 않고 예능 프로그램에 나와서 떠들거나, 클럽에서 놀거나 하는 것은 〈쇼미더머니〉에 출연한 이후 쉽게 돈을 벌 수 있다는 걸 알게 된 변절된 래퍼가 택하는 것이고, 작업물을 만들어 내는 성실함만이 진정한 래퍼임을 증명하는 길로 이해되었다. 앞선 '장면 하나'에서 묘사한 바와 같이 사이먼 도미닉에 대한 비판이 본격적으로 쏟아지기 시작한 것은 그가 〈쇼미더머니 5〉에 프로듀서로 출연한 다음이었다. 예능 프로그램에만 나오고, 작업물은 없는 진정하지 않은 래퍼의 대명사가 된 것이다. 이러한 성실성을 기반으로 한 자기 계발 성공 서사의 구축은 레이블 일리네어의 성공을 통해 힙합 신 내에 본격적으로 시작되었다.

'진정성'의 일부로서의 노력과 한국 힙합 성공 서사

일리네어는 한국 힙합에서 머니 스웨거라는 미국 힙합의 장르 문법을 한국식으로 구성해서 하나의 흐름을 만든 레이블이라고 할 수 있다. 미국 힙합의 당대 유행 장르를 국내에 빠르게 도입했고 이 과정에서 모방 논란이 생겨나기도 했지만, 일리네어가 가장 큰 영향력을 미친 부분은 힙합의 '진정성' 개념과 '자기 계발' 서사를 연결시킨 점에 있다.

앞서 논의한 바와 같이 대중음악에서 '진정성'이 이 음악을 생산하고 전유하는 방식과 관련된다면, 일리네어는 상업적 타협 없이 "하고 싶은 것"을 해 온 '진짜'라는 자신들의 위치를 구성하면서 힙합의 '진정성'을 주장한다. 일리네어의 대표 중 한사람인 래퍼 도끼가 구성한 자기 서사의 핵심은 "시장이 원하지 않았으나 끝까지 힙합적인 태도를 지켰다"는 것이다. 일리네어에서 2014년 발표한 곡 〈Rollie Up〉에서 도끼는 "모두가 한국에선 안 된다던 음악 그만두라던 그말 이젠 다 의미 없지 부정할 수 있니 누가"라고 말한다. 2015년 발표한 곡 〈Still on my way〉에서도 "여기저기 의심이 가득한 눈들이 보여 난 그 눈을 피해 숨지 않아 니들 눈앞에 내 성공이 더 잘 보이게 한길만 팠네"라면서, 힙합적 태도를 지켰다고 강변한다.

그러면 왜 "한국에선 안 된다던 음악"이었으며, 어떤 것이 '상업적'인 타협이었던 것일까? 이들은 머니 스웨거라는 미국 힙합 장르 코드를 그대로 한국으로 번역하다시피 하였다. 돈 이야기를 하거나(통장의 돈이 얼마인가를 말한다), 차 이야기를 하는 것은 겸손과 예의를 연예인에게 요구하는 한국 정서의 범주에서 볼 때 매우 기이한 것으로 여겨질 수 있다. 집단적 도덕주의 에토스(김수정·김수아, 2015)는 다른 사람의 시선을 신경 쓰는 것, 자신감을 보이기보다는 겸손과 연장자 대우 등의 집단주의적이고 유교적인 원리를 따르는 것을 연예인에게 요구하는 한국적 맥락을 말하는 개념이다. 이에 따르면 일리네어의 돈과 차에 대한 가사, 예를 들어 도끼의 곡 〈내가〉(2015) 가사에서 빈지노가 "도끼는 차를 너무 많이 사서 다 나열하기 귀찮아 해 콰이엇형은 벤틀리를 사고서 SLS는 타지도 않잖아"라고 쓴 예처럼 자동차 브랜드를 언급하는 것을 이상하게 여길 것이다. 하지만 일리네어는 자신들이 '진정'한 힙합을 한다고 말한다. 이러한 '진정성'은 앞서 논의된 바와 같이 돈을 따라 한 게 아니라는 점, 즉 타협하지 않았다는 점에서 증명되는 것이다.[8] "fuck 대중의 관심 나도 TV에 나왔지만 ain't motherfucker listen 전혀 하지 않았잖아 쪽 팔린 짓은"이라는 일리네어 레이블 공동 대표인 래퍼 더콰이엇의 〈Nothing〉 가사는 대중의 관심을 구하기 위해 음악을 하지 않는다는 이들의 주장을 보여 준다. 그리고 이러한 이들의 이야기는 '진짜'이므로 진정한 것이 되는데, 더콰이엇은 2013년 발표곡 〈Tomorrow〉에서 "나의 돈 얘긴 진짜지. 공감을 못해도 너의 가짜 이별 얘기보다는 리얼한 거지. 내 랩은 항상"이라면서 자신의 '돈' 이야기가 더 진실하다고 주장한다. 수용층들 역시 이러한 일리네어의 이야기에 공감하는 반응을 보인다. 이들의 노래는 '리얼 힙합 스웨깅'으로 여겨지고, 아이돌을 피처링에 넣어서 차트에 오르는 꼼수를 부리지 않은 '진정성'을 인정하는 것이다.

그런데 여기서, 앞선 미국 힙합의 논의와 마찬가지로 단지 진짜 자기 경험을 노래한다고 해서 '진정성'을 획득할 수 있는 것은 아니다. 이 이야기가 공명하는 정서 구조가 무엇인지를 주목해야 한다. 일리네어의 '진정한' 힙합이란 술, 담배를 하지 않고 근면하게 앨범을 내는 것, 내가 앨범을

8 "주목할 건 타협 않고도 꽤 유명한 거"(〈we gon' make it〉, 가사 빈지노). 2014년 일리네어 레코즈 3주년 콘서트에서는 빈지노가 음악 방송에 홍보비를 쓰지 않고도 음원 차트에 1위에 오른 것을 강조했다.

많이 내는 게 아냐 래퍼라면 이렇게 사는 게 당연하잖아,"[9] "오늘도 mic 앞에선 내 자센 반듯해 녹음을 너무 많이해 마이큰 또 고장 난듯해"[10]라고 말하는 것이다. 즉 전형적인 자기 계발적 주체로서의 일리네어 소속 래퍼들은 노력을 '진정성' 코드로 삼으면서, 노력하지 않는 동료들과 자신을 대비시킨다. 그의 성과는 노력에 따른 것이며 '리얼'이라서, 성공하지 못한 사람이 말하는 불안은 오히려 '리얼하지 않음'의 증거이기도 하다.[11] 일리네어의 담론 내에서 술과 담배는 게으름의 은유이며, 가사에 등장하는 명품이나 차, 시계는 소비가 아니라 '증명'의 의미다. "난 원할 때면 언제든지 수퍼카를 몰아, 난 원할 때면 언제든지 트로피를 모아"라고 말할 수 있는 도끼는 "내 일상은 랩하고 랩하며 랩 한담에 랩하다 랩하지 벌써 랩한다고 랩한 지도 16년째 랩만 하고"라는 말로 자신의 성공 비결을 설명한다.[12] 즉 이들이 자신의 소비를 정당화하는 가장 중요한 키워드는 '노력'이고 성공의 자격을 증명하는 코드 역시 '노력'이다.

물론 'came from bottom, to the top,' 'self-made'라는 건 힙합의 자기과시 서사의 고유한 주제다(김봉현, 2014). 부모로부터 물려받은 것도 아니며, 누군가의 도움(이 경우는 아이돌과 상업 기획사)을 받은 것도 아니다. 그리고 일리네어는 이를 "허슬hustle"이라는 말로 재현한다(Hustle real hard — Dok2). 미국 힙합에서 허슬은 인종 차별의 조건하에서 무엇이든 해내야

9 도끼의 〈Realest Shit Ever〉(2013년 발매. 이하 발매 연도 기준).

10 도끼, 〈공중도덕 3〉 가사(Feat. Dok2, myunDo, Keem Hyoeun, The Quiett, 2017).

11 "뻔한 청춘과 직장인들 위로 또는 배고픔과 꿈을 말해야만 REAL 그게 진짜인 줄 착각하는 많은 사람들," 도끼의 〈Realest Shit Ever〉. "너의 가요 랩은 빚더미를 늘렸지만은 루부탱을 사고 투 시터 벤츠를 몰지 나는," 더콰이엇의 〈Tomorrow〉(2013). "한때 동료들도 다들 하고 있지 가요," 더콰이엇의 〈Nothing〉(2015).

12 도끼, 〈Good Vibration〉(2017) .

하는 흑인 남성성의 구성 요건을 의미하는 표현이지만, 도끼의 허슬은 노력이다.[13] 노력과 함께 설명한 '불필요한 소비'를 멀리한 결과로 설명한다는 점에서 이들의 노래가 구축하는 담론은 정확하게 자기 계발의 윤리와 일치하며, 집단적 도덕주의 에토스(김수정·김수아, 2015) 내에 있는 윤리적 태도를 재현하는 것이다. 근면이라는 가치는 유교주의적 가치를 통해 한국인에게 내면화된 사회 윤리이며, 이는 신자유주의적 자기 책임 윤리와 조응하여 성공 원리로 제시된다(김수정·김수아, 2015).

수용자들은 이러한 일리네어의 성공을 랩머니에 대한 희망을 주기 때문이 아니라 삶에 있어서의 가치관을 배우는 기회라고 말하기도 한다. "일리네어 가사들로 삶이 바뀌었습니다"와 같은 게시글 제목이 바로 이러한 수용 지점을 보여 주는 예다.[14] 그리고 이 지점이 바로 자기 계발의 윤리와 통한다. 한기호(2011)는 자기 계발 윤리의 효과로 "최선을 다하지 않고 성공의 필연성을 굳게 믿지 않은 자기 자신에게 전가하도록 만드는 점"을 이야기한 바 있다. 실제로 도끼는 항상 긍정적이어야 한다고 이야기한다.[15] 이러한 정서 구조는 일리네어가 구성한 맥락으로, 미국 상업 힙합의 물질주의적 태도가 헤도니즘적이라고 비판을 받는 차원과는 다르고, 이들이 차와 시계를 사는 행위가 주는 쾌락의 외연과 내포가 다르다는 점에서 의미가 있다.

---

13 힙합엘이 게시판에서 곡을 내거나 앨범을 낸 래퍼에 대한 반응으로 '허슬'이라는 단어를 쓰는 것을 자주 볼 수 있다.

14 이 수용자는 일리네어 가사를 들으면서 운동도 열심히 해서 건강해지고 삶이 즐거워졌다고 표현하고 있다. E got Skillz (2015. 8. 20) http://hiphople.com/kboard/4808910

15 "난 내께 아닌 것에 미련 두지 아니하고 어제의 슬픔이 오늘로 오게 아니하며 환상일 뿐인 괴로움의 구애 받지 않게 나는 나를 믿어 절대 걱정 따윈 하지 않아," 도끼의 〈we gotta know〉(2014).

신자유주의적 자기 계발의 윤리가 강력하게 작동할 수 있는 기제는 너 역시 성공을 향할 수 있다는 의미로 전달될 때다. 이는 특히 이들이 타고난 부자가 아니라 노력해서 부를 이루었다는 것을 강조할 때 분명해진다.[16] 과거 같이 버스를 타고 이동하던 동료가 비싼 외제차를 모는 사람이 되었음을 노래하는 것은 평론가 박준우(bluc, 2014b)가 지적한 성공 신화적 서사 구조의 힙합에 해당한다. 그는 힙합은 가난의 극복을 이야기하는 성공 신화적 서사 구조를 지닌 이야기와 자신의 생애를 진정성 있게 구술하는 생애사적 성격을 지니는 이야기로 분류할 수 있음을 지적했다. 그런데 성공 서사의 효과가 특히 한국 사회에서는 자기 계발적 주체를 생산하는 것임은 분명하다. 소비 대신 증명을, 놀이 대신 노력을 택한 이들의 성공은 신자유주의적 통치의 맥락에서 읽혀야 한다.[17] 이들의 음악이 주는 효과는 아주 간단하다. 노력해서 부자가 될 수 있다는 것이며 이는 게으름과 불필요한 소비를 멀리하는 태도, 근면 성실한 태도로 자신의 작업을 통해 이를 증명해내는 것으로 연결된다. 힙합의 '증명'이라는 장르 문법은 작업물의 양으로 나타나는 것이다.

그래서 일리네어의 성공은 오히려 어떤 수용자에게는 뿌듯하고 기쁜 일이 되기도 한다. 이는 〈슈퍼스타K〉 시즌 2에서 허각의 성공을 바라던 공정 사회의 담론과 연장선상에 있다. 가난하던 자의 성공은 바람직하게 읽히며, 이것이 특히 노력의 성과일 때 더욱 그러하다. 정의와 공정함은

---

16 "주차장 내 옆자리는 도끼의 고스트, 예전에 우린 같이 타곤 했지 시내버스, 여기서 멈출 수 없어, 워," 더콰이엇의 〈Nothing〉(2015).

17 "개인의 자유로운 삶에의 의지, 자신을 돌보고 향상시키려는 의지를 통해 작동하는 권력, 즉 주권적인 지배자의 모습으로 자신 위에 군림하는 것도 아니고, 훈육과 규율의 규칙과 질서를 통해 규범화의 권력을 부과하는 것도 아닌 새로운 권력"이 신자유주의적 통치다(서동진, 2005).

이들의 가난했던 과거에 있다. 존박이 아닌 허각이 우승했기 때문에 공정사회의 허구적 충족을 선사했던 것처럼(고재석, 2011), 돈 자랑을 해도 되는 것은 노력을 통한 공정한 기회에서 승리한 자로서 구성되었기 때문이다. 〈쇼미더머니 3〉에서 일리네어가 얻은 인기는 언더독 서사 구조하에서였다. 이들은 자신이 제일 잘나가는 힙합 최고의 프로듀서라 주장하면서 등장했으나 실제로는 오디션 참가자의 선택을 받지 못하는 등 부족함이 있는 팀으로 인식되었다. 〈쇼미더머니 3〉에 대형 기획사인 YG가 참여했다는 점, 레이블 저스트 뮤직은 기존 레이블의 인기를 이용하면서 같은 소속사인 래퍼를 밀어주고 정통 힙합이 아닌 록을 하여 청중의 호감을 쉽게 얻는다는 담론 등이 구성되면서, 일리네어는 '지렁이'가 되어 YG 소속 연습생 바비와 함께 '꿈틀'하여 복수에 성공하는 드라마를 쓴 셈이 되었다. 이것은 결국 정서적 평등주의(김수정, 2011)의 한 맥락을 구성하게 된다. 동일시할 수 있는 약점을 지닌 자가 노력을 통해 성공하는 이야기의 호소력 때문에 이들의 머니 스웨거는 약점을 이긴 자의 성공 이야기로 이해되는 결과도 가져왔다.

〈쇼미더머니 5〉에서 이들에 대한 반응이 달라진 것은 그 2년간 이들의 성공이 각종 미디어를 통해 전시되었기 때문이다. 이는 이들이 정서적 평등주의 코드에 더 이상 부응하지 않게 된 이유가 된다. 한 여성 커뮤니티에서는 도끼와 더콰이엇이 프로듀서로 출연했으나 비호감을 사게 된 것에 대해 "더 이상 쭈구리가 아니기 때문"이라고 설명한다. 즉 이들의 지위는 호감을 표시하고 일반 수용층이 동의할 수 있는 것이 아니었고, 이에 따라 오히려 혹독하게 성실성이나 실력을 증명할 것을 요구받았으며, 이들이 내놓은 곡의 구성이 성실하지 못하다는 평가를 받으며 2년 전과는 달리 대중의 호감을 잃게 되는 결과가 생겼다.

한편 일리네어의 자기 계발 윤리는 생존주의적 맥락(김홍중, 2015: 204),

즉 "국가에 의지하지도 말고, 남에게 의지하지도 말고 오직 '내' 의지와 노력으로 정직하게 땅을 일며 비정치적으로 살아가는 것"이라는 정서 구조의 맥락과 조응한다. 이를 힙합의 코드 내에 외삽한 결과, "상업적 기획사에 들어가지 않았으며," "아이돌에게 의지하지 않고," "오직 내가 하고 싶은 음악으로 정직하게 음악하며," "비-정치적으로 살아가는" 것[18] 이 장르에서 가장 성공한 자가 보여 주는 외연이 된 것이다. 일리네어의 비정치성은 심지어 노력의 의미에 삽입되는 경우도 있다. 더콰이엇이 피처링한 래퍼 슈퍼비의 곡 〈나는 너를 신경 안 써〉(2016. 12), "나라꼴이 말이 아니지만 keep grindin' 난 비가 오나 눈이 오나 무대에 올라갈 뿐"에서 이를 극명히 드러내어 주고 있다.

'인디펜던트 힙합'의 불안 — 무한한 긍정과 그 이면

일리네어가 보여 준 자기 규율을 통한 성공 서사는 일종의 국내 힙합의 '가야 할 길'을 보여 주는 이정표가 되었다. 〈고등래퍼〉에 등장한 수많은 10대 래퍼들이 자퇴를 하면서 힙합을 하려고 하는 것은 힙합이 성공으로 가는 하나의 길이 될 수 있다는 것을 일찍 체득한 것이기도 하다. 10년 전

---

18 흔히 힙합을 저항의 음악이라고 하지만 이러한 정치성은 장르의 속성이라기보다는 흑인 남성의 삶의 구조 속에 경찰 권력과의 충돌이 계속해서 드러날 수밖에 없는 것이고 이를 반영하는 것이 '리얼함'이었기 때문이라고 봐야 한다. 반면 한국 힙합에서는 정치성을 드러내는 일이 거의 없고, 수용층의 정치에 대한 반응은 그야말로 기피에 가깝다. 레이블 데이즈 얼라이브가 힙합 커뮤니티에서 가장 비웃음을 사는 레이블인 것은 대표인 래퍼 제리케이가 정치적 발언을 서슴지 않기 때문이며 또한 현시점에서 가장 정치적인 영역인 페미니즘을 표방하는 래퍼 슬릭이 포함되어 있기 때문이다.

이라면 불가능했을 수도 있지만, 일리네어라는 성공 모델이 존재하고 〈쇼미더머니〉와 〈고등래퍼〉라는 명확한 통로가 보이는 것이다. 즉 미디어가 지원하는 힙합의 성공 서사 세계가 존재하기에 청춘의 불안은 미래에 대한 희망을 말할 수 있는 아름다운 서사가 된다. 〈고등래퍼〉의 파이널 무대 진출자 중 시즌 2의 윤진영을 제외하고 모두 자퇴생이라는 점이 상징적으로 보여 주는 것은 무엇일까. 그것은 청춘의 불안을 말하는 '진정함'이, 그리고 그 불안의 '진정성'을 보이기 위한 진로의 재배치가 미래의 성공을 기약할 수 있는 미디어 출연 기회를 얻는 방식이 되었다는 것이다. 이를 힙합 신의 수용자들은 두 팔을 벌려 환영하는 태도를 보이기도 한다. 공부가 이루어주지 못하는 자기 계발의 꿈을 힙합은 그 장르 내에서 분명히 이룰 수 있다고 말한다. 여기서 힙합은 판에 박힌 학교생활, 아무 미래도 보장하지 않는 무의미한 곳에서 탈출할 수 있는 길이다.[19]

물론 이들의 불안은 분명하다. 힙합 커뮤니티와 페이스북 힙합 페이지에서 미래의 도끼를 꿈꾸는 어린 래퍼들은 의견을 교환하고 불안을 공유하기도 한다. 이 불안이 잠재워지는 지점은 상상된 '연대'를 통해서다. 정말 내가 성공할 수 있을까라는 질문을 던지는 이들에게 온라인상에서 후드와 연대가 제공되는 것 역시 한국 힙합 장의 특징이라고 할 수 있다. 한요한과 같은 인지도가 있는 래퍼가 어린 아마추어 래퍼의 질문에 DM(다이렉트 메시지)으로 답을 주는 것은, 한국 힙합의 후드와 연대가 온

19 힙합엘이의 한 이용자는, "학교 바깥에서 성공한 '힙합인'들이 더 이상 '힙합장'을 재생산하지 못하더라도, 탈출은 계속되어야 하고, 우리는 이들을 위해 무슨 일을 할 수 있을 것인가를 고민해야 한다. '공부'가 사회적 성공에의 루트를 독점하고 고등학교를 대학교 입시 학원으로 전락시킨 부조리한 상황에 때문에라도 그렇다"면서 〈고등래퍼〉 프로그램과 10대 래퍼들을 평가한 바 있다(Noulan. "그들은 희망을 찾아 '자퇴래퍼'가 되었다," http://hiphople.com/kboard/11938648).

라인이나 〈쇼미더머니〉를 통해 만난 래퍼들을 지원해 주는 선배 래퍼라는 이미지로 완성된다는 것을 상징적으로 드러내어 준다. 일리네어는 서브 레이블 '앰비션'을, 스윙스의 레이블 저스트 뮤직은 '인디고'를 론칭하여 후배 래퍼들을 지원하고 있다. 상업적 기획사에서 이익을 위하여 키워내는 가수가 아닌, 후드의 상징으로서의 서브 레이블이 다시 한 번 힙합 '진정성'을 의미화하는 것이다.

하지만 이러한 '후드'는 누구에게나 주어지는 것이 아니다. 이러한 성공 서사의 주체가 될 수 있는 래퍼는 매우 제한적이다. 그래서 화려한 성공 서사 뒤에는 "난 최저가 스타일 가성비는 샤오미"[20]를 노래하는 래퍼들이 있다. 이들은 "난 영원히 철없어 외제차 본네트 앉아서 립딴 네 뮤비는 지겨워 존나게 멋없어."[21] "돈 많은 게 짱이란 니 오빠는 날마다 새 거를 사서 인스타를 켜고 사진을 올려야 행복감을 느끼니 돈으로 사고 있는 거지 하트를"[22]과 같이 머니 스웨거를 '진정성'의 자원으로 삼는 래퍼들을 비판한다. 그런데 일리네어를 비롯한 한국 힙합의 성공 서사가 게토, 즉 가난의 영역을 비가시적인 것 혹은 철저히 무시되어야 할 것처럼 다룬다면, 일리네어의 대척점에서 가난의 '리얼'을 말하고자 하는 래퍼들은 이 가난의 영역을 혐오라는 정서 구조 속에서 구축하기도 한다. 재키 와이의 사례는 이러한 혐오의 대상으로서의 '가난'이 머니 스웨거의 틀을 빌었음에도 지나치게 노골적으로 표현되었을 때 생기는 문제를 보여 주는 사례다. 재키 와이가 공연장에서 직접 마이크를 잡고 외친 "니네"는 일리네어가 가사 속에서 숨겨온, 노력 안 하고 가요 랩이나 하는 래퍼 혹은 이

20 뱃사공의 〈뱃맨〉(2018).

21 뱃사공의 〈로데오〉(2018) .

22 화지의 〈Shine My Way〉(2018).

제 기억하지 않아도 되는 과거로서의 가난이 아닌 청중 그 자체로 이해되었다. 힙합은 많은 청년들이 현재 처해 있는 '빈곤'이라는 상황을 '장르 문법' 속에서 혐오의 대상이자 거기로부터 떠나야만 하는 '개천'으로 구성해 왔다.[23] 재키 와이는 이를 장르 문법 안으로 포장하기 전에 직설적 언어로 구사함으로써 이 불편한 사실을 드러냈다.

이 게토로서의 빈곤을 '진정성' 코드로 소화하는 경우도 있다. 가난은 소수의 래퍼를 제외한 이들에게는 현실이다. 그런데 이들은 가난을 그대로 묘사하는 데 그치지 않고, 혐오할 대상을 지정함으로써 리얼을 표상한다. 예컨대 차붐과 같은 래퍼는 '비루하기 짝이 없는 하류 인생'을 그려 낸다면서 하류 인생의 불만 대상으로 "창녀, 사기꾼, 제비, 씹새끼들"을 호출하며, 빚으로 인한 가정의 불행에 짓눌리는 블랙넛의 청춘은 루저로 표상되면서 세월호 피해자와 여성을 혐오의 대상으로 불러낸다. 가난의 진정성은 힙합 장르 내에서는 공격성으로 표출되지만 이는 힙합 장르의 수용자들에게는 자신의 이야기이므로 진정한 것으로 소비된다.

한국 힙합의 현재에서 가장 논란이 되는 것은 '여성 혐오' 문제인데 이들이 구사하는 서사는 천편일률적 '김치녀' 서사[24]다. 장르의 생산자와 소비자들은 모두 한국 힙합의 '여성 혐오'에 대한 비판은 이들이 묘사하는 삶이 진정으로 그러하다는 것, 즉 그런 '여성'이 실존한다는 실재론으로 옹호 가능하다는 반론과 함께 '실제를 말하니 진정하다'는 힙합 장르의 문법으로 이 논란을 방어하고자 한다.

이러한 루저 감성의 변화는 한국 인터넷 문화의 변화와도 그 궤를 같

23 "너도 나도 개천에 용, 용쓰며 불어대던 희망의 비누방울에 발을 담궈," 차붐의 〈안산 느와르〉(2014). 이 곡에서도 이런 사례를 볼 수 있다.

24 "날 떠난 몇 명의 여자들과 걔는 달라, 내 지갑 속 말고 마음 속을 세는 사람," 뱃사공의 〈돈이 없어도〉(2018)와 같은 예시가 있다.

이 한다고 할 수 있다. 루저 문화와 혐오, 공격성이 인터넷 문화를 중심으로 연결되면서, 주류가 아님을 술회하면서 자신에게 다른 길이 있을지를 타진해 보던 과거의 루저 표상 방식과는 차이를 보이는 것이다. 힙합 커뮤니티에서는 종종 레이블 소울 컴퍼니의 음악을 그리워하는 게시물들이 올라온다. 소울 컴퍼니에서 들려준 힙합은 루저의 음악이었지만[25] 그래서 동질감과 위로를 얻었으며 그것이 자신이 힙합을 듣게 된 이유였다는 술회를 하는 게시물들이다. 일리네어 이후 성공을 이야기하는 코드가 달라진 것처럼, 루저임을 표상하는 코드 역시 달라졌다. 근면 성실의 윤리로 성공이 설명된다면, 루저의 감각은 패배감, 그리고 사회적 약자에 대한 무차별적 공격과 혐오의 언술로 나타난다.

2018년 9월 시작한 〈쇼미더머니 777〉의 첫 경연곡은 발표되고 나서 각종 음원 사이트를 석권하고 있다. 거대 미디어 기업과 리얼리티 서바이벌 쇼를 중심으로 한국 힙합이 여전히 인기를 구가하는 것처럼 보인다. 출연한 래퍼들 중 몇 사람이 과거에 여성 혐오적 가사를 썼다는 비난은 여전하고, 머니 스웨거와 미국 최신 유행 랩 스타일은 여전히 주류 코드를 차지한다. 성공과 노력을 찬양하는 것이 미디어에 의해 매개되고 있는 한편으로 혐오 표현이 힙합의 중요한 자원이 되었다. 그리고 이렇게 장르의 문법으로 자리 잡은 서사 구조를 연행하는 수많은 아마추어 래퍼들이 〈쇼미더머니〉와 〈고등래퍼〉, 그리고 이와 유사한 다수의 힙합 프로그램에 출연하기 위해 연습을 거듭하고 있다.

---

25 대표적으로, 키비의 곡 〈소년을 위로해줘〉(2003)의 가사는 다음과 같다. "이로써 난 남과 내 것을 가르고, 만만해 보이는 녀석 위로 올라가 밟아야만 해. 그래야 내 안의 것을 찾을 수 있대. 방금 힘들게 스무고개를 넘어온 이때, 난 '아저씨'를 강요당하고 있어. 대체 나를 왜…… 난 그냥 소년으로 남을래."

참고 문헌

고재석 (2011). 《스무살, 정의를 말하다》. 미다스북스.

김봉현 (2014). 《힙합: 블랙은 어떻게 세계를 점령했는가》. 글항아리.

김수아 (2015a). "힙합은 여성혐오적인 장르인가요?," 〈대중음악〉, 15권, pp.124~140.

김수아 (2015b). "홍대 공간의 문화적 의미 변화," 〈미디어, 젠더 & 문화〉, 30권 4호, pp.83~123.

김수정 (2011). "한국 리얼리티 프로그램의 정서구조와 문화정치학," 〈방송문화연구〉, 23(2), pp.37~72.

김수정 · 김수아 (2015). "'집단적 도덕주의' 에토스: 혼종적 케이팝의 한국적 문화정체성," 〈언론과 사회〉, 23권 3호, pp.5~52.

김영대 (2014). "아이돌 힙합의 이유," 〈아이돌로지〉. http://idology.kr/1150

김홍중 (2015). "서바이벌, 생존주의, 그리고 청년 세대," 〈한국사회학〉, 49권 1호, pp.179~212.

로보토미 · 하박국 · 아이돌로지 (2014). "대담: 로보토미×하박국×," 〈아이돌로지〉. http://idology.kr/1197'

bluc (2014a). "경계지대: 힙합과 아이돌 사이에서," 〈아이돌로지〉. http://idology.kr/1169

bluc (2014b). "Show Me The 밑바닥: 가난도 스펙이 되는 시대를 말하다." http://hiphople.com/lifestyle/2906878

서동진 (2005). 〈자기계발의 의지, 자유의 의지: 자기계발 담론을 통해본 한국 자본주의 전환과 주체 형성〉. 연세대학교 박사 학위 논문.

최종렬 (2017). "'복학왕'의 사회학," 〈한국사회학〉, 51권 1호, pp.243~293.

한기호 (2011). "아직도 자기계발의 덫에 빠져 계십니까?," 〈경향신문〉, 2011. 9. 5.

Armstrong, E. G. (2004). "Eminem's Construction of Authenticity," *Popular Music and Society*, 27, pp.335~355.

Jeffries, M. P. (2011). *Thug Life: Race, Gender, and the Meaning of Hip-Hop*. Chicago: University of Chicago Press.

McLeod, K. (1999). "Authenticity Within Hip-hop and Other Cultures Threatened with Assimilation," *Journal of Communication*. 49, pp.136~150.

리얼리티 쇼의 사회문화적 발현

자기 계발의 논리와 정서적 평등주의의 이중주

김수정

3

#리얼리티쇼 #관찰카메라

#독백인터뷰 #패널형식

#실력주의 #정서적평등주의 #집단적도덕주의

#경쟁포맷 #신자유주의 #공정성

김수정은 충남대학교 언론정보학과 교수로 텔레비전 콘텐츠와 수용자, 셀레브리티와 팬덤, 그리고 K팝을 중심으로 대중문화 현상에 대한 연구를 하고 있다. 서울대학교 인류학과와 같은 대학의 언론정보학과 대학원을 졸업한 뒤 캘리포니아대학교(샌디에이고 캠퍼스, UCSD)에서 커뮤니케이션 박사 학위를 받았다. 책으로는 《커뮤니케이션 다시 읽기: 경계를 가르는 관점들》(공저), 《TV 이후의 텔레비전: 포스트 대중매체 시대의 텔레비전 문화 정경》(공저), 《관점이 있는 한국 방송의 사회문화사》(공저), 《팬덤 이해하기》(공역), 《미디어 시스템 형성과 진화》(공역) 등이 있다.

리얼리티 쇼의 시대

21세기를 시작하는 텔레비전과 지나온 20세기 텔레비전을 확실히 구분시키는 것은 IPTV 기술이나 UHD 디지털 TV 등이 아니다. 그것은 바로 '리얼리티 쇼'[1]다. 리얼리티 쇼는 2000년 이후 순식간에 서구 텔레비전 정경에서 지배적인 위치를 차지하였다. 특히 가장 붐을 일으킨 2000년대 중반에 영국은 TV 편성의 65%가 리얼리티 프로그램이었고(홍순철 외, 2010: 65), 미국은 모든 프라임타임 텔레비전 편성의 40%(2012년 기준)가 리얼리티 쇼 장르였다(WGA Report, 2013: 5).

● 이 글은 김수정 (2010), "글로벌 리얼리티 게임쇼에 나타난 자기통치의 문화정치: 〈프로젝트 런웨이〉와 〈도전! 슈퍼모델〉 프로그램을 중심으로," 〈한국방송학보〉, 24(6), pp.7~44와 김수정 (2011), "한국 리얼리티 프로그램의 정서구조와 문화정치학," 〈방송문화연구〉, 23(2), pp.37~72를 토대로 하였다. 일부 발췌된 부분도 있지만, 최근 변화를 반영하여 전체적으로 다시 기술했다.

1 이 장에서는 '리얼리티 프로그램'과 '리얼리티 쇼'라는 용어를 구분 없이 사용하는데, 서구에서는 '리얼리티 쇼'와 '리얼리티 텔레비전'이라는 용어를 주로 사용한다.

한국은 뒤늦은 2010년 즈음부터 오디션 리얼리티 쇼 〈슈퍼스타K〉의 성공을 계기로 리얼리티 쇼 장르가 주목받기 시작했다.[2] 이후 일반인 출연의 오디션/경쟁 유형의 리얼리티 쇼들이 양산되었다. 〈미운 우리 새끼〉(SBS), 〈골목식당〉(SBS) 〈살림하는 남자들〉(KBS), 〈전지적 참견시점〉(MBC), 〈효리네 민박〉(jtbc), 〈삼시세끼〉(tvN), 〈알쓸신잡〉(tvN), 〈프로듀스 101〉(Mnet), 〈도시어부〉(채널A), 〈엄마가 뭐길래〉(TV조선) 등, 한 편의 리얼리티 쇼가 끝나면 또 다른 리얼리티 쇼의 행렬이 뒤를 잇는다. 특정 상황에서 '실제 인물'들이 어떻게 생각하고, 행동하고, 대처하는지를 오락으로서 관찰하는 리얼리티 쇼가 이제 한국 텔레비전에서도 주류 콘텐츠가 된 것이다.

그렇다면 도대체 왜 21세기에 텔레비전 리얼리티 쇼 장르가 태어나고, 또 이렇게 주류를 차지하게 된 것일까? 기술적 측면에서 보자면, 스튜디오를 벗어나 여러 상황에서 발생하는 실제 행위들을 가까이서 손쉽게 촬영 가능하게 해 준 소형 디지털 카메라의 발달을 꼽을 수 있다(김수정, 2005). 또한 리얼리티 쇼가 전 세계적으로 증가한데는 제작자인 방송산업의 이윤 추구 측면 역시 매우 중요하게 작용했다. 리얼리티 쇼는 제작 비용을 대폭 절감시켜 주기 때문에 높은 이윤을 창출한다. 예를 들어, 미국의 경우 드라마 같은 픽션 프로그램에 비교하면, 리얼리티 쇼는 많게는 1/2, 적게는 1/7 정도의 제작 비용으로 드라마와 비슷한 시청률을 얻는다(WGA Report, 2013). 구체적으로 보면, 리얼리티 쇼의 무대본unscripted

---

2 리얼리티 쇼에 대한 학술 논문의 상황을 살펴보기 위해 국내 학술데이터베이스(DBpia)에서 '리얼리티 쇼'와 '리얼리티 프로그램'을 키워드로 검색한 결과(2018. 8. 1 기점), 미디어 콘텐츠 관련하여 총 74편이 검색된다(사회과학 분야 65편, 인문학 분야 9편). 이 중 85%(63편)가 2010년 이후 발간되었는데, 이는 리얼리티 쇼의 대중화가 2010년 즈음이라는 것을 간접적으로 보여 준다.

의 특성은 작가료를 없애 주며, 대부분 일반인 출연자이기 때문에 출연료도 전문 연기자에 비해 매우 낮다. 연예인 출연진 경우에도 톱 연기자가 아닌 이른바 B급으로 분류되는 연예인들이 출연하여 비용이 절감된다. 또한 포맷 중심은 제작의 간소화로 효율성을 높이고, 간접 광고(PPL)도 용이하게 한다. 뿐만 아니라, 문화적 특색이 강한 완제품scripted 프로그램에 비해, 현지에서 변용할 수 있는 리얼리티 쇼는 해외 수출의 활로가 훨씬 넓다. 따라서 리얼리티 쇼는 수용자를 안정적으로 확보한 네트워크 방송사보다 자본이나 수용자가 한정된 케이블 방송에게 더욱 매력적인 장르로 간주된다. 리얼리티 쇼 중심의 세계 방송프로그램 포맷 시장은 영미, 유럽이 지배하는데, 최근 한국도 소규모이지만 일본에 이어 리얼리티 쇼 포맷을 수출하기 시작했다.

이처럼 리얼리티 쇼의 경제적 이점이 커도, 만약 리얼리티 쇼가 이 시대를 살아가는 시청자들의 정서와 욕망과 맞닿아 있지 않았다면, 즉 시청자들의 관심과 적극적인 호응을 끌어낼 수 없었다면 텔레비전 정경에서 리얼리티 쇼의 주류화는 일어나기 힘들다.[3] 따라서 '도대체 리얼리티 프로그램이 뭐기에?'라는 궁금증은 리얼리티 텔레비전 장르에 대한 관심, 나아가 리얼리티 쇼를 욕망하는 우리 시대와 사회, 그리고 우리 자신에 대한 진지한 고찰과 이해로 안내한다.

리얼리티 쇼는 세계적으로 제작되고 유통되는 장르지만, 제작되고 소비되는 해당 사회에 따라 차이를 드러내며 지역적 특성을 지닌다. 따라서 이 장은 이 시대의 리얼리티 쇼 장르가 공유하는 기본 성격과 특성을 파

---

3 21세기에 리얼리티 쇼의 탄생은 1995년 이후 인터넷의 발달이 가져온 온라인 가상 세계의 경험, 보편 진리를 비판하고 일상성을 중시하는 담론의 확산, 구조의 유동화로 특징되는 신자유주의의 확산이라는 복수의 차원들이 함께 작용하면서 대중에게 뭔가 확실한 '실제'에 대한 욕망, '날 것' 그대로의 리얼리티에 대한 욕망을 불러일으켰다고 나는 생각한다.

악할 뿐 아니라, 한국 리얼리티 쇼의 독특성을 추적하며 이 특성이 어떻게 지금 한국 사회 및 한국인의 감성과 상호 구성적인 관계를 갖는지를 밝히고자 한다.

이를 위해 먼저 시대적 장르로서 리얼리티 쇼의 장르적 특성을 정의하고, 포맷 형식을 살펴볼 것이다. 두 번째로, 리얼리티 쇼의 문화적 성격으로서 신자유주의를 논함으로써 리얼리티 쇼가 시대를 각인하고 있는 문화 형식이자 문화 실천임을 논의할 것이다. 세 번째로 한국 리얼리티 쇼의 특이성을 상세히 다루며 한국 대중의 사회문화적 욕망이 한국 리얼리티 쇼에 어떻게 발현되고 접합되는지 살펴볼 것이다. 마지막으로 앞에서 논의한 내용들이 어떤 사회문화적 함의들을 제기하는지 함께 생각하며 마무리할 것이다.

리얼리티 쇼란 무엇인가

'리얼리티 쇼' 정의하기

융합 시대에 걸맞게, 리얼리티 프로그램은 기존의 여러 텔레비전 장르들을 혼합하면서 신종 장르로 등장했다. 리얼리티 쇼가 자신의 핵심 장치로 가장 중요하게 차용한 것은 리얼리티를 내세우는 다큐멘터리 장르의 기법이다. 휴먼 다큐멘터리처럼 '보통 사람들'의 '일상의 모습들'을 다루거나, 자연 다큐멘터리처럼 고정 카메라fly-on-the wall를 활용해서 모든 실제 움직임을 포착하는 관찰 방식이다. 여기에 더해, 리얼리티 쇼는 게임 쇼 장르에서 '경쟁' 형식, 토크쇼에서 수다를 담당하는 패널panel 형식을 가져오는 등, 각 오락 장르의 특징을 다양하게 배합한다.

리얼리티 쇼가 이처럼 다기한 혼종 형식으로 빠르게 진화했기 때문에, 리얼리티 쇼의 정의도 학자마다 상이하다.[4] 케임브리지 영어 사전은 리얼리티 쇼를 "실제 상황에서 촬영한 보통 사람ordinary people들에 관한 텔레비전 프로그램"이라 정의하고 있으며, 콜린스 사전의 정의도 이와 유사하다. 여기서 공통되는 핵심 단어는 '보통 사람들'과 '실제 상황real situations'이다. 이 두 요소는 분명 리얼리티 쇼의 주요한 특징이지만, 정의로서는 다음과 같은 한계를 지닌다.

먼저, 서구 리얼리티 쇼가 흔히 보통 사람 또는 일반인ordinary people을 포함시키는 이유는 처음부터 연예인이 아닌 일반인이 출연한 프로그램으로 부상했고 주류를 이뤘기 때문이다. 그러나 한국 경우는 '연예인 리얼리티 쇼'가 지배적이고, 서구에서도 소수지만 인기 높은 연예인 리얼리티 쇼(《댄스 위드 스타*Dance with Star*》)가 있다는 점에서 이 정의는 협소하다. 또한 리얼리티 쇼의 정의가 '실제 상황'의 '보통 사람'에 관한 TV 프로그램에 그친다면 휴먼 다큐멘터리와 다를 바가 없게 된다는 점이다. 그렇다면 어떻게 리얼리티 쇼를 정의해야 할까?

리얼리티 쇼는 '실제 개인의 무대본의 행위를 오락적 설정 위에서 보여 주는 텔레비전 프로그램'이라고 정의할 수 있다.[5] 즉 리얼리티 쇼의 장르적 정체성은 '실제 개인,' '무대본의 행위,' '오락적 설정'이라는 세 요건을

---

4 리얼리티 쇼가 처음 등장했던 1990년대 맹아기에 리처드 킬본Richard Kilborn(1994: 423)은 리얼리티 쇼를 "개인이 겪은 일상의 실제 사건을, ENG나 홈비디오 카메라를 이용해서, 리얼리티 효과와 오락적 가치를 높이도록 다양한 요소를 첨가해, 극화하여 재구성하는 것"으로 정의했다. 이 정의는 2000년대 리얼리티 쇼의 붐 이전에 제시되었지만, 리얼리티 쇼의 정의로 초기에 널리 통용되었다.

5 이 정의와 유사하게, 나는 이전에 리얼리티 쇼를 "구체적 대본 없이 실제 인물들의 행위를 통해 개인성the personal을 드러내는 극적인dramatic 오락물"로 정의한 바 있다(김수정, 2010: 16). 여기서는 기존 정의를 다듬어 리얼리티 쇼의 핵심을 더욱 간명하게 드러내고자 했다.

필수로 한다. 이는 프로그램 산업의 제작 가이드로서뿐 아니라, 텍스트의 특성이자, 시청자가 리얼리티 쇼에 대해 떠올리는 주요 사항들이라는 점에서, 장르적 정의로 적절하다고 본다. 이 세 요건이 어떻게 상호 작용하며 리얼리티 쇼를 특징짓는지 살펴보자.

첫째, '실제 개인'은 소설이나 드라마의 등장인물 같이 허구적으로 창작된 인물이 아닌, 현실 사회에 실재exist하는 개인을 뜻한다. 일반인 출연자는 물론이고 연예인이나 여타 전문 분야의 유명인도 실제 이름으로 출연한다는 점이 리얼리티 쇼의 첫 번째 성격이다. 다큐멘터리도 실제 개인을 다룰 수 있지만, 리얼리티 쇼는 다큐멘터리에 비해 '개인성'을 더 중시한다. 그 개인의 특이성이 관심의 초점이며 오락적 요소다. 그에 비해 실제 인물을 다루는 휴먼 다큐멘터리는 실제 인물을 다뤄도 주로 그 개인이 속한 특정 사회 집단(노동자, 여성, 학생, 장애인, 동성애자 등)을 대표하거나 상징하고, 또는 특정 사회나 인류를 대표하는 인물이라는 의미를 담곤 한다. 즉 다큐멘터리에서 개인은 공공의 사회적 이슈나 성찰로 확장될 수 있는 통로이거나 창이다.

리얼리티 쇼에서 출연자의 개인성을 잘 드러내는 장치가 바로 '무대본'이다. 이는 대사나 구체적인 사전 시나리오 없이, 특정 상황에서 발생하는 출연자의 반응과 행위를 내용으로 삼는 방식이다. 누구도 짜 놓지 않은, 그래서 누구도 예측할 수 없는 행위들은 그 개인의 습관, 취향, 스타일, 성격, 가치 등을 드러내면서 시청자들에게 리얼한 것으로 느끼게 한다.

예측하지 못한 출연자의 행동이 시청자의 흥미를 끄는 지점은 기대한 것과 기대를 넘어서는 것 간의 변주, 즉 '유사성과 차이'의 성공적인 변주에 있다. 일반인 출연자의 경우, 주위에서 흔하게 볼 수 있는 모습만 보여 준다면 굳이 그들이 나온 TV를 봐야 할 이유가 없다. 일반 시청자가 공감할 수 있는 비슷함뿐 아니라, 특이한 개성을 보여 줘야 오락적 가치가 증대한다. 따라서 리얼리티 쇼에서는 평범한 일반인 출연자라도 일종의 특이함extraordinariness이 요청된다. 지나치게 섹시하든지, 지나치게 욕심이 많든지, 지나치게 평범하든지, 지나치게 능력이 뛰어나든지, 지나치게 괴짜이든지, 그것이 무엇이든 과잉excess으로 표출되는 개인의 특성은 크게 주목받는다.

그에 비해 연예인의 경우는 이미 방송 전문인이기 때문에, 시청자들은 그들을 딴 세상에 사는 화려하고 특별한 존재라고 생각한다. 따라서 시청자들은 리얼리티 쇼의 연예인들에게서 보통 사람에게서 볼 수 없는 화려함이나 특별함을 보기 원할 뿐만 아니라, 우리와 다를 바 없는 일반인의 '평범함ordinariness'을 발견할 때 이중의 재미를 느낀다.

물론, 리얼리티 쇼에 출연한 일반인과 연예인 참가자들이 텔레비전 앞에서 종종 의도된 행동을 자연스러운 행동인척 위장하기도 한다. 이런 모습들 앞에서 시청자들 역시 과연 그 개인들이 자신의 진정한 '실제' 모습을 드러내는 것인지, 아니면 보여 주기 위한 의도된 전시display나 가장pretense을 하는 것인지를 가늠하고 판단하면서 재미를 느낀다(Hill, 2005).

이러한 점에서 리얼리티 쇼는 일종의 실험 상황에 처한 실제 개인들의 실제 반응을 관찰하는 오락이라 할 수 있는데, 이 오락성을 극대화하기 위한 장치가 바로 '상황 설정setting'이다. 일상은 대체로 예상 가능한 관습적 행위로 채워져 있기 때문에 돌발 행위를 야기하기 위한 일종의 프로그램의 구조화 방식이라고 할 수 있다. 예를 들어, 오디션 설정, 여행 설정, 데이트 상대를 찾기 위한 합숙 설정, 군대 체험 설정, 일상생활 설정, 탐험 설정 등 그 설정은 다양한데, 여기에 '미션'이라는 이름으로 작은 상황 설정이 추가된다. 텔레비전 방송을 위해 이전에 없었던 '실제'가 이러한 설정들 위에서 창출되는 것이다.

그런데 무대본과 설정 상황의 조건에서 발생하는 행위들도 그저 일상의 평범한 것일 수 있다. 따라서 사건이 될 만한 재미있는 부분을 추리고, 하나의 이야기처럼 구성해내기 위해서 리얼리티 쇼 제작은 '편집'에 절대적으로 의존하게 된다. 시청자들도 상황 설정을 통한 구조화 작업과 편집을 '잘 알고' 있기에 리얼리티 쇼에서 벌어지는 행위들이 실제와 100% 똑같다고 생각하지 않는다.[6] 제작진의 편향된 편집에 의해 실제가 왜곡됨을 지칭하는 이른바 '악마의 편집misleading editing'이라는 용어도 이를 잘 보여 준다. 그러나 의도된 편집에 의해서 실제(리얼리티)가 훼손된다는 불만은 리얼리티 쇼가 변경되지 않는 실제여야 하고, 그럴 수 있다는 시청자들의 암묵적인 믿음을 역설적으로 보여 준다. 이처럼 리얼리티 쇼에서 시청자가 느끼는 실제감sense of reality은 리얼리티에 대한 시청자들의 기대와 정서적 참여를 통해 발생되고 강화된다(윤태진, 2011).

좀 더 리얼리티 쇼의 정의를 파고들어 가 보자. '실제 개인의 무대본의 행위를 보여 주는 것'에 '설정'의 조건을 추가해도, 리얼리티 쇼는 외관상 다큐멘터리와 유사해 보일 수 있다. 예를 들어, 실제 존재하는 연예인의 개인 생활을 관찰하는, 이른바 '관찰 예능'이라 불리는 리얼리티 쇼의 경우 특히 그렇다. 아이돌의 경연 과정이나 일상을 담은 케이블 방송의 초기 리얼리티 쇼인 〈리얼다큐 빅뱅〉이나 〈2NE1 TV〉, 그리고 한국 지상파 방송에서 높은 인기를 구가한 〈슈퍼맨이 돌아왔다〉(KBS) 같은 리얼리티 쇼는 언뜻 휴먼 다큐멘터리와 유사해 보이는 일면이 있다.

그러나 이러한 외관상 유사성에도 불구하고, 리얼리티 쇼와 다큐멘터리는 각기 '추구하는 가치'에 의해 근본적으로 구분된다. 둘 다 실제를 다

6 한국에서 1시간짜리 방송 분량을 만들기 위해서 토크 유형의 리얼리티 쇼는 4~5배의 시간을, 버라이어티 쇼의 경우는 10배가 넘는 시간을 촬영하고 이를 일일이 보면서 편집해야 하는 리얼리티 쇼의 제작 상황은 잘 알려져 있다.

룬다고 해도, 다큐멘터리는 '공공성'과 '사회성' 그리고 '진실성'의 가치를 추구하고 성찰하려는 목적이 주류를 이룬다. 반면, 리얼리티 쇼의 최상의 가치는 오락성이며 '리얼리티'는 오락을 위한 소재로서 설정된다. 그래서 리얼리티 쇼인 〈슈퍼맨이 돌아왔다〉가 방송 이전에도 이미 존재하는 실제 인물의 집과 삶을 배경으로 해도, 엄마 없이 며칠 동안 아빠 혼자 육아를 한다는 설정 위에서 재미를 추구하기 때문에 다큐멘터리가 아닌 리얼리티 쇼인 것이다. 이처럼 콘텐츠의 형식 이상으로 그 콘텐츠가 추구하는 가치는 장르의 정체성에 중요하며, 이 점에서 리얼리티 쇼는 "실제 개인의 무대본의 행위를 '오락적 설정' 위에서 보여 주는 텔레비전 프로그램"으로 정의되는 것이다.

리얼리티 쇼의 유형과 핵심 포맷

리얼리티 쇼가 다양한 형식으로 지속적으로 진화하기 때문에 유형화 역시 변화될 수 있지만, 현재 리얼리티 쇼는 상황의 설정 양상을 기준으로, '구조화된 설정structured setting'과 '비구조화된 설정unstructured setting'으로 크게 나눠 볼 수 있다.[7] 구조화된 설정의 리얼리티 쇼는 방영을 목적으로 인위적인 상황을 설정하고, 섭외된 출연자들이 그 상황에서 어떻게 대응하고 반응하는가를 관찰한다(예를 들어, 〈진짜 사나이〉, 〈정글의 법칙〉, 〈프로듀스101〉). 비구조화된 설정은 실제 자신의 생활 환경이나 실제 인간관계

---

7 이는 권위 있는 미국의 '프라임타임 에미상Primetime Emmy Award'이 2014년부터 '구조화된 리얼리티'와 '비구조화된 리얼리티' 부문으로 나눠 리얼리티 프로그램에 상을 수여한 점을 참고하였다. 수상에는 이 두 프로그램 부문들 이외에 촬영, 제작 디자인, 편집, 경쟁 리얼리티 쇼의 진행자의 네 부문도 해당된다. https://www.usmagazine.com/entertainment/news/emmys-2014-complete-winners-list-from-the-66th-primetime-emmy-awards-2014258/ https://en.wikipedia.org/wiki/67th_Primetime_Creative_Arts_Emmy_Awards

리얼리티 쇼의 형식적 특성

리얼리티 쇼는 실제 개인의 무대본의 행위를 오락적 설정 위에서 보여 주는 텔레비전 프로그램으로 정의할 수 있다. 리얼리티 쇼 장르는 상황의 인위성의 설정 정도에 따라서 크게 비구조화된 설정과 구조화된 설정으로 나눠 볼 수 있다. 비구조화된 설정은 출연자가 실제 자신의 생활 환경이나 실제 인간 관계들을 배경 상황으로 하는 경우다. 이에 비해, 구조화된 설정은 리얼리티 쇼 방영을 목적으로 설정된 인위적인 상황에서, 이 방송을 위해 특별히 모집되거나 섭외되어 이전에 서로 모르는 사람들이 함께 출연하는 경우를 말한다. 〈슈퍼맨이 돌아왔다〉가 비구조화된 리얼리티 쇼의 예라면, 〈진짜 사나이〉나 〈프로듀스101〉은 구조화된 리얼리티 쇼의 예라고 할 수 있다. 모든 리얼리티 쇼는 '관찰 포맷'과 '고백 인터뷰' 포맷을 포함하고 있으며, 비구조화된 리얼리티 쇼는 이 두 포맷만으로도 구성 가능하다. 구조화된 유형의 리얼리티 쇼는 그에 더해서 '경쟁 포맷,' '시청자 참여 포맷,' '패널 포맷'을 추가 조합해서 활용한다. 경쟁/게임 리얼리티 쇼 유형은 이 다섯 포맷을 모두 활용한다.

들 속에서 행위하고 반응하는 것을 관찰하는 유형으로 다큐멘터리와 유사한 외관 때문에 '다큐멘터리 스타일'로도 불린다(예를 들어, 〈슈퍼맨이 돌아왔다〉, 〈효리네 민박〉, 〈백년손님〉).

구조화된 유형은 여러 인위적 장치를 가미할 수 있기 때문에 훨씬 다양한 하위 유형들을 포함한다. 합숙 상황 속에서 인간관계의 관찰(〈불타는 청춘〉, 〈하트시그널〉), 야외 생존(〈정글의 법칙〉), 자기 개선(〈렛미인〉), 사업 코칭(〈골목식당〉), 인테리어 개선(〈헌집줄게 새집다오〉), 사회 실험(〈한끼줍쇼〉,

〈짠내투어〉, 〈삼시세끼〉, 〈숲속의 작은집〉), 여행 레저(〈꽃보다 할배〉, 〈도시어부〉, 〈비긴어게인〉), 오디션 경쟁(〈프로듀스101〉, 〈슈퍼스타K〉), 전문직 경쟁(〈불후의 명곡〉, 〈냉장고를 부탁해〉, 〈프로젝트 런웨이 코리아〉) 등의 하위 유형으로 분류 가능하며, 이는 앞으로 더욱 다양화될 것이다.

리얼리티 쇼 장르의 핵심 포맷은 크게 다섯 가지로 구별해 볼 수 있다. 관찰 카메라, 고백 인터뷰, 경쟁 형식, 패널 구성, 시청자 참여가 그것이다. 이 포맷들은 각 리얼리티 쇼의 구조화 정도와 목적에 따라 선별적으로 조합되어 리얼리티 쇼를 구성한다. 한국의 경우, 비구조화된 리얼리티 프로그램 유형은 주로 관찰 기법, 고백 인터뷰, 패널 참여로 구성되고, 구조적 리얼리티 쇼 중 오디션 리얼리티 쇼는 위 포맷 장치 모두를 활용한다.[8]

관찰 포맷

먼저, 관찰 포맷은 실제 벌어지고 있는 것을 전달한다고 표방할 수 있게 해 주는 리얼리티 쇼의 심장이다. 모든 리얼리티 쇼에서 카메라는 특정 행위와 특정 시점이 아니라, 가능한 모든 행위를 지속적으로 촬영한다. 리얼리티 쇼가 상업적 목적 아래 인간의 관음증적 경험과 쾌락을 부추길 뿐 아니라, 감시 사회를 정당화시킨다는 비판(김예란 · 박주연, 2006; 이종수, 2004)을 받는 가장 큰 이유는 바로 이 때문이다.

고백 인터뷰

고백과 같은 '1인칭 개인 인터뷰' 포맷은 감초처럼 모든 리얼리티 쇼에 포

---

8 미국의 경우, 비구조화된 리얼리티 쇼에서 매회 등장하는 패널 구성을 나는 아직 본 바가 없다. 게임 리얼리티 장르가 위의 네 가지 포맷 장치를 통해 어떻게 신자유주의의 자기 통치 테크놀로지로 역할 하는지에 대한 상세한 사례 분석은 김수정(2010)을 참조하라.

함되는데, 리얼리티 느낌을 불러일으키는 데 중요한 역할을 한다. 리얼리티 쇼에서 주어진 상황과 벌어지는 일들에 대해, 또는 자신의 행동이나 다른 참가자에 대한 출연자 자신의 생각과 감정 등을 시청자를 향해 솔직하게 털어놓는 형식을 취하기 때문에 일명 '고백 인터뷰'로 불린다.[9] 1인칭 개인 인터뷰는 주로 다큐멘터리와 뉴스에서 프로그램의 정보뿐만 아니라 객관성을 담보하기 위해 증언이나 전문가 설명을 제공할 때 많이 사용되는 기법인데, 리얼리티 쇼는 이를 오락용으로 다르게 사용하였다. 1인칭 개인 인터뷰는 출연자의 개성과 내면을 드러내 줌으로써 관찰 카메라만으로는 정확히 알 수 없는, 출연자의 당시 감정이나 행동 뒤의 의도를 알려 준다. 이 고백 인터뷰는 시청자가 출연자 개인의 내적 자아에 가까이 다가가는 듯 느끼게 하며 출연자의 진정성과 프로그램의 리얼리티를 높이는 데 기여한다.

패널 구성

설정 상황과 포맷이 매우 분명한 '구조화된 리얼리티' 유형의 쇼들은 종종 심사위원이나 트레이너, 또는 코치로 구성된 패널 형식을 갖추고 있다. 특히 경쟁/게임 리얼리티 쇼들이 대표적인데, 예를 들어, 〈슈퍼스타K〉나 〈쇼미더머니〉와 같은 오디션/경쟁 리얼리티 쇼는 시청자 평가단과 함께 심사위원단 패널이 탈락자를 결정하는 일과 참가자들에게 다양한 평가와 조언을 제공하는 역할을 맡는다. 〈프로듀스101〉처럼 우승자를 시청자가 100% 결정하는 경우에도 트레이너와 코치로 구성된 패널을 갖추고 있으며, 〈히든싱어〉와 같은 경우는 '판정단'이라는 이름으로 연예인을 포함한 방청객

---

9 영어권에서는 이러한 고백 성격의 인터뷰 컷을 'confessional,' 또는 'talking head'라고 부르기도 한다.

집단이 패널 역할을 일부 수행한다. 심사위원들의 언행은 경쟁 상황의 긴장감과 리얼리티를 높일 뿐 아니라 중요한 오락적 요소로 기능한다.

서구에서 패널 형식은 경쟁 리얼리티 쇼 유형에 주로 활용되며, 실제 생활 환경에서 개인들의 행위를 관찰하는 비구조화된 리얼리티 쇼 유형(예를 들어, 미국의 〈폰 스타*Pawn Stars*〉, 〈덕 다이너스티*Duck Dynasty*〉)에서는 발견할 수 없다. 그러나 한국 리얼리티 쇼는 다큐멘터리 스타일의 비구조화된 유형에서도 스튜디오에서 이뤄지는 토크 패널 구성을 많이 활용한다. 〈미운 우리 새끼〉는 진행자, 출연자의 어머니, 게스트로 구성된 집단이, 〈나 혼자 산다〉는 주로 해당 출연자들과 게스트가, 〈하트시그널〉은 별도의 연예인들이 스튜디오에서 녹화 영상을 함께 시청하며 말한다. 이들을 '토크 패널'이라고 부를 수 있는데, 한국 리얼리티 쇼에서는 대부분 연예인들로 구성된다. 토크 패널은 리얼리티를 높이는 데 기여하기보다는, 마치 유튜브의 리액션 비디오처럼 시청 중 반응을 통해 오락성을 높이는 역할을 수행한다. 이들은 시청자가 보여 줄 법한 다양한 반응을 보임으로써 한편으로는 시청자를 대변하고, 다른 한편으로는 이들 연예인들의 반응 자체를 시청자의 볼거리로 제공하는 이중 기능을 수행하면서 핵심 관찰 대상과 시청자 사이를 이어 주는 중간 역할을 한다.

경쟁 포맷

경쟁 포맷은 말할 필요 없이 경쟁/게임 리얼리티 쇼 유형에서 절대적으로 중요한 포맷이다. 한국에서 일반인 리얼리티 쇼는 거의 대부분 오디션 성격의 경쟁 리얼리티 쇼 유형이나 데이트 쇼에 한정된다. 최종 승자가 되기 위한 일반인 참가자 개인의 노력, 분투, 갈등, 탈락의 경쟁 과정은 생생한 리얼함과 재미의 원천이다. 특히 제작진들은 정교한 편집을 통해서 경쟁 과정을 일종의 갈등 드라마나 성장 드라마로 전달하며 오락성을 강화한다.

시청자 참여

리얼리티 쇼가 폭발적인 붐을 일으키게 된 데에는 시청자 참여라는 포맷 형식이 큰 기여를 했다. 특히 오디션 경쟁 리얼리티 쇼에서 일반인들은 기존의 시청자의 위치를 벗어나 출연자가 될 수 있을 뿐 아니라, 투표자로 출연자의 탈락과 우승에 참여할 수도 있다. 미국에서 〈아메리칸 아이돌*American Idol*〉이 2002년 시작 이래 7년 동안 모든 장르를 통틀어 시청률 1위를 유지할 수 있었던 데에는 일반인이 출연자라는 점뿐만 아니라 일반 시청자가 최종 우승자를 100% 결정하는 포맷 덕이 컸다.[10] 한국에서는 2009년 오디션 리얼리티 쇼인 〈슈퍼스타K〉가 시청자 문자 투표 포맷을 처음 도입하였다. 이후 전문 심사위원단 없이 전 과정을 100% 시청자 투표로만 진행하여 최종 우승자를 선정하는 한국 리얼리티 쇼는 2016년 〈프로듀스101〉이 처음이었다.

지금까지 리얼리티 쇼 장르의 정의, 그리고 장르 형식으로서 유형과 핵심 포맷을 살펴보며 리얼리티 쇼가 무엇인지 설명하였다. 다음은 리얼리티 쇼가 오락 기능을 넘어 우리가 살고 있는 현실의 산물이면서 동시에 그 현실을 다시 구성하는 문화 형식임을 살펴보고, 그 사회문화적 성격 역시 탐색해 보자.

10 http://tvbythenumbers.com/2010/06/16/final-2009-10-broadcast-primetime-show-average-viewership/54336.

신자유주의 시대의 '자기 계발' 프로그램

리얼리티 쇼가 한정된 포맷으로 수많은 흥미로운 프로그램을 만들어 낼 수 있는 까닭은 개인 삶의 무수한 상황들과 행위를 소재로 삼기 때문이다. 즉 리얼리티 쇼는 요리, 다이어트, 육아, 연애, 여행, 살림, 취업 등 삶 자체를 대상으로 삼으며, 개인들의 행위를 마치 가공하지 않은 '날 것' 그대로 인 듯 시청자에게 낱낱이 보여 주려고 한다. 그리고 시청자들은 오락으로서 그것을 즐긴다.

이러한 리얼리티 쇼를 단지 오락물에 불과한 것이라거나, 방송 문화 산업의 이익과 제작진의 창의 속에서 탄생한, 한때의 유행 장르로 치부할 수는 없다. 왜냐하면 특정 오락의 형식과 내용은 제작자의 의식과 의도를 넘어 그 시대와 사회의 지배적인 가치와 정서의 영향 아래 구조화된 문화 산물이기 때문이다. 또한 우리는 그것을 즐기고 함께 얘기하면서 사회의 가치와 정서를 소통하고 공유하며, 사회를 재생산하고 우리 자신을 형성하기 때문이다. 이런 점에서 리얼리티 쇼도 이 사회를 드러내는 징후적 텍스트일 뿐 아니라 사회와 우리 자신에게 직간접적으로 영향을 끼치는 중요한 문화 실천인 것이다.

이런 관점에서 본다면, 리얼리티 쇼 장르는 지금 여기 이 시대와 어떻게 관련될까? 미디어 문화연구 분야의 학자들은 리얼리티 쇼가 이 시대의 신자유주의 정신을 구현하고 있는 오락물이라고 주장한다.

이를 이해하기 위해서는 적어도 '신자유주의'가 무엇인지 대략적으로라도 알 필요가 있다.[11] 단순화를 무릅쓰고 간략히 신자유주의 체제를 설

11 여기 제시된 신자유주의에 대한 설명은 미셸 푸코Michelle Foucault(2004: 229~367)의 《생명관리정치의 탄생》에 의존한다.

명하자면, 신자유주의란 기업enterprise 형태가 사회 구조를 관통하는 일반화된 기능 원리로 확산된 것을 말한다(Gordon, 1991: 42~44). 즉 시장의 원리가 경제와 관련되지 않은 사회의 전 영역들에게까지 확장되어, 모든 사회적 삶과 개인의 행위 양식에 관철되는 것이다.[12] 이러한 신자유주의 체제에서 개인은 미래에 소득을 가져올 수 있는 '인적 자본'으로 간주된다. 따라서 더 큰 소득을 가져올 수 있는 인간 능력의 계발, 증대, 축적에 기여하는 모든 것은 '투자'로 취급된다. 이제 부모의 자녀 사랑도, 가족 여행도 자녀의 정서를 위한 투자로 간주되고, 교육도 미래 소득을 위한 투자에 다름 아니며 좋은 친구를 사귀게 하는 것도 자녀의 인적 자본을 증대시키는 미래 인맥에 대한 투자로 취급된다. 이제 경제는 선택된 목적을 위한 희소 자원의 합리적 할당을 연구하는 인간 행동에 관한 과학으로서, 최소 비용으로 최대 효과를 목표로 삼는 인간 행위의 합리성을 추구하는 학문이 된다.

이러한 상황에서 개인에 대한 이상적 모델은 '기업'이 된다. 이제 개인은 스스로의 행위를 관리 경영하며 자신의 인적 자본을 효율적으로 유지, 재생산, 재구조화해야 하는 1인 기업이자, 자기 자신을 경영하는 기업가entrepreneur가 된다. 그래서 자신의 감정에서 건강까지, 교육에서 오락까지, 표정에서 몸매까지, 가족 관계에서 사회관계까지, 모든 측면에서 자기 계발에 몰두하며 스스로의 행위를 측정, 계산, 진단, 평가, 관리, 경영하도록 요청된다.

12 신자유주의를 주창한 경제이론가들은 고전적 자유주의에서처럼 국가가 개입하지 않고 시장을 놔두는 자유방임의 태도를 국가는 더 이상 취해서는 안 된다고 주장한다. 경쟁이 시장의 자연스러운 본질이 아니기 때문에 신자유주의의 국가의 역할은 경쟁을 일으키고 지속될 수 있도록 관련 법law과 제도와 같은 형식, 즉 사회의 기본 환경틀에 적극적으로 개입해야 한다는 것이다(Foucault, 2004: 229~261).

기업은 개인뿐 아니라, 학교, 공공기관, 사회단체, 도서관, 박물관, 정부 등 모든 사회적 기구와 삶들의 모델이 되어, 경쟁의 규칙 아래 적극적으로 스스로를 개선하고 발전시키도록 고무한다. 이러한 신자유주의의 요구는 한국 대학 교육의 모습도 바꿔놓는다. 한국의 대학교수들은 '미래 설계 상담' 또는 '취업 진로 상담' 등의 명칭 아래 학생들을 의무적으로 상담해야 한다. 인생의 고민이나 어떤 사람으로 살 것인가와 같은 인생 문제를 상담하는 것이 아니라, 토익, 토플 시험 등의 이른바 취업용 스펙 관리, 학생들의 시간 관리, 수업 관리, 대외 활동 관리, 교우 관계 관리 등을 체크하며, 학생이 스스로를 계획하고 진단하고 평가 관리하도록 조언하고 격려하는 코치가 된다. 간단히 말해서, 신자유주의 질서에 살아나갈 수 있게 학생들을 '기업가적 자아enterprising self'로 주체화하도록 돕는 '주체화 전문가'들의 역할을 떠맡고 있는 것이다.

흥미로운 점은 신자유주의 체제에서 누구도 자기 계발을 억지로 강요하지 않는다는 점이다. 개인은 이해관계를 지닌 주체로서 스스로를 위한 합리적인 선택을 통해 자발적으로 목표와 수단을 조정하며 행동한다. 따라서 신자유주의의 통치성은 기본적으로 개인이 자발적이고 자유로운 선택에 기초해서 자신의 행동을 스스로 성찰하며 다스리는 자기 통치self-governance를 통해 작동한다. 따라서 이런 사회는 구조적 불평등은 아랑곳하지 않고, 성공과 실패의 모든 책임을 개인 탓으로 돌린다.

그렇다면 이러한 신자유주의에 대한 설명과 리얼리티 쇼가 어떻게 관련된다는 것인가? 여러 학자들은 리얼리티 쇼는 개별 시민을 경쟁 원리 아래 자율적이고 책임 있는 기업가적 주체가 되도록 독려하고, 그러한 가치를 내면화하도록 조장한다고 비판한다(Couldry, 2004; Couldry & Littler, 2011; McMurria, 2008; Oullette & Hay, 2008; 김수정, 2010; 이희은, 2011). 이는 개별 리얼리티 쇼에서도 관철되지만, 데이트에서 다이어트, 육아, 공동체

생활, 취업 경쟁 등에 이르기까지 다양한 삶의 국면과 상황에서 개인의 행위를 다루는 수많은 리얼리티 쇼들이 함께 어우러져 일으키는 총체적인 효과다. 물론 리얼리티 쇼 장르 이전에도, 아침 교양 프로그램은 주부들에게 알뜰한 살림 법을 가르쳤고, 토크쇼는 인간관계에 대해 코치해 주었으며, 휴먼 다큐멘터리는 우리 인간 자신을 성찰하도록 도왔다. 그러나 기존 장르들은 모두 교양과 계도의 목적 아래 '시청자를 대상으로' 유익한 정보를 일방적으로 제공하는 방식이었다. 반면, 리얼리티 쇼는 출연자 개인이 '자발적으로' 자아를 개선하고 실현하기 위해 '자기 스스로'를 대상으로 선택하고 행위하고 평가하는, 스스로에 대한 자기 통치라는 점에서 질적인 차이가 있다.

리얼리티 쇼가 자기 계발에 매진하는 기업가적 주체 모델을 오락 속에서 작동시키고 있다면, 그것은 리얼리티 쇼의 형식들에서도 설명될 수 있어야 할 것이다. 이러한 시각에서, 취업/오디션 경쟁 리얼리티 쇼를 사례로, 리얼리티 쇼의 포맷들을 다시 살펴보자. 방송사가 설정한 상황에서 특정 과제를 완수하여 경쟁에서 탈락되지 않기 위해 참가자는 먼저 자기 자신과 스스로의 행위를 인식 대상으로 삼아 관찰하고 평가하며 개선시키려고 한다. 이때 '고백 인터뷰'는 개인의 내면의 생각과 감정에 대해서도 심사위원들과 시청자가 진단, 측정, 평가, 조언할 수 있도록 만든다. 그리고 출연자나 이를 지켜보는 시청자 개인 역시 자신의 행위를 돌아보고, 합리적인지 평가하고 이를 개선하도록 독려된다. 이런 점에서 끊임없는 관찰은 감시의 기능을 행하기도 하지만, 동시에 출연자나 시청자가 자발적으로 자기 향상과 계발을 도모하는 장치로 기능한다.

이러한 점은 리얼리티 쇼에 출연한 일반 참가자들이 이후 인터뷰에서, 쇼의 진행 동안 자신이 어떤 사람인가에 대해 배우게 되었다며 그 '경험'에 대해 감사하는 데서도 드러난다(Andrejevic, 2004: 191). 출연자뿐 아니라 시청자들 역시 리얼리티 쇼가 "자기 성찰과 오락뿐 아니라 교육적 측면에서도 간접 경험과 사회 및 인간 행태의 관찰에 도움이 된다"고 말한다.[13] 이때 '경험'이란 자신의 세계관이나 정체성을 구성하는 일부를 의미하지 않는다. 신자유주의 체제에서 '경험'은 자기 계발의 '자원'이며, 자기의 인적 능력을 증대시켜 주는 지렛대와 같은 '수단'으로 간주된다. 즉 경험은 이력서에 올릴 수 있는 어떤 것으로서 물화되고commodified 양화quantitative되며, 자신의 자발적인 선택과 책임을 증빙하는 일종의 성취물로 취급된다.

경쟁 리얼리티 쇼에서 심사위원단이나 코치 등 패널의 형식 또한 특정한 역할을 수행한다. 이들은 참가자의 과제 수행 결과를 평가하여 탈락자를 선정하는 일뿐 아니라, 자신의 전문 지식에 기초해서 참가자가 스스로의 행위를 개선하고 시장의 가치를 높일 수 있게 조언하는 일을 수행한다. 이들의 평가 기준이나 조언은 대체로 '새로움(혁신성)'과 '개성(차별화),' 이 두 가지로 집약된다. 심사자 패널은 참가 경연자에게 자기 계발을 통해서 자신을 끊임없이 혁신하면서 다른 사람과 차별화된 개성을 지녀야만 경쟁에서 이길 수 있다고 강조한다. 그리고 주어진 상황에서 어떻게 생각하고, 행동하고, 심지어 어떻게 느껴야 되는지를 비판, 칭찬, 격려, 조언, 때론 위로 등의 다양한 언술 형태로 전달하며 출연자에게 그리고 간접적으로 시청자들에게 자기 계발의 정신을 함양시킨다.

일례로, 2003년 첫 방송 이후 지금까지 세계적인 인기를 유지하고 있는 (한국 버전도 제작된 적 있는) 미국 오디션/경쟁 리얼리티 쇼인 〈도전! 슈

13 내가 수행한 리얼리티 쇼에 대한 대학생 시청자 연구 조사에서도, 응답자들은 리얼리티 쇼를 보면서 "나 자신이라면 그 상황에서 어떻게 했을까, 나도 그랬을까"라고 생각해 본다고 답했다. 이는 리얼리티 쇼에서 출연자에 대한 관찰이 시청자 자신을 대상화하여 관찰하는 인식으로 전환되는 것을 보여 준다.

퍼모델*America's Next Top Model*〉에서 프로듀서이자 쇼 진행자 겸 심사위원인 모델 타이라 뱅크스는 어느 한 참가자가 리얼리티 쇼 참여를 그만두겠다고 하자 다음과 같이 질책한다. "이 세상에서 가장 매력 없는 사람이 중간에 포기하는 사람이에요…… 이 경쟁은 이것을 정말로 원하는 사람에게 기회를 주기 위한 것이죠"(〈도전! 슈퍼모델〉 시즌 9, 6회). 이 메시지에 따르면, 인생의 실패자는 경연에서 탈락한 사람이 아니라, 도전하지 않고 자기계발의 자유 의지와 열정을 포기하는 사람인 것이다.

'경쟁 포맷'에서도 리얼리티 쇼의 신자유주의적 성격이 드러난다. 여기서 경쟁은 개인이 최소 비용에 최대 효과를 낼 수 있도록 계산하고 조정하고 스스로를 총체적으로 관리하는 과정이자 절차로 작동한다. 리얼리티 쇼에서 경쟁은 개인을 단위로 삼기 때문에, 팀별 경쟁에서 같은 팀원과의 협력조차 공동체로서보다, 개인 각자의 이익을 최대화하고 책임을 최소화시키는 계산과 고려 속에서 행사된다. 이러한 과정에서 개인의 개선과 발전은 개인의 능력 관리에 달렸다고 생각하게 된다. 따라서 모든 문제를 사회적 돌봄과 국가 및 지역 공동체와 무관한, 개인의 문제나 책임으로 여기게 된다. 즉 경쟁 포맷은 평가 결과에 대한 개인의 온전한 수용과 책임을 내면화하는 자기 통치의 절차가 된다.

특히, 경쟁 리얼리티 쇼에서 시간 관리 능력은 매우 중요하게 강조된다. 시간을 자본으로 간주하면서, 시간 관리 능력도 경쟁 능력으로 취급된다. 제한된 시간 내에 해야 하는 '미션' 수행은 참가자들을 한계 상황에 처하게 하고 그 반응을 보려는 오락적 장치이기도 하다. 하지만 그 수행 과정에서 참가자들은 면밀한 측정, 계산, 계획, 실행 위에서 효율성을 극대화하도록 요청받는다. 때때로 쇼가 제시하는 비합리적이고 복불복의 경쟁 방식은 출연자들의 당황해하는 모습과 예측하지 못한 반응을 유도하려는 오락 기제이기도 하지만, 이러한 상황을 현실에서 무수히 발생하는 돌발 상황에 비유하며 참가자에게 리스크 관리자처럼 사고하고 대처하라고 쇼 진행자는 조언한다.

리얼리티 쇼는 오락 장르로서는 드물게 일반인 개인들을 프로그램의 중심에 놓는다. 따라서 시청자 역시 출연자 개인들에게 적용되는 자기 계발의 정신과 기법들을 경쟁 사회에 적절한 태도로서 자연스럽게 여김으로써 신자유주의의 원리와 실행을 자명하고 정당한 것으로 강화할 수 있다. 이처럼 리얼리티 프로그램의 신자유주의 성격은 경쟁 리얼리티 쇼라는 개별 유형과 그 포맷들에서 분명히 찾아볼 수 있다. 리얼리티 쇼들은 다양한 삶 속의 개인의 행위를 소재로 다루면서, 즉 어떻게 여행을 다니고, 어떻게 데이트를 하며, 어떻게 건강을 관리해야 하는지, 부모가 아이는 어떻게 다루어야 하는지 등 삶 전체에 적용되는 자기 계발의 지침서의 역할을 오락의 기능을 넘어서 수행한다.

지금까지 서구에서 탄생한 리얼리티 쇼가 신자유주의의 지배적 정신을 리얼리티 쇼의 장르에서 내재화하고 작동시키는 사회문화적 구성물임을 살펴보았다. 이러한 서구의 문화 형식이 세계인에게 소구될 수 있는 것은, 신자유주의가 세계적인 지배 체제로 자리 잡게 되고, 개별 국가에서도 신자유주의가 전면적이든 국부적이든 전개되고 있는 것과 무관하지 않을 것이다.[14]

한국 역시 1997년 외환 위기를 거치며 한국 자본주의의 재편 과정을 집중적으로 경험하면서 신자유주의 체제가 전면화되었고, 기업의 구조 조정에 따른 노동의 유연화 과정, 비정규직의 증가에 따른 고용의 불안정성,

14 물론 리얼리티 쇼라는 서구의 문화 형식의 세계적인 소비는 대중문화물의 생산과 국제 유통에서 미국과 영국의 지배적인 위치, 그리고 각국의 대중문화산업이 자국 문화 시장에서 차별화된 오락 제공으로 수익을 높이기 위해 적극적으로 모방하고 수입하는 문화 실행을 함께 고려할 필요가 있다.

경쟁의 증가는 한국인들의 삶을 조건이 되었다. 이러한 구조적 변화와 함께 '자기 계발적 주체'를 요청하는 문화가 부상했다. 《성공하는 사람들의 7가지 습관》에서 《아침형 인간》까지, 삶의 긍정적 태도를 강조하는 《시크릿》에서 《시간관리법》, 《메모의 기술》에 이르기까지, 2000년대 출판 시장을 휩쓴 수많은 자기 계발서의 붐이 이를 보여 준다.

그러나 한국이 신자유주의 체제를 수용하고 서구로부터 리얼리티 장르의 영향을 받는다고 해서 한국에서의 리얼리티 쇼가 서구와 동일할 것이라고 가정할 수는 없다. 한국 사회의 대중문화물은 서구와 동일한 장르 형식을 지닌다고 해도 상이한 역사적, 사회문화적 배경 속에서 또 다른 사회 원리와 성격을 발현하기 때문이다. 다음은 서구와 변별되는 한국 리얼리티 쇼의 독특성을 찾아 분석하고 개념화하며, 그것의 사회문화적 함의를 탐색해 보자.

한국 '리얼리티 쇼'가 보여 주는 한국 사회의 리얼리티

'연예인 중심'의 한국 리얼리티 쇼

앞에서 살펴본 바와 같이, 서구에서 리얼리티 쇼가 대세가 된 데에는 제작 비용의 대폭 절감 효과뿐 아니라, 일반인의 무대본의 행위가 보여 주는 '리얼함'에 대한 시청자들의 높은 호응에 기인한다. 이처럼 일반인의 출연에 방점을 찍는다면, 한국에서 리얼리티 쇼 장르가 본격적인 시대를 맞이한 것은 분명 오디션 리얼리티 쇼가 붐을 일으킨 2010년을 기점으로 볼 수 있다. 그 도화선이 된 것은 잘 알다시피, 일반인 오디션 리얼리티 쇼 〈슈퍼스타K〉였다. 당시 1~2% 시청률에도 성공이라고 여기던 케이블 방송이 이 프로그램으로 2009년 8%대의 시청률을 올리고, 이어서 2010년 시즌 2에서 134만 명의 지원자와 최고 18%대 시청률을 올렸으니 세간의 화제가 될 만했다. 그리고 지상파 방송에도 가수, 연기자, 밴드 등의 일반인 오디션 리얼리티 쇼의 열풍이 일었다.

하지만 현재 한국 방송에서 리얼리티 쇼의 출연자를 한번 살펴보자. 양적으로나 인기에 있어서나, 한국의 리얼리티 쇼의 가장 큰 특징은 압도적으로 '연예인' 출연의 리얼리티 쇼라는 점이다. 2015년 이후 가족 리얼리티 쇼와 여행, 먹기, 인테리어 등으로 리얼리티 쇼의 소재와 유형이 다양화되며 늘어나고 있지만, 연예인 리얼리티 쇼라는 것에는 큰 변화가 없다. 일반인 출연의 리얼리티 쇼는 오디션/경쟁 리얼리티 쇼 장르에 한정되며, 그마저도 대부분의 경우 유명인과 연예인들이 함께 나온다(예를 들어, 〈쇼미더머니〉). 서구의 리얼리티 쇼와 상당히 다른 한국 리얼리티 쇼의 이러한 정경은 어떤 연유일까?

이러한 연예인 중심 리얼리티 쇼는 한국 예능 프로그램의 전개와 무관하지 않을 것이다. 이미 2000년대 중반 한국 지상파 텔레비전에서는 '리얼 버라이어티 쇼'라고 불리는 연예인 중심의 집단 체험/게임(〈무한도전〉, 〈1박 2일〉)이 예측 불가능한 상황에서 벌어지는 '리얼'을 강조하면서 높은 인기를 끌었다. 대본 유무의 논란이 항상 있었지만, 연예인들이 실명으로 출연하며 '리얼'을 내세운 쇼는 분명 한국형 리얼리티 쇼의 독자적인 발흥으로 볼 수도 있다. 이는 〈무한도전〉 등이 서구 리얼리티 쇼의 영향을 직접 받아 제작된 것으로 보이지 않기 때문이다.[15] 또한 당시는 아직 리얼리티 쇼 개념이 대중화되지도 않아서 시청자들도 이 프로그램을 '리얼'의 이름을 붙인 연예인들의 새로운 예능 버라이어티 쇼로 수용했다. 이러한 맥락에서 본다면,

---

15 2000년대 초반의 한국 방송 제작자들 역시 서구의 '리얼리티 쇼' 장르를 '일반인 출연'과 '비연출'을 의미하는 것으로 인식했다(김예란 · 박주연, 2006: 33).

〈무한도전〉으로 대표되는 기존의 한국 연예인 버라이어티 쇼가 이후에 들어온 서구의 본격 리얼리티 쇼로부터 더욱 탄력을 받으며 현재의 한국 리얼리티 쇼의 정경을 형성하게 된 것으로 설명할 수 있다.

그러나 2010년대 초반에 일반인 오디션 리얼리티 쇼의 붐에도 불구하고, 서구처럼 여러 유형으로 확산되며 일반인 출연이 대세를 형성하는 것이 아니라, 여전히 연예인 중심으로 발달하고 있는 현상은 그 이상의 어떤 설명을 요구한다. 나는 연예인을 중심으로 하는 한국 리얼리티 쇼의 현상을 한국 사회에 존재하는 '방송에 대한 규범주의,' 그리고 이와 맞물린 한국 사회의 '개인주의의 저발달'과 관련된다고 본다.

한국 대중은 한국 방송, 특히 지상파 방송의 영향력이 크다고 인식하기 때문에, 방송 출연자와 방송의 내용에 대해 한국 사회의 정서에 어긋나지 않는 높은 도덕적 규범성을 강하게 요구한다. 그런데 일반인 출연의 리얼리티 장르는 그러한 규범성에 대한 기대에 부합하기 어려운 측면이 많다. 어떤 점에서 그럴까?

서구에서건 한국에서건, 오락으로서 리얼리티 쇼는 일반인에게 그저 평범하기만 한 개인이 아니라, 시청자의 눈길을 끌 수 있는 어떤 것을 원한다. 즉 "평범함을 주장하면서도, 광적이고, 기괴한, 텔레비전에 적합한 아주 특별한 개성"이 그것이다(Holmes, 2006: 18). 프로그램 제작진은 그것을 흔히 '캐릭터'라고 부르며, 시청자의 관심을 붙들어 둘 수 있는 캐릭터를 찾거나 만들려고 애쓴다. 때론 상식을 벗어난 '괴짜'거나 '나쁜 애' 또는 '문제아' 같은 부정적 캐릭터도 시청자의 주목을 끌기 때문에 리얼리티 쇼에 중요한 존재다. 그래서 영미 리얼리티 쇼에서는 심사나 경쟁에서 탈락한 참가자들이 화면에 대고 욕설을 퍼붓고 떠나는 모습이 흔하게 등장하며, 이기적인 출연자들이 문제를 일으키는 상황을 '리얼'로서 방송한다.

그러나 한국에서는 그런 캐릭터는 방송에 부적합하다고 생각하기 때문에 방송에 오래 남을 수 없다. 방송이 타인에 큰 영향을 미친다는 믿음과 더불어 방송을 통해서 일반인 출연자가 유명세 등의 혜택을 입는다는 생각은 더욱 그에 걸 맞는 품행과 인성을 출연자에게 요구하는 경향을 강화시킨다.[16] 따라서 일반인 출연자의 행동이 대중의 규범적 기준에 부합하지 못하면, 출연자뿐 아니라 때론 그 가족에게도 비난이 쏟아진다. 출연자의 행실에 대한 논란이 커지면, 이제 비난은 해당 프로그램과 방송사에게 향하고, 이에 시민 단체와 공적 심의 기구 등은 다양한 압력과 제재를 발동하기도 한다.[17] 따라서 제작진이나 방송사는 시청률보다도 부정적인 여론과 제재로 인한 광고 스폰서 이탈을 염려해서, 일반인 출연자의 행동이나 출연을 통제하려고 한다.[18] 그리고 더 쉬운 방법은 애초에 일반인 리얼리티 쇼 제작을 기피하는 것이다(김예란·박주연, 2005).

한국 시청자들이 방송에 적용하는 규범적 보수성은, 출연자의 과도한 자신감을 '건방지다'고 비판할 정도다.

---

16 이는 이 장의 후반부에 제시될 '정서적 평등주의' 개념과 '집단적 도덕주의' 개념으로 설명될 수 있다.

17 최근에 방송심의위원회가 시트콤에서 사용된 언어가 저속하고, 드라마에서 주인공인 임금이 욕설을 했다는 이유로 픽션임에도 불구하고, 해당 프로그램에 주의 조치를 내린 것만 봐도 지상파 텔레비전에 요구되는 규범성의 수위를 알 수 있다.

18 실제로 〈슈퍼스타K 2〉에서 미모의 한 참가자가 초기에는 팬 카페까지 생겼지만, 오디션 과정에서 거짓말한 것이 드러나며 시청자들의 비난을 사게 되었다. 논란이 일자마자 오비이락 격으로 노래 잘하는 그녀가 오디션에서 탈락하게 되자, 제작진의 의도적인 배제였다는 의구심들이 제기되었다. 아마도 이 일이 서구에서 일어났다면, 제작진들은 그녀를 최대한 오랫동안 프로그램에 출연시켜 화제를 만들고 시청자의 관심을 붙들어 두고자 노력했을 것이다. 또 한국에서 2014년, 일반인 데이트 리얼리티 쇼에서 일반인 출연자가 수치심과 스트레스로 자살하고 프로그램이 폐지된 사례들도 일반인 리얼리티 쇼의 제작을 기피하는 이유로 작용한다.

응답자 A　사람들은 참가자가 자기가 제일 잘한 것처럼 말하면 건방지다고 싫어하는데요, 저는 실력이 뒷받침되면 그래도 이해가 되는 것 같아요.

응답자 B　전요, 그러니까, 자기가 어떻게 하고 싶단 열망을 표현하는 건 좋은데, 자기가 자기 자신을 평가하는 거는 보기 싫어요.

(연구자: 왜 그렇다고 생각하나요?)

응답자 B　음, 그게, 그건 저는 실력이 있다 해도 싫을 것 같아요. 뭐라고 해야 되지? 설명을 못하겠는데…… 대개 평가는 시청자의 몫이고, 심사위원의 몫이고, 그 사람이 아닌 타인의 몫인 건데, 그거까지 자기가 막 하려고 하니까 그런 게 안 좋은 거 같아요.

(다른 응답자가 이어 말한다.)

응답자 C　사람들은 그렇게 생각하지 않지만, 솔직히 저는요. [참가자가] '내가 최고예요' 이렇게 인터뷰에서 말할 때 그게 더 귀여울 수도 있다고 생각하거든요. '내가 이길 거예요' 이렇게 하는 게요. 물론 그걸 보면서 '쟤 나중에 [사람들한테] 욕 좀 먹겠다' 생각하지만요.[19]

이 응답에서 흥미로운 점은 출연자의 자신감 표현을 보기 싫어한 응답자가 그 이유를 '자기에 대한 평가는 자기가 아닌 타인의 몫이고 타인에 달려 있다'고 설명하는 점이다. 또한 자신은 타인에 관대해도 한국 사회에서는 그렇지 않다는 인식이다. 이는 한국 사회 전반에 작동하는, 타인의 시선을 의식하며 타인의 평가를 중시하는 집단주의적 정서가 방송에 규범적 압력으로 작용하고 있음을 드러낸다.

19　2010년 11월, 2011년 6월, 2011년 9월의 세 차례에 걸쳐서 〈슈퍼스타K〉와 〈위대한 탄생〉을 즐겨 보는 대학생 총 50명으로부터 서면으로 한 명당 평균 8쪽 분량의 인터뷰 응답을 받았으며, 5명은 직접 면대면 인터뷰를 실시하였다. 서면과 직접 인터뷰에서 중복된 학생은 한 명이어서 총 54명의 대학생들이 참여했다.

한국 사회는 1990년대 이후로 문화 소비가 다양화되고, 2000년대 들어서 자기표현이나 자기 계발을 통해 '자아'가 강조되는 등, 사회 정서에도 변화가 일기 시작했다. 하지만 대다수의 한국인들은 여전히 다른 사람의 시선과 평가를 의식한다. 그리고 그것이 나만이 아니라 다른 사람도 따라야 하는 집단적 사회적 윤리로 여기며 '남의 시선을 의식하지 않는 타인'이 있으면 그를 사회적으로 단죄하려는 경향을 보인다. 따라서 개인으로서의 나만의 특이성을 드러내는 위험을 감수하기보다는, 남들처럼 그리고 남들과 함께 속하고자 하는 집단주의 정서가 여전히 지배적이 되는 것은 놀랍지 않다. 이러한 집단주의적 정서는 식민지 경험, 독립운동, 한국 전쟁, 압축적 근대화, 민주화 과정 등에서 집단적 이해가 개인의 이해를 압도해 왔던 한국 역사의 경험을 통해 형성된 것으로 볼 수 있다.

이러한 정서 구조는 현재의 한국 리얼리티 쇼에 어떤 영향을 줄까? 결국, 위험 부담이 따르는 일반인 중심의 리얼리티 쇼보다는 연예인/스타 리얼리티 쇼가 시청률과 규범성을 모두 만족시킬 수 있는 가장 현명한 해법이 된다. 연예인 리얼리티 쇼는 제작진의 입장에서 보면 여러모로 안전하다. 연예인들은 존재 자체가 이미 기본 시청률을 확보해 주는 상품적 가치를 지니고 있으며, 일반인과 달리 방송의 생리를 잘 알아서 방송에서 자신의 표현 수위를 적절히 조절할 줄 안다. 또한 설사 남과 다르게 유난스럽게 튀어도 보통 사람이 아닌 연예인이기 때문에, 또는 오락을 위한 행동이라고 시청자들은 용인한다. 더구나 평범함 속에서 비범함을 끄집어내야 하는 일반인 출연자에 비하면, 화려한 연예인/스타에게서 보통 사람과 같은 '평범한' 면모를 드러내 보여 주기가 훨씬 쉬우며, 그것은 항상 시청자들의 높은 관심을 모은다. 연예인들이 실명으로 자신의 전문 영역이 아닌 상황(일상, 여행, 모험)에서 보여 주는 평범한 모습에서 시청자들은 리얼함을 느끼고, 그들이 무너지거나 망가지는 모습에서 재미와 친밀감을 모두 얻는다(Holmes, 2006: 19; 박주연, 2005: 46). 또한 연예인 중심의 리얼리티 쇼는 연예인끼리 주고받는 상호 작용을 포함해서, 연예인의 가정과 세계를 엿보고 싶은 시청자의 욕망을 충족시켜 준다. 따라서 한국에서는 연예인 중심의 리얼리티 쇼가 리얼리티 프로그램의 지배적인 형식으로 자리 잡고 일반인 참여의 리얼리티 쇼는 상대적으로 열세에 있게 된다.[20]

간단히 말해, 한국에서 연예인 리얼리티 쇼가 지배적인 까닭은 한국 사회에서의 방송에 대한 높은 규범주의, 남의 시선을 의식하는 집단주의로 인한 개인주의의 상대적인 저발달과 깊이 관련된다. 특히, 개개인의 차이를 인정해 주는 개인주의가 충분히 발달되지 못한 채, 개인의 차이를 도덕적 잣대로 판단하려고 하는 동질성에 기초한 집단주의가 지배적인 정서로 작동하기 때문이다.

혹자는 현재 한국 사회가 상당히 '나(I)' 중심의 사회이며, 타인을 의식하는 것도 남을 위해서라기보다는 '나'의 체면과 '나'의 자존감 때문인데, 왜 한국 사회의 개인주의가 저발달한 것으로 보냐고 의문을 제기할 수 있다. 그런데 '나'를 중심으로 생각한다는 것과, '개인'을 중심으로 생각한다는 것은 다른 말이다. 개인주의individualism란 특이성을 지닌 존재로서 개인에 대한 인정, 즉 개개인의 서로 구별되는 차이에 대한 인정을 말한다.[21] 한국 사회는 아직도 이념이든, 스타일이든, 삶의 양식이든지, '다름'

20 〈슈퍼스타K〉의 성공 이후, 몇몇 일반인 참여의 리얼리티 쇼가 뒤따랐지만, 동시에 〈나는 가수다〉, 〈불후의 명곡〉 등 기존 가수를 경쟁시키는 리얼리티 포맷이 등장하며 더 주목을 끌게 된 점에서도 한국에서 연예인 중심의 리얼리티 쇼의 강세를 볼 수 있다.

21 근대적 인간이란 자아를 중심으로, 적극적으로 자기의 욕구를 추구하면서 개인(별)성individuality을 구현하는 개인을 지칭하며, 근대성을 구성하는 이러한 인식론적 태도 또는 행동을 '개인주의individualism'로 부를 수 있다. 개인주의는 이기주의가 아니다. 개인주의도 여러 유형이 존재하지만, 가장 중요한 구성 요소로서 '개별 인간에 대한 존엄성dignity,' '자율성,' '사사성privacy,' '자기 발전self-development'을 꼽을 수 있다(Lukes, 1973).

에 대한 사회 검열이 비방이나 '악플'로서, 또 '손가락질'이나 '눈길'과 같은 미세한 행위들을 통해 실행된다. 더구나 집단주의 도덕과 정서를 앞세운 비방 등은 최근 인터넷과 소셜 미디어에서 더욱 쉽게 표출된다. 혈연, 지연, 학연 등의 연줄로 구조화된 한국 사회에서 홀로서기를 한다는 것은 많은 불이익이나 손실을 감당하는 리스크를 의미한다. 이 속에서 개인주의는 집단의 이익을 무시하고 자기의 이익만 챙기는 '이기주의'와 동일시되어 부정적인 가치로 간주된다. 더구나 가족을 비롯해 자신이 속한 집단이 개인보다 우선시되고, 유치원에서 대학까지 표준화된 과정을 겪으며 집단주의 정서 구조를 체험해 온 대부분의 한국인에게 '나만의 가치'나 '나만의 원칙 및 태도'를 갖기란 쉽지 않다.

물론 지난 3~4년 동안 개인주의를 선언하거나 우리 사회에 필요성을 역설하는 목소리들이 늘어났고, 사회도 그 방향으로 조금씩 진척되고 있는 것도 사실이다. 그러나 개인들의 특이성이 '방송'에서 표현되는 것까지 관대하게 용인하는 수준은 아니다.[22] 따라서 평소 집단에 속하려고 하고, 집단과 다른 특이성을 발달시키거나 드러내며 살아오지 않은 보통 한국인들이, 더구나 규범적이어야 된다고 요구되는 방송에서 남과 다른 특이성으로 시청자의 관심과 호응을 받기는 어렵다. 결국 경쟁 리얼리티 쇼에 출연한 일반인들은 타인의 시선과 평가를 의식하며 이기려는 욕망이나 자기 자랑을 극도로 삼가고 대부분 겸손해 보이려고 애쓰며 상대 경쟁자를 칭찬하는 모습을 공통적으로 내보인다.[23] 자신에 대한 자유로운 표

22 물론, 2000년대 이후 세계화와 정치 사회 의식의 발달 속에서 한국에서 귀농의 삶이나 친환경적 삶, 대안적 삶의 방식이 추구되고, 변별되는 개인들의 삶을 통해 자신들의 특별함을 주저 없이 드러내는 경향 역시 발견된다. 그러나 그러한 사례들은 대부분 주류적 삶에서 벗어난 주변적인 독특함으로 미디어에서 재현된다.

23 흔히 그 반례로서 제시되는 것이 〈쇼미더머니〉 리얼리티 쇼인데, 여기서 일반인 출연자

현과 어필은 '절실함'을 중심으로 이뤄진다.

한국에서 일반인 중심의 리얼리티 쇼가 지배적이지 못한 까닭은 개개인의 차이를 인정해 주는 개인주의가 충분히 발달되지 못한 채 개인의 차이를 도덕적 잣대로 판단하려고 하는 동질성에 기초한 집단주의가 방송의 규범주의와 접합되어 한국인의 지배적인 정서로 작동하기 때문으로 설명할 수 있다. 그런데 이는 다시 한국인의 '가족주의 가치'와 '평등을 희구하는 공정성의 정서'와 맞물려 독특한 방식으로 한국 리얼리티 쇼의 특성을 구성한다. 그것이 무엇인지 하나씩 살펴보자.

한국 리얼리티 쇼에서 '가족주의' 코드

한국에서는 경쟁 리얼리티 쇼에서도 서바이벌이라는 수식어가 불러일으키는 냉정함이나, 참가자들 간의 극심한 신경전, 갈등과 배신의 드라마는 별로 볼 수 없다. 한국 경쟁 리얼리티 쇼는 탈락자가 되지 않기 위해 안간힘을 다해 노력하는 모습, 그 속에서 빛나는 재능과 성장을 지켜보는 휴먼 드라마다. 이러한 분위기에 특히 한국인의 '가족주의' 정서와 가치가 일조한다. 8년 전의 〈슈퍼스타K〉와 요즘의 〈프로듀스101〉에서 공통적으로 발견되는 것은 참가자들이 초기부터 상대 경쟁자들을 '○○씨'가 아니라 '형' 또는 '언니'로 부르는 모습이다. 참가자들 간의 신경전과 사적인 관계를 더욱 유도하고 이를 리얼하게 관찰하기 위해 마련된 단체 합숙소 생활에서 오히려 이들의 유사 가족적 관계는 강화된다.

물론 이것을 대립과 경쟁자 관계가 주는 긴장을 피하려는 참가자들의 의도된 대인 전략으로 볼 수도 있다. 그러나 가족적 호칭과 가족적 분

들의 자기 자랑, 자아도취 등은 스웨그라는 힙합 장르의 특성 때문이다. 랩의 내용은 '어머니,' '어려웠던 시절,' '무시를 딛고 일어섬' 같은 한국적 정서로 가득하다.

위기는 참가자들 간의 경쟁 관계를 '정情'으로 맺어진 형제/자매 관계로 전이시키고, 참가자들을 유사 가족적 역할의 재현과 수행으로 적극적으로 끌어들인다. "제가 형이니까 좀 돌보고……" "전 막내니까……" 등등의 발언들이 이를 보여 준다.[24] 물론 개인적으로는 이기기 위해 최선을 다하지만, 다른 참가자와 치열한 경쟁자 관계라기보다는 같은 목표 아래 한배를 탄 가족 같은 정서적 관계를 지속적으로 구축하고 표현한다.

참가자들의 고백 인터뷰는 주로 경연에 대한 불안감이나 과거의 역경, 가족사에 관한 발언들로 가득 차고, 상대 경쟁자에 대한 평가는 칭찬과 부러움이 주를 이루며 험담이라 할 만한 것은 찾기 어렵다. 평가 발표에서도 이 단계를 통과한 참가자가 그동안 함께한 경쟁자의 탈락에 대해 '미안함'과 '헤어짐'으로 안타까워하거나 눈물을 흘리는 장면은 언뜻 남는 사람과 탈락한 사람이 누구인지 헷갈릴 정도다.

시청자들 또한 그러한 모습에 호의적인 반응을 보인다. 최근 높은 인기를 구가했던 〈프로듀스101〉 시즌 1에서 참가자 중 김세정이 여러모로 부족함을 드러낸 김소혜를 돕는 모습이나, 시즌 2에서 강다니엘이 다른 어린 참가자를 형처럼 돌봐 주는 행위에 대해 시청자와 팬들은 이들 참가자들의 인성을 높이 평가하는 이야기들을 쏟아냈고, 이들의 인기는 상승했다.

이처럼 한국 사회의 지배적인 가치이자 관습인 '가족주의'는 리얼리티 쇼에서도 참가자들의 행위와 관계를 조직하는 가치이자 원리로서 작동하면서, 경쟁이 가져오는 살벌함을 따뜻한 가족주의적 관계로 순화시키는 효과를 낳는다. 또한 제작진 역시 시청자들이 참가자들의 치열한 경쟁

---

24 한국 사회에서 가족적 호칭을 사용해서 타인과 관계를 맺는 것은 한국인의 지배적인 마음과 행동의 관습(아비투스) 중 하나로 본다면, 리얼리티 쇼의 출연자들이 보이는 유사 가족적인 모습을 단지 카메라 앞에서의 가식적인 연기로만 보기는 어렵다.

에 가슴 아파하고, 경쟁을 넘어서는 가족적인 훈훈함을 찾는 것을 모르지 않기 때문에 가족주의의 코드를 적극적으로 사용한다. 탈락한 참가자를 배웅하는 장면에서 "정든 친동생을 떠나보내는 듯 아쉬워하는 두 오빠"라는 화면 자막(《슈퍼스타K 2》 13회)들을 그 예로 들 수 있다. 이는 경쟁자들을 가족주의 틀 안에 위치시키고 가족의 정을 환기시킴으로써 경쟁 리얼리티 쇼를 참가자들 간의 갈등 드라마보다 따뜻한 감동 드라마로 연출하려는 시도다.

한국 리얼리티 쇼에서 드러나는 가족주의 성격은 오디션 리얼리티 쇼 유형이나 일반인 리얼리티 쇼에만 한정되지 않는다. 연예인 리얼리티 쇼인 〈꽃보다 할배〉도 그러하며, 〈삼시세끼〉도 그러하다. 연예인 출연자들이 형과 아우 역할을 자연스레 수행하며 서로 상호 작용하는 모습은 스타를 '개인주의'와 '개성'의 상징(이종수, 2008)으로 취급하는 서구 스타 이론과 상당히 먼 그림을 보여 준다. 한국 사회의 가족주의의 가치와 관습은 한국인들의 '우리'의 집단적 감성을 강화하면서 한국 리얼리티 쇼를 '한국적'으로 만들어 낸다.

'실력주의'와 공정성

현실에서 경쟁은 항상 공정해야 하지만, 오락물의 경우는 오락적 가치가 '공정성'의 가치보다 더 중요하다. 하지만 한국에서는 그것이 오락이라 할지라도 방송이라는 공개적인 장에서 벌어지는 경우 공정성의 가치가 중시되며, 특히 경쟁 리얼리티 쇼에서 강하게 적용된다. 이는 리얼리티 쇼가 참가자의 인생을 바꿀 수 있을 만큼 억대의 우승금과 혜택을 내걸고 있는 점과도 연관된다. 그러나 공정한 경쟁과 결과에 대한 한국 시청자들의 관심은 단순히 그 '쇼 안에서의 공정성' 이상의 의미를 지닌다. 이를 심사 주체와 평가 방식의 측면에서 살펴보자.

먼저 한국 오디션/경쟁 리얼리티 쇼에서 시청자 투표에 대한 인식을 보자. 서구에서는 시작부터 오디션 리얼리티 쇼의 우승자를 100% 시청자 투표 결과로 결정했고, 이것은 시청자의 시청과 참여를 높이기 위한 전략이었다. 이 전략이 시청자 개인들의 선호를 더 존중한다는 민주주의적 메시지를 전달하는 것도 사실이다. 시청자 참여 오락에서 민주주의의 의미를 부여한다면, 그것은 '시청자'라는 주체와 '투표로 결정'한다는 방식 때문이다. 민주주의란 투표의 동기, 기준, 내용과 무관하게 개인의 선호, 판단, 선택, 행위를 존중하기 때문이다.

그러나 한국 오디션 리얼리티 쇼에서는 '실력주의meritocracy'라는 하나의 규범이 가장 공정한 기준으로 제기되고, 그러한 기준에 따라야 된다는 믿음이 팽배하다. 일례로, 〈슈퍼스타K〉 시즌 1에서 일부 시청자들은 다른 시청자들이 가수의 실력 이외의 요소(외모, 매력 등)를 보고 우승자를 결정했다고 불평하면서, 시청자 투표가 외모에 영향 받은 '인기투표'였다고 비판했다. 게시판의 많은 항의 댓글이나, 인터뷰에서 "사실 2위가 1위인 ○○○보다 더 노래를 잘 했거든요. 그래서 사실 그렇게 공정하진 않아요"라는 글들은 참가자들의 '노래 실력'이 판단의 일차적인 기준이 되어야 한다는 믿음을 보여 준다.[25]

실력은 집안 배경, 외모, 연줄, 학벌의 영향이 아닌 개인의 능력으로 성취하는 것이기 때문에 실력주의가 공정한 기준이 되어야 한다는 논리는 전문성과 객관성을 지닌 심사위원이 필요하다는 논리로 발전되었다. 그래서 〈슈퍼스타K〉 시즌 1 이후 '시청자는 외모에 이끌리고 쉽게 주관적일 수 있기 때문에 전문가의 심사 평가를 더 많이 반영해서 실력 있는

25 물론 이에 맞서 자신이 투표한 참가자 역시 노래 실력이 있다고 대응하거나, 또는 왜 내 선택을 폄하하느냐는 시청자의 반박 글도 만만치 않게 존재했다.

후보가 우승자가 되어야 한다'는 주장들이 제기되어, 결국 제작진은 시즌 2에서 전문 심사위원 패널의 결정 비율을 올리게 된다. 이처럼 심사 주체가 누가 되어야 하는가의 문제는 심사의 평가 기준의 문제와 연결되어 있다. 내 것만이 아니라 타인의 투표까지 '실력'을 기준으로 해야 한다고 주장하는 이유는 무엇일까?

이는 공정성에 대한 대중의 희구와 연관되어 있다. 만약 이 오디션 쇼의 최종 우승 혜택이 누구나 쉽게 얻을 수 있는 것이었다면 그랬을까? 시즌 2에서 134만 명(2010), 시즌 3에서 196만 명(2011)이 지원하고, 최종 상금이 2억 원(시즌 2)에서 5억 원(시즌 3), 음반 발매와 MAMA 시상식에서 단독 무대 공연, 유명 기획사 연계 등의 부상이 걸리지 않았어도 그랬을까? 〈슈퍼스타K〉(시즌 2)는 단순한 가수 오디션 게임 쇼를 넘어서 대중의 욕망이 집결되고 성공을 상징하는 공개적 사건이자 스펙터클이 되어 버렸다. 따라서 누가 승자가 되는가라는 경쟁의 규칙은 더 이상 오락의 문제가 아니라 이 사회의 공정성 구현의 문제로 느끼게 만들었다. 만약 누군가 그 혜택을 혼자 독차지해야 한다면, 설사 그것이 재미를 위한 오락물이라 할지라도 누구나 동의할 수 있는 공정한 기준에 따라야 하며, 이를 위해 보다 신뢰할 수 있는 전문인 심사자가 판단해야 한다고 생각한 것이다. 따라서 설사 권위 있는 전문 심사자라도 시청자에 눈에 뭔가 주관적인 선호가 개입되었다고 느껴지는 순간 그는 시청자들의 문제 제기와 쏟아지는 비판에 직면하게 된다. 이러한 해프닝은 한국 사회에서 경쟁과 그에 따른 보상의 문제가 상징성을 갖게 되면, 오락 영역조차도 '공정성'이 주요한 이슈가 됨을 보여 준다.

따라서 공정성을 부각시키고 그 결과의 공정성을 입증하는 장치로 한국 오디션/경쟁 리얼리티 쇼에서 고안된 것이 점수제라는 심사 방식이다. 심사위원이 100점 만점, 또는 10점 만점으로 참가자들의 재능에 점수를 매기고 공개하는 모습은 영미 리얼리티 쇼에서 결코 찾아볼 수 없는 흥미로운 광경이다. 마치 올림픽 게임처럼, 시청자의 투표 결과이든 심사위원의 평가이든 낱낱이 점수화되어서 시청자에게 투명하게 공개되어야, 그 평가가 객관적이고 공정한 듯 여겨진다. 제작진이나 시청자나 단순한 O, X 방식의 합격/불합격의 평가 방식보다 이러한 점수제가 더 공정하다고 느끼면서, 오락에서조차 참가자의 다양한 개인 능력을 서열화시킨다. 이처럼 '숫자'로 변환시켜 객관성과 공정성을 표현하려는 강박증을 나는 '숫자주의numberism'라고 이름 붙이고자 한다.

공정성을 투명성과 연관시키고, 이를 위한 효과적 장치가 '숫자'라고 생각하는 한국인의 마음은 한국의 압축적 근대화 과정에서 정부 주도로 형성된 집단 멘탈리티의 결과다. 박정희 군사 정권은 자신의 정치적 정당성을 국민 경제의 발전에 의존했기 때문에, GNP와 수출액 등 발전을 증명하려는 통계 숫자와 순위들을 끊임없이 제시하며 국민에게 각인시키고자 했다. 숫자는 그것을 생산하고 발표하는 주체에 대해 정당성과 권위를 부여하는 신화로 기능했다. 동시에 통계와 숫자, 그리고 순위는 '사회적인 것the social'을 재현하고 구성하는 중요한 기호가 되어왔고, 주요한 사회적 커뮤니케이션 형식이 되어 버렸다. 즉 한국 사회에서 '숫자'는 객관적 사실을 표현하는 기호로서, '순위'는 사회적 의미를 전달하는 담론으로 기능하였다. 이는 특히 한국 언론의 보도 관행을 통해 조장되고 일상 속에 깊이 뿌리박게 되었다. 언론의 숫자주의 관행은 궁극적으로 한국인들에게 순위로 압축되는 서열주의나 일등주의를 욕망하도록 이끌며, '최초 개발,' '최초 금메달' 등 '최초'를 통해 타자의 인정을 추구하는 강박적인 문화 풍토를 낳는 데 기여했다. 그리고 무엇보다도 숫자주의와 서열주의는 개인의 다양한 차이를 무시한 채 개인들 간의 동질성을 미리 가정하거나 강요하면서, 하나의 기준이나 가치를 절대화하고 모두가 추구하도록 만들면서 한국사회의 집단적 문화 습속을 강화한다.

그렇다면, 〈슈퍼스타K〉 시즌 2 이후 7년의 시간이 지나고 많은 리얼리티 쇼가 나온 지금, 한국 경쟁 리얼리티 쇼는 달라졌을까? 2016년과 2017년 시청자를 '국민 프로듀서'로 호명하며 '100% 시청자 투표'를 내세운 오디션 리얼리티 쇼인 〈프로듀스101〉에서는 이러한 공정성 논란이 사라졌을까? 〈프로듀스101〉 시즌 1과 2에서 제기된 여러 논란들을 보면 여전히 공정성은 중요한 이슈로 등장한다. 여전히 '악마의 편집' 논란, '피디픽'(PD의 특정 후보 선호) 논란, 후보들 간의 스크린 등장 회수와 방영 시간의 불평등 논란 등은 여전히 '공정성'에 대한 희구를 드러낸다. 참가 후보자들이 우승을 열망하면 열망할수록, 그들의 팬들은 '공정성' 문제에 더욱 매달리게 된다. 왜 공정성은 이처럼 한국 오디션/경쟁 리얼리티 쇼에서 중요하게 다뤄질까? 그 이유를 다뤄 보자.

공정성과 '정서적 평등주의'

시청자들이 공정성을 '실력주의' 기준의 관철이라고만 생각했다면, 오디션 리얼리티 쇼의 최종 경연 라운드에 남은 후보자들은 분명 출중한 실력의 소유자들이므로 이제 공정성 문제는 잠잠해져야 할 것이다. 정말 그랬을까? 2010년 〈슈퍼스타K〉 시즌 2에서 환풍기 수리공인 후보가 최종 우승자가 되고, 또 다른 오디션 쇼인 〈위대한 탄생〉에서는 조선족 참가자가 최종 우승자가 되었다는 사실이 큰 뉴스가 되었다. 이를 두고 언론은 "인간 승리다," 또는 이들 우승자들은 "공정 사회의 심볼"이 되었다고 앞 다퉈 보도했다. 기사도 〈슈퍼스타K〉의 최종 우승자를 "중학 중퇴의 수리공 허각"이라든지 "조선족 백청강"이라고 표제를 달았다. 왜 이들은 공정성의 상징으로 간주될까?

여기서 실력주의와는 또 다른 공정성의 기준이 발견 된다. 아무리 노

정서적 평등주의

한국 대중은 한국 사회에서 공정한 경쟁과 부의 재분배가 제대로 이뤄지지 못했다는 역사적 경험과 인식을 가지고 있다. 여기서 형성된 공정성에 대한 높은 민감성과 경제적 및 사회적 평등을 향한 욕망을 대중문화의 장에서 발산하고 구현하려는 실천을 '정서적 평등주의'라고 명명할 수 있다. 정서적 평등주의가 제도적, 정책적, 정치라는 공적 영역에서가 아니라 대중문화 영역에서 발생되는 이유는 대중문화산업이 고객인 대중의 선호와 욕망에 즉각적이고 탄력적으로 대응하기 때문이다. 정서적 평등주의는 양면의 모습으로 나타나는데, 실력주의를 공정한 성공의 기준으로 삼으며, 동일한 실력의 경우 불우한 배경의 연예인 지망생들을 적극적으로 후원하여 성공시킴으로써 평등에 대한 욕망을 대리적으로 실현하는 일면이다. 또 다른 면은 연예인들이 누리는 사회적 지위나 부가 실력 이상의 것이라는 믿음, 또는 그 인기와 부를 대중이 주었다는 채권 의식 속에서 연예인들에게 모범적인 모습을 요구하며 그렇지 않은 경우 단죄하려고 한다. 이 또한 평등을 갈구하는 욕망에서 추동되는데, 개인 연예인에게 인성 중심의 규범/도덕성을 집단적으로 기대하며 요구하기 때문에 '집단적 도덕주의'로 부를 수 있다. 정서적 평등주의는 한국 사회의 강력한 '방송에 대한 규범주의'와 '집단주의 문화'라는 두 문화적 조건 위에서 작동한다.

래 실력이 좋아도 단지 잘생긴 외모에 유복한 출신의 최종 우승자였다면 언론이나 시청자들이 그를 두고 '공정 사회의 심벌'이라고 말하지 않았을 것이다. 즉 한국인에게 '공정함'이란 공정한 규칙이나 실력주의 이상의 어떤 것을 의미한다. 참가자의 외모 때문에 표가 몰리는 것은 공정하지 못한 인기투표라고 비판하면서도, 어려운 처지나 사연을 가진 사람에게 표가 몰리는 것은 '공정성'에 어긋난다고 비판하기는커녕 공정성의 실현이라고 생각한다. 왜일까?

어려운 성장 과정을 겪은 사람들을 향한 한국인의 애틋한 정서를 잘 아는 방송사는 리얼리티 쇼에서 참가자가 조금만 어려워도 이를 감상적으로 포장해서 강조하기 때문에, 젊은 시청자들은 이를 '사연 팔이'라고 비판한다. 내가 수행한 시청자 인터뷰에서도 젊은 시청자들은 제작진의 그런 사연 팔이 전략이 이젠 식상하며 때론 '보기 거북하다'고 말한다. 그러면서 이들은 다음의 말을 덧붙인다. "우리나라는 어쩔 수 없는 것 같아요. [필자: 뭐가요?] 불쌍한 사람 보면 잘됐으면 하는 거요"라고 말이다.

서바이벌 리얼리티 게임 쇼는 단 한 명의 최후 승자를 제외하고는 모두 탈락되는 포맷이다. 이는 상류의 1%가 되기 힘들다는 것을 알면서도 모두 그곳을 향해 전속력으로 질주하는 한국인의 불쌍한 자화상처럼 보인다. 그래서 오락임에도 불구하고, 시청자들은 실력의 하자가 없다면, 가난하고 불우한 참가자가 억대 상금을 타는 최종 승자가 되기를 바라며 자신들의 경제적 박탈감을 심리적으로 보상받고자 한다. 그래서 서구 리얼리티 쇼와 달리 한국 리얼리티 쇼는 인간 승리 드라마처럼 도덕적인 모습을 띤다. 이처럼 평등에 대한 대중의 열망을 대중문화의 장에서 구현시키려는 현상을 나는 '정서적 평등주의affective egalitarianism'라 명명하고자 한다.

정서적 평등주의는 한마디로 평등에 대한 욕망을 핵심으로 한다. 이는 한국 사회에서 경쟁의 공정성이 제대로 작동하지 않는다는 대중의 믿음과 그러한 불만의 투사라고 볼 수 있다. 공정성에 대한 대중의 중시와 평등에 대한 욕망은 역사적으로 한국 사회에서 공정한 경쟁이 이뤄지지 못했고, 특히 경제적으로 공정한 부의 재분배가 이뤄진 적이 없었다는 경험과 인식에 기초한다. 일례로, 서울 강남의 아파트값은 그러한 불공정한 경쟁, 불공정한 부의 축적을 상징한다. 따라서 오랫동안 구조적인 불평등을 경험하고 살아온 경제적 약자와 사회적 약자에게도 평등하게 보상이 주어져야 한다는 공정성의 감각과 평등을 향한 정동을 한국인들은 갖고 있다.

하지만 개인은 정책적으로나 제도적으로 공정성과 평등을 실현하기에는 너무 무력하며, 더구나 신자유주의의 경쟁 속에서 예측할 수 없는 미래를 위해 자기 계발의 바퀴를 굴리기도 급급하다. 자율적이고 책임 있는 개인을 요청하는 신자유주의 문화는 경제적 평등의 문제를 개인이 스스로 자신을 관리하여 이익을 추구할 수 있는 '자유'의 문제로 치환시킨다. 경제적 평등을 요구하기 어려운 이런 상황에서 이제 거대 상금이 걸린 리얼리티 쇼의 최종적 우승자가 누가 되는가는 우승자 개인의 문제가 아닌, 공정성과 평등이라는 사회적인 의미와 상징성을 지니게 된다. 그리고 현실 구조는 바꾸기 어렵지만, 리얼리티 쇼는 시청자 투표로 그 결과를 바꿀 수 있다. 개인이 자기 효능감을 확인할 수 있는 가장 쉽고 즐거운 방식은 현실 경제나 정치가 아닌, '대중문화의 영역'에 참여하는 것이다. 시청자들은 방송 리얼리티 쇼에서 적어도 내 한 표로 저 우승자의 운명에 영향을 줄 수 있다고 느끼기 때문이다. 그러기에 더욱 다른 사람의 표도 단속하며, 같은 곳에 투표되길 열망한다. 우리 자신이 스타가 될 수 없을지 몰라도, 지지하는 참가자를 스타로 만들어 줄 수는 있는 역량을 한국 시청자들과 팬들은 경험한다. 이처럼 방송 영역에서 발휘되는 평등을 향한 강렬한 정동affect이 정서적 평등주의다.

앞서 언급한 것처럼 2016년과 2017년 방영된 〈프로듀스101〉에서도 이러한 정서적 평등주의는 여전히 드러난다. 시즌 1에서는 이제 어려운 역경을 끝내고 '꽃길만 걷자'는 한 실력 있고 인성 좋은 후보의 말이 일대 구호가 되면서 많은 지지를 받았다. 시즌 2에서는 이전에 데뷔를 하고도 인기를 얻지 못해 좌절감에 빠졌던 그룹 뉴이스트 멤버들이 이 쇼에 참여했는데, 일부 시청자들은 이들이 실력과 매력에 비해 그만큼의 보상을 받지 못했다고 여기면서, 팬이 되어 열성적인 지지를 보냈다. 그 결과 이들의 예전 노래는 인기 차트 순위를 죽죽 상향하면서 이른바 '차트 역주행' 사건을 만들었다. 또한 제작진이 특정 후보들을 짧게 방송하여 시청자에게 알릴 기회를 공평하게 부여하지 않았다면서, 일부 시청자들이 방송사의 불공정성을 강하게 비판하면서 불이익을 당한 참가자들을 적극 지원한 사례도 있다.

그런데 정서적 평등주의는 두 얼굴을 지녔다. 실력이 성공으로 이어져야 하는 것이 공정한 것이며, 그중에서 더 가난하고 불우한 참가자가 우승자가 되는 것이 공정성의 구현이자 평등의 성취로 여기는 한국인의 믿음과 정서, 이것이 '정서적 평등주의'의 한쪽 얼굴이라면, 또 다른 반대편의 얼굴도 있다. 이제 정서적 평등주의의 다른 한쪽의 얼굴을 살펴보자.

정서적 평등주의와 '집단적 도덕주의'

한국의 리얼리티 쇼가 연예인 중심으로 발달하는 현상을 '방송에 대한 엄격한 규범주의'와 '집단주의에 눌린 개인주의의 저발달'과 연관해 앞서 설명했다. 이때 '규범'의 의미는 마땅히 따르고 지켜야 할 도리를 뜻하기 때문에, 규범주의는 도덕주의로 바꿔 말할 수 있다. 무엇이 도덕적이고 무엇이 비도덕적인가는 보편적인 측면도 있지만, 각 사회마다 그리고 시대에 따라 다를 수 있고 또 변화한다. 한국에서는 '인성(품성)'이 가장 중요한 규범 중 하나다. 특히 한국 사회에서 (훌륭한) '인성'은 흔히 자신보다 집단을 먼저 챙기고, 겸손의 태도와 근면 성실의 행동을 중요한 지표로 여긴다.

이러한 한국 대중의 도덕주의의 잣대, 즉 규범주의 요구는 연예인이라고 해서 면제되는 것이 아니라 오히려 더 가혹하게 적용된다. 리얼리티 쇼에서 건방진 태도를 보이거나 함부로 말을 하면, 또는 조금이라도 부적절하다고 생각되는 행동을 하면 바로 대중의 질타를 받고, 인터넷 게시판에 논란이 된다.[26] 그러면 해당 연예인은 바로 인스타그램을 통해서든 기자들에게든 시청자에게 공식적으로 사과를 한다. 그것으로 비판이 가라앉지 않으면 제작진이나 소속 회사가 공식 사과에 나서야 한다. 서구에서는 연예인이 도덕적인 규범에서 벗어나면 연예 전문 미디어들은 흥밋거리로 열심히 보도하고, 그러면 대중은 오락과 가십거리로 이들을 소비할 뿐 이 연예인을 질타하지 않는다. 연예인을 특별하거나 별난 사람들로 치부하거나, 셀레브리티들의 속성이라고 취급할 뿐 대중은 별로 상관하지 않는다. 그런데 한국에서는 사소한 실수라 해도, 연예인이기 때문에 오히려 사소한 것으로 치부되지 못한다. 이러한 풍경은 왜 벌어질까?

이것이 정서적 평등주의의 또 다른 얼굴이라고 생각한다. 연예인은 이미 성공한 사람인데, 대중의 눈에는 운이 좋아서, 또는 매력과 외모로, 또는 방송 미디어 덕에 과분한 성공을 누린다고 여긴다. 광고 출연료 한 편에 수천, 수억 원씩 된다는 뉴스 기사들 속에서 연예인이 보통 사람인 자신들의 노력과 실력에 비해 누리는 것이 많다고 여기기 때문이다. 따라

26 예를 들어, 리얼리티 쇼인 〈전지적 참견시점〉에서 연예인 홍진영은 주행 중인 차 안에서 흥에 넘쳐서 운전하는 매니저와 동승자들에게 댄스 등을 하자고 졸랐는데, 이는 안전을 위협하는 부적절한 행위라고 일부 누리꾼들이 비판하면서 온라인에서 논란이 되었다. 그 다음날 홍진영은 인스타그램에 사과문을 올렸다(《조선일보》, 2018. 4. 15). 또 리얼리티 쇼 〈윤식당 2〉에서 배우 윤여정이 고무장갑을 낀 채 팻말을 만졌고, 배우 정유미가 머리를 풀고 나왔으며, 배우 박서준이 땀이 맺힌 채 요리했다고 하는 등 온라인에서 '위생 논란'이 불거졌다. 이에 윤여정이 해명에 나서고, 담당 PD가 사과에 나섰다(《한국일보》, 2018. 2. 13). 이런 사건 아닌 사건들은 부지기수다.

서 실력도 있어야 되지만, 그들은 다른 어떤 일반인보다 그 성공에 합당한 모습, 즉 규범에 맞는 도덕적인 모습을 갖추어야 한다고 기대한다. 이러한 모습에서도 '정서적 평등주의'가 작동하고 있는 것이다. 따라서 조그마한 연예인의 실수도 일부 대중은 그냥 넘어가지 않으며 시청자에게 사죄를 받고자 한다.

서구에서는 이와 유사한 현상, 즉 대중이 유명인이 되기를 욕망하면서도 그들의 몰락을 즐기는 이중적인 태도를 '샤덴프로이데Schadenfreude'라고 부른다. 남의 불행을 보고 기쁨을 느끼는 심리를 뜻하는 이 용어를 스티브 크로스Steve Cross와 조 리틀러Jo Littler(Cross & Littler, 2010)는 단순히 인간의 본성의 일면으로 간주하기보다는 신자유주의의 경쟁 사회에서 평등에 대한 욕망에 비해 그것을 구현할 수 있는 기회가 없기 때문에 확산된다고 설명한다. 이 점에서 샤덴프로이데 개념은 정서적 평등주의 개념과 유사한 측면을 지닌다. 그러나 두 개념 사이에 차이도 분명히 존재하는데, 정서적 평등주의는 공정한 경쟁과 보상에 대한 평등의 문제이기 때문에, 비판만이 아니라 앞서 언급한 것처럼, 성공에 대한 후원의 측면도 지닌다. 또한 유명인의 몰락을 즐거워하기보다는, 공정 경쟁에 대한 희구와 평등에 대한 열망에 기초한 도덕성의 요구로 나타난다. 겸손하고, 끊임없이 근면 성실하고, 나아가 국가와 사회에 봉사할 줄 아는 인성으로 판별될 때, 그 사람의 성공은 대중에게 정당한 것으로 인정된다. 도덕규범을 최상의 기준으로 삼는 이러한 집단적 도덕주의는 정서적 평등주의의 또 다른 얼굴인 것이다.

나는 이를 단순히 도덕주의가 아니라 '집단적 도덕주의collective moralism'라고 부른다. 그 이유는 첫째로 연예인에게 적용하는 도덕규범을 한국인의 집단적인 가치라고 생각하며, 집단의 가치와 이익이 개인의 가치나 이익보다 앞서야 한다는 믿음을 근거로, 연예인 개개인에 대한 비판을 정당화하는 듯 보이기 때문이다. 둘째, 시청자가 연예인(지망생)을 띄워 줄 때와 마찬가지로 이들을 비판하고 깎아 내릴 때도 '시청자들' 또는 '누리꾼'이라는 집단의 이름 아래, 집단적 행동을 통해 영향력을 행사하려는 경향을 발견하기 때문이다.

왜 하필 연예인인가? 한국 시청자들은 연예인이 실력 이상으로 많은 혜택을 누릴 뿐 아니라, 많은 영향력을 끼치는 '공인'이라고 간주하기 때문일 것이다. 이와 동시에 그들도 시청자인 나와 다를 바 없는 사람인데 너무 쉽게 많은 것을 누리고 있다는 생각과 정서가 기저에 있기 때문이다. 그래서 시청자들은 연예인들에게 그 혜택에 걸맞게 보통 사람보다 더 엄격한 도덕적 규범이 적용하면서 모범을 보이길 요구한다. 사회에서 빈부의 양극화가 커질수록, 그러한 심리적 박탈감과 경제적 평등에 대한 희구가 연예인에게 향해지고 있는 것이다. 그런데 그렇게 보자면, 많은 성공한 기업인과 정치인이야 말로 더 공인이며, 많은 성공한 재벌도 이에 해당할 수 있는데,[27] 왜 유독 연예인들에게는 사소한 잘못도 끝까지 사과를 받아낼까? 이는 텔레비전, 나아가 엔터테인먼트 영역에서 다른 어떤 공적 영역보다 시청자가 가장 큰 영향력을 행사할 수 있기 때문일 것이다. 더구나 한 편의 게시글이나 리트윗으로도 인기를 생명으로 하는 연예인을 성공시키거나 추문에 휩싸이게 할 수 있다는 점에서 시청자들의 영향력은 소셜 미디어 시대에 더 빠르고 쉽게 행사된다.

이런 점에서 해외에서는 개인주의와 자유를 상징하는 연예인/유명인이 한국에서는 약자일 수 있다. 특히, 한국에서 나이 어린 아이돌이나 여

27 일명 '땅콩 회항' 사건으로 일어난 재벌들의 '갑질' 논란도 이러한 맥락에서 볼 수 있지만 그것은 드물게 '고발'의 형식으로 일어나며, 연예인에 대한 일거수일투족의 비난은 거의 개인 시청자의 수준에서 일상적으로 발생한다.

자 연예인은 더욱 약자다. 어린 아이돌은 어린 나이에 부와 유명세를 누리기 때문에 언제나 대중의 집단적 도덕주의 검열 아래 놓인다. 또한 불평등한 젠더 질서의 한국 사회에서는 여성 연예인의 성공이 마치 불로소득처럼 취급하며 쉽게 여성 연예인을 비난의 대상으로 삼는다. 남성 연예인과 유사한 실수를 하거나 유사한 무지함을 보여도, 여성 연예인들은 오랫동안 대중의 질타에 사과의 눈물을 흘려야 한다.

방송 문화에서 나타나는 연예인을 향한 집단적 도덕주의는 비단 리얼리티 쇼에만 적용되는 특성이 아니다. 하지만 연예인 리얼리티 쇼가 지배적인 한국에서, 무대본의 행위를 해야 하는 연예인은 전문 방송인으로서의 인기 유지, 오락성의 확보, 지속적인 사생활과 개인성의 노출이라는 다중의 압박 속에서, 공정성의 정서에 기초한 대중의 정서적 평등주의와 그 집단적 도덕주의에 더욱 취약한 존재인 것이다.

한국 리얼리티 쇼의 사회 구성적 효과와 의미

지금까지 리얼리티 쇼라는 장르 자체에 대해 그리고 한국의 리얼리티 쇼에 대해 살펴보았다. 이제 앞서 논의한 개념들과 주장을 좀 더 다면적으로 깊게 생각하고 질문하며, 그 사회문화적 함의를 함께 짚어 보자.

첫째 질문은 리얼리티 쇼 장르의 신자유주의 성격을 한국의 리얼리티 쇼에 그대로 적용시킬 수 있는가다. 분명히 한국의 리얼리티 쇼의 포맷 장치 역시 서구의 것과 크게 다르지 않다는 점에서, 또한 일반인이 참여하는 오디션 경쟁 리얼리티 쇼에서는 분명히 '그렇다'고 수긍할 만하다. 또한, 연예인들이 집에 돌아가서 우리처럼 평범한 옷차림과 민낯으로 어떤 음식을 만들어 먹고, 어떻게 몸매 관리를 하는지 등은 시청자의 자기 계발의 정보나 자원으로 사용되기도 한다.

그러나 한국에서 지배적인 '연예인 리얼리티 쇼'라는 특성은 한국의 리얼리티 쇼를 완전히 신자유주의 시대의 자기 계발과 자기 통치의 성공적인 장치로 평가하기에는 한계를 지닌다고 생각한다. 초기에 만들어진 한국 연예인 리얼리티 쇼의 이름인 '리얼 버라이어티 쇼'라는 말이 오히려 적합할 만큼, 비록 무대본이라고 할지라도 한국의 연예인 리얼리티 쇼는 일반인들의 삶에서 동떨어진, 리얼을 표방한 연예인의 예능 쇼에 가깝다. 따라서 한국 시청자들은 애초부터 내 삶의 진단과 성찰과 무관하게, 특별한 존재로서 연예인이라는 타자의 삶을 오락거리로 삼는 것으로 보인다. 즉 리얼리티 쇼가 경쟁 원리를 내면화시키면서 책임 있고 자율적인 주체로서 지속적으로 자기 계발을 수행하도록 추동하는 신자유주의 문화 형식이지만, 그 효과는 한국의 '일반인' 리얼리티 쇼에서 부분적으로 발휘되는 듯하다.

특히, 리얼리티 쇼에 작용하는 시청자들의 '정서적 평등주의'까지 고려한다면, 오히려 한국 리얼리티 쇼에서 경쟁의 문제는 '자기 계발'의 초점을 '공정성'과 '평등'에 대한 초점으로 이동시키고 있다고 판단된다. 리얼리티 쇼 장르 전체적으로 볼 때, 분명히 '경쟁 포맷'은 경쟁을 사회적 성공이나 부의 분배의 정당한 원리인 것처럼 제시하고, 경쟁력을 위한 자기 계발을 독려하며 사회적이고 공동체적인 문제도 모두 개인의 책임과 관리 문제로만 인식하게 할 위험이 있다. 그러나 한국 리얼리티 쇼에 드러난 가족주의를 통한 의도치 않은 경쟁의 순화 효과, 그리고 평등을 희구하는 사회적 정서가 사회적 약자를 지지하며 경쟁에 개입하는 모습은 신자유주의의 정서와 사뭇 다르다. 따뜻하고 건전한 내용을 강조하는 '착한 예능'이라는 용어가 보여 주듯, 한국 리얼리티 쇼와 신자유주의 가치 사이에는 간격이 발견된다.

둘째 질문은 '정서적 평등주의'가 사회문화적 차원에서 갖는 함의는 무엇인가다. 정서적 평등주의는 역사적으로 형성된 공정성과 평등에 대한 희구를 토대로 하지만, 자칫 사회의 모든 차이를 단지 평등 대 불평등으로 이분화하고 마치 평등이 '너와 내가 같아지는' 동일화로 인식하고 행동하게 할 위험이 있다. 또한 사회적, 제도적, 정책적 변화로 향하기보다 방송에서 출연자들에 대해 감정적인 카타르시스로 발산될 위험도 있다.

동일성이나 동질성은 결코 바람직한 평등이 될 수 없다. 타인의 시선을 의식하는 집단주의 문화가 발달한 한국에서 만약 평등을 동일성으로 생각한다면, 개인의 차이를 존중하는 개인주의는 더욱 발달하기 어렵게 된다. 문화사회학자인 게오르크 짐멜George Simmel은 '개인주의'란 모두가 서로 다르다는 점에서 모두가 동등하게 대접받아야 하는 것으로 설명한다. 즉 각자의 특이함은 숫자나 양적으로 서로 잴 수 있거나, 같다고 등치시킬 수 없는 고유한 차이를 말한다. 개인주의는 각자가 가진 차이를 용인할 뿐 아니라 존중하는 것이다. 이는 서구의 개인주의가 우리의 미래이거나 해답이라는 뜻이 결코 아니다. 서구의 개인주의는 그 자체로 극복되어야만 할 여러 문제를 지니고 있다.

물론 집단적 동질성의 추구가 항상 나쁜 것만은 아니다. 동질감에 기초한 평등이 때로는 불의에 대항하는 강력한 공통의 집단성과 소속감을 만들어 내며, '촛불 집회'나 '대통령 탄핵 반대 운동'에서처럼 긍정적인 정치적 힘으로 분출되기도 한다. 또한 다른 국가와의 스포츠 경쟁에서 '같음'을 즐기며 '붉은 악마의 월드컵 응원'이라는 문화적으로 경이로운 모습을 만들기도 한다. 여기서 강조하는 것은 지나친 정서적 평등주의가 집단주의와 결합함으로써, 개인에 대한 집단적 폭력에 우리를 무감각하게 만들고 개인의 차이와 사회의 다양성을 위축시킬 수 있다는 점이다. 핵심은 리얼리티 쇼를 통해 드러난, 즉 리얼리티 쇼를 구조화하는 우리의 집단주의의 강고함과 우리의 개인주의의 박약함을 어떻게 생산적으로 변화시킬 것인가의 문제다.

한국 리얼리티 쇼의 변화를 상상하기

2000년대 초반 미국에서 "미국의 시대정신"(Schechter, 2002)이라는 말까지 나올 정도로 높은 인기를 구가했던 리얼리티 쇼의 열기가 2010년대 들어서는 다소 식었지만, 리얼리티 쇼는 20여 년 만에 텔레비전의 핵심 콘텐츠로 성공적으로 자리매김했다. 한국은 좀 뒤늦게 부상했지만 10여 년도 채 안되어 리얼리티 쇼는 더욱 다양하게 진화하며 텔레비전 콘텐츠들을 왕성하게 이끌고 있다. 한편에서는 치열한 오디션 경쟁 리얼리티 쇼와 가족 관련 리얼리티 쇼가, 그리고 다른 한편에서는 마치 신자유주의의 경쟁과 자기 계발의 대세를 거스르는 듯, 슬로 라이프나 힐링을 표방하는 리얼리티 쇼(예를 들어, 〈삼시세끼〉, 〈숲속의 작은집〉 등)가 인기다. 후자는 신자유주의에 완전히 포섭될 수 없는 욕망과 색다른 상상력을 생산하는 문화산물의 잠재성으로 여길 수도 있다. 그러나 동시에 힐링, 슬로 라이프, 욜로(YOLO: You Only Live Once)를 표방하는 리얼리티 프로그램조차 사실 삶의 여유와 평화조차 개인들이 알아서 찾아보고, 관찰하고, 스스로 관리해야 하는 목록으로 추가된 것이라는 평가도 가능하다. 어느 시선이 더 적절해 보이는가? 둘 다 맞을 수도 있다. 대중문화물은 여러 사회적 가치와 욕망과 관행들이 서로 주사선처럼 얽혀 구성하고 작동하기 때문에 다차원적인 효과를 지니기 때문이다.

신자유주의 시대의 대중문화 장르인 리얼리티 쇼가 한국에서 제작될 때, 한국인의 가치와 정서가 각인되고 한국 시청자와 상호 작용하며 진화한다. 방송에 대한 규범주의, 실력주의, 가족주의, 공정성이 연루된 정서적 평등주의, (특히 연예인을 향한) 집단적 도덕주의, 이것들은 복잡하게 서로 얽혀서, 그러나 '자연스러운 듯' 행사된다.

리얼리티 쇼의 진화는 여전히 현재형이다. 새로운 리얼리티 쇼들이 다수 등장한다는 점은 기존의 초기 쇼들과의 크고 작은 차별화를 말하기도 하지만, 우리 사회와 우리 자신의 변화를 말하는 것일 수도 있다. 그래서 지금의 고민들이 또 새로운 것으로 바뀌어 있을지도 모른다. 리얼리티 쇼라는 대중문화의 영역은 감각, 재미, 가치, 욕망들이 복잡하게 운동하는 영역이다. 이 분석들을 통해서 우리가 얻고자 한 것은 무엇일까? 아마도 그것은 문화를 통해 호흡하는 우리 자신이기에, 리얼리티 쇼의 중층적 진단과 비판적 이해를 통해서 우리의 현재를 이해하고 우리의 내일을 바꿀 수 있다는 희망일 것이다. 그러기 위해 리얼리티 쇼들에 대해 더 풍부하고 다양한 많은 문화적 분석과 논의가 필요하다.

참고 문헌

김수정 (2005). 《VJ는 누구인가?: 한국의 'VJ' 현실과 6mm 제작 시스템》. 한울

김수정 (2010). "글로벌 리얼리티 게임쇼에 나타난 자기통치'의 문화정치: 〈프로젝트 런웨이〉와 〈도전! 슈퍼모델〉 프로그램을 중심으로," 〈한국방송학보〉, 24(6). pp.7~44.

김수정 (2011). "한국 리얼리티 프로그램의 정서구조와 문화정치학," 〈방송문화연구〉, 23(2), pp.37~72.

김수정·김수아 (2015). "집단적 도덕주의' 에토스: 혼종적 케이팝의 한국적 문화정체," 〈언론과 사회〉, 23(3), pp.5~52.

김예란·박주연 (2006). "TV 리얼리티 프로그램의 이론과 실제: 제작자 심층 인터뷰 분석을 중심으로," 〈한국방송학보〉, 20(3), pp.7~48.

박주연 (2005).《텔레비전 리얼리티 프로그램》. 한국언론재단

윤태진 (2011). "정서적 참여와 실재(reality)의 재구성,"〈방송문화연구〉, 23(2), pp.7~36.

이종수 (2004).《TV 리얼리티: 다큐멘터리, 뉴스, 리얼리티 쇼의 현실구성》. 한나래.

이종수 (2008). "오디션 리얼리티쇼와 현대 여성의 '통과의례':〈도전 슈퍼모델〉서사분석을 중심으로,"〈미디어, 젠더 문화〉, 9호, pp.51~86.

이희은 (2011). "텔레비전 버라이어티쇼의 사적인 이야기 서술,"〈언론과 사회〉, 19권 2호, pp.2~48.

홍순철 외 (2010).《텔레비전 프로그램 포맷 창작론》. 한울.

〈조선일보〉(2018. 4. 15). "홍많은게 죄?… 전참시 홍진영, 논란부터 사과까지"(종합) http://news.chosun.com/site/data/html_dir/2018/04/15/2018041501060.html

〈한국일보〉(2018. 2. 13). "'윤식당2' 나영석 PD "위생 논란, 제작진이 미흡했다"" http://www.hankookilbo.com/News/Read/201802131774567713

Andrejevic, M. (2004). *Reality TV: The work of being watched*. Lanham, Maryland: Rowman & Littlefield.

Couldry. N. (2004). "The ritualized norms of television's 'reality' games," In. S. Murray & L. Ouellette. (eds.), *Reality TV: Remaking of TV culture*. New York: New York Univ. Press.

Couldry, N. & Littler, J. (2011). "Work, power and performance: Analysing the 'reality' game of the Apprentice," *Cultural Sociology*, 5(2) pp.263~279.

Cross, S. & Littler, J. (2010). "Celebrity and Schadenfreude: The cultural economy of fame in freefall," *Cultural Studies*, 24(3), pp.395~471.

Foucult, M. (2004). *The Birth of Biopolitics*. [오트르망 엮음.《생명관리정치의 탄생: 콜레주드 프랑스 강의 1978~79년》. 난장. 2008].

Gordon, C. (1991) "Governmental rationality: an introduction," (In) G. Burchell, C. Gordon, & P, Miller (Eds.), *The Foucault effect: Studies in governmentality* (pp.1~51), Chicago: Univ. of Chicago Press.

Hill, A. (2005). *Reality TV: audiences and popular factual television*. London and New York: Routledge.

Holmes, S. (2006). "'When will I be famous' reappraising the debate about fame in reality TV," (in) D. S. Escoffery (ed), *How real is reality TV?: Essays on representation and truth*. (pp.7~25). North Carolina: McFarland.

Kilborn, R. (1994). "How real can you get?" *European Journal of Communication*, 9(4), pp.421~439.

Lukes, S. (1973) *Individualism*. Oxford: Basil Blackwell.

McMurria, J. (2008). "Desperate citizens and good samaritans: Neoliberalism and makeover reality TV," *Television & New Media*, 9(4), pp.305~332.

Ouellette, L. & Hay, J. (2008). *Better living through reality TV.* Cambridge, MA: Blackwell.

Schechter, S. (2002. 10. 7). "Big Brother: America vs. Britain," Reality News Online. http://www.realitynewsonline.com/cgi-bin/ae.pl?mode=1&article=article1175.art&page=1

WGA (2013). The real cost of reality TV. 2013 WGA Report on Nonfiction Television.

멀티플랫폼 시대의 텔레비전 드라마에 대한 미디어 문화적 접근

홍석경

4

#멀티플랫폼 #넷플릭스

#미디어문화 #재현 #담론

#텔레비전드라마 #네오시리즈 #뉴케이블드라마

#스토리텔링 #트랜스미디어 #크로스미디어

홍석경은 서울대학교 언론정보학과 교수로 한국 대중문화 및 미디어 문화에 대해 연구하며, 특히 세계화와 디지털 문화 현상으로서 한류에 대해 집중하고 있다. 서울대학교 불어불문학과를 나와 신문학과에서 석사 및 박사 과정을 수료한 후 프랑스 그르노블대학교에서 언론정보학 박사 학위를 받았다. 방송위원회 선임연구원을 지냈으며, 보르도 3대학교 언론정보학과 부교수로 있었다. 책으로는 《세계화와 디지털 문화 시대의 한류》, 《드라마의 모든 것》(공저), 《영상학개론》(공저) 등이 있고, 텔레비전 드라마, 한류, 디지털 문화, 영상방법론에 대한 다수의 논문이 있다.

문화연구는 왜 텔레비전 드라마를 연구하는가

문화연구는 왜 텔레비전 드라마를 연구하는가? 문화연구 패러다임 속에서 드라마를 연구한다는 것은 결국 무엇을 연구하는 것인가? 드라마의 내용? 제작 방식? 경제? 이데올로기? 수많은 대중문화 현상 중에서 굳이 텔레비전 드라마를 연구하는 행위는 어떤 의미와 목적을 지니는가? 빅 데이터가 전수를 다룰 수 있게 한 현재, 질적 연구를 기반으로 하는 문화연구에서 수많은 텔레비전 드라마 중 특정 드라마를 연구하는 것은 어떻게 정당화될 수 있을까? 뿐만 아니라 디지털 문화의 진전으로 기존의 지상파 방송사에서 정해진 시간에 드라마를 보던 전통적인 시청 방식은 급격히 사라져 가고 새로운 플랫폼에서 원하는 시간에 편한 단말기로 원하는 프로그램을 보는 방식으로 급격하게 변화하고 있다. 게다가 초국가적, 나아가 전 세계적인 영상물 플랫폼의 등장으로 국민 공동체 내에서 소통되던 드라마의 커뮤니케이션 환경 또한 변했다. 과거에는 국내 시청자 집단의 취향에 맞는 드라마를 생산하는 것으로 만족할 수 있었지만 이젠 그렇지 못하다. 국내 방송 시 즉각적인 시청률은 여전히 중요하지만, 해외 수출을 전제하기 때문이다. 즉 국내용 드라마지만 외국 드라마와 멀티플랫폼에서 경쟁해야 하는 상황이다.

이와 같은 미디어 환경의 변화에도 불구하고, 드라마를 미디어 문화로서 접근한다는 것은 적어도 다음과 같은 세 가지 차원을 입체적으로 고려한다는 것을 의미한다.

첫째, 드라마는 이야기다. 스토리story든 역사history든, 이야기는 현상을 구성하는 수많은 사건들과 인물들, 요소들을 리스트 속에서 선별하고register 배열해서narrative 의미 있는 전체를 만들어 나가는 구성configuration이다(Ricoeur, 1985). 기호학적 용어로는 전자를 계열체적paradigmatic 관계, 후자를 통합체적syntagmatic 관계라고 부른다. 인간의 광범위한 언어 활동의 기본 작동 방식인 이 두 가지 선택과 조합으로 크고 작은 이야기가 만들어지고, 이것은 단순한 창작이 아니라 인간이 개인과 집단의 삶을 이해하고 의미를 부여하는 기술이어서 픽션과 논픽션을 모두 아우른다. 인류의 역사에서 여러 가지 이야기의 형식들이 등장했고, 텔레비전 드라마는 소설과 영화에 이어 미디어의 특성에 최적화된 상태에서 산업화된 픽션 형식이다. 텔레비전 드라마는 시간 및 영상 미디어라는 강력한 텔레비전의 미디어적 특성으로 인해, 또한 무거운 제작비로 인해, 국가(각종 심의)와 시장 권력(광고, PPL 등)으로부터 자유롭지 못하다. 또한 시간 미디어로서 규모의 경제를 도모해야 하기 때문에, 일상생활과 밀접한 정기성periodicity을 지닌 반복적인 이야기 형식을 띠게 되었다. 결국 텔레비전은 프로그램의 대량 생산이라는 제한과 일상생활 속에서의 수용이 접목된 미학(클로즈업, 과장 등), 각국의 제작 환경의 고유한 조건들 속에서 협상된 여러 관행들의 영향에서 자유롭지 못한 상태에서 생산된다.

이렇게 생산된 이야기는 시장 경제에 기초한 자유주의 국가의 경우, 시청률을 통해 제작비를 상환해야 하기 때문에 시청자의 취향과 선호, 관심,

사회의 여러 변화에 민감하게 열려 있다. 적어도 국민 시청자를 대상으로 하는 지상파 방송의 경우, 공동체의 이해와 감수성, 수용 가능성과의 협상을 통해 시공간적으로 규정된, 즉 그 사회와 시대에 고유한 '헤게모니적'이라고 할 수 있는 재현을 생산해낸다(Macé, 2009). 사회의 변화를 적극 수용하면서도 동시대 시청자가 동의할 수 있는 사회의 모습을 그려 낸다. 그렇기 때문에 드라마 속 가족의 모습, 남성과 여성의 역할, 인간관계에 대한 재현이 변화하고, 그 변화를 정당화하는 담론 또한 변하게 된다. 이러한 미디어의 헤게모니적 작동 방식에 대한 이해를 전제로 드라마 속 재현 연구를 통해서, 특정 시대 특정 사회의 지배적 가치관, 즉 이데올로기에 대한 연구가 이루어질 수 있다. 소설의 재현 연구와 구분되는 점은, 재현에 작동하는 이와 같은 미디어 문화적 맥락을 이해해서 그 재현을 생산한 사회에 대한 지식을 생산해야 한다는 점이다. 멀티플랫폼 시대 드라마의 재현은 국민 공동체와의 공감을 넘어서는 지향점을 지닐 것으로 예상되며, 향후 재현 연구 또한 이러한 변화를 적합하게 해독해야 할 것이다.

둘째, 드라마 재현 연구가 그것을 생산하는 사회와 연결되는 과정에 담론이 있다. 아마도 대중문화에 대한 문화연구에서 가장 논쟁적인 부분이 담론이라고 할 수 있을 만큼, 담론의 물질적인 조건, 작동 방식, 효과에 대한 이해, 해석의 수준 등이 서로 다른 이론과 패러다임에 닿아 있다. 학생들이 가장 어려워하는 부분도 바로 이 지점이다. 사회 속에서 광의의 지식 생산, 즉 우리가 어느 정도의 과학적, 법리적, 이성적 합리성을 지닌 '지식' 또는 '앎Knowledge'이라고 간주하는 내용을 생산하는 데 권력이 작용하고, 그것이 세상에 대한 이해를 담은 언어로 실천되는 것이 바로 담론이다. 복잡한 경제 상황에 대한 이해를 담은 설명들이 서로 다른 권력에 의해 생산되어 서로 경쟁하는 담론들로 존재하고, 우리는 그 효과를 매일의 뉴스 해설과 드라마 속에서도 만날 수 있다. 가족 관계, 여성과 남성의 성역할, 나아가 성정체성과 인간관계에 대한 상이한 담론이 경쟁하고 있고, 드라마는 현실 속의 이러한 담론을 선택하여 가장 이견이 적은 방식으로 교섭하면서 관련된 재현을 생산한다. 따라서 담론은 도처에, 여러 종류가, 다량으로 존재한다. 모든 인간의 실천이 담론 안에서 이루어지기에, 영상 생산과 재현에 동원되는 여러 표현법, 기술, 관행 또한 담론의 효과다. 이러한 담론의 작동 방식을 영상 생산에 적용해 가장 잘 분석한 사례를 리처드 다이어Richard Dyer의 《화이트*White*》에서 볼 수 있다(Dyer, 1997). 백인의 인종적 우월성에 대한 이해를 미학적 우월성으로 번역하기 위한 할리우드의 조명 방식 및 영화의 여러 가지 재현은 바로 인종주의적 담론이 작용한 결과라는 분석이다. 다이어의 이러한 분석은 한류와 뷰티 산업을 통해 피부의 '밝은 톤Whiteness' 위에 동아시아의 새로운 인종적 위계를 만들어 가고 있는 드라마와 엔터테인먼트를 포함한 한류 산업의 여러 관행에 대해 흥미로운 연구와 분석, 비판의 현장을 열어 준다.

셋째, 드라마의 산업적 측면이 가져온 광의의 이야기 형식의 문제다. 텔레비전 드라마가 텔레비전이라는 거대한 미디어 조직의 산물이라는 점에서 필연적으로 경영, 경제, 효율성 등 산업적 측면을 지니는데, 미디어 문화연구 패러다임 속에서 산업적 차원은 훨씬 흥미로운 매개 과정을 통해서 수행된다. 시간 미디어로서 텔레비전의 여러 특수성이 복합적으로 작동되는 드라마 '형식'의 문제, 그리고 드라마를 넘어서 트랜스미디어[1]적인 픽션 및 이야기 형식과 관련된 '스토리텔링'의 문제, 마지막으로, 생산

---

1 트랜스미디어 스토리텔링transmedia storytelling은 여러 개의 미디어를 이용해 하나의 세계로 경험될 수 있는 이야기를 만들어 내는 전략을 말한다. 원작을 각색하는 크로스미디어 스토리텔링crossmedia storytelling과 달리, 같은 이야기가 반복되지 않고 여러 플랫폼의 이야기가 확장이나 변형을 통해 서로 연결되어 있어 수용자가 미디어의 경계를 넘는 적극적인 횡단을 통해 하나의 세계로 향유하는 것을 말한다.

된 드라마가 유통되는 '플랫폼'의 문제로 정리할 수 있다.

움직이며 콘텐츠를 소비할 수 있게 하는 모바일 기기와 여러 가지 형식의 OTT(over the top)[2]의 등장으로, 편성의 정기성, 시청의 실시간성의 중요성이 사라졌고, 이에 따라 장르도 혁신 과정을 겪었다.

1990년대 중반 이후 미국에서 HBO(Home Box Office)와 같은 유료 픽션 전문 케이블의 등장이 미국 텔레비전에 양질의 네오시리즈neo-series 생산을 가져온 것처럼, 한국에서는 2000년대 중후반 이후 CJ의 유료 케이블 채널과 종합 편성 채널의 등장으로 드라마 생산에 새로운 전환기를 맞이했다. 이러한 변화는 텔레비전 업계 내부뿐만 아니라 코믹스/만화/웹툰에서 게임, 영화, 연예에 이르는 문화산업 전체에서 경계를 무너뜨리는 디지털 컨버전스[3] 문화의 발전 속에서 진행되었고, 그로 인한 스토리텔링 방식의 변화는 드라마와 드라마를 둘러싼 미디어 산업에도 변화를 가져왔다.

게다가 디지털 영상 플랫폼의 다변화와 넷플릭스Netflix와 유튜브와 같은 극단적 위치의 양대 영상 유통 네트워크의 형성으로, 그야말로 드라마의 시청은 TV 수상기로 실시간 일일 연속극을 보는 가족 시청자와 인터넷을 이용한 모바일 기기 개별 시청자가 공존하는 현실이다. 또한 시청자들의 중요한 일부가 전 세계의 좋은 콘텐츠를 선별적으로 소비해 온 적극적이고 비판적이며 생산적이기까지 한 디지털 네이티브들digital natives[4]

---

2 OTT는 인터넷을 통해 각종 미디어 콘텐츠를 제공하는 서비스를 말한다. 이때 top은 TV 셋톱박스 같은 단말기를 의미한다.

3 미국의 미디어 연구자 헨리 젠킨스Henry Jenkins가 《컨버전스 문화*Convergence Culture*》(2006)에서 사용한 의미의 디지털 융합을 말한다. 디지털 기술에 의해 구미디어의 콘텐츠가 새로운 디지털 미디어를 통해 자유롭게 가공되고 소비되는 현상 일체를 지칭한다. 이 현상은 기술적 융합, 경제적 융합, 문화적 융합을 동반한다.

4 디지털 기술이 전면화된 시대에 태어나, 어려서부터 디지털 문화 속에서 성장한 세대의 문화 향유 특성을 강조하는 개념이다.

이다. 미학적 판단력을 지닌 선별적 시청자의 존재와 이들이 드라마 화제성 형성에 미치는 영향으로 인해, 이제 과거와 같은 평균적인 시청자 감각에 소구하는 국민 드라마를 제작하는 것은 더 이상 텔레비전 산업의 충분 조건이 될 수 없는 상황이다.

이러한 미디어 환경과 수용자의 변화는 드라마의 내용, 형식, 제작 관행, 사회적 영향 등 미디어 문화 전체에 지속적인 변화를 추동하고 있다. 한국 드라마들이 넷플릭스에서 한국 및 전 세계의 가입자에게 방송되는 현재, 드라마의 미디어 문화적 특성에 대해 새로운 고찰이 필요하다. 한국 드라마 중 점증하는 수가 케이블과 종합 편성 채널이 제작한 것들이고, 넷플릭스는 2016년부터 적극적으로 한국 드라마 제작에 투자하기 시작했다.

드라마 형식의 변화: '네오시리즈'와 '뉴 케이블 드라마'의 시대

1980년대까지 미국이 수출하던 시리즈들은 지금 '미드'라는 짧은 한마디가 지시하는, 전 세계 영상 유통 채널과 네트워크를 지배하는 양질의 드라마와 크게 다른 모습이었다. 〈600만불의 사나이〉, 〈헐크〉, 〈원더우먼〉, 〈소머즈〉 등 슈퍼히어로 중심의 단순 반복적 시즌제 이야기들이 미국 내 시장에서 감가상각된 후 싼 가격으로 프로그램 시장에 쏟아져 나와 전 세계의 텔레비전에서 대량으로 방송되었다.

그런데 1990년대 중반 이후 미국은 '네오시리즈'라고 불리는 질적으로 매우 다른 미드를 생산하게 되는데, 이 변화에 HBO와 같은 픽션 전문 유료 케이블 채널들이 핵심적인 역할을 했다. 공중파 프라임타임 픽션의 내용과 주제의 한계에서 벗어나 새로운 주제를 발견/탐색/심화할 수 있었고(비이성적, 초현실/초자연적 현상 등을 동원하거나 다양하고 금기를 넘는 성적 표현, 여성적 시각 또는 여성주의적 주제들, 더 나아가 현실에 대해 비판적이거나 선악의 경계가 불분명한 수사극들), 주제의 변화를 동반하는 내러티브상의 혁신(다수의 주인공으로 인한 내러티브상 복잡성, 연속극의 장점을 취하는 시리즈 스토리텔링 등), 그리고 기존 장르의 개선과 하위 장르의 개발이 이루어졌다. 그 결과, 전 세계의 방송 편성 현황 및 시청자의 선호도와 팬덤 현상이 보여 주듯, 미드의 영향력이 놀랍게 강화되었다. 이것은 1970~1980년대, 발전도상국가들에서 미국의 문화제국주의를 외치고, 유럽으로 하여금 미국 프로그램의 지나친 영향력으로부터 유럽의 영상물 시장을 보호하기 위해 '국경 없는 텔레비전Television without Frontier' 정책을 시행하는 등 집단적이고 광범위한 저항을 불러일으켰던 데 비해 놀라운 반전이다. 질적으로 우수한 프로그램의 지배력은, 외국 프로그램 여부와 상관없이 인터넷이 만들어 준 국경 없는 프로그램의 소비와 비교 능력을 갖춘 시청자들의 눈높이에 의해 충분히 정당화되고 있기 때문이다. 이제 국내 드라마는 국내 시장의 채널들 사이에서만이 아니라 외국에서 만들어진 양질의 드라마와도 경쟁하게 되었고, 이와 더불어 지상파 텔레비전과 자국 프로그램에 대한 시청자의 프리미엄도 약화되고 있다.

한국은 이러한 세계적인 텔레비전 드라마 시장의 구조 개편 맥락 속에서 남다른 과정을 걸었다. 2000년대 초반 한류Hallyu를 이끌었던 몇몇 드라마의 성공으로 한국 드라마의 시장이 확대되면서 남다른 동력을 얻었다. 특히 1980~1990년대에 획득한 한국 사회의 민주화와 문화적 환경의 변화, 그리고 빠른 인터넷 문화의 확산으로 호기심 많고 적극적이며, 국적과 상관없이 양질의 콘텐츠를 추구하는 능동적 시청자 문화가 형성되었다. 이러한 디지털 문화의 수혜 속에 형성된 비판적 시청자군의 존재는 향후 한국 드라마 및 문화산업 발전에 중요한 역할을 한다.

한류 현상이 해외 시장을 확대시키자 한국의 텔레비전 드라마는 2000년대를 거치면서 놀라운 양적, 질적 성장을 했다. 동시대인의 집단적 기억에 길이 남고 한국 드라마의 역사에서도 빛나는 작품들, 그리고 해외 시청자를 한류 콘텐츠로 유입시키는 결정적 역할을 하는 많은 드라마들이 생산되었다(홍석경, 2013). 특히 2010년 이후, 케이블(tvN, OCN 등)과 종합 편성 채널(jtbc) 등 새로운 드라마 제작 주체가 등장하면서, 한국의 텔레비전 드라마는 양질의 네오시리즈를 생산한 미국 Quality TV에 해당하는 새로운 질적 도약의 시기를 맞이하게 되었다(홍석경 외, 2016). 전통적 연속극에 시리즈식 일회성 주제를 도입한다거나 동아시아의 오랜 연속극 문화 속에 미국식 시즌제를 시도하는 등, 드라마의 형식적 변화가 시도되었다. 특히 장르의 개선이 적극적으로 이루어져서 다양한 퓨전 장르들이 탄생했다. 타임 슬립time slip[5]과 같은 외래적 내러티브 장치가 사극에 PPL(product placement)[6]을 가능하게 만든다든가, 구태의연한 과거의 재연reconstitution으로부터 벗어나 적극적으로 현재의 관심에 닿도록 시나리오를 발전시킬 수 있게 도와주었다.

그 결과 사극 형식이 극적인 로맨스의 배경이 되기도(《인현왕후의 남자》, tvN, 2012), 수사극에 미스터리와 로맨스가 더해지기도 했다(《나인》[tvN, 2013]과 〈너의 목소리가 들려〉[SBS, 2013]). 장르 드라마라 하면 범죄 수사물

5 타임 슬립은 서로 다른 시간대로 주인공이 계속 '미끄러져'서 두 시점에서의 행동이 서로에게 영향을 줌으로써 이야기의 전개를 복잡하게 만드는 스토리 기법을 말한다.

6 PPL이란 프로그램의 전후에 제공하는 직접 광고가 아니라 픽션의 세계 속에 광고 대상인 상품을 포함시켜 드러내는 방식으로 광고 효과를 노리는 기법이다. 드라마 배경 속 단순 노출부터 이야기 전개에 적극적 요소로 사용되는 등 다양한 방식으로 진화하고 있다. 픽션의 완결성을 중시하고 어린이·청소년의 광고 노출 통제에 민감한 많은 나라에서 금지된 광고 방식이다.

과 의학 드라마를 주로 일컫지만 실제 장르의 실험은 이보다 넓게 이루어졌다. 시즌제 수사물인 〈특수사건전담반 TEN〉(OCN, 2013), 느와르 장르인 〈무정도시〉(jtbc, 2013), 1980년대 〈TV손자병법〉(KBS2, 1987~1993)에서 시작되었으나 맥이 끊겼던 직장 드라마가 〈미생〉(tvN, 2014)이나 〈김과장〉(KBS2, 2017)으로 재생되었고, 한국에서 전무 하다시피 했던 법정 드라마가 장르로서 정착되면서 많은 퓨전 형식을 낳게 되었다.[7]

이러한 변화를 일군 중요한 동력은 지상파 방송의 예능 PD나 영화감독이 케이블과 종편의 드라마 제작으로 진출하고, 예능 프로그램처럼 집단 창작 시스템을 도입하는 등 전통적인 지상파에서 새로운 드라마 제작 플레이어player로의 인적 이동이었다. 이러한 지상파로부터의 인적 자원의 유출은 새로운 영상 제작자로 등장한 대형 엔터테인먼트사를 향해서도 이어졌다. 한국 방송계의 전문 인력들이 중국으로 이탈하고 한국 드라마 제작사에 대한 중국 자본의 직접 투자가 증가하면서, 지상파의 드라마 제작 경쟁력에 드리운 적신호를 더욱 짙게 만들었다. 이것은 역설적으로 한국 문화산업 발전에서 지상파 텔레비전이 인력 허브로서 얼마나 중요한 역할을 수행했는지를 말해 준다.

이와 같은 드라마의 형식적인 변화가 직접적으로 재현의 변화를 야기하지는 않지만, 재현의 변화를 수월하게 만드는 다양성을 가져왔다. 먼저 무작위적 대량 시청자를 겨냥하는 공중파 채널의 편성상의 제약을 넘어서서 케이블 채널은 보다 자유롭고 파격적인 재현을 시도할 수 있었다. 장르에 충실한 깊이 있는 인물을 그려 낼 수 있고, 복잡한 내러티브 추구

7 〈수상한 파트너〉(SBS, 2017)와 같은 법정 로맨틱 코미디(로코), 〈개과천선〉(MBC, 2014)이나 〈펀치〉(SBS, 2014~2015)와 같은 법정 멜로, 〈무법변호사〉(tvN, 2018) 같은 법정 액션, 현직 판사가 시나리오를 쓴 판사 드라마 〈미스 함무라비〉(jtbc, 2018)에 이르기까지 많은 하위 장르 드라마가 제작되고 있다.

과정에서 보다 입체적인 인물들을 만들어 낼 수 있었다. 그들이 살아가는 삶의 "그럴듯함vraisemblance/verissimilitude"[8]은 더 이상 이분법적 선악의 존재, 사랑으로 귀결되는 단순한 로맨틱 코미디, 정으로 해결되는 인간관계의 갈등으로는 얻어낼 수 없게 되었다. 보다 입체적인 현실을 재현할 수 있는 내러티브상의 자유 공간이 확보된 것이다.

드라마 스토리텔링의 발전: '크로스'와 '트랜스'의 시대

북미의 디지털 문화와 컨버전스 현상은 코믹스와 게임, 영화, 드라마, 인터넷의 적극적 수용자 하위문화를 아우르는 트랜스미디어라는 독창적인 멀티플랫폼 스토리라인 전략을 만들어 냈다. 지구상에서 또 다른 강력한 디지털 문화의 동력이 생성된 동아시아에서도 전통적인 크로스미디어 전략을 중심으로 멀티플랫폼화가 진행되어 왔다. 이 전략은 하나의 원작을 여러 가지 형태로 가공한다는 원 소스 멀티 유즈(One Source Multi Use: OSMU)라는 용어가 잘 요약한다. 동아시아의 한류 현상은 여기에 초국가적transnational 차원[9]을 강화시켰다.

동아시아의 복잡하고 중층적인 근대화 과정을 배경으로 장기적으로

---

8 그럴듯함은 픽션이 창출한 세계 속에서 실물감lifelikeness, 즉 텍스트가 행위, 인물, 언어 및 그 밖의 요소들을 신뢰할 만하고 개연성이 있다고 독자에게 납득시키는 정도다. 텍스트 외부의 현실과의 정합성이 아니라 그 텍스트가 속한 장르 속 현실에 대해서 얼마나 진실한가를 의미한다. 현실에 존재하지 않는 세계를 다루는 SF 장르도 나름대로 정립한 현실에 합치되는 한 고도의 그럴듯함을 가질 수 있다.

9 국가 간 또는 국제적international 차원이 국가 단위들의 단일성unity이 유지되는 상태에서의 관계들을 지칭한다면, 초국가적 현상은 개별 국가의 특수성이 덜 중요해지고 국경을 넘어서, 또는 여러 국가들이 동시에 관련된 현상을 지칭한다.

형성된 초국적 대중문화의 흐름은 일찍이 초국적 셀러브리티celebrity를 경험하게 했다. 이미 1930년대 상하이에서 한국인 김염이 최고의 남자 배우로 활동했고, 1980년대 홍콩의 장국영, 주윤발 등 노래하는 남자 배우들은 동아시아에서 초국적인 인기를 누렸다. 그리고 1990년대 일본 록그룹과 아이돌 그룹은 쿨 재팬Cool Japan 현상의 아이콘들이었고, 한국의 연예인들이 뒤를 이어 초국적인 인기를 이어 갔다. 무엇보다 초국적으로 형성되어 있는 만화 문화(만화 언어와 감수성)는 이 지역에서 초국적 상호텍스트성의 증가(각색, 리메이크를 통한 초국적 캐릭터, 주제의 증가 등)를 가져왔다. 남자들만 생활하는 공간에 이런저런 이유로 남장을 하고 들어가서 살게 된 여주인공 테마는 유사한 스토리의 일본 만화를 원작으로 한 드라마 〈아름다운 그대에게〉(SBS, 2012)뿐만 아니라 〈커피프린스 1호점〉(MBC, 2007), 〈미남이시네요〉(SBS, 2009), 〈성균관 스캔들〉(KBS2, 2010)로 이어졌다. 일본 만화를 원작으로 한 드라마가 대만과 한국, 중국에서 만들어졌고, 이 분야에서 가장 큰 영향을 미친 것은 단연 1990년대 전반의 일본 만화 〈하나요리당고〉였다. 이 만화는 일본에 앞서 대만에서 먼저 드라마로 만들어졌고, 이어서 일본, 한국, 중국, 필리핀 등에서 드라마와 영화로 제작되었다. 〈시티헌터〉 또한 동아시아의 초국가적 텍스트로서 일본, 홍콩, 한국에서 애니메이션과 영화, 드라마로 각색되었다. 주제와 공통의 캐릭터를 넘어서 만화 미학의 드라마에 대한 영향력은 장기적이고 가시적이다. 여성 시청자를 대상으로 하는 소녀만화적 감수성이 넘치는 동아시아의 로맨틱 코미디 드라마들엔 여러 매력적인 남성의 구애 속에서 선택을 해야 하는 평범하게 설정된 여자 주인공들이 자주 등장한다. 드라마 속 하나의 장면에서 슬픔과 기쁨, 분노와 웃음 등 상반되는 감정이 공존하고 감정 표현이 가시적이고 과장되어 있는 것도 사실 꽤나 만화적이다. 일상 속이든 위기와 긴장의 상황에서든 현실 정합성이 떨어질 정도로 완벽한 차림새와 헤어 스타일을 유지하는 등장인물들,[10] 배우들이 눈을 둥그렇게 뜨고 놀라거나 감정적 장면에서 얼굴의 클로즈업은 시각적으로도 만화를 닮았다. 자주 등장하는 특정 캐릭터의 몸 개그나 관습적인 연기 또한 만화적 인물로 보이게 한다. 이와 같이 만화를 기초로 한 크로스미디어적이고 초국가적인 여러 영향력들이 웹툰을 원작으로 하는 드라마가 증가하면서 어떤 변화를 겪을 것인가? 웹툰 원작 실사 드라마를 넘어서서 무빙 웹툰 등 새로운 형식의 스토리텔링 미디어가 등장하는 시점에 와 있다.

최근에는 드라마의 내러티브 또한 원작의 각색이나 리메이크라는 크로스미디어적인 접근과 구분되는, 스토리를 넓히고 변형시키는 트랜스미디어적인 이야기 생산 방식으로 발전하고 있다. 또한 예능과 연예 산업의 영향으로, 드라마의 내러티브 진행에서 시청자와 열린 관계를 맺고 유지하려는 경향이 관찰된다. "응답하라" 시리즈가 그 좋은 사례다. 지상파의 예능 PD(신원호)와 작가(이우정)가 케이블 텔레비전에 영입되어 예능 제작처럼 팀을 이루었고, "응답하라" 이야기의 배경이 되는 시대의 디테일에 대한 조사 작업 위에서 드라마의 세계가 구성되었다. 캐릭터를 중심으로 하는 리얼 버라이어티 장르의 특성에 따라 스토리라인보다 캐릭터를 중시한 시나리오에, 1997, 1994, 1988년도 배경 선택이 보여 주듯, 다른 시대를 배경으로 하는 "응답하라"를 계속 만들어 내는 시즌제 가능성을 안고 시작했다. 이것은 케이블에서는 섭외가 어려운 유명 배우의 확보 없이도

---

10 대표적인 경우가 사극의 인물이 20세기의 남자 아이돌처럼 앞머리를 내리는 것이다. 〈신의〉(SBS, 2012)에서 최영 장군역의 이민호나 〈화랑〉(KBS2, 2016)의 몇몇 남자 캐릭터들은 고려 시대와 신라 시대의 캐릭터임에도 이마의 두건 위로 앞머리를 내리고 있다. 고려 초 광종 때를 배경으로 하는 동명의 중국 드라마를 리메이크한 〈보보경심려〉(SBS, 2016) 또한 예외가 아니다.

되는 형식일 뿐만 아니라 스타 이미지 없는 비교적 무명 배우들을 기용해 캐릭터를 잡는 것이 더 용이한 구조였고, 따라서 아이돌과 무명 배우들이 대대적으로 기용되었다. 제작진은 또한 남편 찾기 스토리로 시청자와 밀고 당기는 관계를 형성, 시청자가 적극적으로 드라마의 스토리를 뜯어보고 캐릭터를 분석하며 장면의 디테일에 주의하게 만드는 상호 작용을 이끌어 내어, 트랜스미디어 스토리 전략의 기본 전제를 실행했다. 전작제가 아닌 한국 드라마 제작의 단점을 장점으로 활용해 남편이 누구인지의 단서를 주거나 또는 혼동시키는 열린 이야기 구조를 만들어 낸 것이다. 트랜스미디어를 구성하는 멀티플랫폼 스토리텔링을 전제하고 시작하는 미국의 제작 방식과 다른 한국의 상황 속에서 시청자의 욕망에 부응하고 재미를 제공한다는 서비스 정신을 통해 구현되었다는 점에서, 매우 한국적인 트랜스미디어 DNA를 구사한 드라마였다.

인기 웹툰을 드라마로 각색한 〈미생〉(tvN, 2014)의 경우는 한국에서의 트랜스미디어 복합 산물의 경향을 가장 잘 보여 주는 사례다.[11] 〈미생〉은 3년간 다양한 미디어를 통해 '미생 월드'라는 거대한 이야기 세계를 구축하는 데 성공했으며, 수용자에게 단일 미디어로는 불가능한 경험을 제공했다. 이 복합물 속에서 텔레비전 드라마는 등장인물을 간단히 소개하는 프리퀄prequal을 유튜브에 공개했으며, 내용 또한 원본의 스토리를 그대로

11 2012년 1월부터 인터넷 포털 사이트 다음을 통해 연재된 윤태호 작가의 웹툰 〈미생〉은 누적 조회수 10억 뷰, 이후 출판된 만화 《미생》은 누적 판매량 200만 부를 돌파했다. 판사 수사극인 〈미생 프리퀄〉을 제작· 방영함으로써 스토리 세계를 확장하기 시작했고, 해당 작품은 같은 해 7월 부천국제영화제에서 극장판 영화로 묶여 재상영되었다. 2014년 10월 시작된 TV 드라마 〈미생〉은 전 국민적인 미생 신드롬을 만드는 기폭제가 되었고, 드라마 방영과 동시에 포털 사이트 다음에서는 〈미생 — 사석 5부작〉이라는 스페셜 웹툰을 연재했다. 드라마 종영 후에는 같은 방송사에서 〈미생물〉이라는 패러디 드라마 2부작을 제작·방영했다(서성은, 2015: 128, 281).

옮기지 않고, 남녀 인물 사이의 애정 관계를 생략하고 사무실 현실에 집중하는 동시에 현실과 극 사이를 오가는 리얼리즘의 창출로 시청자의 적극적인 호응과 참여를 만들어 냈다. 이러한 드라마의 트랜스미디어 스토리텔링은 아직 코믹스-애니메이션-게임-TV 드라마-영화를 아우르는 내러티브 복합체를 적극적으로 생산하고 있는 미국 문화산업에는 못 미치지만, 갈수록 웹툰을 원작으로 하는 드라마가 늘어나고 있어서 트랜스미디어로서 기획되는 드라마들도 증가할 것이 예상된다. 초국가적인 문화의 흐름 속에서, 이와 같은 교차적cross, 초경계적trans 문화 산물의 생산은 갈수록 늘어날 것이다.

멀티플랫폼 시대의 드라마: 넷플릭스가 던지는 질문들

대다수 국민 시청자들의 본방 시청 습관 위에 군림하던 지상파 방송사의 전성기가 과거로 물러나면서 방송 위기론, 방송 드라마 쇠퇴론이 꾸준히 제기되었다. 게다가 한중 관계의 맑고 흐림에 따라 한류 드라마 시장이 심한 경기 불안을 앓게 되면서 위기론은 가중되었다. 그런데 한류 위기설이 제기될 때마다 〈별에서 온 그대〉(SBS, 2013~2014)나 〈태양의 후예〉(KBS2, 2016) 등 성공작이 터져서 드라마 수출자들의 불안을 해소해 주었다. 그렇지만 국내의 시청률이 드라마의 성공과 명성의 확고한 지표 역할을 하고, 국내 시청자들이 시청률 결과로 '검토'한 드라마들이 수출되던 시절은 이제 완전한 과거가 되었다. 이젠 드라마의 시청률과 화제성이 탈구된, 다시 말해서 본방송 시 높은 시청률을 내는 드라마가 화제작이 되는 것도 아니고, 화제성과 본방 시청률이 정관계에 놓이지도 않는, 바야흐로 멀티플랫폼 시대에 돌입했다. 구체적으로 2010년대 이후 CJ E&M 계열의 tvN

이나 OCN, jtbc 등 유료 방송사들의 약진으로, 방송 실시간 TV 시청자 조사가 말해 주는 시청률은 낮지만 인터넷 검색 등 화제성이 높고, VOD 시청률은 훨씬 높은 화제작 시스템이 만들어졌다. 예를 들어 〈응답하라 1994〉나 〈미생〉은 본방 시청률이 각각 10.2% 8.4%에 그쳤으나, VOD 시장에서는 시청률 1위를 달렸다(홍석경 외, 2016: 53)

위에 언급했듯이, 디지털 시대의 수혜자로서 전 세계의 좋은 작품들을 소비하며 갖춘 눈높이를 충족시키는 창의적 드라마를 기대하는 새로운 시청자/소비자층의 존재는 이러한 방송계의 심층적 변화의 기본 동력을 형성한다. 김영찬에 따르면, 드라마 팬덤의 시초인 〈네 멋대로 해라〉(MBC)로 고품질 드라마가 시작되어 뉴 케드(뉴 케이블 드라마)로 발전했고(홍석경 외, 2016: 58), 더 이상 제작자들은 시청자의 평균 입맛과 최대공약수 감수성에 맞추어야 하는 지상파 방송사의 실시간 시청률과 국내 광고 수입에 의존하지 않는다. 전통적인 드라마 경제에서 벗어나, 유료 재방송 및 VOD, 수출을 통한 장기적 수익에 기대는 드라마를 제작하게 되었다. 넷플릭스의 등장은 이러한 한국 드라마 발전 트렌드에 정점을 찍는다.

중앙 집중적이고 국가 기구에 의존할 수밖에 없는 지상파 방송과 달리, 인터넷은 새로운 픽션 형식을 실험하는 공간이 되어 주었다. 시청자들이 내러티브의 선택권을 지니는 비선형 픽션,[12] 새로운 정치적, 미학적 실험의 웹 드라마,[13] 팬 문화와 연동된 크라우드 펀딩에 기댄 새로운 제작 방

---

12 인터넷 사이트에서 제공되는, 이야기에 들어가는 순서와 진행 순서를 시청자가 클릭하여 정할 수 있는 픽션을 들 수 있다. 이야기의 총합은 결국 같을지 모르지만 그것의 경험치는 매우 다를 수 있는 실험적 픽션이다. 2010년 유럽의 문화 채널 아르테Arte가 시도했던 웹 시리즈 〈어딕트*Addict*〉 같은 사례를 들 수 있다. (https://vimeo.com/16386353)

13 지상파나 유료 채널에서조차 너무 마이너한 감수성이기에 제작할 수 없는 유머, 정치적 경향을 대변하는 웹 시리즈를 커뮤니티에 기반을 둔 창작자들이 시도할 수 있다. 프랑스

식,[14] 모바일 드라마,[15] 세로 픽션[16] 등이 그러한 사례다.

케이블과 인터넷 방송이 보여 주듯, 새로운 플랫폼은 새로운 제작자, 새로운 제작 전략을 가져온다. 전 세계의 가입자에게 스트리밍으로 콘텐츠를 제공하는 넷플릭스의 급속한 성장과 한국 드라마에 대한 투자가 향후 어떤 한국 드라마의 재현, 담론, 산업상의 변화를 가져올지에 대한 탐색이 필요한 때다. 넷플릭스는 급속히 성장하여 단순한 유료 콘텐츠 서비스업에서 진화하여 거대한 드라마 및 영화 제작사로 변신하면서 미국 내에서도 중요한 지각 변동이 일고 있다. 중요한 스트리밍 서비스업자인 훌루Hulu의 대주주인 디즈니가 21세기 폭스를 인수했고, 2019년부터 넷플릭스에 대항하는 스트리밍 서비스를 예고한 바 있다. 디즈니가 21세기 폭스를 인수하고 스트리밍 서비스로 진출한 것은 마블Marvel 영화, 〈스타 워즈*Star Wars*〉 영화, 픽사Pixar 영화가 라이선스 계약 종료 이후 넷플릭스와 아마존 비디오에서 사라짐을 의미한다. 이것은 넷플릭스의 자체 제작 오리지널 콘텐츠 생산이 절실히 필요하고, 향후 박차를 가해야 할 것임을 예상케 한다.

넷플릭스가 아직 한국 시장에서는 가입자 수가 많지 않지만, 초국적으로 활동하는 거대한 프로그램 제작 및 방송 서비스업자이기 때문에, 기존 드라마의 생산 소비 방식에 향후 유의미한 변동을 추동할 것임을 예측할

의 지역집단창작집단 〈이것 말고는 다 괜찮아〉의 프랑스 이슬람 문화에 대한 웹 시리즈가 좋은 사례다. (http://www.apartcatoutvabien.com/)

14 드라마 제작 파업 기간 동안에 대안적인 드라마 제작을 위해 팬들이 크라우드 펀딩하여 제작한 〈닥터 호러블*Dr. Horrible*〉과 같은 사례다. (http://drhorrible.com/#main)

15 프랑스 포맷을 본 따 한국에서 제작된 72초 드라마처럼 작은 모바일 화면 및 짧은 시청 시간과 높은 주목attention을 전제로 만들어진 드라마들이다.

16 뭐랩MUH lab에서 2015년에 만든 〈내 손안의 남자친구〉 시리즈가 여기에 속한다. 이상형의 남자 친구가 시청자에게 직접 말을 건네는 형식으로 만들어진 짧은 연애 드라마다.

그림1. 국내 연령별 온라인 동영상 서비스(OTT) 이용률 (단위: %)

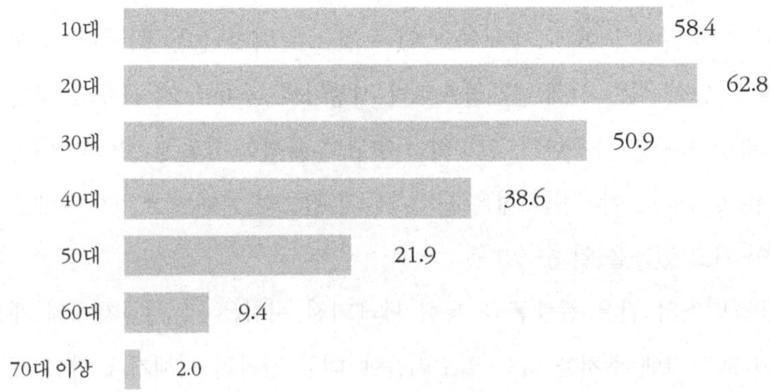

출처: KISDI, 〈2017 방송 매체 이용 행태 조사〉.

수 있다. 넷플릭스는 무엇보다 더 이상 픽션을 커다란 텔레비전 수상기로 보지 않고 노트북 화면이나 모바일 기기로 소비하는 젊은 세대에게 최적화된 플랫폼이다. 1995년생부터 2012년생까지를 포함하는 이른바 Z세대(Gen Z)의 경우, 모바일로 유튜브를 중심으로 하는 영상 소비를 보이는데, 2015년 기준 하루 평균 10시간 모바일에 접속해 있다. 디파이미디어Defy Media의 2017년 조사에 따르면, 이들 세대 중 50%는 "유튜브 없이 살 수 없다"라는 표현으로 유튜브가 이들 세대에게 가지는 삶의 가치를 표현한다(http://mediati.kr/159, 2018. 8. 18). 모바일 화면 시청이 최적화된 넷플릭스는 유튜브와 함께 젊은 세대의 미디어 소비에서 중요한 의미를 차지한다. 미국의 시청자 2500명을 대상으로 한 2018년 조사(Cowen & Co.)에 따르면 전체 응답자의 27.2%가 넷플릭스로 TV를 시청한다고 답했고, 이 수치는 18~34세에서 39.7%까지 올라간다. 넷플릭스가 미디어 소비 습관의 변화 측면에서 가져온 또 다른 변화는 몰아 보기Binge Viewing의 대중화다. 2018년 3월에 공개된 딜로이트Deloitte의 〈디지털 미디어 트렌드 조사Digital Media Trends

Survey〉에 따르면, Z세대의 경우 91%, 밀레니얼 세대의 경우 86%가 넷플릭스, 아마존 비디오, 훌루 등 구독 기반 영상 스트리밍 서비스에서 광고의 방해를 받지 않고 몰아 보기를 하고 있는 것으로 나타났다. 넷플릭스는 시리즈를 가능한 시즌 전체 공개함으로써 시청자의 몰아 보기 욕구에 부합하는 배급 전략을 사용한다. 전통적인 광고의 급격한 효율성 하락과 더불어 유튜브 세대로 이어지는 젊은 시청자들의 집중적 콘텐츠 소비가 트렌드가 되어 가고 있음을 알 수 있다.[17]

넷플릭스와 같은 플랫폼을 통한 텔레비전 시청은 각 시청자에게 개별화된 프로그램 추천을 하는 알고리즘에 대한 정확한 이해가 없다면 개인을 넘어서는 해당 집단에 대한 그 플랫폼의 영향력을 전혀 가늠할 수가 없다. 제작에 있어서도 구독자 수가 증가할수록 이들의 구독료가 높은 고정 비용을 분할하는 비용 구조를 가지고 있기 때문에 수익을 창출하면서도 막대한 제작비를 사용할 수 있다(http://mediati.kr/159, 2018. 8. 18).

한국에서는 아직 넷플릭스 가입자가 많지 않아서 앞서 설명한 것과 같은 시청과 제작 시스템에 변화가 발생한 것은 아니지만, 모바일 단말기의 너른 확산과 더불어 젊은 세대의 유튜브, V라이브 등 온라인 동영상 소비의 증가로, 위에서 설명한 넷플릭스가 홍성할 수 있는 미디어 환경이 이미 조성되어 있다. 아직 한국 내 영향력이 미미하다고는 하나 한국 감독과 한국 드라마에 대한 제작 투자와 방송권 구입을 위한 간접 투자는 장기적으로 넷플릭스의 존재가 한국 드라마에 적지 않은 영향을 미치리라는 것을 예상할 수 있다. 넷플릭스는 봉준호의 〈옥자〉(2017)에 570억 원 투자했고, 〈미스터 션샤인〉(tvN, 2018)의 경우 제작비 400억 원 중 300억

17 유튜브 세대와 넷플릭스의 젊은 시청자에 대해서는 http://mediati.kr/159를 참조하라(8월 18일 참조).

원을 주고 전 세계 방송권을 구입한 바 있다.

전 세계에 드라마를 배급하는 플랫폼에 방송권을 팔기 위해서는 무엇보다 사전 제작이 필수적이다. 〈미스터 션사인〉의 경우, 언제부터 넷플릭스를 겨냥했는지 제작 뒷배경을 잘 알 수는 없지만, 김은숙 작가의 다른 성공작인 〈태양의 후예〉가 중국에서의 동시 방송을 위해 사전 제작된 바 있었고, 그 결과는 한국 드라마에 사전 제작 붐을 몰고 올 정도로 성공적이었다. 중국의 사전 심사 제도가 강제한 한국의 사전 제작이 항상 고품질과 고시청률의 성공을 가져온 것은 아니었다. 외부의 강제에 의해서였지만 사전 제작이 시작되었을 때, 이는 방송계의 오랜 숙원인 쪽대본을 사라지게 하고 고품질 드라마의 필수 조건인 사전 제작 시스템을 정착시키리라는 기대를 불러일으켰다. 그런데 곧 사전 제작이 성공의 충분 조건이 아님이 드러나고, 제작하며 방송하는 전통적인 한국 드라마 제작 시스템이 지닌 긍정적 효과도 드러나게 되었다. 방송하면서 제작하는 한국의 드라마는 제작 시간이 촉박해 제작진의 과로를 유발하고 작품의 높은 완성도를 보장하지 못하지만, 다년간 경쟁적 드라마 시청으로 단련된 시청자 집단의 평가와 피드백 아래, 드라마를 통한 흥미로운 집단 커뮤니케이션을 경험할 수 있고, 이 과정 자체가 드라마가 명성을 얻는 데 도움이 되기 때문이다.

더 이상 국내 시청자의 평가와 피드백에만 의지하지 않고 전 세계의 시청자가 볼 수 있는 플랫폼에 납품할 한국 드라마를 만든다는 것은 과연 어떤 드라마 텍스트의 전략 변화를 가져올 것인가? 넓은 해외 진출 드라마의 운명이 감지되었던 〈태양의 후예〉와 해외 진출이 그보다 더욱 확실했던 〈미스터 션샤인〉의 내러티브 전략 분석을 통해, 멀티플랫폼 시대가 한국 드라마에 미칠 재현, 담론적 차원, 형식적 선택에 대해 분석해 보자.

〈미스터 션샤인〉의 우울

넷플릭스는 이미 〈드라마월드〉(2016)라는 한국 드라마의 세계를 패러디한 웹 드라마를 방송하면서, 동아시아의 강자인 한국 드라마를 배급할 의지를 보여 왔다. 2013년부터 오리지널 콘텐츠 〈하우스 오브 카드*House of Cards*〉의 대성공 이후 〈오렌지 이즈 더 뉴 블랙*Orange is the New Black*〉, 〈마르코폴로*Marcopolo*〉, 〈비트 벅스*Beat Bugs*〉 등을 제작해 왔는데, 한국 콘텐츠의 경우도 영화뿐만 아니라 드라마, 예능 등 단순 방송권 구입을 넘어서 자체 제작 투자를 넓혀 가고 있다. 〈태양의 후예〉는 한국과 중국 시청자가 문제를 제기하지 않으면서 공감할 만한 한국군과 의료진의 해외 평화 지원을 주제로, 한국과 구체적 장소를 알 수 없으나 해외라는 엑조티즘exotism을 간직한 장소 사이를 오가는 달달한 사랑의 이야기를 만들어 냈다. 전 세계로 배급될 〈미스터 션샤인〉의 경우, 시공간과 사건, 인물의 선택에서 국내 시청자를 대상으로 했던 그간의 드라마들과 구별되는 특징이 발견된다. 드라마의 주인공이 조선 말 대가댁 양반 애기씨이고 그의 애국심과 열정적 쟁투를 다룬다는 점, 신분을 넘어선 사랑의 등장으로 한국 시청자라면 먼저 《토지》를 연상했겠지만, 《토지》의 지역성과 만주로의 투사와는 매우 다른 공간적 상상력과 역사적 해석, 인물의 선택을 보여 준다. 〈미스터 션샤인〉은 신미양요가 일어난 1871년의 경험이 핵심 인물들의 운명을 결정하면서 시작되는데, 실제 이어지는 역사적 사건과 공간적 투사는 주인공 고애신과 세 명의 운명적 남자들을 조선으로 다시 불러들이고 로맨스를 전개하기 위한 구실로 사용될 뿐, 역사적 맥락과의 현실 정합적 교섭은 없다. 서울과 제물포 사이의 인물들의 오감, 고애신과 그의 연인의 잦은 강화도 왕래와 동해안까지의 승마, 고애신 부모의 시기상조적 독립운동 등 시공간적 핍진성의 부재는 한국 시청자들의 눈에 떨

뿐, 넷플릭스의 주 시청자인 해외 가입자들은 전혀 개의치 않을 것이다.

한 여자를 둘러싼 멋있는 세 남자 설정은 《베르사이유의 장미》나 《캔디》의 쇼조 망가(소녀 만화) 및 여기에 기댄 로맨틱 코미디의 전통을 이어가고 있다. 스나이퍼가 된 대가집 애기씨, 일본인 남편을 독살하고 서울에서 호텔을 경영하는 신여성, 벙어리 게이샤, 사무라이가 된 백정의 자식, 미군 장교가 된 노비, 전대의 원죄를 대속하는 신문물 교육을 받은 부호의 아들 등 드라마는 색깔 있는 인물들로 가득하다. 이들이 살아가는 20세기 초 경성은 근대와 전통이 공존하는 엑조틱한 시공간이다. 한복과 프랑스산 양장, 미군과 일본군, 전차와 가마, 가로등과 호롱불, 떡과 카스텔라, 일본도와 펜싱 검, 한국어, 영어, 일어가 공존한다. 경성의 모든 외국인과 부자들이 오가는 호텔에서는 가배를 마시며, 대가집 부인들이 보석을 팔아 노름을 한다. 자신의 운명과 싸우기 위해 조선을 탈출해 미국과 일본으로 갔다 돌아온 세 명의 남자와 총을 "낭만으로" 선택하고 노비 출신 미군을 애인으로 삼을 수 있는 특권을 가진 조선 말 양반 여인이라는 예외적인 인물들이 살아가는 매우 스펙터클한 시공간이다. 여기에서 사용되는 유머는 지극히 동시대적이고 탈한국적이며 서구적으로 과장된 연기에 기대고 있어서, 이 드라마가 넷플릭스에서 글로벌 시청자를 위해 제공할 콘텐츠임을 환기시킨다.[18] 열강의 침탈 속에 조선을 지키려는 왕과 신하, 양반과 백성이 함께 조직한 의병, 한 여인을 다투나 계속 함께 술을 마

18 〈미스터 션샤인〉의 유머러스한 장면이 누구에 의해, 어떤 상황에서 발생하는가를 분석하는 것은 곧 이 드라마가 어떤 수용자와 소통하려 하는지를 분석하는 일이어서 매우 흥미롭다. 근대 사회가 제공하는 모든 편의 서비스의 집적체라 할 수 있는 "해드리오"의 두 추노꾼, 유진의 통역사, 미공사관의 시중드는 아이와 유진, 고애신의 시중을 드는 남녀 시종, 유진과 그의 즐거운 상사가 생산하는 유머는 명백하게 그동안 한국 드라마, 특히 시대극에서 선보이던 유머가 아니고, 외삽적이다.

시는 세 남자 등, 드라마는 이완용을 연상시기는 이완익을 제외하고는 절대 악인이나 근본적 갈등 없이 진행된다. 조선 말기와 열강의 침략을 배경으로 한 근대화의 스펙터클을 보여 주는 한국 드라마 〈미스터 션샤인〉의 세계는 역사와 계급적 현실이 로맨스를 위해 동원되고, 개인은 무엇보다 사랑과 열정의 감정에 따라 움직이는 근대적 로맨스 담론이 작동하는 세계다. 한국의 역사적 현실에 대한 어떤 해석도 유보하는 이 드라마는 철저하게 스펙터클에 봉사함으로써 역사적 왜곡 및 비현실적이라는 비판을 모면하고 있다. 이 드라마는 〈태양의 후예〉, 〈도깨비〉(tvN, 2016~2017)에 이어 성인을 위한 동화라는 한국의 로맨스 드라마의 장르적 요구와 정체성을 충실하게 수행한다는 점에서 동시대적이다. 미군복을 입은 유진 초이와 지붕을 뛰어다니는 스나이퍼 조선 말 애기씨는 미국과 한국 어디에도 속하지 못하고, 새로운 내러티브의 공간을 여는 혼종으로 기능하지도 못하는 아름답고 우울한 스펙터클로 남는다.

기존 한국 드라마보다 월등히 높은 제작비와 남다른 조건에서 제작되었으며, 한국의 시청자뿐만 아니라 세계의 시청자들에게 즐거움을 제공하기 위해 제작된 이 드라마를 한국 드라마와 동일한 잣대로 평가하는 것은 무리일 것이다. 드라마의 비극적 보편성과 신화적 로맨스를 위해 지역적 특수성과 현실 정합성을 어느 정도 희생한 제작진의 선택은 멀티플랫폼 시대 한국 드라마의 한 방향을 일러 주고 있다. 실제 넷플릭스의 메뉴 속에서 이러한 초국가적 드라마와 한국 시청자들이 검증한 한국 드라마의 수작들 중 어느 쪽이 장기적으로 더 많이 세계의 시청자들로부터 사랑을 받을 것인지, 장기적인 관찰이 필요하다. 한류 확산과 동아시아 외부의 한국 드라마 애호자들에 대한 관찰에 따르면(홍석경, 2013), 동아시아 밖의 해외 시청자들은 매우 한국적인 내용의 지역성을 담은 한국 드라마들을 문화적 차이를 극복하며 사랑한다. 인터넷을 통해 한국 드라마를 몰아보기 하는 자발적인 한류 팬들은 한국 드라마의 문화적 이질성이 극복되었기 때문이 아니라 문화적 차이에 매혹되어 프로그램에 접근하고 있었다. 초국적 멀티플랫폼 시대 세계의 시청자를 향해 나아간 〈미스터 션샤인〉이 추구한 탈지역성의 성과를 눈여겨볼 필요가 있다.

참고 문헌

서성은 (2015). "트랜스미디어 스토리텔링으로서 〈미생〉의 가능성과 한계," 〈어문학〉, 128, pp.277~308.

홍석경 (2013).《세계화와 디지털 문화 시대의 한류》. 한울아카데미.

홍석경 외 (2016).《드라마의 모든 것: 막장에서 고품격까지, 지상파에서 케이블까지》. 컬처룩.

Dyer, R. (1997). *White: Essays on Race and Culture*. New York: Routledge.

Jenkins, H. (2006). *Convergence culture: Where old and new media collide*. New York: New York University Press.

Jenner, M. (2014). "Is this TVIV? On Netflix, TVIII and binge-watching," *New Media & Society* 18 (2), pp.257~273.

Macé, É. (2009). "Hegemony and counter-hegemony in the television performance of racial differences in France," *Contemporary French Civilization*, 33(2), pp.1~17.

Ricoeur, P. (1985). *Temps et récit 3: Le temps raconté*. Paris: Seuil.

Tapscott, D. (2008). *Grown Up Digital: How the Net Generation is Changing Your World*. McGraw–Hill. [이진원 옮김.《디지털 네이티브》. 비즈니스북스. 2009].

하위문화로부터 탈한류 담론의 가능성까지

케이콘과 방탄소년단을 중심으로

김영대

5

#K팝 #방탄소년단

#케이콘 #현지화

#세계화#초국가주의

#하위문화 #한류

김영대는 음악평론가이자 문화연구자로 미국과 한국 대중음악에 관한 비평과 저술 및 K팝의 초국가적 현상에 대한 연구를 하고 있다. 연세대학교 경영학과와 심리학과를 졸업하고 한양대학교에서 문화인류학을 공부했으며, 미국 시애틀에 있는 워싱턴대학교에서 음악인류학 박사 과정을 수료했다. 책으로는 《90년대를 빛낸 명반 50》(공저), 《한국 힙합: 열정의 발자취》(공저), 《힙합, 우리 시대의 클래식》(공저) 등이 있으며, 옮긴 책으로는 《미국 대중음악》(공역) 등이 있다.

21세기 세계 대중음악 시장의 지형에서 가장 눈에 띄는 흐름으로는 음악 장르적으로는 힙합을 비롯한 아프리칸 아메리칸 계열 음악의 득세, 그리고 음악 문화권 혹은 음악 시장의 측면에서는 의심할 바 없이 비미국권 계열의 본격적인 진출, 특히 K팝으로 통칭되는 한국 대중음악의 가파른 성공을 꼽을 수 있다. 글로벌 팝 시장에서 K팝의 성공 요인 및 문화적 함의에 대해서는 특히 싸이의 〈강남스타일〉 열풍 이후 꾸준히 분석이 나오고 있고, 국내외적으로 미치는 산업적 파생 효과 역시 2000년대 중반 이후로 특히 '한류'라는 키워드를 중심으로 다양한 연구들이 더해지고 있는 상황이다. 이 장은 기존의 음악 평론 및 대중음악 연구에서 다뤄지지 않았거나 혹은 논의가 채 진행되지 않았던 사례를 중심으로 미국 시장에서 K팝 수용 방식 및 담론의 특징과 변화 양상을 논하고자 한다.[1] 특히 북미 최대 K팝 축제인 케이콘KCON 및 방탄소년단의 사례를 중심으로 미국

1 여기에 인용되는 사례는 2007년부터 내가 미국에 머물며 관찰한 내용들이며, 그중에서도 2014년부터 케이콘이라 불리는 K팝 페스티벌에 평론가로서 참가하여 취재한 내용을 두루 포함한다.

내 K팝의 하위문화화에서 변화된 수용 방식, 그리고 그 과정 속에서 엿보이는 K팝 담론과 팬덤의 변화된 양상을 분석하고자 한다. 아울러 향후 글로벌 시장에서 K팝의 달라진 전략이 K팝의 성격을 어떻게 새롭게 규정하게 될 것인지를 함께 전망하고자 한다.

케이콘

평론가 혹은 연구자 입장에서 미국은 전 세계 그 어느 음악 시장 혹은 문화보다도 그 양상을 분석하고 예측하는 데 가장 까다로운 신scene에 속한다. 가장 주요한 이유는 음악 시장 혹은 신의 규모 자체가 다른 해외의 경우와는 비교할 수 없이 크다는 점이다. 미국 대중음악은 오랜 시간 다양한 문화와 인종이 뒤섞여 서로 다른 장르가 제각각 독특한 신을 발전시켜 왔고, 단순히 지리적으로만 나누더라도 각각의 지역과 도시별로 특징적인 양상을 띠고 있어 '미국'이라는 하나로 개념으로 묶어 일반화하기가 불가능하다. 이는 비주류 음악, 특히 K팝과 같은 비미국권 음악의 성공과 인기를 가늠하는데도 중대한 걸림돌이 된다. 그간 K팝에 관한 연구나 분석에서 아시아나 유럽권과 달리 미국을 포함한 북미에 대한 논의가 진행이 더딘 이유, 특히 미국 내 K팝 열풍의 중요한 분수령으로 꼽히는 두 가지 사건, 바로 2010~2011 SMTown 미국 투어[2]와 2012년 싸이의 〈강남스타일〉 이후에도 뚜렷한 논의의 진척이 없는 이유는 이 같은 측면 때문이

2 SM엔터테인먼트 소속 가수들로 이루어진 투어 공연으로, 미국에서 LA와 뉴욕에 총 3만 명 이상의 관객이 모여들어 당시 미국 내 K팝 관련 공연으로는 최대 인원을 동원했다. 싸이가 등장해 본격적으로 K팝이 전면에 부각되기 이전에 이루어졌던 일로 〈뉴욕 타임스*The New York Times*〉 등 현지 언론이 K팝에 주목하기 시작한 계기이기도 했다.

K팝

K팝은 널리 쓰이지만 그 의미가 불분명한 용어다. 기원을 따지자면 1990년대 말과 2000년대 초반에 걸쳐 미국 등 해외 언론이 J팝의 뒤를 잇는 새로운 아시안 팝의 흐름에 주목하여 그 작명 방식을 따라 한국 대중음악Korean popular music을 줄여 만든 용어다. 그러나 당시에 해외에 소개되었거나 '수출'된 음악의 대부분이 주류 댄스 음악이었던 까닭에 외신에서는 일반적인 의미의 한국 대중음악이라기보다는 트렌디한 한국 댄스 음악, 혹은 아이돌 음악에 가까운 의미로 널리 활용되었다. 한국에서는 전통적으로 '가요'라는 단어가 일반적으로 쓰였으며, 1990년대 이후에는 평단과 학계에서 '대중음악'이라는 단어를 선호해 널리 통용되어 K팝이라는 단어를 쓰기 시작한 것은 비교적 최근의 일이다. 이 같은 배경 때문에 K팝은 '외국에 알려진 주류 한국 대중음악' 혹은 '아이돌 음악'이라는 의미로 축소되어 사용되고 있기도 하다. 이렇듯 K팝이라는 단어가 가진 일종의 제한적이고 부정적인 뉘앙스 때문에 최근에는 'K인디K-indie,' 'K힙합K-hip-hop'과 같은 신조어가 만들어지기도 했다.

지 않을까 짐작해 볼 수 있다. 이 같은 맥락에서 평론가 혹은 연구자들이 트렌드를 손쉽게 관찰하고 유용한 연구 필드로 삼을 만한 것으로 북미 최대의 K팝 축제인 케이콘을 꼽을 수 있다.

CJ E&M에서 기획하고 주최하는 한류 행사인 케이콘은 싸이의 〈강남스타일〉이 미국에서 큰 반향을 일으켰던 2012년 처음으로 열렸다. 캘리포니아주 어바인에서 첫 컨벤션 및 공연이 개최된 이래 현재는 LA와 뉴욕 행사로 나뉘어 매년 열리고 있으며, 미국 이외에도 일본, 프랑스, UAE, 프랑스로도 확대되어 개최되고 있을 만큼 가파른 성장세에 있다.[3] K팝에 관한 연구, 특히 미국 시장 및 팬덤의 동향과 관련해 케이콘이 유용한 이유는 이 행사가 미국 현지에서 정기적으로 열릴 뿐 아니라 참가 주체 역시 대부분 미국 현지인, 즉 미국에서 활동하는 크리에이터, 뮤지션, 저널리스트, 학자들로만 이루어졌다는 점이다. 때문에 이 행사를 통해 실제로 미국 현지인들이 어떤 관점에서 K팝을 수용하고 해석하고 있는지, 그 양상과 변화 과정을 보다 입체적으로 파악하고 추적할 수 있게 된다.

케이콘을 통해 나타나는 미국 시장의 K팝 수용과 하위문화의 양상에서 또 하나 흥미롭게 분석해 볼 수 있는 것은 바로 이 축제의 커다란 축이자 K팝 팬들에게 가장 실질적인 참가 동기로 작용하는 음악 쇼 〈엠카운트다운〉이다. 이틀간 벌어지는 이 공연은 2015년부터는 1만 5000~2만 명 사이를 수용할 수 있는 아레나인 스테이플스 센터에서 개최되는데, 팬들에게 있어 사실상 케이콘의 하이라이트라고 말할 수 있다. 〈엠카운트다운〉은 Mnet의 간판 프로그램으로 한국에서는 쇼와 함께 종합 차트 프로그램의 역할을 겸하지만 미국 케이콘에서 〈엠카운트다운〉은 일반적인 음악 쇼가 아니라 콘서트 및 팬 미팅 행사의 특성을 띤다. 이 같은 차이는

3 2018년부터는 태국에서도 개최된다. 동남아 지역에는 최초의 행사다.

K팝의 북미 진출의 독특한 양상과 팬덤의 특징에서 비롯된다. K팝이 본격적으로 미국에 상륙한 2000년대 중반 이후 북미 시장에는 매우 제한된 수의 아티스트들만이 방문해 왔다. 그중에서도 대규모 공연이나 팬 미팅을 가진 경우는 극히 일부에 해당한다. 이 같은 상황에서 북미 K팝 팬들에게 케이콘은 그들이 좋아하는 아티스트들의 공연을 즐길 수 있는 사실상 몇 안 되는 기회에 가깝다. 더욱이 이는 아직 미국 투어의 여력을 갖지 못하는 기획사 소속의 아티스트에게나 그 팬들에게 대단히 소중한 기회로, 케이콘의 〈엠카운트다운〉은 아티스트들의 통합 '북미 투어'의 성격을 갖고 있다고 말할 수 있다.

케이콘과 〈엠카운트다운〉은 미국 K팝 소비자들의 결집된 취향을 확인하고 강화하는 계기이기도 하다. 온라인을 통해 산발적으로 존재했던 팬덤의 존재와 세가 이 같은 오프라인 공간을 통해 확인되고 강화되어 이후 다시 온라인 공간에서 아티스트의 인기를 확장되는 계기가 되는 모델이 만들어지는 것이다.[4] "내가 사는 동네에서는 그 인기를 실감하기 어려웠다"는 식의 증언은 케이콘 현장에 참여한 팬들로부터 가장 흔하게 들을 수 있는 말이다. 동시에 이는 매우 미국적인 특성을 반영한 발언이기도 하다. 지방 공연은 물론이고 수시간이면 서울에 있는 공연장으로 이동해 공연을 보고 팬덤과 자주 교류할 수 있는 한국 상황과 근본적인 차이를 보이는 측면이다. 산업적으로 보면 북미 시장 진출의 전략을 가늠하는 중요한 근거가 되기도 한다. 측정하기 어려운 온라인의 반응을 제외하고 사실상 유일하게 피부로 느낄 수 있는 반응을 얻을 수 있는 케이콘의 반응은 기획사 입장에서는 미국을 중심으로 한 북미 투어와 팬 사인회 등을 이

4 대중음악에서 팬미팅이나 공연, 그 외 페스티벌 같은 행사 이후에 관련 아티스트의 음반 판매량 혹은 다운로드 수가 대폭 증가하는 것은 흔한 일이다.

어 나가기 위한 스카우팅의 작업으로 활용될 여지도 있다. 실제로 2014년에 있었던 방탄소년단의 케이콘 공연은 미국 내 K팝 팬덤의 달라진 분위기를 확인하는 자리였던 동시에 방탄소년단의 해외 진출에 기폭제가 된 순간이었다. 북미에서 방탄소년단의 반응이 케이콘을 전후로 크게 바뀌었음은 물론이다.

K팝의 하위문화화와 변화하는 논의

지난 수년간 케이콘의 주된 축을 이루는 컨벤션과 워크샵에서 나타난 경향을 종합해 보자면, 일차적으로는 'K팝의 하위문화화' 경향의 강화 및 분화의 경향으로 요약할 수 있을 듯싶다.[5] '하위문화'라는 정의가 너무 추상적이고, 또 종종 지나치게 상황이나 대상을 일반화시킨다는 비판은 가능하지만, 일단 미국 대중문화 내에서 주류 문화로 채 진입하지 않은, 하지만 열광적인 소수를 중심으로 유행을 이어온 K팝의 위상에서 현재까지는 가장 근접한 구분법이라 볼 수 있을 것 같다. SNS를 활용한 K팝의 초국가적 수용 방식을 언급할 때 빈번하게 언급되는 커버 송 혹은 커버 댄스는 퍼포먼스라는 측면에서 여전히 미국의 K팝 커뮤니티에서 가장 성행하는 수용 및 소비 방식으로 꼽힌다. 최근 가장 괄목할 만한 성장을 보이는 것으로 유튜브를 활용해 새롭게 떠오른 K팝 리액션 비디오를 꼽을 수 있다(김예란, 2012). 리액션 비디오 포맷은 현재 기성 미디어만큼이나 중요

5 하위문화의 전반적인 개념에 대해서는 딕 헵디지Dick Hebdige의 《하위문화*Subculture: The meaning of style*》를 참조하라. K팝의 하위문화와 관련한 학계의 다른 연구들, 특히 유럽의 사례를 참고하고 싶다면 손승혜(2012), 오미영(2014) 등의 연구를 보라.

하위문화

한 사회 혹은 공동체 내에서 전체가 향유하거나 전통 혹은 정통의 위상을 가진 문화와 달리 그 전체 집단에 속하면서도 일부 집단에만 국한해 향유되는 문화를 가리킨다. 가장 중요한 성질로는 주류 문화 혹은 기성 문화에 대한 반항의 태도를 들 수 있으며 특히 이는 기성(부모) 세대에 대항하는 청년문화로서의 하위문화에서 특히 두드러진다. 하위문화는 그들만의 독특한 가치와 규범을 종종 발전시키는 데, 이는 주로 말, 옷, 음악, 태도와 같은 방식으로 다양하게 표출된다. 또한 하위문화는 종종 '고급' 문화와 상대되는 개념으로 쓰이기도 한다. 음악을 예로 들면 서양 고전 음악이라는 고급 문화에 대립되는 개념으로 대중음악, 그중에서도 소수 마니아들이 즐겨 듣는 펑크, 힙합, 테크노와 같은 음악이 하위문화가 된다. 하지만 하위문화는 고정적인 것으로 볼 수 없으며 상업화와 문화 전용 등의 과정을 통해 주류 문화로 그 성격이 변하기도 한다. 가령 대중음악에서 힙합을 예로 들면 1970년대 말 뉴욕 브롱스에서 기원한 힙합은 디제잉, 랩, 그래피티, 비보잉 등을 아우른 흑인 거주 지역 기반의 독특한 하위문화로 출발했지만, 1990년대 이후 상업화를 거쳐 주류의 음악으로 대중화된 지금의 힙합은 청년문화이긴 해도 하위문화로 보긴 힘들다고 말할 수 있다.

하게 떠오른 새로운 형태의 콘텐츠로 자리 잡고 있다. 리액션 비디오는 크게 단순히 리액션 그 자체를 콘텐츠로 삼는 것과 구체적인 의견을 더하는 일종의 '리뷰형' 리액션으로 나눌 수 있는데, 최근에는 인종(가령 '흑인')과 직업군(가령 '안무가')이 특성화된 리액션 비디오가 유행하고 있다. 리액션 비디오의 발전 및 변화 양상은 그 자체로 미국 내 K팝의 하위문화화의 특징을 드러낸다는 점에서 흥미롭다.

2018년 케이콘 LA에 패널로 참여한 'ReacttotheK'[6]는 K팝 팬들에게 가장 유명한 K팝 리액션 채널 중 하나로, 음대 재학생 혹은 졸업생을 패널로 삼아 일종의 '전문적인' 리액션을 선보인다는 측면에서 흥미로운 사례다. 이 채널은 크게 메인 리액터인 엠마의 개인 리액션(리뷰)과 가장 대중적으로 잘 알려진 콘텐츠인 'Classical musicians react'로 나뉜다. 이 중에 화제가 된 것은 후자인데, 음악(뮤직 비디오)을 틀어 놓고 패널들이 반응한다는 형식에서는 다른 리액션 비디오와 유사하지만, 놀라움이나 환호 같은 단순한 '반응'을 보여 주는 것이 아닌 음대생들 특유의 분석이 반영된다는 점에서 기존 리액션 비디오와 차별화된다. 기본적으로 이들의 리액션은 여타 리액션 비디오와 유사한 목적을 수행하는 것으로 보인다. '7도,' '도미넌트 코드,' '전조' 등과 같이 음악에 문외한이거나 깊은 지식이 없는 일반 청자들은 이해하기 어려운 전문 용어가 등장하며, 그들은 이에 대해 굳이 부연 설명을 하지 않는 불친절함을 보이기도 하지만, 그것은 청자들이 이 비디오들을 즐기는 데 큰 문제가 되지 않는다. 그것은 바로 청자들이 이 비디오들을 통해 기대하는 것이 결국 그들이 반응을 듣

6 ReacttotheK의 리액션 비디오 프로젝트는 리더인 엠마(Emma, 필명 Umu)의 주도로 시작된 것으로, 처음에는 개인 리액션 비디오 콘텐츠였으나 이후 아시안 문화의 팬이면서 K팝의 팬인 엠마가 K팝의 문외한인 음대 친구들을 '전향'시키기 위한 목적으로 시도하게 되었다고 한다.

기를 원하는 곡에 대한 (대부분은) 긍정적인 반응과 놀라움의 표현이며, 리액터/리뷰어들이 쓰는 전문적 용어들이 기본적으로 청자들의 호기심을 자아내며 전문성에 대한 욕구를 일부 채워 주지만 결국 K팝에 반응하는 '미국인(혹은 외국인) 전문가'라는 리액션 비디오의 취지에 어긋나지 않기 때문일 것이다. 미국 내 K팝의 하위문화화라는 큰 흐름의 측면에서 바라볼 때 ReacttotheK의 리액션이 흥미로운 것은 이들이 전형적인 K팝의 팬의 시선이 아닌 클래식 뮤지션의 관점, 즉 서구 고전 음악의 잣대로 K팝을 평가하고 분석한다는 점이다. 그간 K팝 리액션 비디오는 K팝 및 한류와 그들의 라이프스타일을 일치시키는 이른바 '덕후(마니아)'들의 하위문화적 콘텐츠에 가까웠다. 하지만 ReacttotheK의 패널은 그런 한류 마니아적인 포지션을 취하지 않을 뿐 아니라 음악의 역사에서 종종 음악의 '뿌리'이자 '전범'으로 취급 받으며 일종의 우월한 위상을 점해 온 클래식 음악을 활용한다. 미국 내에서 K팝 혹은 아시안 팝이 종종 미국 대중음악의 파생 장르 혹은 하위 장르로 여겨지는 것을 떠올린다면 K팝 대중에게 이들의 리액션 비디오가 제공하는 의미는 단순히 '반응' 그 이상의 의미를 갖는 것일 수 있다. ReacttotheK의 리뷰어들은 클래식과 재즈 등 미국 음악 역사와 교육 체계에서 유래한 분석의 틀을 그대로 반영해 K팝을 평가한다는 점에서 유럽이나 아시아권의 하위문화적 소비 형태에서는 찾기 어려운 지극히 '미국적인' 방식의 소비로도 볼 수 있다.

K팝이 하위문화의 일반적 특성을 갖고 있지만 '한류'라는 틀로 규정되지 않은 미국적인 맥락에서 발전되고 있음을 암시하는 흐름은 케이콘의 컨벤션의 중요한 한 축을 이루는 패널 발표에서도 발견된다. 과거 케이콘의 K팝 담론이 한국 대중음악 혹은 한국 문화에 대한 전반적인 지식을 공유하고 나누는, 그러니까 'K-pop 101'식의 세션들로 채워졌던 것에 반해, 최근 흐름은 점점 미국 현지인들에게 의미가 있거나 그들의 입장에서 재해석된

K팝에 대한 분석을 위주로 진행되고 있다. 가령 '흑인 음악과 K팝'을 주제로 지난 2년간 열렸던 일련의 세션들을 예로 들 수 있다. 흑인 저널리스트와 흑인 K팝 팬들, 종종 아프리칸 아메리칸 연구를 하는 학자들이 가세하는 이 세션은 힙합, R&B, 레게 등을 비롯해 K팝에서 발견되는 흑인 음악의 경향을 두루 분석하고 비평한다. K팝과 흑인 음악과의 관계에서 파생되는 일련의 논란들, 가령 패션, 말투, 머리 모양 등에서 나타나는 '문화 전용cultural appropriation' 혹은 인종 차별의 문제를 지적하고 토론하는 모습은 K팝 팬들의 축제보다는 미국 내 민족학ethnic studies의 학회를 연상시킨다. K팝의 독특함이 흑인 음악의 장르를 광범위하게 흡수함으로서 만들어지고 있음은 의심의 여지가 없지만(이규탁, 2014; 이동연, 2012), 이것을 단순히 미국 대중음악과의 일반적인 영향 관계로 보지 않고 흑인이라는 인종성의 의미, 즉 'blackness' 측면을 중요하게 거론하며, 나아가 그것이 K팝의 정체성에 어떤 영향을 끼치는지를 이야기하는 것은 기존에 존재하지 않았던 접근 방식이다. 패널의 발표와 분석, 그리고 관객들의 반응에서 흑인 K팝 팬들은 종종 '흑인 음악이 K팝에 끼친 영향'에 자긍심을 느끼기도 하며, K팝에 투사된 '흑인에 대한 정형화된 이미지와 문화 도용'을 비판한다. 또한 미국의 흑인 음악에 비해 K팝이 가지는 장점과 흑인으로서 느끼는 일종의 모순된 감정을 터놓기도 한다. 이 논의의 주체가 다수의 흑인 청중을 포함한 K팝을 즐기는 흑인 팬들이라는 점, 그동안 단순한 열광과 환호의 대상일 뿐이었던 K팝에 대해 분석적이거나 혹은 비판적인 입장을 견지하기도 한다는 점은 미국 내 K팝 담론이 음악과 퍼포먼스의 양상을 분석하는 것이나 '한류'에 대한 관심을 넘어 특정 인종을 매개로 미국적인 견지에서 새로운 맥락을 만드는 가능성을 시사하는 부분이다.

유사한 흐름은 '아시안 아메리칸 음악'에 관한 패널에서도 발견된다. 패널리스트로 참가한 뮤지션들은 미국 연예계에서 절대적인 마이너리티의 위치를 점하고 있는 아시아계 미국인 뮤지션들이다. 이들은 한국 대중에게는 거의 알려져 있지 않지만 유튜브와 사운드 클라우드 등의 활동을 통해 미국 대중에게는 일정한 유명세를 확보하고 있는 이들로, 아시아계 미국인으로서의 정체성, 미국에서 활동하는 것의 어려움, K팝을 통한 새로운 기회 등에 대해서 폭넓게 이야기를 나눈다. 미국적인 맥락에서 살펴보자면, K팝 그 자체가 아닌 아시안 아메리칸에 관한 이야기가 케이콘의 패널로 등장한 것 자체가 큰 의미를 갖는다. 역사를 잠깐 되짚어 보자면, 미국에서 아시안이 공통된 정체성, 즉 범아시아적pan-Asian 정체성에 대해 고민하기 시작한 것은 1960년대 미국 내 흑인 인권 운동 이후의 일이며 그마저도 체계적인 연구가 시작되어 문화의 영역에까지 적용된 것은 길게 잡아도 1990년대 이후의 일이다.[7] 대중음악에서 범아시아의 연대를 꾀하는 노력은 그마저도 드문 일인데, K팝의 부상이 아시안 아메리칸 뮤지션들에게 새로운 기회이자 이 같은 아시아 커뮤니티 전체에 활동의 여지를 새롭게 열어 주는 셈이다. 흥미로운 것은 그간 미국 내에서 K팝은 아시안 아메리칸의 활동과는 무관한 산업으로 여겨져 왔었다는 사실이다. 2000년대 중반 이후 지속된 K팝 아이돌의 적극적인 해외 시장 공략, 더 가깝게는 2012년 싸이의 〈강남스타일〉의 성공 이후 K팝이 아시안 팝의 대표 주자로 확고한 자리매김을 함에 따라 상황은 크게 변화했다. 더욱이 K팝에서 재미 교포를 포함한 아시안 아메리칸, 혹은 아시아계 외국인을 적극적으로 활용하기 시작하면서 아시안 아메리칸 담론과 K팝 담론은 서서히 공통 분모를 찾기 시작하고 있다. 하지만 이는 '한류'와 'K팝'을 중심에 둔 논의라기보다는 미국 사회에 지속되어 온 아시안 아메리칸의 담론이 K팝을 끌어안거나 활용하고 있는 것에 가깝다.

7 아시안 아메리칸과 범아시안 아메리칸 정체성의 역사에 관해서는 Espiritu, 1992를 참조하라.

'K팝과 LGBT+'에 관한 패널 역시 기존에는 존재하지 않았던, 다분히 서구적이며 미국적인 주제다. 케이콘에서는 이미 2014년부터 성소수자와 K팝을 연계시킨 이야기들이 본격적으로 오가고 있다. 성소수자 담론이 K팝의 축제 안에 들어올 수 있었던 이유는 K팝이 미국 내 LGBT 커뮤니티와 언더그라운드 클럽 신에서 제법 오랜 시간 환영받아온 음악이라는 배경 때문이다. 케이콘에 모인 성소수자들은 미국 내 K팝 커뮤니티에서 성소수자 그룹들이 어떠한 역할을 하고 있는지, 그리고 K팝 음악이 성소수자로서 그들의 삶과 커리어 혹은 정체성과 어떻게 관련을 맺고 있는지에 대한 이야기들을 공유한다. 몇 년째 케이콘에 참여해 온 게이 클럽인 GAMeBoi는 한국에서는 쉽게 생각하기 어려운 K팝의 새로운 가능성으로 주목해 볼 만한 사례다. 2000년대 초에 문을 연 GAMeBoi는 EDM과 힙합 등 최신 댄스 음악을 소개해 왔고 매주 'Asian Night'이라 불리는 정기적인 파티를 열고 있다. Asian Night의 가장 대표적인 레퍼터리 중 하나는 K팝으로, 한국 걸그룹 음악을 비롯한 아이돌 음악이 그들 커뮤니티에서 가장 좋은 반응을 얻고 있다고 말한다.

케이콘을 통해 볼 수 있는 미국 내 K팝 담론의 최근 경향은 '한류' 축제를 표방하고 있는 주최 측의 의도와는 별개로 드라마나 기타 한국 대중문화와는 별개의 방향성을 보이고 있다. 가장 뚜렷한 변화는 K팝이 더 이상 한국의 문화로 여겨지기보다 글로벌 트렌드의 하나로, 혹은 장르로서, 미국의 주류 및 비주류의 각 분야 종사자들의 삶 또는 커리어와 밀접한 관계를 맺기 시작하고 있다는 것이다. 본문에는 직접 다루지 않았지만 'K팝 저널리스트로 사는 법,' 'K팝에서 활동하는 작곡가가 되기' 등은 미국이 한국과는 다른 자체적인 K팝 산업과 커뮤니티를 형성하고 발전시켜 나갈 수 있음을 암시하는 방증이다. 그리고 주체는 기존의 한류 팬이나 아시안 커뮤니티를 넘어 이미 다양한 계층과 인종을 두루 포괄하고 있다. '한류' 팬을 중심으로 만들어진 하위문화로서의 K팝은 지극히 미국적인 맥락 안에서 새로운 위상을 얻으며 확장해 나가고 있다.

방탄소년단의 성공과 BTS-POP 담론의 등장

21세기 K팝이 세계 무대, 특히 현대 대중음악의 본고장인 미국 시장에 남긴 가장 중요한 두 가지 성과를 말하자면 단연 싸이의 〈강남스타일〉과 방탄소년단의 성공이라 말할 수 있다. 둘의 성공은 모두 K팝의 역사에서 '예외적이며 의도치 않은 성공'이라는 데 있다. 싸이와 〈강남스타일〉의 성공은 유튜브 시대가 낳은 초국가적 '바이럴' 인기[8]의 궁극적 결과물로 대중음악이 전 세계적인 인기를 구가하는 방식에 대한 재고와 함께 K팝이 세계화되는 과정에 결정적인 전환점으로 작용했다. 방탄소년단의 성공은 그간 K팝이 축적해 온 기술이 탈K팝적 음악적 방법론과 만나 새로운 모델을 제시했다는 점에서 전례 없는 성공이라고 평가할 수 있을 것이다. 이 둘의 성공에는 당연히 유튜브로 대표되는 소셜 미디어 혹은 뉴 미디어의 발전이 배경으로 자리 잡고 있다. 그러나 BTS 현상이라 일컬어지는 방탄소년단의 정상 등극은 과거 싸이의 〈강남스타일〉이 만들어 낸 '바이럴' 현상과는 달리 팬덤을 기반하고 있으며 특히 기존의 '한류'와 다른 새로운 팬을 대거 흡수한 결과였다는 점에서 분리해 볼 필요가 있다. 방탄소년단이 K팝 신이 낳은 그룹이며 기본적으로 K팝 팬덤을 등에 업고 성장한 그룹인 것에는 의심의 여지가 없다. 하지만 방탄소년단에게 이례적으로 반

8 〈강남스타일〉의 인기는 음악보다는 '말춤'으로 상징되는 〈강남스타일〉의 안무와 이를 통한 유튜브의 커버 댄스의 유행이 인기에 결정적인 역할을 차지했다고 보는 것이 합당하다.

응을 보인 2014년 케이콘 이후 상황은 급변하고 있다. 방탄소년단이 K팝 팬덤을 뛰어넘은 광범위한 음악 팬을 흡수하고 있다는 사실은 물론이고, 온라인과 오프라인을 통해서 K팝 팬이 아닌 방탄소년단 팬으로 그들 스스로를 정의하기 시작했다는 것은 흥미로운 변화일 것이다. 그것도 이 흐름이 미국 시장을 중심으로 이루어지고 있다는 사실에 주목하게 된다.

미국 시장에서 방탄소년단의 행보는 여러모로 독특했다. 그들은 한국에서는 그 지명도가 미미했던 2014년 케이콘에 퍼포머 중 하나로 참가, 팬 미팅 행사와 공연을 통해 한국에서는 감히 상상하기 어려웠던 정도의 열광적인 반응을 이끌어 냈다. 케이콘이 점화시킨 방탄소년단의 미국 내 인기는 이듬해부터 이어진 전미 투어를 통해 광범위하게 확대되었고, 이 시기부터는 〈빌보드*Billboard*〉 등 미국 현지 미디어들의 주목과 지원을 받으며 기존에 K팝이 정복하지 못한 영역으로 성큼 나아간다. 2017년 빌보드 뮤직 어워드(BBMAs) 수상과 아메리칸 뮤직 어워드(AMAs) 초청 공연 같은 미국 주류 음악 산업의 잇따른 구애는 한국 시장에서 그들에 대한 인정보다도 빨랐다는 것에 의미가 있고, 이는 글로벌한 방탄소년단 현상이 어떤 의미에서 다분히 '미국적'인 현상임을 알리는 단초였다. 더 나아가 2018년에 다시 빌보드 뮤직 어워드에 수상자로 지목되면서 미국 현지 스타인 저스틴 비버Justin Bieber의 독주를 막고 빌보드 어워드 '톱 소셜 아티스트상'을 2년 연속 수상함에 따라 그 인기가 미국 내에서 하위문화로 설명할 수 있는 범주를 이미 넘은 것이라는 분석을 가능케 하고 있다. 방탄소년단이 미국을 중심으로 거둔 성공이 독특한 것은 음악과 산업의 측면에서 공히 기존에 K팝이 보여 준 일정한 최대치를 뛰어넘는 성과라는 점, 그것도 팝의 주류인 미국 시장에서 얻어진 성공이라는 점이다. 특히 글로벌 K팝의 핵심적 기술로 활용되어 온 초국적 프로듀싱 시스템, 현대성의 상징적 존재이자 미국 대중음악 신과의 '중재자'로서의 재미 교포의 존재, 현지화의 필수 요소로 활용되어 온 외국인 멤버 등 K팝 세계화의 필수 요건으로 여겨지던 '현지화' 전략을 사실상 통하지 않았다는 사실은 중요하다. 방탄소년단이 영어 음반이나 교포 멤버와 같은 현지화 전략을 취하지 않고도 폐쇄적인 미국 시장의 반응을 얻을 수 있었던 것은 이들의 K팝이면서 탈K팝적인 정체성, 특히 진정성을 내세운 음악적 태도 및 내러티브가 미국 내 K팝 팬덤의 분화 양상을 이끌어 내었거나 혹은 적어도 그 흐름과 밀접하게 관련되어 있기 때문으로 보인다. 방탄소년단은 여느 아이돌 그룹과 유사한 트레이닝 시스템을 거쳤다는 점, 국내 자본과 산업을 거쳤다는 점에서 기존 K팝과 유사하다. 그들의 음악이 차별화되었던 것은 오히려 콘텐츠에서의 차이와 이를 통한 팬덤과의 관계로, 특히 과거 빅뱅 등에서 영감을 받은 힙합-아이돌이라는 새로운 콘셉트와 이를 바탕으로 뮤지션의 태도를 아이돌의 퍼포먼스와 결합시키면서 기존 K팝 아이돌 음악에서는 흔히 찾아볼 수 없던 아티스트, 음악, 퍼포먼스의 일체감을 만들었다. 흔히 '진정성authencity' 이라고도 표현되는 이 특징은 특히 글로벌 트렌드이자 시대정신인 힙합의 언어와 태도를 통해 거칠지만 솔직하게 표현되면서 특히 기존에 아이돌 문화에 비판적이었거나 특히 아티스트적 진정성[9]에 유독 집착하는 미국 대중을 팬덤으로 끌어들이는 데 기여를 하게 된다.

이 같은 맥락에서 2017년 이래 미국 K팝 팬덤 안에서 흥미롭게 벌어지고 있는 하나의 사건을 주목해 볼 필요가 있다. 바로 방탄소년단 팬덤

9 대중음악에서 진정성은 고전 음악에서 '원전 연주'를 추구한다는 의미와 달리 아티스트만의 고유한 내면을 그대로 표현하느냐, 즉 스스로에게 솔직한가true to yourself의 논의에 집중된다. 종종 이는 퍼포머의 인종이나 사회경제적 배경 등을 문제 삼는다. 힙합을 예로 들면 흑인, 게토, 언더그라운드 등이 진정성의 조건이 된다. 종종 이는 가사와 음악을 스스로 만들었냐는 논의로도 확대되기도 한다. 자세한 것은 켐브루 매클라우드의 논문(1999)을 참조하라.

인 '아미A.R.M.Y'가 촉발시킨 이른바 'BTS is not Kpop(방탄소년단은 K팝이 아니다)' 논쟁이었다.[10] 사실 K팝 커뮤니티에서 특정 팬덤 간 벌어지는 '누가 최고냐'는 식의 논쟁, 이른바 '팬워fanwar'는 하루가 멀다하고 흔하게 있어온 것이지만 이 경우는 그 논의의 성격과 양상에 있어서 독특하다. 먼저, 이 논쟁은 단순히 누가 더 '낫냐'라는 비교의 측면에 국한되지 않는다는 것, 그리고 이 전선이 특정 팬덤 사이에서 펼쳐지는 것이 아니라 K팝 포럼과 트위터 등을 중심으로 방탄소년단 팬덤과 정확히 특정할 수는 없으나 케이파피kpoppie라 불리는 범K팝 팬들 사이로 형성되어 있다는 것이다. 주목해야 할 점은 이 논쟁이 방탄소년단의 북미 지역에서의 성공과 맞물려 일어났다는 사실이다. 이 논쟁이 처음 불거진 것은 방탄소년단이 2017년 빌보드 뮤직 어워즈에서 톱 소셜 미디어 아티스트 부문을 수상한 즈음이었다. 곧이어 아메리칸 뮤직 어워즈에서 초청 공연을 마치자 소셜 뉴스 웹사이트인 레딧reddit과 K팝 포털 사이트인 올K팝allkpop 등의 게시판을 중심으로 방탄소년단을 기존의 K팝과 분리해 이해하려는 시도가 더 빈번해졌고 곧 이 논쟁은 트위터 등 SNS로 옮겨 재생산되고 있다.[11]

---

10 대표적인 스레드는 다음과 같다.
https://www.reddit.com/r/bangtan/comments/7kdgpz/why_bts_music_is_not_kpop_but_very_korean_music_a/
https://www.reddit.com/r/bangtan/comments/7u559i/are_you_bts_fan_a_kpop_fan_or_both/
https://www.reddit.com/r/bangtan/comments/7hr8ju/the_notion_of_i_hate_kpop_but_love_only_bts/
https://www.reddit.com/r/bangtan/comments/74as94/what_makes_bts_so_different_from_all_the_other/

11 현재 미국 미디어들은 방탄소년단을 가리켜 K팝 그룹이라는 표현과 아울러 '글로벌 팝스타'와 같은 표현을 쓰기 시작하고 있고, 이는 방탄소년단이 K팝이라는 범주를 이미 넘어 전 세계 유수한 팝 스타들과 똑같이 독립된 한 명의 아티스트로 대우를 받는다는 근거로 삼아진다.

물론 '왜 굳이 구분해야 하는가'라는 의문은 필수적이다.

여기서 한 가지 고려해 봐야 할 부분은 그간 '한류 팬' 혹은 'K팝 팬'으로 일반화되어 왔던 미국 내 K팝 팬덤의 꾸준한 변화 양상이다. 지난 10여 년간 미국을 비롯한 해외 K팝 팬덤의 특징적인 모습을 요약하자면 기본적으로 '잡덕'[12]이라는 은어로도 표현되는 미국적 멀티팬덤multi-fandom 문화라 말할 수 있다. 국내에는 흔히 '한류 팬'이나 'K팝 마니아' 정도로 구분되곤 하는 이들은 기본적으로 한국 대중문화 전반을 추종하며, 다양한 아티스트를 동시에 즐기거나 지지하며, 미국 대중음악에 일정 부분 반감을 갖고 있고, K팝을 그 대안으로 여기는 이들이다. 미국 내 K팝 팬의 멀티팬덤 성향은 지난 10년 이상 K팝을 미국 내에 소개해 온 유력 미디어이자 커뮤니티인 숨피Soompi나 올K팝, 그리고 K팝을 다루는 레딧과 같은 일반 커뮤니티형 게시판 등의 태도와도 직접적으로 연관되어, 모두 장르에 무관하게 주류 K팝 일반을 소개하고 있고 해외 K팝 팬덤 역시 이 같은 K팝 관련 종합 커뮤니티의 게시판과 토론장 문화를 발전시켜 왔다.[13] 그러나 케이콘을 비롯, 북미 내에서 정기적인 공연이 이루어지고 특히 싸이 이후로 K팝의 북미 시장에 대한 관심이 높아지면서 이 멀티팬덤 문화는 차츰 개별화된 팬덤 문화로 바뀔 조짐을 보이고 있다. 그리고 이는 북미에서 K팝의 유행의 판도에도 일정 부분 영향을 미치고 있다는

---

12 '잡다하다'와 '덕후'를 조합시킨 이 말은 주로 아이돌 음악 커뮤니티나 SNS에서 통용되는 은어로, 특정 아티스트만을 지지하지 않고 다양한 아티스트 혹은 그룹을 동시에 좋아하는 부류 혹은 성향을 일컫는다.

13 쉽게 '한류 팬'으로 부를 수도 있지만 이는 다소 추상적인 구분이다. 2000년대 중반 이후 한국 대중문화의 확산, 특히 북미 지역에서의 확산은 K팝을 중심으로 벌어지고 있으며 이들은 한류 팬이라기보다는 K팝 팬 중에서도 K팝을 '장르'의 개념으로 지지하고 있는 멀티팬덤의 성향을 띤다고 보는 것이 합당하다.

점에서 변화를 주목해 볼 필요가 있다. 그간 K팝, 특히 아이돌 음악을 중심으로 한 주류 한국 대중음악의 역사에서 K팝의 트렌드는 늘 한국, 혹은 일본을 포함한 동아시아에서 비롯된 유행이 유럽 및 서구로 전파되는 단선적인 형태를 띠어 왔다. K팝 아이돌 음악이 본격적으로 해외에 상륙한 2000년대 중반 이후로 세계 시장에서 큰 반향을 얻은 그룹을 떠올려 보면 동방신기, 빅뱅, 소녀시대, 원더걸스 등의 인기는 한국과 일본, 미국에서 별다른 차이를 보이지 않고 확인되었다. 이는 앞서 언급했듯 미국 시장의 한국 대중음악에 대한 약한 접근성과 동아시아 시장에 집중되어 온 K팝의 시장 전략이 복합적으로 작용한 결과라고 말할 수 있다.

하지만 최근 몇 년간 이 같은 경향은 뚜렷한 변화의 조짐을 보이고 있고, 그 가장 극적인 사례가 바로 최근 미국 내에서 부상한 방탄소년단이다. 방탄소년단의 예외성, 그러니까 이들의 팬덤이 이미 K팝 팬덤과 분리되어 광범위한 일반 팬을 흡수하기 시작했다는 것은 여러 지표만으로도 충분히 입증이 되고 있다. 가장 직관적인 방법으로는 유튜브 영상의 조회수 대비 '좋아요' 수를 비교해 볼 수 있다. 일반 조회수view와 달리 중복 클릭이 불가능한 시스템을 감안한다면 '바이럴' 지수가 아닌 순수한 선호도를 가늠하는 방식으로 활용해 볼 수 있다. 현재 방탄소년단의 뮤직 비디오에 달리는 '좋아요'는 최대 700만 수준을 기록하는데, 이는 같은 시기 가장 높은 조회수를 자랑하는 여타 K팝 인기 비디오가 평균적으로 보이는 300만의 '좋아요'에 비해 두 배 이상의 수치다. 미국 내 인기의 흐름과 변이를 전반적으로 살펴볼 수 있는 또 하나의 방법으로는 구글 트렌드를 활용한 빅 데이터 분석을 들 수 있다. 이에 따르면 이 글이 쓰여진 2018년 9월, 지난 1년간 미국 내에서 'BTS'의 관련 조회 지수는 'K-pop'에 비해 최소 세 배에서 최대 다섯 배까지 차이를 보이고 있다.

방탄소년단의 부상은 K팝 특유의 '잡덕' 문화에 균열을 내면서 그간

'한류'로 대표되어 온 K팝 담론의 성격을 변화시키고 있다는 점에서 흥미롭다. 방탄소년단이 K팝이 아니라는 주장에서 흔히 활용되는 키워드는 "서구화westernized"와 '진정성'이다. 방탄소년단의 '다름'을 주장하는 사람들에게 방탄소년단의 음악은 지나치게 서구 팝의 스타일을 추종하는 기존 K팝과는 다른 독특한 음악이라고 여겨지는 경향이 있는 듯하다. 그 근거로 K팝의 서구성과 그 한계를 지적하면서 기존의 K팝(주로 아이돌 음악)이 주로 미국 팝 시장에서는 2류로 분류되는 프로듀서들의 작품이라는 점과 K팝이 지나치게 서구의 트렌드만을 따른 나머지 음악이 독창성을 잃었다는 부분을 지적한다. 그에 비해 방탄소년단의 음악은 상대적으로 덜 서구화되었거나 심지어는 '한국적'이라는 것이 이들의 주장 중 하나다. 가령 월드비트와 국악의 추임새를 결합한 이들의 〈IDOL〉은 BTS와 한국성에 대한 또 하나의 근거로 활용되고 있기도 하다.[14] 방탄소년단의 음악이 '한국적'이라는 주장의 논거로 제시되는 것 중에는 심지어 '한'이 있는데, 이들은 방탄소년단의 음악, 특히 가사에 담긴 독특한 '한'의 정서가 K팝이 가진 지나친 서구성과 다른 부분이라고 이야기를 한다.[15] 또 하나는 진정성에 대한 논쟁이다. 이른바 'BTSPOP'의 차별점을 주장하는 이들은 방탄소년단의 음악이 'genuine(진실된)'하며 'authentic(진정성 있는)'하고 'raw(가공되지 않은/거친)'하다고 주장하며 이것이 공장에서 찍은 듯한 기존의 K팝과의 중요한 차이라고 말한다.[16] 이 의견에 동의하는

---

14 http://www.vulture.com/2018/09/how-btss-embrace-of-korean-tradition-helped-them-blow-up.html

15 이 같은 주장에 관련해서는 글과 답글로 이루어진 독립된 스레드를 참조하라. https://www.reddit.com/r/bangtan/comments/7kdgpz/why_bts_music_is_not_kpop_but_very_korean_music_a/

16 K팝을 인공적이며 상업적이고 특히 천편일률적인 음악으로 묘사하는 것은 K팝이 세계

지에 관계없이 이 같은 주장의 맥락에는 두 가지 근거가 있다. 그중 하나는 BTS는 다른 K팝(특히 아이돌 그룹)과 달리 자신의 목소리를 음악에 솔직하게 담는다는 것이다. 여기에는 곡과 가사를 직접 쓴다는 고전적인 진정성의 기준이 적용된다. 또 하나는 방탄소년단을 기존의 K팝 권력, 이른바 빅 3라 불리는 대형 기획사 출신이 아닌 비주류underground 혹은 약자underdog로 보는 측면이다. 이 역시 미국 대중음악의 진정성 논의에서 지속적으로 반복되어 온 주류 음악(즉 진정성 없는 음악) 대 비주류 음악의 구도를 빌려온 것이다.

더 중요한 것은 'BTS is not K-pop'을 주장하거나 이에 동의하는 팬들의 상당수는 종종 그들이 K팝의 팬으로 구분되는 것을 꺼리거나 나아가 K팝 자체에 대해 부정적인 인식을 가지고 있다는 점이다. "평소에 K팝을 듣지 않는다(혹은 거의 듣지 않는다)," "방탄소년단을 듣기 전까지는 K팝에 관심을 가진 적이 없다"는 식의 이야기는 레딧이나 올K팝의 포럼에서뿐 아니라 2014년 케이콘 현장에서부터 이들의 공연장, 그리고 현재 SNS 공간에서도 흔히 찾을 수 있는 증언이었다. 이들 중에는 심지어 "K팝(아이돌 음악)을 좋아하지 않는다"는 식의 급진적인 의견도 어렵지 않게 접할 수 있다. K팝이 하나의 집단적인 문화로 인식되는 미국 내 하위문화화의 과정에서는 예외적인 반응이다. 이 부분이 관심을 끄는 것은 미국 시장 내 K팝 팬덤의 구성과 성격의 변화와 관련되어 있다고 보여지기 때문이다. 지금껏 K팝 관련 연구들은 큰 틀에서는 '한류'라는 측면, 그리고 세부적으로는 K팝의 초국가적 진출 및 영향 관계 혹은 현지화와 토착화라는 개념으로 이해되어 왔

화되면서 종종 제기되어온 비판으로 이에는 미국 기성 언론의 역할이 컸다. 미국 주간지 〈뉴요커*The New Yorker*〉는 2012년 "Factory Girl"이라는 칼럼을 통해 K팝 특유의 트레이닝 시스템을 집중적으로 조명한 바 있는데, 이는 K팝의 '인공성'에 대한 논의의 기폭제가 되기도 했다.

다. 그리고 이 논의에서 K팝은 응당 고정적인 성격을 갖는 하위문화로 논의되어 온 경향이 짙다. 하지만 방탄소년단의 성공과 이 팬들의 구별짓기, 그리고 탈K팝이라고 부를 수 있는 포지션은 향후 해외 K팝 팬덤의 이해와 관련해 새로운 연구가 모색될 필요가 있음을 암시하고 있다. 여기서 K팝의 새로운 청자층의 등장을 조금 더 넓은 시각으로 바라보자. 북미 시장만을 중심으로 생각해 보자면, 본격적으로 세계화되기 시작한 이전 시대의 K팝 팬덤, 그러니까 2000년대 초반까지의 팬들은 아시안 아메리칸 커뮤니티를 중심으로 저인망식의, 지극히 마니아 성향을 띤 팬들로 구성이 되었다. 이들 중 상당수는 J팝에서 비롯된 아시안 팝 마니아들을 포함하고 있다. 그러나 2005년 유튜브의 출범 이후 K팝의 팬덤은 아시안 계열을 넘어 백인, 흑인, 라티노 등의 인종을 아우르며 전방위적으로 급격히 확대되는 추세다. 이들 중에는 흔히 2.5세대 혹은 3세대라 부르는 K팝 아이돌 그룹이라든지, 아니면 아예 비아이돌 계열의 K팝으로 입문한 경우도 많으며, 이들 중에 적지 않은 수가 기존의 K팝이나 한국 문화 전반에 익숙치 않거나 관심을 두지 않은 이들로 보인다. 그렇다면 이 같은 흐름에서 방탄소년단은 하나의 촉매재가 되었을 뿐 K팝 아이돌 신 안에서 팬의 분화, 혹은 K팝이라는 하위문화로의 규정을 싫어하는 새로운 팬덤의 분화가 이미 일어났거나 필연적이었다고 볼 수 있지 않을까. 그간 은연중에 같은 성격으로 묶여온 K팝이라는 단일 하위문화는 인종의 확대, 메인스트림으로의 모색, 방탄소년단과 같은 예외적 사례를 통해 그 개념이 희미해지거나 재조정되고 있는 것은 아닐까.

여기서 생각해 봐야 할 것은 K팝의 규범과 공식을 그대로 따르지 않은 BTS의 성공과 BTSPOP의 담론이 재생산되어 K팝 산업과 수용 방식의 근본적인 지형 변화를 만들어 낼 것인가 하는 부분이다. 바꾸어 말한다면 'ARMY'의 탈K팝 선언이 향후 다른 그룹들에게서도 유사하게 재현

될 것인가 하는 질문이다. 음악적으로 본다면 방탄소년단과 유사한 접근 방식, 즉 세븐틴이나 몬스타엑스처럼 셀프 프로듀싱이 가능한 팀들이 꾸준히 뒤를 잇고 특히 미국 시장에서 사랑을 받고 있는 것은 의미 있는 변화로 받아들여진다. 방탄소년단의 인기와 비교할 수는 없지만 2015년 케이콘에서는 몬스타엑스가 유사한 패턴의 사례를 만든 바 있다. 이제 막 데뷔 싱글을 발표했을 뿐이었던 이들은 사실상 처음 선 국제 무대인 케이콘에서 열렬한 환호를 받으며 쇼케이스를 가졌고, 2018년에는 무려 일곱 개 도시에서 투어를 가지며 미국 지상파 TV에 잇따라 출연해 방탄소년단 이후 가장 많은 현지 언론 노출을 보여 준다. 그룹의 성격과 홍보 방식에서 다분히 방탄소년단을 연상시키는 JYP엔터테인먼트의 신인 그룹 스트레이 키즈의 활약 역시도 주목해 볼 부분이다. 힙합 아이돌을 내세운 포맷, 미국 시장에 친화적인 강렬한 무대 등 방탄소년단의 성공과 유사한 패턴을 띤다는 점에서 향후 이들이 미국 시장에서 얻는 반응은 방탄소년단이 하나의 새로운 탈K팝적 모델을 만들고 있는가에 대한 실마리를 제공해 줄 것이다.

현지화를 통한 세계화, 그리고 K팝의 모듈화 혹은 장르화

미국 시장을 기반으로 둔 방탄소년단의 예외적인 약진 및 그로부터 파생되는 주류화로의 이행의 가능성과 더불어 K팝의 세계화와 현지화의 흐름에서 주목해야 할 새로운 사례를 마지막으로 짧게 짚고자 한다. 바로 중국과 동남아시아를 중심으로 한 새로운 현지화의 모델과 전략이다. 2000년대 초 보아 이래로 K팝이 '현지화' 전략을 K팝 산업의 성장 동력으로 삼아 왔다는 것은 분명하다. 그리고 최근 몇 년간 이루어진 K팝의 해외 시장 개척, 특히 동남아시아 시장에서의 전략은 K팝 현지화 전략의 유효성을 확인시키는 한편 변화된 양상에 맞추어 그 전략이 새롭게 조정되고 있음을 말해 준다.

동남아시아는 6억 명이 넘는 인구를 보유한 데다 K팝 아이돌 음악의 전성기인 2010년대 이후 팬이 꾸준히 증가한다는 점에서 향후 남미와 함께 잠재적으로 가장 유망한 시장으로 평가받고 있으며, 인종과 문화적으로도 기존에 K팝이 주력해 온 동아시아 및 범중국권과 유사성을 띄고 있어 공략이 용이하다는 장점도 갖고 있다. 최근에 이 같은 분위기에 맞추어 동남아 시장을 중심으로 해외 시장에서 가장 각광을 받고 있는 K팝 아이돌 그룹은 갓세븐과 블랙핑크를 꼽을 수 있다. 동남아권에서 이들에 대한 관심도는 빅 데이터만으로도 입증이 되고 있다. 2018년 9월을 기준으로 구글이 제공하는 트렌드 데이터에서 태국의 갓세븐과 블랙핑크에 대한 관심도 수치는 'K-pop'이라는 장르 일반에 비교해 각각 다섯 배와 두 배에 가까운 수치를 기록하고 있다.[17] 그뿐 아니라 동남아시아 국가들, 가령 라오스, 베트남, 인도네시아, 말레이시아, 싱가포르 등에서도 정도의 차이는 있지만 역시 타 문화권 대비 높은 관심도를 나타내는 것을 알 수 있다. 갓세븐과 블랙핑크의 동남아권 인기, 특히 태국에서의 높은 관심은 당연히 그들이 보유하고 있는 태국인 멤버의 영향일 것이다. 태국의 대중이 K팝 그룹 중에서도 자국 출신 멤버들의 활약에 열광하고 고무된 것은 굳이 어려운 분석을 더하지 않아도 자연스러운 일이다. 갓세븐과 블랙핑크의 경우 외국인 멤버의 포함과 활용이 현지 팬들에게 친숙함과 애착을 느끼게 한다는 점에서 기존에 한류, 특히 드라마에 관한 논의에서 활용

17 구글 트렌드에 따르면 태국에서 갓세븐에 대한 관심 지수는 전 세계 거의 모든 국가에서 K팝 중 가장 높은 관심도를 나타내고 있는 방탄소년단을 앞서고 있다.

되어 온 '문화적 근접성cultural proximity'의 이론을 떠올릴 수도 있다.[18] 하지만 이 경우에는 문화가 가진 유사성을 활용한다기보다는 그들이 지지할 수 있는 현지 멤버를 직접 활용하며 해당 국가의 팬들이 가진 일종의 민족주의적 관심을 유발하며 종종 그들에게 자긍심을 심어 준다는 점이 더 결정적으로 작용한다. 이 같은 현지 멤버 중심의 마케팅이 가능한 이유를 조금 더 들여다보면 동남아시아 국가에서 K팝이 가진 일종의 우월한 지위와 시장 규모의 격차가 유력한 요인이 된다. 대중음악 시장이 양과 질 모두에서 열악한 수준에 머물러 있던 1980년대 이전의 한국처럼 현재 동남아시아 국가의 대중음악은 K팝에 비해 낮은 경쟁력을 갖고 있다. 이 같은 상황에서 선진 시장에서 뛰는 자국 스타는 동남아 팬들에게 있어서 단순히 한 명의 스타 이상의 의미를 준다고 볼 수 있다.

현지화를 통한 글로벌 팝의 가능성을 모색 중인 K팝의 현주소에서 NCT의 등장은 블랙핑크와 갓세븐의 사례에서보다도 한층 더 진화된 다음 단계를 예고한다. Neo Culture Technology의 약자인 NCT는 이름 그대로 새로운 문화 기술을 표방하는 글로벌 아이돌 그룹 프로젝트다.[19] '문화 기술culture technology'이라는 개념은 SM엔터테인먼트의 수장인 이수만 프로듀서가 2011년 미국 스탠포드대학교의 강연에서 사용하기 시작했는데, 캐스팅, 트레이닝, 프로듀싱, 마케팅 등 K팝 제작에 필요한 일련의 기술과 노하우를 포괄하는 다소 추상적인 개념이다. 다만 NCT는 여기에 '로컬'의 요소를 추가, 기존에 '훈련된,' '제작된' 아이돌이라는 개념을

18 소셜 미디어 등을 활용한 현지 언어의 사용, 인터뷰와 공연에서의 현지 팬들과의 스킨십 등이 두루 요인으로 포함될 수 있다.

19 SMTOWN: New Culture Technology, 2016 https://www.youtube.com/watch?v=Ky5NvWsXnn8

넘어 국가와 문화권에 최적화된 아이돌이라는 개념으로 나아간다.[20] 사실 단일한 '그룹'을 의미한다기보다는 하나의 '개념' 혹은 '방법론'에 가까운 의미를 띤 NCT는 기존에 K팝 아이돌 음악이 보유하고 있는 정교한 트레이닝 시스템을 통한 인재 풀의 양성, 초국가적 협업 시스템으로 완성시키는 음악 제작 노하우 등을 포괄하면서도 이를 단일 그룹이 아닌 확장 가능한 템플릿으로 삼겠다는 의미에서 분명 '탈K팝'적인 뉘앙스를 품고 있다. 이 같은 개념은 이미 몇 가지 그룹으로 구체화된 적이 있었다. 대표적으로 EXO의 국가 단위 유닛, 즉 한국 유닛인 EXO-K와 중국 유닛 EXO-M이 있었고, 슈퍼주니어-M 역시 범중국권을 노린 유사한 시도였다.[21] SM은 2017년 이 같은 모델을 발전시켜 고정된 서브 유닛이 아닌 그룹 자체를 거대한 인재풀로 활용하는 NCT를 새롭게 출범시켰고 127, U, Dream 등 지역과 콘셉트를 다양하게 조합하며 실험하고 있다. 가령 이 중에서 U는 콘셉트를, 127은 지역을 강조하며 Dream은 연령대를 기준으로 삼는데, 여기에는 '성장'이라는 요소가 더해지기도 한다.[22]

NCT의 사례와 성공 여부가 잠재적으로 중요한 이유는 K팝이라는 음악이 그것을 만들어 낸 한국이라는 단일한 '신'에 종속되지 않고 각각의 문화권에서 직접 제작되어 유통되는, 이를테면 OEM 스타일의 K팝으로 발

---

20 구체적으로 현지 기업과의 합작 벤처를 통한 현지 그룹의 출범을 기획하는 것을 목표로 삼는다. 이 같은 방법론은 2018년에는 JYP엔터테인먼트가 유사하게 도입한 바 있다.

21 하지만 이 같은 시도는 국제 정세의 변화와 맞물려 결정적인 난관에 봉착해 있다. 사드를 둘러싼 중국과의 외교 마찰이 한한령으로 이어지며 SM엔터테인먼트 등 K팝의 중국 진출에 제동이 걸린 상황이다.

22 아이돌을 특정한 연령, 그것도 저연령 층과 연계시키거나 '성장'이라는 개념을 도입하는 것은 해외 음악에서 유사하게 시도된 바 있다. 틴 팝을 의도한 미국의 미키 마우스 클럽Micky Mouse Club, '성장' 시스템을 통한 브랜드 중심의 활동을 펼치는 일본의 쟈니스Johnny's와 AK48 등의 팝 아이돌 그룹이 대표적이다.

전될 여지를 남기기 때문일 것이다. 만약 이 전략이 성공을 거둔다면 한국 대중음악으로서 K팝의 의미는 어떻게 변화할 것이며 또한 K팝과 대중의 관계는 어떻게 정의해야 할까. 글로벌화된 시장을 직접적인 타깃으로 삼는, 글로벌 인력과 자본으로 제작되는, 결정적으로 그 주체가 외국인인 음악이 만들어진다면 K팝은 한국의 음악이라기보다는 한국에서 유래한 팝, 혹은 한국의 원천 기술을 보유한 혹은 기획한 팝이라는 의미로 바뀔 수 있고, 이 경우에 K팝은 음악적 장르라기보다는 일종의 기술적인 '모듈'이 되며, 한국은 이 기술과 모델을 기획하고 유통하는 허브로서의 역할을 담당하게 될 것이다. 나아가 K팝의 대중은 '한국 음악'이 아닌 한국이 만들어 낸 시스템을 통해 탄생한 현지 그룹을 각각 추종하게 될 것이고, 이는 '한류'라고 하는 개념으로 이어져 온 K팝에 대한 전면적인 수정을 요구하게 될 가능성도 배제할 수 없다.

하위문화로서의 K팝에서 탈K팝 담론의 가능성

K팝의 위상과 인지도와 성공은 꾸준히 높아지고 있다. 2012년 첫 행사 이후 미국 내에서만 10배 가까이 성장한 관객수를 동원하는 케이콘, 2005년 출범 이후 해마다 새로운 기록을 갈아치우고 있는 유튜브의 K팝 관련 조회수나 매년 증가폭이 뚜렷한 구글 트렌드에 나타는 지표의 상승 곡선 등이 모두 이 발전의 양상을 증명한다. 앞서 살펴본 방탄소년단의 예외적 성공이나 팬덤의 분화 양상은 K팝의 확장 가능성 및 주류화의 가능성을 암시하며, 이는 기존 K팝 신과 상승 작용의 관계를 보이고 있다. 과거 미국 대중음악이 전 세계의 주류 대중음악으로 우뚝섬에 따라 한국 시장에서 '미국 팝 음악'이라는 규정이 무의미해지고 자연스럽게 각 장르나 뮤지션에 대

한 팬덤 혹은 커뮤니티 형성으로 분화되어 나아갔듯 K팝 내에서 장르나 개념에 대한 논쟁이 생기고 국가별로 특징적인 소비 패턴과 선호도가 생기는 것은 K팝이 거대한 산업으로 성장하면서 하나의 '장르'라기보다는 개념으로 이행하는 과정으로 볼 수도 있다. 이는 결국 기존의 '한류' 중심 'K팝' 담론의 수정과 K팝이라는 개념의 부분적 재정의를 요구하는 단계로 나아갈 것이다.

이미 상황은 많은 진전을 보이고 있다. 케이콘과 〈엠카운트다운〉을 통해 드러난 지난 몇 년간의 북미 K팝 팬덤의 경향 및 변화의 움직임, 그리고 방탄소년단의 성공을 통해 알 수 있는 북미만의 선택적 취향의 확립, 그중에서도 힙합과 아티스트형 뮤지션에 대한 선호, 방탄소년단과 K팝을 분리해 수용하려는 움직임 등 K팝의 북미 전파 및 팬덤과 취향의 분화 과정과 이를 통해 이루어지는 K팝 수용의 개별화 양상은 향후 더욱 강화될 것으로 보인다. 아직은 미세한 움직임이지만 이는 결국 '한국'을 중심에 놓은 K팝 시대의 종언의 단계를 암시하는 것으로 분석할 수 있다. 말미에 다룬 현지화와 모듈화의 새로운 양상은 이 같은 새로운 시장의 개척에 따른 팬들의 요구와 수용 방식에 산업이 응답한 경우다. K팝의 분화와 개별화, 그리고 '한국' 혹은 '한류'라는 틀에 구속되지 않은 탈K팝적인 움직임은 향후 K팝을 이해하는 핵심적인 키워드가 될 것이다. 그리고 이는 1990년대 중반 이후 미국 및 일본 대중음악을 모델로 맹렬하게 현대화와 세계화를 경주해 온 한국 대중음악 산업이 그 어느 때보다도 가까워진 세상에서 맞이하게 될 필연적인 운명이기도 하다.

참고 문헌

김예란 (2012). "리액션 비디오의 주목경제," 〈방송문화연구〉, 24.2, pp.161~192.

손승혜 (2012). "한류 수용의 로컬 콘텍스트와 글로벌 팬덤의 특성," 〈미디어 경제와 문화〉, 10.1, pp.45~85.

오미영 (2014). "미국 내 한류 수용에 대한 탐색적 연구," 〈미디어 경제와 문화〉, 12.3, pp.46~92.

이규탁 (2014). "케이팝 브랜딩K-Pop Branding과 모타운 소울," 〈대중음악〉, 14, pp.8~39.

이동연 (2012). "케이팝의 스타일," 〈대중음악〉, 9, pp.167~181.

Espiritu, Yen Le (1992). *Asian American panethnicity: bridging institutions and identities*. Philadelphia: Temple University Press.

Hebdige, D. (1988). *Subculture: The meaning of style*. London: Routledge.

McLeod, Kembrew (1999). "Authenticity within hip-hop and other cultures threatened with assimilation," *Journal of Communication,* 49.4, pp.134~150.

https://www.reddit.com/r/bangtan/comments/7kdgpz/why_bts_music_is_not_kpop_but_very_korean_music_a/

https://www.reddit.com/r/bangtan/comments/7u559i/are_you_bts_fan_a_kpop_fan_or_both/

https://www.reddit.com/r/bangtan/comments/7hr8ju/the_notion_of_i_hate_kpop_but_love_only_bts/

https://www.reddit.com/r/bangtan/comments/74as94/what_makes_bts_so_different_from_all_the_other/

https://www.reddit.com/r/bangtan/comments/7kdgpz/why_bts_music_is_not_kpop_but_very_korean_music_a/

https://www.newyorker.com/magazine/2012/10/08/factory-girls-2

https://www.youtube.com/watch?v=Ky5NvWsXnn8

한국의 '게임 문화'

그 정경과 쟁점

윤태진

6

#e스포츠 #인터넷

#호모루덴스 #아곤과알레아

#PC방 #게임중독 #스낵컬처

#문화콘텐츠 #1인방송 #확률형아이템 #일상성

윤태진은 연세대학교 커뮤니케이션대학원 교수로 텔레비전과 게임 등 한국의 대중문화를 연구하고 있다. 연세대학교 신문방송학과를 졸업하고, 미국 매사추세츠주립대학교와 미네소타주립대학교에서 미디어 문화연구로 각각 석사, 박사 학위를 받았다. 책으로는 《한국 텔레비전 예능·오락 프로그램의 변천과 발전》, 《디지털 게임 문화연구》, 《미디어 문화연구의 질적 방법론》(공저), 《드라마의 모든 것》(공저), 《텔레비전 연구》(공역) 등이 있다.

인간과 놀이

인간은 즐거움을 추구한다. 본질적으로 그러하고, 역사적으로 분명하다. 놀이하는 인간, '호모 루덴스'다. 요한 하위징아Johan Huizinga(1938/2010)는 일하는 인간 '호모 파베르'가 지배하는 근대를 비판하면서, '호모 루덴스'(로의 복귀)를 대안으로 제시한다. 이윤을 추구하기 위하여 전쟁을 불사하고, 노동에 짓눌려 인간의 본질을 잊는 시대는 그 생명을 다하고 있다. 놀아야 하고, 즐거움을 추구해야 한다. 논다는 것은 정신적인 창조 활동이기도 하다. 유희를 통해 예술과 학문이 발달한다. 놀이의 본질적 요소는 자유, 상상력, 무관심, 그리고 긴장이기 때문이다(Huizinga, 1938/2010). 노동과 실용성만을 강조했다면 우리에게 위대한 예술품도 현란한 테크놀로지도 존재하지 않았을 것이다.

기계가 인간의 노동을 대신해 주고, AI(인공 지능)나 IoT(사물 인터넷)의 발달은 인간의 생활을 더 편리하게 만들 것이다. 노동 시간은 점점 더 줄어들고, 사람들은 더 다양한 여가 활동을 추구한다. 마치 호모 루덴스에 가까이 가는 듯 보이지만, '놀이'가 '노동'의 대가로 부여된다는 점은 쉽게 바뀌지 않는다. 비판적 시각으로 보자면, 이 모든 변화는 우리가 호모 파베르라는 사실을 잠시 잊고 자발적으로 자본주의 체제의 재생산에 기꺼이 기여하도록 만드는 고도의 강압적 기제일지도 모른다. 친구들과 당구를 치거나 가족과 함께 워터파크를 가고, 한적한 휴양지에서 독서를 즐기는 일조차 (과거의) 노동의 피로를 풀고 (미래의) 노동을 준비하는 일이라 해석할 수 있기 때문이다.

현대 사회의 인간 생활을 '노동' 중심으로만 해석할 수 있을까? 노동은 생산적, 놀이는 소비적이라고 전제하거나 놀이는 (생산적) 노동을 위한 준비 과정이라고만 해석한다면, 놀이의 가치는 얼마나 용이하게 노동 에너지로 변환될 수 있는가에 따라 정해질 수밖에 없다. 자본주의가 정착한 이래 놀이 그 자체에 주목하는 연구 분야나 학문이 발달하지 않았던 것도 같은 이유다. 하지만 만약 AI와 로봇이 일상적 노동을 대신해 주고 인간의 평균 노동량은 점점 감소한다면, 우리가 '여가,' '유희,' '취미,' '휴식,' '놀이'라 부르는 행위의 비중은 계속 증가할 것이며 그 행위의 의미도 점차 중요해질 것이다. 이미 그 같은 추세를 보이고 있다.

사실 우리가 호모 루덴스의 시대로 진입/복귀했는지 따지는 것조차 무의미한 질문일지도 모르겠다. 노동과 휴식, 생산과 소비가 중첩되어 구별이 모호해진 시대에 '진정한' 놀이와 '가짜' 놀이를 분리하는 일은 가능하지도 않아 보인다. 가능하다 하더라도 이 세계를 설명하는 데 큰 기여를 할 수 있을지 의심스럽다. 대신 인간이 왜, 그리고 어떻게 '노는지' 관찰하고 연구하는 작업이 필요하다는 점은 분명해진다. 노동과 생산을 연구하는 작업과 유희와 소비를 연구하는 작업은 동전의 양면이기 때문이다. 이른바 '4차 산업 혁명'을 운운하는 21세기 시대에서는 더욱 그러하다.

하위징아가 지칭한 '놀이'는 연 날리기나 노래방보다 훨씬 넓은 범위, 즉 엉뚱한 상상이나 창작 행위, 건축까지도 포함하지만, 현대 사회에서 놀이/즐거움의 의미가 가장 가시화되는 영역은 '비非노동,' 즉 비생산적인 (여가) 행위다. 바꿔 말하면, '놀이'는 '게임game'이다. 로제 카유아Roger Caillois(1958/2001)는 프랑스어 'jeu'가 플레이play와 게임game 두 단어로 표현되기 때문에 혼동이 생긴다는 점을 지적한 바 있는데, 한국어 '놀이'도 마찬가지다.[1] 예를 들어 '놀이' 연구와 '게임' 연구는 일치하지 않는다. 연관성 없이 독립적으로 작동되는 분야로 인식되는 경향이 있다. 인간의 (즐거움에 대한) 본능, 자본주의 체제하에서의 여가 활동의 의미, 놀이와 노동의 관계 등을 연구할 경우 '게임'이라는 단어는 쉽게 등장하지 않으며, '게임 연구'라 지칭할 때는 의외로 '인간'이 자주 등장하지 않는다. 인간의 경험이나 감정 대신 기계와 이진법 코드, 디자인과 영상 텍스트, 산업 분석 보고서, 법조문이나 신문 기사가 관심 대상이다. 물론 이 괴리는 '게임'이 전자 테크놀로지로 만들어진 소프트웨어를 특정 전자 기기를 통해 플레이하는 '디지털 게임'과 동일시되기 때문일 것이다. 김창배(1999)는 '게임'이라는 용어가 '디지털 게임'이라는 의미로 일반화되기 시작한 시기를 1990년대로 보는데, '오락,' '유기,' 혹은 '놀이'라는 용어가 주는 부정적인 인식을 탈피하면서도 정보화 시대에 어울리는 용어로 받아들여졌기 때문이라 해석한다. 이 해석을 따른다면, '게임'과 '놀이'의 개념적 관계는 매우 역설적이다. 하위징아를 따르자면 놀이는 게임보다 훨씬 넓은 개념이고, 카유아에게는 동의어나 마찬가지인데, 우리나라 게임 담론의 역사에서는 '부정적 함의의 단어'(놀이)와 이를 대체하는 '중립적 함의의 단어'(게임) 관계가 되었기 때문이다.[2]

1 이에 대한 자세한 내용은 카유아(1958/2001), 혹은 '파이디어paidea'와 '루두스ludus'를 비교하는 문헌들을 참고하라.

2 '중립적' 함의를 표방했던 단어였던 '게임'이 언젠가부터 '부정적' 함의를 갖기 시작한 것도 중요하다. 특히 미디어 담론에서 게임은 중독, 사행성, 폭력, 선정성 등의 단어와 짝패를

따라서 '(디지털) 게임 문화'는 '놀이 문화'의 일부라는 관점에서 바라보아야 한다. 굳이 호모 루덴스를 강조하지 않더라도, 현대 사회의 인간과 문화를 이해하려면 "누가 왜 어떻게 노는가?"를 주의 깊게 관찰해야 하며, 이 과정에서 디지털 게임 및 이를 둘러싼 현상이나 인식은 매우 중요한 — 하지만 불가피하게 '부분적인' — 관찰의 대상이 되어야 한다. 게임 문화를 진단하는 작업은 게임을 통해 문화를 진단하는 작업이 되어야 한다.[3]

게임과 게이머: 몇 가지 풍경들

게임을 통해 문화를 진단한다는 것은 무슨 의미인가? 우선 게임을 둘러싸고 벌어지는 일상의 모습들을 그리는 작업이 필요하다. 이를테면 풍경을 스케치하는 작업이다. 밋밋한 스케치의 깊숙한 속내에는 구조주의자들이 강조하곤 하는 심층 의미가 있다. PC방에서 중고생들이 모여 떠들며 온라인 게임을 하는 풍경을 떠올려보자. 서양의 게임 시장을 압도적으

이루는 경우가 많다. 이에 대해서는 뒤에서 다시 다루게 될 것이다.

3 나는 11년 전 다른 글을 통해 "디지털 게임의 문화연구적 접근이 필요하다"고 주창한 바 있다. 그 글의 마무리는 다음과 같았다. "만약 10년 후쯤 '게임 연구'가 게임 프로그래밍이나 디자인 연구를 대변하는 용어로 굳어져 있다면, 혹은 가장 응용적(시장 지향적인) 연구 분야로 인식되어 있다면, 미디어 문화연구자들이 남겨진 과제를 채 다 풀지 못했기 때문일 것이다. 거꾸로 문화연구의 시각에서 접근하는 게임 연구가 반복되고 축적되어 발전해 나간다면, 10년 전 텔레비전이 그랬듯 10년 후에는 게임 문화연구가 미디어 문화연구의 중심에 서 있을 것이다"(윤태진, 2007: 124~125). 게임 문화연구의 본질에 공감하는 다양한 이론과 논쟁과 연구가 축적될 때 사람과 세상에 대한 이해에 한 발 더 가까이 다가갈 수 있을 것이라는 취지의 제언도 한 적이 있다. 아쉽게도 나를 포함한 미디어 문화연구자들은 "남겨진 과제"를 풀지 못한 듯하다. 이 과제와의 씨름은 지금도 진행 중이다. 아마 이 글도 씨름의 일부일 것이다.

로 장악해 온 가정용 콘솔 게임이 우리나라에서는 별 인기가 없는 대신 PC방이라는 독특한 문화가 정립되었음을 이야기할 수 있고, 이로부터 우리는 '집단 문화'나 '패거리 문화'를 논할 수 있다.[4] 1인 방송을 통해 게임 중계를 즐겨 보는 초등학생, 게임 공간 안에서 여성 게이머를 무시하거나 거칠게 괴롭히는 마초 게이머, 이른바 '작업방'에서 '오토'를 돌리는 악성 유저, 출근길 지하철에서 모바일 퍼즐 게임을 즐기는 직장인, 집안일을 하다가 짬을 내어 컴퓨터 고스톱을 치는 주부. 모두 게임을 둘러싸고 벌어지는 일상의 모습들이다. 이 별날 것 없는 풍경들 속에서 우리는 폭력과 선정성, 개인화, 모빌리티, 건강과 교육에 관한 담론의 단초를 꺼낼 수 있고, 계급과 젠더, 세대를 논할 수 있으며, 나아가 과거와 다른 지금의 한국 사회, 서양이나 일본·중국과 다른 한국의 문화를 발견할 수 있다. 게임을 통한 문화 진단이란 이런 것이다. 여기서는 우리나라 게임/게이머가 등장하는 전형적인 풍경 몇 가지를 소개함으로써 '게임 문화연구'의 편린들을 발견하고자 한다.

PC방의 '집단적' 게임 문화 vs. 스마트폰의 '개인적' 게임 문화

21세기에 접어든 지도 이미 20년 가까운 세월이 흘렀다. 우리나라에서 '세기 말'을 정의했던 두 단어는 IMF와 PC방이었다. 경제 위기와 초고속 인터넷망의 등장은 함께 왔는데, 이 동시 등장은 완전한 우연이 아니었다.

4 북미 지역의 경우 콘솔(비디오) 게임의 게임 시장 점유율은 지속적으로 하락하는 추세이지만, 아직까지는 1위 플랫폼의 지위를 유지하고 있다. 2014년에는 점유율 51.3%로 아케이드 게임(17.7%), 모바일 게임(17.0%) 등에 압도적으로 앞섰지만 2019년이 되면 36.3% 정도로 떨어질 것으로 예측되었다. 아케이드 게임은 30.7%, 모바일 게임은 19.5%, PC 게임은 11.0% 정도로 예상된다. 유럽에서도 콘솔(비디오) 게임의 점유율은 34.4%로 가장 높다(문화체육관광부, 2017: 884, 916).

대규모 구조 조정으로 거리로 내몰린 조기 퇴직자들에게 PC방은 좋은 창업 아이템이었고, 당시 정부는 경제 위기 탈출의 일환으로 인터넷 관련 정책을 적극적으로 펴 나갔기 때문이다. 스타크래프트의 등장은 PC방의 확산을 더욱 가속화시켰다. 온라인 게임은 PC방 확산에 기여했고, 거꾸로 PC방은 온라인 게임의 인기를 증폭시키는 데 중요한 역할을 했다.[5] PC방의 확산과 온라인 게임의 대중화는 21세기 한국 사회 게임 문화의 정경을 구획짓는 기반이 되었다. 청소년들에게 PC방은 '함께 즐길 수 있다'는 매력이 있었다. 친구들과 웃고 떠들며 게임을 할 수 있다는 점은 가정 내 콘솔 게임과는 다른 장점이었다. 내용적으로는 온라인 네트워크의 누군가와 함께 게임을 하고 있다는 점을 고려한다면, 이 시기에 온라인/오프라인을 관통하는 독특한 집단적 게임 문화가 만들어졌다고 볼 수 있다. PC방 문화가 거의 정착된 2006년의 조사 자료에 의하면, 청소년들이 PC방에 가는 가장 중요한 이유로 "친구들과 어울리기 위해"(66.5%)를 들었다(Yoon, Lee and Kwon, 2007). '게임'이라는 단어를 입에 올릴 때 거의 동시에 연상되는 공간이 'PC방'이라는 사실은 우리나라 게임 문화에서 집단성을 빼고 설명하기 어렵다는 점을 시사한다.

한국 사회가 유독 집단적 문화를 강화시키는지 여부는 분명하지 않다. PC방이 단지 게임을 하는 곳이 아니라 특정 (또래) 집단의 배타적인

5 사실 PC방은 1990년대 중반 '인터넷 카페' 등의 이름으로 도입되었다. 1995년 홍익대학교 앞에 문을 연 국내 최초의 인터넷 카페 '넷스케이프'는 재즈 카페와 인터넷 카페를 결합한 형태로, 시간당 5000원의 정액제로 운영되었다(김중태, 2009: 31). 주로 대학 주변에 등장한 인터넷 카페는 전화선 모뎀보다 빠른 접속을 제공했기 때문에 일종의 편의방과 같은 것으로 인식되었고 그 용도 역시 문서 인쇄, 주식 거래 등에 집중되었다(허준석, 2008: 65). IMF 금융 위기의 도래와 스타크래프트의 등장이 겹쳐졌던 1998년 이후에야 현대적 의미의 PC방이 급속도로 확산되었다. 이에 대한 자세한 내용은 윤태진·나보라(2011)를 참조하라.

놀이 공간 기능을 함으로써 온·오프라인 속 놀이 활동이 통합된다는 해석도 있지만 커뮤니티 중심적 게임 문화가 (민족성에 기인한다기보다) PC방이 한국 게임 사용자들의 초기 습관을 형성시켰기 때문이라는 주장(남영, 2009)도 있다. 분명한 것은, 세기가 전환되던 시기 PC방과 온라인 게임을 매개로 뿌려진 '집단적 놀이 문화'가 게임 세계에 꽤 단단하게 뿌리를 내렸다는 사실이다.[6] 칸막이 쳐진 개인적 놀이 공간으로 보이지만 실상 PC방은 집단적 놀이 공간으로 이용되었다.

하지만 스마트폰의 보급으로 인해 '언제 어디서나 손쉽게' 게임을 즐길 수 있게 됨에 따라 게임 문화의 '집단성'이 약화되고 있는 것도 사실이다. PC방에 모여 왁자지껄하게 게임을 하는 일군의 '집단'이 있다면, 다른 한쪽에는 지하철에 앉아 이어폰을 끼고 혼자 조용히 게임을 즐기는 '개인'이 생겨난 것이다. 우리나라에서 모바일 게임의 성장세는 엄청나다. 2015년과 2016년의 매출액 기준으로 볼 때 온라인 게임의 성장률은 −4.7%와 −12.0%를 기록한 반면 모바일 게임은 각각 19.6%와 24.3%를 기록했다. 2017년에는 처음으로 모바일 게임의 매출액이 온라인 게임을 넘어설 것으로 예상된다(문화체육관광부, 2017: 58). 이용자 조사 결과를 봐도 마찬가지다. 한국콘텐츠진흥원의 연례 조사 결과에 따르면, 전체 응답자 중 60% 정도가 모바일 게임을 즐긴다고 답한 반면 온라인 게임

6 물론 한국 온라인 게이밍의 '오프라인적 요소'의 뿌리를 1980년대 전자오락실의 경험에서 찾을 수도 있다(허준석, 2008). 1980년을 전후로 융성했던 오락실이 '새로 등장한' '게임이라는 기술을 매개로' 모여든 사람들이 '새로운 관계를 형성'했다는 점에서, 세기 전환기 PC방 문화의 맹아였다는 것이다. 2000년 초까지 유행했던 PC방 '스타크래프트' 대회에서도 관찰되는데, 플레이어 간 온라인 매치가 가능하고 승패 기록과 순위가 공정하게 관리되는 배틀넷이 있었음에도 불구하고 플레이어들이 현실 공간에서 상대를 대면하고 자웅을 겨루는 것을 열망했음을 보여 준다(허준석, 2008: 68~69).

은 40% 미만이었다. PC용 패키지나 비디오 콘솔을 이용한 게임을 즐긴다는 응답자는 각각 20%와 10%도 되지 않았다. 반면 하루 평균 게임 이용 시간을 보면 모바일 게임은 100분이 채 되지 않는 반면 온라인 게임은 150분이 넘었다. PC용 패키지 게임도 100분을 넘었다. 게임 하나의 생명주기도 온라인 게임은 거의 1년이 되는 반면 모바일 게임은 채 4개월이 되지 않았다(문화체육관광부, 2017: 586~587). 이 자료가 의미하는 바는 자명하다. 개인화, 이동성, 파편화는 게임 문화의 새로운 양상으로 대두되고 있다. 혼자서, 짧은 조각 시간 동안, 많은 경우 교통수단 안에서 게임을 하는 양상이 뚜렷해진 것이다. '스낵 컬처'라고 명명되는 이 자투리 시간의 유희는 특히 젊은 층에게는 편하고 익숙한 지배적 문화가 되었다. 텔레비전 프로그램도 특정 장면 위주로 쪼개서 보고, 텀블러나 트위터 같은 짧고 간단한 게시물을 즐긴다. 무료 온라인 강의로 인기를 모은 TED도 점점 더 짧아지고 쪼개진다. 5분 이내에 끝나는 TED 강연도 많아졌다.

물론 빠르게 변화하는 미디어 환경이나 기술 발전을 감안하면 앞으로의 추세를 가늠하기는 쉽지 않다. 예를 들어, 스마트폰의 성능이 발전하고 화면도 커지면서 모바일 게임도 캐주얼 게임에서 하드코어 게임으로 확대되는 추세다. 애니팡이나 쿠키런은 혼자 텔레비전이나 웹툰을 보는 것과 다르지 않은 '개인적' 유희지만 뮤 오리진이나 리니지 2 레볼루션은 다시 '집단성'과 '연결성'을 소환한다. 2016년부터 불어 닥친 모바일 MMORPG의 인기가 짧은 유행에 그칠지 과거의 캐주얼 게임을 완전히 대체할지는 알 수 없으나, 2000년대 초반의 '물리적' 집단성이 약화되어 가는 것만은 분명한 사실이다. 친구들이 각자 스마트폰을 들고 둘러앉아 MMORPG를 즐기지는 않기 때문이다.[7] 집단성이 약화되는 대신 게임

---

7 예외적 현상도 있기는 하다. 2018년 초반에 큰 인기를 모은 모바일 퀴즈 쇼 〈잼라이브〉

을 통한 '연결감connectedness'의 유지는 중요하다. 니콜라스 더치넛Nicholas Ducheneaut 등(Ducheneaut et al., 2006)은 MMORPG를 플레이하는 사람들의 상황과 심리를 "홀로 또 같이alone together"라고 지칭한 바 있다. 혼자 게임을 함으로써 현실 세계의 복잡한 인간관계 등으로 인한 피곤함에서는 벗어나면서도 혼자 있음으로써 생기는 외로움이나 무서움을 덜고 소속감으로 인한 이득은 취할 수 있다는 것이다. 데이비드 리스먼Davis Riesman이 '군중 속의 고독lonely crowd'라는 표현을 했던 때가 1950년이었다 '홀로 또 같이'는 그 동전의 반대 면을 보여 준다.

e스포츠와 1인 방송: '참여'와 '관람'

2018년 8월, 자카르타-팔렘방 아시안게임에서 처음으로 게임이 'e스포츠e-Sport'의 이름으로 경쟁 종목으로 채택되었다. 비록 시범 경기이긴 했으나, 여섯 종목에 걸쳐 대회가 열렸고 우리나라는 스타크래프트 II에서 금메달, 리그 오브 레전드(롤. LOL)에서 은메달을 획득했다. 금메달을 획득하지는 못했지만, 롤 선수인 '페이커'(본명 이상혁)[8]의 인기는 축구나 야구 스타 못지않음을 보여 준 대회이기도 했다.[9] 나머지 종목에서는 모두 예선

는 정해진 시간에 접속해야 하는데, 친구들끼리 함께 참여하는 경향이 생겨났다. 일부 직장인들 사이에서는 점심을 서둘러 먹고 휴게실이나 회의실에 둘러앉아 함께 퀴즈에 참여하는 것이 유행이 되었다고 한다.

8 2015년에 이미 미국의 권위 있는 스포츠 전문 미디어인 ESPN은 잡지 10페이지 분량을 할애하여 이상혁 특집 기사를 싣기도 했다. ESPN이 모든 스포츠 종목을 망라하여 한국 선수를 이렇게 크게 다룬 적은 처음이었다(http://www.espn.com/espn/feature/story/_/id/13035450/league-legends-prodigy-faker-carries-country-shoulders).

9 2017년 7월 닐슨코리아의 조사에 의하면, 한국인 전체의 관심 스포츠 종목 1위는 야구(62%)였고 e스포츠는 26.3%로 6위를 기록했다. 그러나 15~29세를 대상으로 한 같은 조사에서는 e스포츠가 39.7%로 축구(53.2%), 야구(50.8%)에 이어 3위를 기록했다(문화체육관

탈락해서 출전하지 못했다.[10] 4년 후 항저우 아시안게임에서는 일부가 정식 종목으로 채택될 가능성이 높으며, 올림픽에서도 e스포츠를 정식 종목화하려는 움직임이 있다. 특히 우리나라는 e스포츠의 종주국으로 대접받는다. 스타크래프트대회 결승전을 구경하기 위해 부산 광안리에 10만 명이 모여 세계를 깜짝 놀라게 했던 때가 이미 2004년이었다. '광안리 대첩'으로 불린 '사건'이었다.

초등학생들의 장래 희망 1위가 1인 방송 BJ, 혹은 '크리에이터'라는 말이 있듯이 아프리카TV나 유튜브를 통한 인터넷 개인 방송은 청소년층에게 일상적인 문화로 젖어들었다. 게임 중계는 1인 방송의 대표적인 장르다. 2017년 KT경제경영연구소가 발표한 현황 보고서에 따르면 시청자들이 가장 많이 보는 1인 방송 장르는 게임(35%)이었다. 이어 뷰티(30.9%), 음식 레시피/요리(28.6%), 먹방(27.3%), 제품 리뷰(26.8%) 순으로 많이 시청했다.[11] 게임 중계 크리에이터들도 인기 스타가 되었다. '구독자 많은 방송,' 'BJ 수입 랭킹,' '요즘 뜨는 유튜브 채널' 등의 제목으로 거론되는 1인 방송 중 게임 크리에이터 도티, 악어, 대도서관 등의 이름은 거의 빠지지 않는다. 2018년 6월 기준으로, 도티의 유튜브 구독자는 220만 명, 대도서관은 180만 명을 넘는다.

e스포츠와 인터넷 1인 방송. 이 두 사례는 게임이 '하는 놀이'에서 '보는 놀이'로 확장되었음을 의미한다. 게임이 텔레비전이나 영화와 가장 차별화되는 지점으로 흔히 상호작용성interactivity을 제시하곤 했다. 영화가

광부, 2017: 668).

10 나머지 네 종목은 PES 2018, 클래시 로얄, 펜타스톰, 하스스톤이었다.

11 KT경제경영연구소가 DMC미디어에 의뢰하여 조사한 〈2017년 1인 방송시청행태 보고서〉의 결과 중 일부다. 〈미디어오늘〉(2017. 11. 2)의 "1인 미디어, '게임' '뷰티' 가장 많이 본다"에서 인용한 것이다.

안락한 의자에 앉아 등을 기대고 앞을 바라보기만 하면 되는 '수동적' 관람 이상을 요구하지 않는 반면 게임은 플레이어의 끊임없는 '능동적'인 개입을 필요로 한다는 점에서 그렇다. 만약 미래의 (여가로서의) 게임이 — 마치 야구나 축구처럼 — 소수의 '플레이'와 다수의 '관람'으로 정의된다면, 영화와 게임의 차별성은 이제 무의미해지는 것일까?

게임 텍스트는 게이머의 참여에 의해 비로소 완성된다. 게이머는 부분적으로 완성되어 던져진 게임 텍스트에 노동을 투여해 비로소 게임 텍스트를 완성시킨다. '생산자로서의 게이머' 개념이다(Taylor, 2006: 155). 게임 노동이 투여되기 이전과 이후의 '심시티'를 비교한다면 쉽게 이해될 수 있는 개념이다. 게임이 '상호 작용적' 놀이라는 사실은 게임 플레이어가 스스로를 '주체'로 인식한다는 점을 의미하기도 한다. 게임은 게이머에게 튜토리얼이나 공략법 정보 등을 통해 게임에 필요한 조작법을 직접 가르치기도 하지만 대부분의 경우에는 적절한 시행착오 메커니즘을 제공함으로써 정보를 제공한다. 즉 게이머는 자신이 게임 세계의 규칙을 스스로 터득해서 주체적으로 게임을 즐긴다고 생각하고, 게임 텍스트는 플레이어가 스스로 '주체'라고 믿게끔 할 필요가 있다. 게임이 시키는 대로 플레이한다고 느끼는 순간, 게이머는 게임 세계를 통제한다는 즐거움을 잃기 때문이다(윤태진, 2007: 117). 그러나 게임 중계를 바라보는 행위는 텍스트 생산이나 주체로서의 인식과는 거리가 멀다. 영화 관람이나 텔레비전 드라마 시청과 다를 바 없다. 즐거움의 원천은 '생산'과 '상호 작용'에서 '스펙터클'과 '동일시'로 전이된다.

게임 문화에 대한 관심이 곧 인간이나 즐거움에 대한 관심이어야 한다는 명제를 떠올린다면, 게임의 관람 스포츠화 현상은 즐거움의 본질이 변화함을 뜻한다고 볼 수 있다. 내가 직접 개입하고 참여하여 생산하는 즐거움과 스펙터클을 즐기고 다른 플레이어에 동일시하는 경험은 같은 차원이 아니기 때문이다. RPG(롤 플레잉 게임)의 경우 게이머는 스스로를 스크린 상의 아바타(캐릭터)와 동일시한다는 해석도 있으나, 극장 스크린 상의 배우에 동일시하는 경험과는 구별된다. RPG에서 키보드나 스마트폰 자판을 누르는 행위는 게이머의 '버튼 누르기'와 게임 세계 속 캐릭터의 거짓 운동을 인과 관계로 오인하게 만든다(박상우, 2002). 이를 통해 게이머는 자신이 운동 생산의 주체인 것 같은 경험을 하게 되고, 게임 세계와의 거리감을 해소시킨다. 이렇게 생산된 스펙터클을 통해 게이머는 게임에 봉합되는 것이다. 게임 세계에는 나를 대치하는 캐릭터가 있을 뿐 아니라 나는 그를 통제할 수 있다고 생각하기 때문이다. '동일시'를 통하지 않고는 그 세계로 편입할 수 없는 영화 속 주인공과는 다르다. 정신분석학자 자크 라캉Jacques Lacan의 '거울 단계' 이론을 빌려, 크리스티앙 메츠Christian Metz(1986)는 영화 관객을 거울을 보는 어린 아이와 비교한 바 있다. 아이는 거울에 비친 자신의 이미지를 자아로 오인하면서 상상적 동일시를 경험하는데, 이와 비슷하게 관객은 스크린에 투영된 이상적 이미지에 매혹되면서 그것과 자신을 동일시한다는 것이다.[12]

물론 관람형 놀이로 확장되는 와중에도 게임은 여전히 참여형 오락이기도 하다. 한국의 e스포츠가 아직 공고하게 뿌리를 내렸다고 판단하기는 어렵다는 분석도 있다.[13] 미국 초·중학교 내 보편적인 '참여' 운동은 축

---

12 단 관객은 거울 앞의 유아와는 달리, 자신이 (보고 있는) 주체인 동시에 (보여지는) 대상으로 존재한다는 것을 알고 있고, 결과적으로 이중의 동일시가 일어난다. 1차적으로 관객 자신의 지각 행위와의 동일시가 일어나고, 2차적으로는 영화 속 등장인물과의 동일시가 일어난다.

13 2017년 기준 국내의 e스포츠 구단은 14개, 선수는 167명에 불과하다. 총 예산도 200억 원을 겨우 넘겨 이전에 비해 오히려 줄어들었다. 선수들의 평균 연봉도 9770만 원에 그치는 등(문화체육관광부, 2017: 665~667) 아직 프로 야구나 축구에 비하기에는 옹색한 규모다.

구와 배구지만 정작 '관람' 운동으로 인기가 높은 종목은 야구와 농구, 미식축구이듯, 게임도 장르에 따라 참여와 관람이 점차 분리될 가능성도 있다. 이른바 블록버스터 온라인 게임은 '보는 즐거움'의 비중이 커지는 대신 모바일 기기를 이용한 소규모 네트워크 게임이나 퍼즐 게임 등은 '하는 즐거움'으로 남을 수 있다는 것이다. 이제 '게임을 즐기는 사람'이 뜻하는 바는 게임 '플레이어'와 게임 '관객'의 두 의미를 모두 포괄하는 것으로 바뀌었고, 결과적으로 '즐긴다'의 의미도 복잡다단해졌다.[14]

게임의 기술: '확률형 아이템'과 '노가다'

게임 플레이는 분명 즐거움을 추구하는 행위지만, 게임을 바라보는 시각이 모두 긍정적인 것은 아니다. 게임을 하지 않는 사람들은 게임의 중독성이나 폭력, 선정성, 비교육성 등을 지적하지만, 게임을 좋아하고 즐기는 사람들도 불만은 많다. 게이머들이 우리나라 게임을 이야기할 때 '확률형 아이템'이나 '노가다' 같은 단어가 빈번하게 등장한다. '현질,' '자동 사냥,' '반복 퀘스트,' '캐시템' 같은 부정적 함의의 표현도 보편적이다. 이들 단어가 가진 공통적인 메시지는 단순하다. 상당한 '돈'과 '시간'을 투자하고 웬만큼 '운'이 따라 줘야 게임 세계의 목표를 달성할 수 있다는 것이다. 게임의 기술은 비상한 전략이나 손재주만으로는 안 된다.

산업이나 정책 측면에서 볼 때 '확률형 아이템'은 2018년 현재 뜨거운 논란거리다. 확률형 아이템이란 비용(게임 머니 또는 게임 포인트)을 들여 획

14 인터넷 1인 방송을 통한 게임 중계 시청을 '순수한' 관람으로 보기는 어렵다. 극장에서의 영화 관람과는 달리 1인 방송에서는 시청하면서 크리에이터와는 물론 다른 시청자들과도 끊임없이 대화를 할 수 있기 때문이다. 이 같은 '소셜 시청'의 문화적 의미에 대해서는 별도의 고민이 필요하다. 게임 텍스트나 게임 세계에 '참여'하는 것은 아니지만 개인 바깥의 세계와 '상호 작용'할 수 있다는 점은 다른 차원의 '즐거움'이기 때문이다.

득한 다양한 아이템을 확률에 따라 랜덤으로 제공하는 아이템으로, '캡슐형 아이템'이라고도 불린다. 북미와 유럽에서는 '루트 박스loot box'라 불리지만, 돈을 주고 구입을 해야 하는 경우는 많지 않다.[15] 확률형 아이템은 특히 우리나라의 모바일 게임에서 쉽게 발견되는데, 대다수 게임사들의 주요 수익 창출원이기도 하다. 과도한 과금 유도라는 이유로 규제 법안이 발의되기도 했다. 사행성 문제나 자율 규제의 한계 등 정책적 이슈를 일단 논외로 한다면, 질문의 초점은 "왜 확률형 아이템인가?"로 옮겨져야 한다.

글머리에 게임 문화 논의를 시작하는 개념으로 하위징아의 '호모 루덴스'를 언급했지만, 사회학자 거다 리스Gerda Reith(2002/2006)는 '호모 알레아투스Homo Aleatus' 개념을 강조한 바 있다. 우연을 가지고 유희하는 인간이라는 뜻이다. 그녀는 인간의 역사에서 우연이라는 개념이 얼마만큼이나 중요한 역할을 해 왔는가를 조망하며, 그것이 인간의 본성과 뗄 수 없는 것임을 이야기한다. '알레아Alea'는 라틴어로 주사위 놀이를 의미하는데, 플레이어 영향력을 행사할 수 없는 결정에 기초하는 놀이를 지칭하기 위해 카유아(Caillois, 1958/2001)가 차용한 단어이기도 하다. 슬롯머신이나 로또는 전형적인 알레아다. 그런데 스포츠를 포함한 모든 놀이는 대개 알레아적 요소를 조금이라도 가지고 있다. 실력이 출중한 투수로부터 점수를 뺏기는 쉽지 않지만, 가끔 빗맞은 안타가 연달아 나오면서 행운의 승리를 거두기도 한다. 카유아의 분류를 따르자면, 실력(경쟁)은 아곤Agon

15 최근에는 유럽과 북미권에서도 현금 결제를 유도한 뒤 상자에서 특정 아이템을 확률로 뽑는 옵션이 늘어났고, 이에 대응하여 '루트 박스'를 법적으로 제재하려는 움직임이 생겨났다. 특히 소액 결제 옵션과 루트 박스를 장착한 EA의 '스타워즈 배틀 프론트 2'가 논란의 중심에 섰다. 이를 일종의 도박으로 간주해 금지시켜야 한다는 주장부터 도박과는 본질적으로 다르다는 주장까지 논쟁의 스펙트럼은 넓다(《노컷뉴스》, "미·유럽 '확률형 아이템은 도박' … 게임업계 화들짝," 2017. 11. 24. http://www.nocutnews.co.kr/news/4882525).

카유아의 놀이론

카유아는 놀이의 형태를 크게 네 가지로 분류하였다. 경쟁과 승리를 통해 즐거움을 획득하는 놀이인 아곤, 운에 의존하여 승리나 이익을 취할 수 있는 알레아, 환상성을 기반으로 한 모의(모방)라는 의미의 미미크리Mimicry, 그리고 일종의 현기증을 수반하는 패닉 상태인 일링크스Ilinx다.

가장 보편적인 놀이 유형인 아곤과 알레아는 현실에 없는 조건을 인위적으로 만들어 내어 놀이의 기반으로 삼는다는 공통점이 있다. 반면 '세계'를 바꾸는 것이 아니라 '자신'을 바꿈으로서(즉 현실 세계로부터 벗어나게 해 줌으로써) 즐거움을 얻는 게임 요인이 미미크리와 일링크스다. 가면 놀이와도 같은 미미크리는 놀이하는 자가 자신의 인격을 일시적으로 잊고 다른 인격을 가장하게 된다. 즉 자기가 아닌 다른 존재라고 스스로 믿거나 타인에게 믿게 하면서 즐거움을 얻는다. 아바타가 존재하는 RPG류의 게임에서 플레이어는 종종 아바타와 동일시하며 게임을 즐기곤 한다.

일링크스는 현기증의 추구를 기초로 하는 놀이를 지칭한다. 일시적으로 지각의 안정을 파괴하고 일종의 기분 좋은 패닉 상태를 일으키려는 시도의 결과다. 팽이 놀이나 번지점프와 같은 놀이를 연상할 수 있다. 카유아는 일링크스가 성인의 몸을 마비시킬 정도의 격렬함과 난폭함을 제공하기 위해서는 강력한 기계 장치의 발명이 필요하였고, 따라서 일링크스가 실제 놀이의 한 범주가 되기 위해서는 테크놀로지의 발달이 필요했음을 지적한다. 디지털 게임의 화려한 그래픽이나 웅장한 음향 효과도 일링크스를 유발하는 장치라 볼 수 있다.

이고, 운은 알레아이며, 모든 놀이는 대체로 이 두 요소가 적당한 비율로 조합되어 있다.

아곤은 단순한 경쟁이라는 의미보다는 '공정한 기회가 보장된 경쟁'이라는 의미로 파악해야 한다. 아곤의 실천은 부지런한 노력과 연습, 성취를 향한 열정과 의지 등을 기반으로 한다. 자신의 능력에만 의지해야 하고, 환경적인 한계는 모든 참가자들에게 동등해야 한다. 하지만 완벽한 아곤은 존재 불가능하다. 바둑에서 먼저 시작하는 플레이어는 유리할 수밖에 없고, 축구에서는 태양을 등진 팀이며, 레슬링에서는 덩치가 큰 사람이 유리하다. 공정함을 위해 바둑에서는 덤을 주고 축구에서는 전후반 교체를 하고 레슬링에서는 체급별 시합을 벌이지만, 완벽한 공정함은 성취할 수 없다. 완벽한 알레아도 존재하기 어려운 것은 마찬가지다. 개인 의지를 포기하고 운명에 몸을 맡기는 것이 알레아지만, '운'을 만들어가는 플레이어도 있다. "운도 실력이다"라는 말이 헛말은 아니다. 특히 게임에서는 아곤과 알레아가 혼합되어 나타나는 경우가 대부분이다.

문제는 게임의 알레아적 요소가 우리나라 게임 문화에서는 산업적 측면과 밀접하게 연관되어 있다는 점이다. 대부분의 게임 개발사는 알레아를 이윤 추구 전략으로 활용한다. 예를 들어 모바일 게임인 '모두의 마블'의 경우 정기적인 이벤트를 루트 박스 방식으로 진행하는데, 목록에는 다양한 아이템이 준비되어 있음에도 불구하고 실제로는 대부분 이른바 '꽝' 아이템이 나오다보니 '현질'을 유도하는 시스템이라는 비판을 받는다. '현질'이 싫다면 '노가다' 방식의 이벤트를 택해야 한다. 스마트폰의 보급과 함께 중장년층의 게임계 진입이 대거 늘어났는데, 비교적 경제적 여유가 있는 이들을 유혹하기 위해 사행성을 강화한 것이다. 모바일 게임의 부분 유료화를 통해 게이머 10%가 개발사 수익의 90%를 책임진다는 말이 어색하게 들리지 않을 정도로 수익 면에서 30대 이상의 헤비 유저에 대한 의존도는 크다. 개념적으로는 '우연을 가지고 유희하는 인간'일지 몰라도 현실에서는 '욕하면서도 현질하는' 이들이다. 이 어정쩡한 주체들은 어쩌다보니 게임의 본질을 왜곡시키는 존재가 되어 버렸다. 우리나라 게임 문화에서는 알레아적 요소가 과도하게 산업적 동기와 결탁했고, 그 결과 일그러진 게임 문화의 풍경을 만들어졌다는 해석이 가능하다.

게임을 둘러싼 담론: 몇 가지 쟁점들

위에서 게임/게이머가 포함된 몇 가지 '풍경'과 그 함의를 훑어보았다면, 이제 게임/게이머에 관해 사람이나 제도가 발화하는 '이야기'를 살펴보자. 다양한 사람, 사물, 현상 가운데 관리 가능한 범위를 선택하여 질문과 해답을 제공하는 작업이 '연구'이고 그 결과물이 '학술 논문'이다. 만일 게임에 관한 '모든' 학술 논문 결과들을 정리해낼 수 있다면, 게임 연구의 역사나 특성은 물론이거니와 게임 그 자체의 본질에 대해서도 이야기할 수 있을 것이다. 연구자들이 게임을 어떻게 바라보는지 알 수 있는 방법이 되기도 하지만, 동시에 그 시대와 사회가 중시하는 게임 관련 쟁점이 무엇인지 추론할 수 있는 방법이기도 하다. 학술 담론만 있는 것은 아니다. 게임에 대한 언론 보도를 검토하는 것도 또 다른 방법이 될 수 있다. 언론은 종종 학술 연구 결과를 (선택적으로나마) 대중에게 전달하는 역할을 수행하기도 한다. 미디어 담론이 항상 그 시대 문화상을 대변하는 것은 아니라할지라도 최소한 거시적 특성이나 시대적 변화를 시사하긴 한다. 예를 들어 우리나라 언론의 게임 보도 프레임을 분석한 서성은·연준명(2017)에 따르면, 게임 관련 기사 가운데 게임 '문화' 관련 기사는 3.8%에 그쳤다. 게임 '산업' 관련 기사가 가장 많았으며, '게임 중독'이나 중독의 폐해를 다룬 기사는 전체의 28%

였던 반면 게임의 순기능을 다룬 기사는 2.3%에 불과했다. 이 결과가 보여주는 것은 우리나라 언론의 특성이 아니라 게임 '문화'에 대한 보통 사람들의 무관심이다. 역설적으로, 게임 문화에 대한 이야기가 부재하는 것이 지금 우리나라 게임 문화의 현실이다. 좀 더 세분화하여 대표적인 게임 문화 '담론'을 나열해 보기로 하자.

게임과 중독

미디어 연구 학술지에서 게임의 효과에 대한 연구가 대부분인 것은 놀라운 일이 아니다. 미디어 연구 분야에서 1940년대 이후 매스 미디어의 효과를 측정하려는 연구 전통은 깊게 뿌리내려 왔으며, 특히 새로운 미디어가 등장할 때마다 학자들은 뉴 미디어가 어떤 긍정적/부정적 효과를 가져올지 질문해 왔다. 여기서는 디지털 게임이 하나의 미디어로 간주된다. 40년 전 사회 학습 이론에 기반을 둔 텔레비전 만화가 아동의 폭력성을 강화시키는지 물었듯이, 지금은 게임이 비슷한 효과를 일으키는지 질문한다. 대부분의 연구는 '폭력성' 등 부정적인 효과를 검증하거나 이를 최소화하기 위한 방법을 찾으려 하지만, 참을성이나 자신감, 갈등 해결 방식, 정체성 형성 등 게임의 긍정적 효과에 관한 연구도 진행되었다. 사실 외국에서도 게임이 노인들의 기억력과 주의력을 제고하는 데 효과가 있다는 연구 결과(Anguera et al., 2013)나 게임 플레이를 통해 신약을 개발하는 사례(Khatib et al., 2011) 등은 널리 알려져 있다. 대부분 기능성 게임의 긍정적 효과에 대한 연구들이다.

연구 다수가 '대중적 인기가 높은 게임의 심리적 효과'에 주목한다는 사실은 많은 이들이 실제로 이 주제에 높은 관심을 가지고 있음을 뜻할 가능성이 높다. 게임이 떠들썩하게 보도가 되고 사람들 입에 오르내리는 경우는 대부분 게임 '때문에' 강력 범죄나 엽기적 사건이 벌어졌을 (혹은 그렇다고 보도되는) 때다. 1999년 컬럼바인고등학교 총기 난사 사건 때도, 2005년 연천 GP 김 일병 총기 난사 사건 때도 사람들은 게임의 무서운 힘(효과)에 대해 이야기했다. 학술 연구는 학계 바깥의 관심사를 어느 정도 반영하며, 연구 결과는 다시 일반인들의 인식에 제한적으로나마 영향을 준다. 게임 효과 연구의 압도적 비율을 감안하건대, 보통 사람들이 게임에 대해 갖는 일차적 관심은 "게임을 오래 하면 정말 살인자나 좀비가 되는지," 혹은 반대로 "게임이 혹시 순기능을 발휘하는 부분은 없는지"에 대한 궁금증일 것이라 비유해도 크게 틀리지 않을 것이다.

'효과' 연구의 일부이기도 한 '게임 중독'에 관한 학술 담론이 큰 비중을 차지하는 것은 일견 당연하다. '중독'은 그 자체가 부정적인 함의를 가지고 있기 때문에[16] "부정적 효과에 대한 연구"라고도 볼 수 있다. 대부분의 연구가 "중독을 예방하거나 완화/치료할 수 있는 방안"을 제언하면서 마무리한다는 점에서도 그러하다. 특히 국제보건기구(WHO)가 국제 질병분류 11차 개정판(ICD-11)에 게임 중독 및 게임 장애를 정신 건강 질환으로 분류하기로 함에 따라 이에 대한 사람들의 관심은 더욱 높아졌다. 이전에도 이미 미국정신의학학회(APA)가 《정신 장애의 진단 및 통계 편람》(Diagnostic and Statistical Manual of Mental Disorders: DSM)을 펴내면서 '인터넷 게임 장애'를 비물질 관련 중독 장애의 일부로 예비 포함시킨 바 있다. "공식 장애로 편람에 포함 여부를 고려하기 전에 좀 더 임상 연구과 경험이 뒷받침되어야 하는 상태"라는 것이다.

---

16 이런 이유로 '중독' 대신 '과몰입'이라는 단어를 대신 사용하기도 한다. 몰입이라는 단어 자체는 상당히 넓은 범위에 걸쳐 느슨한 정의로 사용되고 있는 경향이 있지만, 특히 게임 분야에서의 몰입은 가상 현실로의 몰입immersion과 미하일 칙센트미하이Mihaly Csikszentmihalyi가 주창한 개념 몰입flow 두 가지 의미가 중첩 사용되어 간혹 혼동을 일으키는 경우가 있다.

그런데 게임 중독 담론은 '중독' 자체에 의문을 제기하기보다는 중독 가능성을 상수로 간주한 채 그 원인과 결과에 대한 갑론을박인 경우가 많다. 즉 게임이 술이나 담배, 마약에 비견되는 중독 물질이라는 '주장'을 진지하게 반박하지는 않는다. 그저 다른 논의의 전제로 삼을 뿐이다. '물질 중독'과 '행위 중독'을 구분하여 설명하기도 하지만 '게임 중독'을 '질병'으로 정의한 채 대증요법을 찾으려는 시도라는 점은 다르지 않다. 심리학자 브루스 알렉산더Bruce Alexander의 유명한 '쥐 공원' 실험(Alexander, et al., 1981)에 따르면, 안락한 환경(쥐 공원)의 쥐는 모르핀을 탐닉하지 않았고, 심지어 모르핀 중독 상태의 쥐들도 쥐 공원에 놓여진 이후에는 모르핀을 훨씬 적게 섭취했다. 마약이 중독의 원인이 아니고 마약을 끊지 못하게 하는 환경 요소가 더 치명적이라는 점을 보여 주는 연구다. 그러나 게임 효과에 대한 국내의 논쟁에서는 그저 주변부에서만 맴도는 논리다.

2000년 이후 국내 10개의 종합 일간지 사설 40건 중 36건(90%)이 게임의 부작용이나 문제점을 지적하고 이를 방치하는 정부를 질타하는 내용이었다. 특히 '중독'에 대한 우려가 부각되었는데, "인터넷 게임 중독의 심각성," "게임 중독의 비극," "죽음 부른 게임 중독, 범정부적 대책 필요하다," "묻지마 살인 부르는 게임 중독," "게임 중독 방지 업계부터 적극 나서라," "게임 회사, 게임 중독으로 망친 청소년 못 본 체할 건가," "청소년 게임 지옥, 업계의 사회적 책무 따져야," "게임 중독 막아야 창조 경제도 살아난다," "청소년 도박 게임 중독은 방치하겠다는 것인가" 등의 사설 제목들은 게임에 대한 국내 언론사들의 시각, 나아가 게임에 대한 사회 전반의 시각을 짐작케 한다.

결론적으로, 한국의 게임 중독에 관한 담론의 핵심은 "중독의 진짜 원인/결과는 바로 이것이다"가 아니라 "게임 중독은 매우 중요한 쟁점이다"다. 중요하니까 본질적 의문을 제기하지 않고, 중요하니까 많은 논의가 이루어진다. 그럼에도 일관되고 반복되는 분명한 결과를 찾기는 어려우며, 그 결과 효과적인 대안을 제시하는 작업도 그리 성공적이지 못하다.

문화 '콘텐츠'로서의 게임

2000년대의 디지털 게임을 50년 전의 텔레비전에 비유하는 경우가 많다. 새로이 등장한 놀이 장치에 대한 경외와 우려가 있었고, 아동이나 청소년들에게 나쁜 영향을 줄 것이라는 과학적 근거가 부족한 — 하지만 개인적 경험에 근거한 — 일반적인 믿음이 있었다는 점도 유사하다. 한동안 진지한 학문적 연구 대상으로 인정받지 못했다는 점이나, 그럼에도 교육적 목적으로 활용해 보려는 끊임없는 노력이 있었다는 점도 비슷하다. 여기에 하나 더 추가하자면, 둘 다 아주 인기 있는 대중문화 '텍스트'로 기능했다는 것이다. 민담이나 소설, 그리고 영화의 흐름을 잇는 '이야기꾼' 역할이다. 학자들도 이러한 면을 무시할 수 없다. 달리 표현하자면, 게임을 대중문화 '콘텐츠'[17]로 바라보는 시각이다.

'콘텐츠'로서의 게임에 관한 담론은 두 가지 다른 종류로 구분된다. 하나는 '서사로서의 게임'이다. 게임 연구의 중요한 연구 전통 중 하나인 '내러톨로지'학파는 게임을 하나의 텍스트로 간주하는 바, '텍스트로서의 게임 콘텐츠'에 관한 담론이 존재한다. 다른 하나는 '문화 상품으로서의 게임'이다. 영화 한 편이 자동차 100만 대 판매만큼의 수익을 얻을 수 있는 시대다. 연구자들은 물론 보통 사람들도 이제 잘 만든 문화 상품 하나가 얼마나 막강한 경제적 효과를 가져오는지 잘 알고 있다. 언뜻 보면 긴밀한 관계가 없어 보이는 이 두 시각은 사실상 게임을 인간과 독립적으로

---

17 '콘텐츠'라는 단어가 영어권에서는 사용되지 않는 엉터리 단어라는 비판이 있고 그 비판에 일견 동의하지만, 이미 외래어처럼 정착한 단어라는 현실을 감안하여 그대로 사용한다.

존재하는 '게임물'로 본다는 점에서 일치한다. 게임을 플레이하는 이용자와는 무관하게 객관적으로 존재하는 게임 텍스트, 그리고 소비자의 선택을 기다리는 단순한 상품으로 존재하는 게임 콘텐츠의 측면을 주시하는 것이다.

학술적인 연구 가운데 게임 텍스트는 "특정 스토리를 담고 있는 이야기물이면서 플레이어의 참여가 필요한 상호 작용적 내러티브"라는 점을 밝히거나 게임 텍스트가 가진 원심적/구심적 원리를 규명하는 등의 게임 서사 연구들이 적지 않다. 조금 범위를 넓히자면, 기존의 서사 구조와는 차별적인 '디지털 스토리텔링'의 특성[18]에 대한 연구들, 게임의 장르 연구, 게임 미학에 대한 연구들도 포함될 수 있다. 그런데 2009년 이후에는 게임 텍스트의 서사 분석 연구가 거의 등장하지 않는다. 게임 문화연구에서 내러톨로지 전통이 약화된 결과이기도 하지만, 게임의 핵심은 '플레이'이지 '텍스트'가 아니라는 일반적 정서가 반영된 탓이라 추정한다.[19] 게임 텍스트는 소설이나 영화처럼 단일한 층위로 구성되어 있는 것이 아니라 객관적 텍스트, 게임 세계, 게임 텍스트의 맥락이라는 중층적 구조로 이루

---

18 이인화(2003)에 따르면, 디지털 스토리텔링은 "서사와 그림과 동영상을 통합한 기존의 전통적인 스토리텔링에 다시 컴퓨터 통신 기술을 이용한 상호작용성이 통합"된 것이다. 그 결과 디지털 스토리텔링에서는 "이야기를 정교하게 구성하고 싶은 작가의 욕망과 이야기를 자기 식대로 상상하고 변형하고 싶은 독자의 욕망이 이론적으로 완벽하게 조화될 수 있다." 디지털 스토리텔링에 관한 연구는 류철균(이인화), 최혜실, 전경란, 이재홍 등 소수 연구자들에 의해 주도되었다.

19 반면 게임의 개발 및 제작에 관한 연구가 대다수인 〈한국게임학회논문지〉에는 아직도 '내러티브'나 '스토리텔링'을 강조하는 게임 연구가 종종 등장하는데, 이는 게임의 기획 단계에서 어떻게 '스토리'의 효과를 극대화할 것인가에 대한 실질적 연구들이다. '스토리텔링 개선 방안,' '트랜스미디어 스토리텔링 전략,' '기능성 게임 활성화를 위한 스토리텔링 방향 모색' 등이다.

어져 있기 때문에(윤태진, 2007: 112) 기존의 '텍스트 읽기' 방식을 단순 적용하는 것은 불가능하고 무의미한 작업이 된다.

문화 '상품'으로서의 게임을 연구하는 경제·경영학적 연구나 (사회 문화면이 아닌) 산업·경제면 신문 기사 등은 게임을 그저 자동차나 반도체와 다를 바 없는 하나의 (수출) 상품처럼 간주하곤 한다. 게임 플랫폼 간의 경쟁을 적소 이론으로 설명하는 연구나 게임 상품의 네트워크 효과를 분석하는 등의 연구 등이 발표되고, 과금 방식이나 신제품 가격 결정 연구, 소비자 충성도, 재구매 행위 결정 요인 연구, 중국 시장 현황 소개 등 업계 현장에 실질적인 도움을 줄 수 있는 정보들이 교환된다. 이 범주의 게임 담론은 시간이 흐르면서 분명한 증가 추세를 보이고 있다. 흥미로운 점은, '수출 상품'으로서의 게임과 '미래 산업'으로서의 게임 산업을 이야기할 때는 '중독'이나 '폭력성'과는 무관하다는 듯 중립적 물건으로 간주된다는 점이다. 게임은 경제적 가치와 문화적 무용함과 사회적 위협 사이에서 정의되고 활용되는 셈이다.

반복하지만, '게임 텍스트/내러티브에 대한 이야기'와 '게임이라는 상품에 대한 이야기'는 모두 '인간'이 배제되어 있다는 공통점을 갖는다. 게이머 조작이 이루어지기 전의 객관적 게임 텍스트가 과연 어떤 문화적 의미를 갖는가? 게임을 가치 중립적인 소비재 정도로 간주하는 것은 온당한가? 게임은 인간의 개입을 통해 완성되는 반제품이다. 인간이 배제된 채 이야기되는 게임에서 게임 문화를 논하는 것은 불가능하다.

게임의 일상성과 즐거움

게임을 즐기는 '인간'에 대한 연구는 루돌로지Ludology의 전통을 계승한다. 놀이와 즐거움에 주목한다. 게이머들의 행위를 관찰하고 그들의 말을 경청하여 의미를 찾고자 한다. 그렇게 많은 사람들이 갑자기 게임 하나에

푹 빠져 일상생활의 패턴이 바뀔 정도라면, 왜 게임을 하는지, 어디서 즐거움을 얻는지, 그래서 어떤 변화가 생겼는지, 그 의미는 무엇인지 묻는 것이 당연하다. '스타크래프트'나 '리니지'만이 아니라 2009년 '애니팡'이나 2016년 '포켓몬 고' 열풍도 마찬가지다.[20] 그러나 우리나라 학술 담론에서 게이머에 대한 '인간 연구' 사례는 너무나 희소하다. 미디어 관련 학술지에 국한하여 검색한 결과, 18년 동안 발간된 학술지 14종을 통틀어 게임하는 인간에 대한 연구 논문은 다섯 편에 그쳤다. 그나마 이 중 네 편은 '젠더'를 핵심어로 하는 여성학 관련 연구들이었다. 게임의 '놀이학,' 혹은 '게임 문화연구' 분야에서 축적된 연구 결과들이 얼마나 빈약한지 가늠할 수 있는 자료다.

반면 언론은 게이머에 대한 관심이 많다. 문제는 언론이 주목하는 게이머는 '비정상적' 인간인 경우가 대부분이라는 점이다. 예를 들어 어떤 특정 흉악범이 평균인에 비해 게임 플레이 시간이 많다는 사실은 지적하면서 평균인에 비해 경제적으로 곤궁하다거나 술을 많이 마시는 사실은 별로 언급하지 않는다. 대신 범죄자 개인의 (사회 규범에 어긋나는) '비정상성,' 혹은 '부적응'이 강조된다. 범죄자는 (헤비) 게이머로 정의되는 동시에 '비정상'으로 주변화되는 것이다. 전형적인 논리 사슬은 (1) 이들은 사회/학교에 제대로 적응하지 못한 사람들이고, (2) 게임에 빠져 있다는 사실은 이들이 사회 부적응자라는 증거이고, (3) 비정상적 인간이었기에 엄청난 사건을 저질렀다는 순서다(윤태진, 2013). 예를 들어 이웃 주민을 별다른 이유 없이 흉기로 찔러 살해한 청년에 관한 기사는 범죄자 박 씨를 "서울 강남 지역의 한 고등학교를 졸업한 뒤 미국의 유명 주립대로 유학을 갔지

---

20 애니팡은 '국민 게임'으로까지 불리며 성·세대의 초월하여 게임 인구 확대에 크게 기여했던 게임이지만, 정작 이 게임이나 게이머들에 대한 학술적 연구는 거의 찾기 어렵다.

루돌로지

루돌로지는 게임 연구를 지칭하기 위해 곤잘로 프라스카Gonzalo Frasca(1999)가 제안한 용어이며, 그 어원은 라틴어로 '게임game'을 가리키는 '루두스ludus'다. 이전까지 게임 연구의 지배적 흐름이었던 내러톨로지적인 접근에 대한 우려에서 시작된 작업이기도 하다. 올셋Aarseth, 율Juul 등으로 대표되는 루돌로지스트가 주장하는 게임의 본질이란 '놀이'라는 루두스이며, 이들은 일관되게 게임이 재현representation을 위한 미디어가 아닌 모사simulation의 미디어라는 것과 배경 이야기backstory나 설정이 아닌 규칙rule이 게임의 정체성을 결정하는 것임을 주장한다. 다양한 학문 분야에서 파편적으로 진행되어 온 게임 연구를 하나의 독립된 연구 분야로 정립하려는 바람도 있었다.

프라스카가 루돌로지라는 개념을 도입했던 것은 내러톨로지를 대체하기 위해서가 아니라, 내러톨로지적인 시각이 게임의 본질을 이해하는 데 한계가 있기 때문에 그러한 한계를 '보완'하기 위한 것이었다. 루돌로지가 반反내러톨로지처럼 인식되면서 게임 연구는 1990년대 말부터 2000년대 초반까지 '루돌로지 대 내러톨로지'라는 이분법적인 구도로서 진행됐는데, 2003년 프라스카가 "Ludologists love stories, too: notes from a debate that never took place"라는 논문을 통해 루돌로지가 결코 게임에서 내러티브를 배격하는 학문이 아님을 강조하고 그간의 논쟁들을 정리함으로써 양자 대결 구도에서 벗어나게 된다.

루돌로지의 학문적 공헌은 그 이전까지 심리학이나 사회학 등의 분야에서 효과 연구에 치중되어 있던 게임 연구를 미디어 자체에 대한 연구로 방향 전환하는 중요한 계기를 마련했다는 것이다. 루돌로지라는 개념이 소개된 1990년대 말을 필두로 하여 게임 자체에 대한 연구를 위한 국제적인 학회와 저널 등이 등장하기 시작하였다. 또한 상대적으로 게임 플레이 경험이 적었던 이전의 게임 연구 관련 학자들이 아닌, 어렸을 적부터 게임과 밀접하게 자라온 새로운 세대들이 발을 들여놓을 수 있는 영역으로서 보다 실천적이고 구체적인 연구가 이루어질 수 있는 가능성을 제시하고 있기도 하다.

만 현지 생활에 적응하지 못하고 지난해 7월 학교를 그만둔 뒤 귀국했다. 이후 박씨는 1년 6개월 동안 담배를 사러 나올 때를 제외하곤 집 안에서 생활했으며, 이 기간에 주로 컴퓨터·비디오 게임 등을 하며 혼자 지낸" 것으로 조사됐다고 밝힌다(《한겨레신문》, 2010. 12. 17).

결과적으로, '게임하는 보통 사람들에 대한 관심'의 부재를 통해 유추할 수 있는 게임 문화의 단면은 '일상적 게임 플레이에 대한 무관심'이다. 사람들은 게임에 빠진 누군가가 패륜적 범죄를 저질러서 포탈의 톱기사로 뜰 때, 혹은 내 지인의 아이가 게임에 빠져 성적이 확 떨어졌을 때야 비로소 '게임하는 인간'에 대한 관심을 갖기 시작하는 경향이 있다. 스타크래프트를 통해 친구들 간의 집단 정서를 공유하고 소속감과 정체성을 확인한다거나 포켓몬 고를 통해 현실과 가상 세계의 넘나듦을 즐기고 미지 공간의 개척을 통한 성취감을 느낀다는 방식의 설명은 소수 저널리스틱한 주석에 그친다.

따라서 사람들이 게임을 하는 이유나 게임으로부터 얻는 즐거움의 의미를 비교적 명료하게 말하는 것은 어려운 작업일 수도 있다. 보통 사람들의 관심도 크지 않고, 연구자들도 기자들도 크게 주목하지 않기 때문일 것이다. 담론의 부재 자체가 게임 문화의 쟁점이 된다.

나가며: 인간, 놀이, 그리고 '게임 문화'

'게임 문화'가 (디지털) 게임과 관련된 다양한 문화 현상을 지칭하는 단어라지만 여전히 개념적으로 막연하고 모호하다. 예를 들어 현재 우리나라의 '텔레비전 문화'를 20장 정도의 글이나 두어 시간의 강연으로 요약해서 설명할 수 있을까? '자동차 문화'나 '대학 문화'에 대해 질문해도 마찬가지다. '청소년들의 PC방 문화'나 '모바일 캐주얼 게임을 즐기는 중년들,' 혹은 'VR 게임의 미학적 특성'을 이야기할 수는 있어도 모든 사례를 뭉뚱그려 '게임 문화'를 논하기는 쉽지 않다.

대신 이 장에서는 게임/게이머에 관한 '풍경' 몇 가지와 '쟁점' 몇 가지를 제시함으로써 우리나라 게임 문화의 윤곽을 그려보고자 했다. 비유를 하자면, 40여 년 전 누군가가 '텔레비전'이라는 단어를 던졌다면 사람들은 좁은 거실에 가족 3대가 옹기종기 모여 함께 일일 드라마를 시청하는 모습을 떠올렸을 것이다. 더 이상 유효하지 않은 풍경이다. '게임'의 풍경이란 어떤 것인가? 여전히 PC방에 모여 떠드는 청소년들을 떠올릴 수도 있고 지하철에 앉아 이어폰을 낀 채 풍선을 터뜨리는 50대 여성을 떠올릴 수도 있다. 진부하게 이름붙이자면 '집단적' 게임 문화와 '개인적' 게임 문화다. PC방이나 스마트폰만 생각나는 것은 아니다. e스포츠와 인터넷 1인 방송의 게임 중계도 이제 지배적인 게임 문화의 일부가 되었다. '참여'를 통한 생산의 즐거움이 '관람'을 통한 동일시의 즐거움으로 확장됨을 목격할 수 있다. 또 다른 풍경 하나는 확률형 아이템에 매달려 '현질'하는 30대 이상의 게이머들이다. 어쩌면 사소할 수도 있는 이 변화에서 우리는 호모 알레아투스를 떠올릴 수 있고 사행성 이슈를 논할 수 있다. 이 글에 포함되지는 않았으나 현재 한국 사회에서 발견할 수 있는 게임의 대표적인 풍경들은 더 있을 것이다. 예를 들어, 최근 몇 년 사이에 '젠더'는 게임 문화의 정경에서 가장 중요한 부분 중 하나가 되었다. 선정적인 여성 캐릭터에 환호하고 온라인 속 여성 게이머를 '이지매'하는 일군의 여성 혐오 게이머들의 모습은 낯선 '풍경'이 아니다.

게임/게이머의 풍경은 학술적 논의나 미디어의 재현을 통해 게임 문화 담론으로 모양새를 갖추게 된다. 게임 담론에는 게임에 대한 시대적/사회적 정의가 녹아 있고 게임을 바라보는 시각이 숨어 있다. 몇 가지 '쟁점'들을 나열, 정리하는 것은 이 쟁점 자체가 지금 여기의 게임 문화를 상당 부분 보여 주기 때문이다. 아마도 가장 보편적이고 대표적인 쟁점은 '중독'일 것이다. 하지만 수많은 연구 논문이나 관련 기사들이 정작 이야기하는 것은 '중독이 중요한 쟁점이라'는 동어 반복적 메시지다. 다른 시각에서, 게임을 인간의 사고나 행위와 독립된 객관적 서사이자 상품으로 간주하는 경향을 발견할 수도 있다. 게임이 '상품'으로 정의되는 경우에는 갑자기 '중독'이나 '폭력성'과 무관해진다. 마지막으로, 게임 담론에서는 '게임하는 보통 사람들에 대한 관심'이 부재하다. 미디어를 통해 '비정상'적인 헤비 게이머가 종종 부각될 뿐이다. 역설적이지만, 쟁점이 되지 않는다는 사실이 중요한 쟁점이고, 이 사실이 곧 게임 문화의 선명한 단면이다.

게임과 관련된 인문 사회 분야의 연구 논문 272편을 분석한 한 연구자는 "(그동안의 게임) 연구 성과의 규모는 크지 않았"으며, "게임 자체와 게임하기 등 게임 현상 그 자체를 탐구하기보다는 게임의 영향 및 그와 관련된 사회적 통제 문제에 대한 연구가 많이 이루어졌"고, "국내 게임 연구는 이론화 및 체계화를 위해 보다 적극적인 연구 관심이 요구되는 분야"라고 결론지은 바 있다(전경란, 2010: 127). 이 글의 결론도 크게 다르지 않다. 게임 담론의 장에서는 효과에 대한 이야기가 압도적으로 많은 반면 게임하는 인간에 대한 탐구는 매우 제한적이었다. 다시 말해, 사람들은 게임을 즐기기보다는 그 부정적 효과를 두려워하거나 우려한다. 혹은, 가끔씩 그 긍정적 효과를 기대하거나 추구한다. 가장 전형적인 장면을 떠올린다면, 친구들과 게임을 즐기는 중학생 아이를 바라보는 부모의 시선일 것이다. 게임을 즐기는 주체는 아이이고, 공포나 우려의 주체는 (게임을 하지 않는) 부모다. 정작 게임의 주체는 사라지고 그 주위의 누군가(언론, 학부모 단체, 정책 입안자 등)가 절절하고 큰 목소리로 게임에 대한 우려/비판/계몽의 메시지를 던지는 모습. 이것이 이 모습이 '지배적' 풍경임을 부인하기 어렵다.

글의 모두에서, 현대 사회의 인간과 문화를 이해하기 위해서는 "누가 왜 어떻게 노는가?"를 주의 깊게 관찰해야 하며, 이 과정에서 게임은 매우 중요한 관찰 대상이라고 밝힌 바 있다. 게임 문화를 진단하는 작업은 게임을 통해 문화를 진단하는 작업이 되어야 한다고도 했다. 용이한 작업은 아니다. 한국의 게임 문화 자체가 아직 너무 척박하다는 것이 결론이기도 하기 때문이다. 호모 루덴스의 시대는 도래하지 않았다. 여전히 '놀이'는 무가치하고 비생산적인 것이며, 놀이의 주체는 주체로 인정하지 않는다. 게임이 교육적 성취를 방해한다고 비판하고, 게임이 교육적 도구로 활용될 수 있는 방안에 골몰한다. 그러면서도 게임에서조차 상품과 이윤, 시장, 수출, 국익은 여전히 중요한 개념으로 작동한다. 이 같은 게임 문화가 가까운 미래에 바뀔 수 있을지 여부는 쉽게 알 수도 없지만, 게임 문화에 대한 '연구'가 지향해야 하는 방향에 대해서는 말할 수 있다. 우선 게임이 많은 사람들의 자연스런 일상으로 편입된 현실을 인정해야 하고, 소소한 문화상의 변화에도 민감해야 할 문화연구(자)의 직무를 다해야 한다. 지금의 게임 연구가 가진 한계와 편향성, 문제점들을 간파해야 하고, 게임하는 '인간'에 대한 연구에 힘을 쏟아야 한다. 그래서 제대로 된 '놀이 연구'의 확립을 향해 조금씩 나아가야 할 것이다.

참고 문헌

김중태 (2009). 《대한민국 IT史 100》. e비즈북스.
김창배 (1999). 《21C 게임 패러다임》. 지원미디어.
남영 (2009). 〈한국 게임 산업의 형성 — PC게임의 기원에서 온라인 게임 산업의 정착까지, 1992~2008〉. 중앙대학교 대학원 과학문화학과 박사 학위 논문.

문화체육관광부 한국콘텐츠진흥원 (2017). 《2017 대한민국 게임백서》. 한국콘텐츠진흥원.

박상우 (2002). "스펙터클로서의 게임과 환타지의 경험," 〈디자인문화비평〉, 6, pp.52~65.

서성은 · 연준명 (2017). "한국 언론의 게임 보도 프레임 분석, 〈한국게임학회논문지〉, 17(6), pp.89~102.

윤태진 (2007). "텍스트로서의 게임, 참여자로서의 게이머," 〈언론과 사회〉, 15, pp.96~130.

윤태진 (2013). "게임포비아에 대한 미디어 담론의 구성과 내용," 강신규 외, 《게임포비아》, 커뮤니케이션북스, pp.94~125.

윤태진 · 나보라 (2011). "한국 디지털 게임의 역사: 문화적 의미를 중심으로," 한국언론학회 엮음, 《한국 사회의 디지털 미디어와 문화》, 커뮤니케이션북스, pp.320~366.

이인화 (2003). "디지털 스토리텔링 창작론," 이인화 외, 《디지털 스토리텔링》, 황금가지, pp.12~33.

전경란 (2010). "게임연구에 대한 메타분석: 인문 · 사회분야 학술지에 게재된 게임연구논문을 중심으로," 〈사이버커뮤니케이션학보〉, 27(3), pp.127~176.

허준석 (2008). "오래된 기억 | 전자오락실의 미친 열정은 온라인에서도 지속되는가," 박해천 외, 《한국의 디자인 02: 시각문화의 내밀한 연대기》, 디플.

Alexander, B. K., Beyerstein, B. L., Hadaway, P. F., & Coambs, R. B. (1981). "Effect of Early and Later Colony Housing on Oral Ingestion of Morphine in Rats," *Pharmacology Biochemistry & Behavior*, vol. 15, pp.571~576.

Anguera, J. A., et al. (2013). "Video game training enhances cognitive control in older adults," *Nature* 501 (published online 04 September 2013), pp.97~101.

Caillois, R. (1958/2001). *Les jeus st les hommes*, Paris: Librairie Gallimard, tran. by Meyer Barash, *Man, play, and games*, Urbana and Chicago, IL: University of Illinois Press.

Ducheneaut, N., Yee, N., Nickell, E., & Moore, R. J. (2006). "Alone Together?: Exploring the social dynamics of massively multiplayer online games," *Proceedings of the SIGCHI Conference on Human Factors in Computing Systems*, New York: ACM, pp.407~416.

Frasca, G. (1999). Ludology meets narratology: Similitude and difference between (video) games and narrative, Available: www.ludology.org/articles/ludology.htm.

Heuizinga, J. (1938/2010). *Homo Ludens: a study of the play element in culture*, Reinbek: Rowohlt. [이종인 옮김. 《호모 루덴스: 놀이하는 인간》. 연암서가].

Khatib, F., et al. (2011). "Crystal structure of a monomeric retroviral protease solved by protein folding game players," *Nature Structural & Molecular Biology*, vol.18, pp.1175~1177.

Metz, C. (1986). *The Imaginary Signifier: Psychoanalysis and the Cinema*, trans by A. Williams & C. Britton, Bloomington, IN : Indiana University Press.

Reith, G. (2002/2006). *The Age of Chance: gambling in western culture.* [김영선 옮김.《도박 — 로마제국에서 라스베가스까지, 우연과 확률 그리고 기회의 역사》. 꿈엔들].

Taylor, T. L. (2006) *Play between Worlds: Exploring Online Game Culture.* Cambridge, MA: MIT Press.

Yoon, Tae-Jin, Lee, Seulhi, & Kwon, Minseok (2007). Enjoying the Game: Walking out of home to e-sport stadiums. paper presented at Annual Conference of DiGRA, Tokyo, Japan.

2부

대중문화산업의 상징경제

국내 연예 산업의 사례를 중심으로

이상길

7

#연예인 #스타 #연예산업

#연예매니지먼트사 #상징경제 #상징자본

#매력자본 #연예자본

#미디어플랫폼

이상길은 연세대학교 커뮤니케이션대학원 교수로 부르디외와 푸코를 중심으로 프랑스 사회이론에 관심을 기울이는 한편, 한국의 미디어 문화에 대한 다양한 연구를 하고 있다. 연세대학교 신문방송학과 및 같은 학과 대학원을 졸업한 뒤 파리5대학교에서 사회학 박사 학위를 받았으며, 파리1대학교에서 철학과 DEA 과정을 수료했다. 책으로는 《아틀라스의 발 — 포스트식민 상황에서 부르디외 읽기》, 《커뮤니케이션학의 확장》(공저), 《근대 한국의 일상생활과 미디어》(공저), 《한국의 미디어 사회문화사》(공저) 등이 있으며, 옮긴 책으로 《성찰적 사회학으로의 초대》, 《헤테로토피아》, 《근대의 사회적 상상》, 《비장소》(공역) 등이 있다.

대중문화계의 몇 가지 풍경

몇 가지 간단한 질문으로부터 이야기를 시작해 보자. 하나. 드라마 출연료가 회당 6000~8000만 원 선인 배우 고현정은 〈잘 알지도 못하면서〉(홍상수/2008)에 노 개런티로 출연했고, 최근에도 〈호랑이보다 무서운 겨울손님〉(이광국/2017)에 주연으로 출연하면서 개런티를 받지 않았다. 고현정 말고도 많은 배우들이 종종 무상으로 영화에 출연해 화제를 낳는다. 예컨대, 배두나는 〈도희야〉(정주리/2014), 안성기는 〈부러진 화살〉(정지영/2011), 이나영은 〈뷰티풀 데이즈〉(윤재호/2017), 이순재는 〈덕구〉(방수인/2017)에 각각 노 개런티로 출연한 바 있다. 비슷한 맥락에서 김혜자, 정우성, 원빈 등 유명 연예인들이 무보수로 다양한 국제기구나 공익 단체의 홍보대사 역할을 맡기도 한다. 이들은 왜 그렇게 하는 것일까? 둘. 이런 우스갯소리가 한때 유행한 적이 있다. SM: "네가 뭘 좋아할지 몰라서 모두 다 준비했어." YG: "네가 뭘 좋아할지 몰라서 아무것도 준비하지 않았어." JYP: "네가 뭘 좋아할지 몰라서 날 준비했어." 이 농담은 무엇을 의미하는 것일까? 셋. 가수 매니지먼트사들로부터 방송 출연료 명목으로 거액을 상납 받은 방송사 PD의 구속 사건이 1990년, 1995년, 2002년, 2008년 등 거의 주기적으로 일어난 바 있다. 당시 가수들이 방송 출연으로 받는 사례가 수십만 원에 불과했는데도 이를 위해 엄청난 액수의 뇌물 거래가 이루어졌던 이유는 무엇일까?

신문의 사회면이나 연예면 기삿거리, 또는 SNS에서의 지나가는 잡담 소재 정도로 여겨질 법한 이 이야기들은, 어떤 관점에서 보자면, 대중문화산업의 경제에 내재하는 특수성을 잘 드러내는 사례들이기도 하다. 첫 번째 이야기는 이른바 '이미지 관리' 또는 '인맥 관리'를 위해 때로 상당한 경제적 손해를 감수할 수 있는 연예인의 태도를 가리킨다. 두 번째 이야기는 기획사 간에 소속 가수와 음악 스타일에서 나타나는 의도적·비의도적 상품 차별화 경향을 암시한다. 세 번째 이야기는 방송 노출이 연예인이나 기획사에게는 단순히 출연료만으로 환산되지 않는 부수적 이익을 낳는 중요한 기회라는 점을 시사한다. 이 예화들은 모두 대중문화산업의 경제가 순전히 경제적인 이해타산의 논리만으로 움직이는 것은 아니며, 경우에 따라서는 반反경제적인, 혹은 경제 외적인 차원이 매우 의미 있게 개입한다는 사실을 알려 준다.

대중문화 부문은 자본주의 사회 내의 다양한 문화 영역들 가운데서도 특히 산업화의 정도가 매우 높으며, 따라서 자연스럽게 시장이나 산업의 이름 아래 논의되곤 한다. 그래서인지 대중문화 부문에 대한 학문적 접근의 큰 부분은 경제학과 경영학, 산업사회학 등에 바탕을 둔 산업적 분석이 장악한 상황이다. 하지만 그러한 주류적 관점은 비경제적인 요소들이 중요하게 작용하는 대중문화산업의 특수성을 포괄적이고 체계적으로 설명하기에는 일정한 한계를 보인다. 이와 같은 문제의식을 바탕으로 우리는 이 장에서 대중문화산업을 분석하는 새로운 접근 방식으로서 상징경제symbolic economy의 관점을 검토해 보고자 한다.

상징경제의 관점은 조르주 바타이유George Bataille나 장 보드리야르Jean Baudrillard 등 여러 연구자들이 제각기 고유한 논의를 제출해 왔다고 볼 수 있는데, 여기서는 특히 사회학자 피에르 부르디외Pierre Bourdieu의 논의에 초점을 맞춘다. 그는 《구별짓기*La Distinction*》, 《예술의 규칙*Les Règles de l'art*》, 《실천 이성*Raison pratique*》과 같은 여러 저작을 통해 다양한 문화 영역의 상징경제에 대한 흥미로운 분석틀을 제시한 바 있다. 그러한 분석틀은 문화 영역들이 경제적 물욕과 합리성은 물론 순수한 미적 초월의지로 환원되지 않는 고유한 논리와 이익, 규칙에 따라 움직이는 세계라는 사실을 부각시킨다. 부르디외는 주로 학계와 예술계의 사례를 통해 이러한 상징경제의 특수성을 탐구했는데, 그의 논의는 자본주의적 이윤 추구의 정언 명령이 지배하는 대중문화 부문에 대한 연구에도 나름대로 유용한 것으로 보인다. 이러한 전제 아래 이 장에서는 국내 연예 산업에 대한 구체적인 논의 속에서 그의 접근이 실제 대중문화산업의 체계적인 탐구에 어떻게 적용될 수 있으며 어떠한 새로운 통찰을 가져다줄 수 있는지 살펴보고자 한다.

하필 연예 산업을 분석 사례로 잡은 주된 이유는 우리 사회에서 그것이 갖는 경제적·사회문화적 의미와 영향력 때문이다. 연예 산업은 연예인의 활동에 기초해 경제적 가치를 창출하는 산업으로서 연예 용역의 제공과 상품 가치의 창출 및 유지에 연관된 산업으로 정의된다(김민규, 2012: 79). 이렇게 넓게 보자면, 그것은 연예 매니지먼트 분야, 연예인의 의상, 헤어, 메이크업 등 스타일 관리 분야, 연예 역량을 육성하고 홍보하는 교육, 홍보 분야, 광고 대행 분야, 그리고 연예인이 연예 역량을 제공하는 관련 콘텐츠 산업 — 방송, 영화, 음악, 애니메이션, 공연, 광고 등 — 을 망라한다. 연예 산업을 좁게 정의해 연예 매니지먼트 산업과 등치시키기도 하는데, 이 장에서 우리가 논의할 연예 산업은 바로 연예 매니지먼트 산업을 말한다. 이 산업은 연예 산업에 대한 광의의 정의가 시사하듯이, 사실 대중문화 전체의 중심축을 구성한다 해도 과언이 아니다. 방송, 영화, 음악, 공연 등 다양한 콘텐츠의 생산, 유통, 소비 현상이 대중문화를 구성한다면, 그러한 콘텐츠의 대부분은 결국 연예인 없이 아예 존립 불가능하기 때문이다. 연예인은 또 문화 상품과 콘텐츠 산업뿐만 아니라 연예 저널리즘이나 SNS를 통한 다양한 정보 및 이미지 생산의 한가운데에서 대중의 일상 문화에 광범위한 영향력을 미치는 존재로 자리 잡은 지 오래다.

결국 대중문화 전반이 연예인에 구조적으로 의존하고 있고 그러한 속성이 점점 강화되어가는 경향을 띤다면, 연예인의 양성과 관리, 활용에 밀접히 연동된 연예 매니지먼트 산업에 대한 분석은 여러 콘텐츠 산업의 특성과 구조를 이해하는 데에도 의미 있을 것이다. 통상 연예 매니지먼트 산업은 연예인과 연예 매니지먼트사의 양대 축으로 이루어지는 것으로 이야기되지만, 상징경제에서의 비중을 고려해 방송사를 위시한 미디어 플랫폼을 부가적으로 함께 다루려 한다. 우선 연예 매니지먼트 산업에서 연예인이 매니지먼트사와 별도의 독립적인 축으로 설정되는 이유는 여러 가지다. 연예 산업은 결국 연예인이 경제적 가치와 매출을 창출하는 부문이기 때문에, 그 핵심부에 연예인이 있고 특히 스타를 중심으로 내적으로 구조화되어 있다. 인지도가 높은 스타급 연예인들은 그들의 소속 여부에 따라 매니지먼트사의 성쇠가 결정될 정도로 강력한 권력을 가진다. 그들은 매니지먼트사와 계약을 맺고 소속되어 활동을 한다 해도, 단순한 고용 계약 관계 이상의, 훨씬 복잡한 (비공식적) 관계를 갖는다. 또한 인지도가 높지 않은 연예인의 경우에는 매니지먼트사에 속해 있지 않은 경우도 많은데, 그들이 전체 연예 산업에서 차지하는 비중을 무시할 수 없다(김민규, 2012: 79~80). 또 연예인이 콘텐츠의 성패에 미치는 효과가 막강한 상황에서 연예인은 콘텐츠 산업의 성장에도 직접적인 영향력을 행사한다. 물론 이는 일방적인 과정은 아니다. 즉 연예인 역시 콘텐츠 산업에서의 성공에 의해 그 경제적·상징적 가치가 크게 영향 받는 존재이기도 하다. 그 가운데 특히 방송사를 위시한 미디어 플랫폼은 연예인의 가치를 규정하는 인지도에 결정적인 권력을 행사하는 기구라는 점에서 연예 산업의 작동 메커니즘을 분석할 때 반드시 고려하지 않으면 안 되는 요소로 여겨진다.

그러므로 이 장에서는 연예인, 연예 매니지먼트사, 그리고 미디어 플랫폼의 삼각 구도 위에서 국내 연예 산업의 상징경제가 구체적으로 어떻게 움직이며 어떤 특징을 지니는지 살펴보고자 한다. 이를 위해 먼저 대중문화산업의 상징경제 분석을 위한 기본 원리와 이론적 특징은 무엇인지 살펴볼 것이다. 다음으로 국내 연예 산업을 구성하는 주요 행위자들의 실천 논리와 관계 구조를 상징경제적 관점에서 해명해 볼 것이다. 끝으로 이러한 분석에 기초해 상징경제적 접근이 갖는 이론적, 실천적 함의를 되새겨보고자 한다.

문화산업의 상징경제 분석의 기초

'경제적 경제'를 넘어서

경제인류학자 칼 폴라니Karl Polanyi는 일찍이 경제가 두 가지 독립된 의미의 복합물이라는 점을 지적한 바 있다. 그에 따르면, 실질적인 수준에서 경제는 인간의 욕구가 그 충족을 위해 물질적인 것(특히 자연 환경)에 의존하는 관계를 가리킨다. 그런데 형식적인 수준에서 그것은 욕구 충족이라는 목적과 물질적 수단 관계의 논리, 특히 재화의 희소성 및 이용 가능성의 극대화라는 문제로 환원된다. 폴라니는 경제에 대한 형식적 정의가 시장 제도의 일반화라는 역사적 현상과 맞물려 있다는 점을 지적하며, 그러한 정의가 실질적인 경제를 제대로 사유하기 어렵게 만든다고 비판한다(Polanyi, 1977/1998: 1, 2장).

부르디외 역시 유사한 문제의식 아래 경제의 두 가지 의미를 구분한다. 좁은 의미의 경제는 주류 경제학 이론들이 제공하는 관념으로, '자원의 효율적 배분,' '상호 이익의 교환'과 같은 상을 제공한다. 폴라니가 말한 형식적 정의에 상응하는 이 개념은 근대 자본주의 경제의 발전, 특히 경제 장의 역사적 구성과 더불어 나타난 것이다(Bourdieu, 2000; Taylor, 2004/2010: 5장 참조). 부르디외가 보기에, 자본주의화는 다양한 사회 영역들(부르디외의 용어로는 장)의 분화와 함께 이루어진 과정인데, 이는 상대적 자율성을 지니는 경제 장을 발생시켰다.[21] 자본주의 사회에서는 경제 장뿐만 아니라, 문학, 미술, 음악, 과학 등 여러 문화 생산 장 또한 출현한다. 흥미로운 점은 이러한 장들의 분화가 한편으로 경제적 계산과 자기 이익의 추구, 금전적 물욕 등이 지배하는 '경제 장의 세속적 논리'와 순수한 초월 의지, 진선미 등에 대한 이상적 헌신, 무사무욕 등이 지배하는 '문화 생산 장의 신성한 논리' 사이의 대립 구도를 가져왔다는 것이다. 그런데 이는 일종의 적대적 공생 구조이기도 하다. 즉 자본주의 사회는 경제를 좁은 의미의 경제적 논리 안에 가두는 한편, 문화를 그러한 논리의 외부에 있는 창조, 자유, 순수성, 초월의 영역으로 신비화한다. 그 결과, 경제와는 별

21 경제 장에 대한 부르디외의 분석은 모든 경제 행위 속에 사회 세계가 현존한다는 전제에서 출발한다. 부르디외는 그로부터 경제 장(거시 경제적 관점)과 경제적 성향 체계(미시 경제적 관점)의 역사적 발생 및 사회적 배태성embeddedness이라는 명제를 발전시킨다. 경제 장은 가족의 재생산을 위한 가정 경제, 그리고 사법 장, 국가 장에 대해 역사 속에서 점진적으로 이루어진 상대적 자율화 과정의 산물이다. 경제적 성향 체계 또한 통일된 경제 장 내에서 관철되는 경제적 규칙과 가치를 내면화한 소산이다. 이러한 시각에서 부르디외는 좁은 의미의 경제를 자본들의 분포에 따라 이루어지는 경제 장과 경제적 성향 체계 사이의 조정의 결과로 이해한다(Bourdieu, 2000: 13~17).

개의 '고상한' 공간으로 나타나는 문화는 그 존재 자체로 일종의 이데올로기적 효과를 생산한다는 것이다.

이러한 시각에서 부르디외는 '경제적 경제'가 결코 인간 본성의 자연적이고 보편적인 법칙이 작용하는 독립된 공간이 아니라는 점, 그리고 '상징적 경제' 또한 고유한 사회경제적 가능 조건들을 가진다는 점을 각별히 강조한다. 이와 관련해 그는 경제를 "실천에 내재하는 이성"으로 폭넓게 정의한다(Bourdieu, 1980: 85). 경제학자들은 흔히 경제 장에 특징적인 원리들을 다른 사회 세계에까지 확장시켜 적용하려 하지만, 이는 경제주의적 오류일 따름이다. 좁은 의미의 경제적 합리성은 '실천의 일반 경제'에 비추어보면 오히려 역사적으로 특수한 부분적 행동 원리에 불과하기 때문이다. 부르디외는 신고전파 경제학의 완전 경쟁 시장을 장 개념으로, 그리고 자기 이익에 대한 합리적 계산에 따라 결정하는 행위자로서 '호모 에코노미쿠스'라는 인간관을 하비투스 개념으로 대체한다. 장은 다양한 자본 유형들의 불평등한 분포에 의해 세력 관계와 의미 관계가 구조화되는 사회 공간이다. 하비투스는 사회화된 주체가 가지는 일정한 성향 체계를 가리키는데, 반드시 합리적이진 않더라도 특정한 장과 상황에 걸맞게 분별 있는reasonable 실천을 생성시키는 원리로서 기능한다.

부르디외의 장이론에서 상징경제를 분석하기 위한 기본 원리를 우리 나름대로 몇 가지 뽑아내 정리해 보면 다음과 같다.

첫째, 경제는 언제나 '사회적인 것'에 배태되어embedded 있다는 것이다. 인류학자들은 다양한 부족 사회의 연구를 통해서 물적 재화의 생산과 분배가 비경제적인 사회관계 속에 배태되어 있으며 제도적으로 분리된 독자적 경제 체제의 존재가 매우 특수한 역사적 사례임을 보여 주었다(Polanyi, 1977/1998: 4장). 경제에 대한 부르디외의 시각 역시 이러한 논의와 궤를 같이 한다.

둘째, 경제는 언제나 상징적인 차원을 가진다는 것이다. 그리하여 예컨대 소비재 기업들의 사업 공간(시장)에서도 모든 기업은 독자성과 차이를 추구하며 이른바 '구별짓기'의 논리에 따른다. 경제가 상징적인 것으로 온전히 환원될 수는 없지만, 경제에는 늘 상징적인 요소가 의미 있게 작용한다.

셋째, 문화 생산(혹은 상징 생산) 영역에 고유한 경제가 존재한다는 것이다. 《구별짓기》의 유명한 구절은 이를 다음과 같이 표현한 바 있다. "문화 재화의 경제가 존재한다. 그런데 그것은 특수한 논리를 가진다"(Bourdieu, 1979: 7). 이 경제는 (경제적·상징적) 이윤의 축적과 극대화, (경제·상징) 자본의 재생산 원리에 어김없이 부응하지만, 이때 경제적인 것의 논리와 상징적인 것의 논리가 전도되어 나타난다는 점에서 특징적이다. 즉 경제적인 이윤과 자본의 증가는 상징적인 이윤과 자본의 감소를 가져오고 그 역 또한 마찬가지다. 한마디로 문화 생산의 영역은 '뒤집어진 경제 세계'다. 이 세계는 기본적으로 경제적인 축과 상징적인 축 간의 대립에 의해 구조화되고 분화된다. 즉 일반 대중을 대상으로 상업적인 이익을 극대화하기 위해 문화 상품을 생산하는 이른바 '대규모 생산 장'과 소수의 전문가, 지식인, 문화 생산자층을 대상으로 상징적인 인정을 추구하며 작품 생산이 이루어지는 '제한 생산 장'이 이념형적으로 구분 가능하다.

넷째, 경제의 상징적인 면모를 이해하기 위해 상징 관련 개념들을 이용하고 상징경제를 이해하기 위해 경제학적 개념들을 이용하는 이중 전략이 필요하다는 것이다. 이는 경제가 사회문화적 차원으로부터 독립된 층위가 아니라는 점을 강조하는 동시에, 상징 생산 부문이 추상적이고 신성화된 가치의 영역이 아니라 특유의 경제 논리를 가진다는 사실을 부각시키기 위해서다.

다섯째, 상징경제의 분석은 상징적 수준에서 일어나는 지배에 대한 비판을 겨냥한다는 것이다. 예를 들어, 마르크스주의 정치경제학이 자본주의적 생산 관계 내에서 일어나는 착취를 폭로하는 데 궁극적인 목표가 있다면, 부르디외의 상징경제론은 상징적 지배 메커니즘에 대한 해명을 근본적인 지향점으로 삼는다.

상징경제론의 특징과 의미

그렇다면 상징경제론은 자본주의 문화산업의 경제적 논리에 대한 다른 접근들과 어떤 점에서 유사하고 어떤 점에서 차이가 나는 것일까. 간략히 정리해 보면, (주류) 경제학적 접근은 대중문화의 산업적이고 거시 경제적인 측면에 주목하면서 시장 구조, 수요와 공급, 가격 결정 요인, 수익성과 경쟁력, 경영 관리 등에 주목한다. 이러한 시각에서 문화는 경제 구조 안에서 시장성을 갖는 상품의 일종으로 여겨지며, 문화 상품과 기업 조직이 가지는 경제학적 특성이 연구의 주요 관심사가 된다. 한편 이러한 경제학적 접근과 달리 마르크스주의의 영향 아래 형성된 비판적 접근들로는 크게 정치경제학political economy, 문화 경제cultural economy, 문화정치경제학cultural poitical economy 등이 있다. 이 접근들의 이름은 서로 비슷하지만, 이론적· 분석적 강조점은 사뭇 다르다.

정치경제학적 접근은 문화산업의 제도적 구조, 조직, 생산 과정과 상품 내에서 자본주의 생산 양식에 고유한 자본 축적과 계급 권력의 역학이 어떻게 드러나는지 탐구하며, 이를 위해 특히 기업들의 소유 구조와 통제 과정, 불평등한 이윤 분배에 초점을 맞춘다(Calabresse, 2004). 문화경제적 접근은 경제에서 언어, 표상, 의미가 갖는 중요성을 부각시킴으로써 정치경제학과 일정하게 차별화한다. 이 관점은 후기 자본주의 사회에서 문화와 경제의 탈분화 내지 융합 현상에 주목하면서, 특히 문화가 상품 생산과 유통 과정에서 수행하는 중심적 역할을 강조한다. 경제적 실천과 조직에서 기호, 상징, 이미지 등이 동원되는 의미화와 심미화 과정이 중요해졌다. 점점 더 많은 상품과 서비스가 문화의 외피를 입고 나타나면서 경제적·실용적 가치뿐만 아니라 상징적 가치를 가지게 되었다. 문화경제적 접근은 문화의 생산이 경제 과정과 조직 형태에 어떻게 연결되어 있으며, 생산 문화들에는 또 어떻게 빚지고 있는지 탐구한다(du Gay, 1997; du Gay & Pryke, 2002). 한편 문화정치경제학적 관점은 비판적 정치경제학과 비판적 기호 분석의 개념적·이론적 성과를 결합한 접근법이다. 이는 경제적 실천, 그리고 경제적 조직과 제도가 기호 과정 없이는 존립할 수 없다고 주장하면서, 기호적·담론적 요소, 혹은 의미 체계로서 문화가 경제적 상상economic imaginary을 조직함으로써 경제라는 총체를 구성하고 질서를 부여하는 메커니즘에 초점을 맞춘다(Jessop & Oosterlynck, 2008).

이상의 비판적 입장들은 세부적인 차이와 논쟁점들에도 불구하고 문화산업의 분석에 상호 배타적이기보다는 보완적인 관점을 제시하는 것으로 보인다. 부르디외의 상징경제적 접근은 주류 경제학의 전통적인 경제 개념을 비판하고 경제적인 것의 구성에 개입하는 사회적·상징적 차원의 중요성을 강조한다는 점에서 문화경제 및 문화정치경제학의 논의와 일맥상통한다. 그런데 다른 한편 그것은 사회 공간과 계급 관계를 장이론 속에서 재정식화함으로써 생산 양식 개념이 중심에 놓이는 마르크스주의적 사회관과 일정한 거리를 둔다. 또한 상징경제적 접근은 다른 비판적 접근들이 주로 경제적 이윤 창출을 추구하는 대중문화산업의 분석에 집중하는 데 반해, 주로 문학 예술과 과학 등 이른바 '고급 문화' 생산 영역의 분석을 도모한다. 물론 이 접근에도 '대규모 생산 장'과 같이 대중문화산업의 인식틀이 없는 것은 아니다. 하지만 그것의 유용성에 대해서는 비판적인 시각도 적지 않게 제기된 바 있다. 분명한 것은 대중문화산업에 대한 상징경제적 접근을 위해서는 아직까지도 적절한 개념들의 고안과 분석틀의 정교화가 요구된다는 점이다. 또한 이 접근은 노골적으로 경제 자본에 의해 추동되는 것처럼 나타나는 대중문화산업에서조차 행위자들의 실천과 전략에 상징자본symbolic capital과 같은 상징적 요소의 역할이 중요하다는 사실을 드러냄으로써 다른 접근법들과는 상당한 차별성을 띠는 것으로 보인다.

상징경제라는 용어는 크게 두 가지 의미의 겹을 지닌다. 하나는 문학, 예술, 과학, 종교 등과 같은 상징 형식(혹은 상징 체계)을 생산하는 부문의 경제라는 뜻이다. 이와 관련된 다른 하나의 의미는 바로 상징자본의 경제라는 것이다. 물론 상징자본이 상징 생산 부문의 경제에서 중심 원리로 작동한다는 점을 고려하면, 당연히 두 차원은 별개의 것이 아니다. 부르디외에 따르면, 사회 공간 속에서 경쟁하는 행위자들이 이용 가능한 자원에는 대체로 경제 자본economic capital, 문화자본cultural capital, 사회관계 자본social capital 등이 있다. (아마도 여기에 신체 자본bodily capital을 추가할 수 있을 것이다.) 그런데 이 다양한 자본들은 이른바 상징자본을 수반한다는 공통성을 지닌다. 상징자본이란 특정한 자본이 사람들의 인식 속에서 상징적으로 표상되고 이해된 경우를 말한다. 쉽게 말해, 사회 공간 내에서 사람들은 자본의 진실 — 축적의 역사와 작동 원리, 불평등한 배분 현실과 그 구조적 원인, 사회적 기능과 효과 — 을 제대로 보지 못하며 그렇기에 그 권위를 순순히 받아들인다. 부르디외는 그러한 오인-인정이 이루어지는 과정을 상징 폭력symbolic violence으로 기술하며, 그러한 작용의 결과로서 사람들의 인정이 깃들어 있는 대상을 상징자본이라고 명명한다. 이때 상징자본의 '상징'은 그것이 대상(타자, 사물, 제도 등)의 속성에 대한 개인의 지각과 평가에 기반을 둔다는 사실과 관련되는 것이다. 그러한 지각과 평가는 일정한 인지적 분류 범주에 의존할 수밖에 없는데, 행위자는 바로 그러한 분류 체계를 매개로 해서만 주관적 실재를 구성할 수 있기 때문이다. 분류 체계는 실재를 무차별적인 덩어리로서가 아닌, 구체적

경제 자본, 문화자본, 사회관계 자본

부르디외는 사회 세계를 권력, 돈, 명성 등과 같은 희소재들을 전유하기 위해 끊임없는 경쟁과 투쟁이 벌어지는 공간으로 개념화한다. 그는 행위자들이 이미 보유한 여러 형태의 자본이 그들의 공간 내 위치, 그리고 경쟁과 투쟁 과정에서 그들이 이용할 수 있는 패를 규정한다고 본다. 그가 말하는 자본은 '행위자가 실제로 이용 가능한 자원과 권력의 총체'를 가리키는데, 크게 세 가지 유형을 띤다. 첫 번째 유형은 경제 자본이다. 이 자본은 여러 생산 요소 — 토지, 공장, 노동력 — 와 재화 — 자산, 수입, 소유물 — 들로 구성되는데, 돈으로 즉각 전환이 가능하고 소유권의 형식 속에 제도화되어 있다는 특징을 지닌다. 두 번째 유형은 문화자본이다. 이는 가족에 의해 전수되거나 교육 체계에 의해 생산되는데, 대개 세 가지 상태로 존재한다. 먼저 세련된 말투나 몸짓처럼 지속적인 성향으로 체화된 상태다. 다음으로 책, 음반, 미술품 등의 다양한 문화 재화로 대상화된 상태다. 끝으로 지적인 자격을 부여하는 승인된 형식인 학위 속에 제도화된 상태다. 세 번째의 기본적인 자본 유형은 사회관계 자본이다. 이는 한 개인이나 집단이 동원하고 활용할 수 있는 사회적인 연줄과 관계망으로 규정된다. 이 자본을 소유하기 위해서는 친분 관계를 만들고 관리하는 사교 노동이 요구된다(이상길, 2018: 5장 참조).

으로 판별해 인지할 수 있는 대상으로 만들어 준다. 그런데 그와 같은 분류 체계가 계급 사회의 기존 질서를 당연한 것으로 인정/오인하도록 만드는 사회적 기능을 수행하기에 인식 과정은 상징권력이 행사되는 과정이기도 한 것이다. 부르디외가 보기에, 어떤 주체나 대상이 가지는 인정, 명예, 위세, 카리스마 등은 모두 상징자본이자 상징권력이다.

부르디외는 행위자들의 활동 유형에 따라 분화된 사회 공간을 장이라고 부르는데, 정치 장, 행정 장, 사법 장, 문학 장, 과학 장 등, 각 장에서 행위자들은 자신들의 자본을 활용해 그 장에서 통용되는 고유한 상징자본을 축적하기 위한 경쟁을 벌인다. 예를 들어, 과학 장에서 연구자들은 자신이 가진 자본들을 밑천 삼아 과학 자본을 축적하기 위해 노력한다. 그들의 보유 자본에는 경제 자본, 사회관계 자본 등이 포함되지만, 각별히 문화자본(특히 체화된 연구 역량과 학위)이 중요하게 여겨진다. 연구자들이 추구하는 과학 자본은 상징자본의 특수한 형태로, 과학계 내의 제도적·비제도적 인정과 권위, 명예, 명성 등을 포괄한다(예컨대 저명한 학술지에의 논문 게재, 학술상 수상, 연구원 지위 등). 부르디외는 상징 생산과 관련된 영역은 기본적으로 경제적 축과 상징적 축으로 구조화되며, 경제적 축에 가까운 행위자들은 경제 자본을 추구하는 반면, 상징적 축에 가까운 행위자들은 그 장에 고유한 상징자본(즉 이 경우에는 과학 자본)을 추구한다고 본다. 그에 따르면, 이러한 이분화는 이른바 고급 문화 부문뿐만 아니라, 대중문화산업에서도 나타나는 특성이다.

그런데 현재 상징경제적 접근을 적용하기 위해서는 한 가지 역사적 맥락상의 변화에 유의해야 한다. 부르디외는 문화 생산 장을 "뒤집어진 경제 세계"로 정의하고 '상징자본'과 '경제 자본,' '상징적 축'과 '경제적 축'을 대립적으로 설정한 바 있다. 그에 따라, 부르디외 이론에서 문화 예술은 상업성과 무관할수록 더 큰 권위를 인정받고 더 많은 상징자본을 축적할 수 있는 것으로 나타난다. 그런데 후기 자본주의 사회는 문화 예술의 예외적이고 특권적인 자리를 더 이상 허용하지 않는 것처럼 보인다. 게다가 지배적인 경제 이데올로기로서 신자유주의는 '문화적 가치의 경제화'와 '경제적 가치의 문화화'에 결정적으로 이바지했다. 그 결과, 어느새 문화 예술도 상업적일수록 가치 있으며, 잘 팔릴수록 더 뛰어난 작품이라는 인식이 일반화되고 있다. 경제 자본이 갖는 상징권력 또한 훨씬 막강해진 것으로 보인다. 예컨대, 성공한 기업인이나 자본가에 대한 존경심이 커지고, 상금 액수에 비례해 예술상의 권위가 높아진다는 인식이 사회적인 분위기상 자연스러워졌다. 이처럼 '상징적 가치'가 '경제적 가치'를 기준으로 평가받고, '경제적 가치'가 '상징적 가치'를 수반하는 현상은 부르디외 문제틀의 토대를 재검토하게 만드는 역사적 변화라 할 만하다(이상길, 2016). 따라서 현실 적합성 있는 논의를 위해서는 이러한 변화를 실제 대중문화산업의 분석에 적절히 고려해야 할 것이다.

국내 연예 산업에서 상징경제의 작동 논리

이제 부르디외의 상징경제론이 대중문화산업의 연구에 어떤 식으로 이용될 수 있는지 국내 연예 산업에서의 상징경제의 작동 논리에 대한 분석을 통해 살펴보도록 하자. 먼저 연예 산업에서 쟁점이 되는 자본의 유형들을 설명한 후, 인격화된 상징자본으로서 연예인의 특성을 검토하고, 이러한 상징자본의 생산과 유지, 관리에 연예 매니지먼트사, 방송사 및 새로운 미디어 플랫폼이 각각 어떠한 역할을 수행하는지 논의해 보고자 한다.

매력 자본과 연예 자본

연예 산업 내 행위자들의 실천 논리와 전략을 분석하기 위해 그들이 어떤 자본들을 가지고 또 어떤 자본들을 축적하려 투쟁하는지 하는 문제부터 다루어볼 수 있을 것이다. 연예인은 다른 상징 생산 영역의 행위자들처럼 경제·문화·사회관계 자본을 가지고 활동하지만, 신체 자본, 아니 새로운 용어를 만들어 쓰자면, 매력 자본capital of attraction을 특별히 많이 보유한 것으로 여겨진다. 사실 연예인의 기반이 되는 것은 무엇보다도 타인들의 다양한 정동(호감, 애정, 동경, 친근감 등)을 이끌어 내는 신체적 역량이라 할 수 있다. 이 점에서 연예인들은 여타 상징자본가들(작가, 학자, 예술가 등)과 명확히 차별화된다. 다양한 사회적 장에서 가치를 인정받을 수 있도록 계발된 몸을 신체 자본[22]이라고 한다면, 연예계에서 고유하게 재정의되는 신체

---

22 부르디외는 여러 저작에서 신체 자본에 관해 언급한 바 있지만 상세한 논의를 전개한 적은 없는데, 이후 많은 연구자들이 그 개념을 한층 발전시켰다. 그 결과를 종합하면, 먼저 신체 자본은 계급에 따라 그 계발의 양태와 다른 자본으로의 전환 가능성이 상이하다는 특징을 지닌다. 노동 계급의 경우, 몸을 단련하거나 특정한 기술을 익힘으로써 육체 노동자나 스포츠 선수가 될 수도 있고, 때로는 '지하 경제'의 비공식적 일에 필요한 기술을 갖출 수도 있다. 그러나 사회적으로 노동 계급의 몸에 상징적 가치가 부여되지 않는 상황에서 신체 자본을 다른 자본으로 전환하려는 노동 계급의 노력에는 높은 위험 부담과 기회비용이 뒤따른다. 한편 지배 계급은 노동 계급처럼 육체 노동자나 스포츠 선수로서 자기 몸을 계발하는 대신, 외양 가꾸기 및 엘리트 스포츠와 여가 활동에 참여하는 식으로 신체 자본을 축적한다. 이는 곧장 특정한 직업으로 이어지지는 않을지라도 간접적으로 사업이나 전문직 수행, 사교와 결혼 등에 유리하게 작용한다. 즉 지배 계급의 신체 자본은 문화자본과 사회관계 자본의 획득에도 유용한 것이다. 또한 지배 계급은 스포츠 활동 등을 통해 만들어진 친분과 비공식적 교류를 매개로 법률, 금융, 의료 등 전문 서비스에서 이익을 얻을 수 있는 기회를 더 많이 갖는다. 신체 자본은 다른 자본들과 달리 경제 자본이 그 기초에 있다고 볼 수 없다. 그것은 경제 자본에 비해 세대 간 직접적인 증여나 상속이 어렵다. 몸의 미완결성과 시간에 따른 변화 가능성 때문에 신체 자본의 계발과 축적은 긴 시간이 걸리며 복잡하고 지난한 과정을 거친다. 사실 신체 자본은 경제 자본을 투자한다고 해서 쉽게 증대시킬 수 없고, 타고

자본으로서 매력 자본은 특히 연예계(혹은 연예 장)에서 다양한 자원을 축적하는 데 필요한 육체적 특징과 자질(외모 및 스타일, 사교성, 활기, 연기, 노래, 춤, 화술과 같은 다양한 연행 능력performative competence 등)의 총체를 가리킨다. 매력 자본의 축적을 매개로 연예인들은 광범위한 신체 엘리트embodied elite 집단(스포츠 선수, 무용수, 피트니스 트레이너 등)의 일부를 구성한다.[23]

물론 연예인이라는 총칭 명사에 너무 집중한 나머지 그 내부의 다양한 분파(배우, 가수, 모델, 개그맨, MC 등등)에 존재하는 차이와 이질성마저 잊어서는 안 된다. 매력 자본이 연예인 집단 전체에 공통된 기반을 이루는 만큼이나, 구체적으로 어떤 분야의 연예인인지에 따라 더 중요한 자본 요소들에서 차이가 생겨난다는 것이다(김성덕, 2005 참조). 예를 들어, 배우에게는 외모와 스타일 요소가 한층 중요하다면, 개그맨에게는 활력과 사

난 신체적 조건 및 특성과 긴밀하게 얽혀 있기에 축적도 간단하지 않다. 신체 자본은 소유자와 함께 쇠락해가며 소멸한다. 개인이 계발한 특정한 형태의 몸이 상징적 가치를 인정받지 못할 위험성은 언제나 존재한다. 그러한 가치 기준은 변동 가능성이 크며, 따라서 신체 자본의 전환율 역시 일정하게 보장되지 않는다. 신체 자본은 이처럼 상대적으로 예측하기 힘들고 믿을 수 없으므로 독립적이고 파괴적이다. 여러 계급을 가로질러 치명적이고 예외적인 힘을 행사하는 몸도 존재한다. 이는 폐쇄적인 계급 구조를 파고드는 극적인 신분 상승의 수단이 될 수도 있다(Shilling, 1993/2011: 6장).

23 매력 자본과 밀접히 관련된 유사 개념으로는 성애 자본erotic capital이 있다. 이것은 영국의 사회학자 캐서린 하킴Catherine Hakim이 포스트페미니즘 관점에서 섹슈얼리티와 성경제학sexonomics 분석을 위해 제안한 개념이다. 그에 따르면, 성애 자본은 "모든 사회적 상황에서 사회 구성원, 특히 이성에게 보여 주는 심미적, 시각적, 신체적, 사회적, 성적 매력을 종합해놓은 것"이다(Hakim, 2011/2013: 27). 하킴이 말하는 성애 자본은 성적 주체들 간의 관계라든지 성노동자의 활동을 분석하는 데 초점이 맞춰져 있는데, 연예 산업이라는 맥락과 연예인들의 실천에 주목하면서 성애 자본과 유사한 성격을 갖는 매력 자본을 개념화해 볼 수 있다(하킴 저작의 우리말 번역자는 성애 자본을 매력 자본으로 번역했는데, 여기서는 이 둘을 개념적으로 구분하고자 한다).

교성이 그럴 것이다.[24] 그럼에도 여러 연예 분야를 가로지르며 활동하는 '아이돌'이나 '방송인,' '만능' 혹은 '전천후' 탤런트 등의 존재는 연예계 전체에서 매력 자본이 지니는 일반적 통용 가능성을 일깨워 준다. 한편 매력 자본 요소들의 판단 기준이 시기적, 지역적으로 차이가 있으며 변화할 수 있다는 점 역시 간과되어선 안 된다. 이는 매력 자본의 불안정성과 가치 변동성을 증폭시키는 요인이다. 어떤 얼굴이 아름다운 것이고 어떤 스타일이 좋은 것인지, 어떤 식의 자기표현이 더 큰 호감을 줄 수 있는지 여부는 꾸준히 변화한다. 한편 일반적으로 연예인 직업을 둘러싼 수많은 신화적 표상('탤런트,' '스타,' '아이돌' 같은 명칭에서부터 '타고난 재주,' '끼와 흥,' '우월한 유전자,' '스타 DNA' 등의 수식어들에 이르기까지)이 함축하는 바와 달리, 매력 자본에서 선천적인 부분과 고유한 연행 능력이라는 요소가 차지하는 비중은 상대적으로 감소하는 경향이 나타난다. 각종 의료 기술(외모 관리와 성형)과 테크놀로지(영상, 사운드 등)의 발전과 더불어 매력 자본은 점점 더 인공적으로 관리, 조율, 조작할 수 있는 것으로 변해가고 있기 때문이다. 매력 자본이 유동적이고 가변적인 속성을 갖는 동시에 통제 가능성이 커진다는 사실은 그 기업적 관리의 필요성과 개입 여지를 확대시킨다. 한편 매력 자본의 여러 요소 가운데서도 '차별화된 외양'은 다른 것들에 비해 상대적으로 그 중요성이 더해가는 것처럼 보인다. 통상적으로 어느 분야의 연예인인지에 따라 매력 자본의 핵심 요소 또한 일정하게 달라지는 양상을 띤다(드라마에서의 외모와 연기력, 예능에서의 화술과 친화력, 가

24 최근 십여 년간 인기 있는 방송 프로그램 장르로 자리 잡은 오디션 프로그램은 다양한 대중문화 분야의 연예인에게 어떤 자질과 능력 요소가 필요한지를 세세히 알려 주는 텍스트이기도 하다. 예컨대, 〈K팝스타〉(SBS), 〈기적의 오디션〉(SBS), 〈도전! 수퍼모델 코리아〉(온스타일) 등은 각각 전문 가수, 배우, 모델에 요구되는 차별적인 신체 기술, 정서와 태도, 연행 능력 등을 다소 극적이고 과장된 형태로 전달한다.

수의 노래 실력 등). 그런데 예컨대 대중음악 장르에서 보듯, 뮤직 비디오나 버라이어티 등을 통한 영상 비중의 전반적인 증대, 사운드 테크놀로지의 고도화로 인한 가창력 통제 가능성, 립싱크 관행의 일반화 같은 요인들은 외양의 역할을 한층 끌어올렸다. 무엇보다도 외양('남다른 미모,' '신선하고 개성 있는 마스크,' '독특한 스타일' 등등)은 연예 자본의 시초 축적primitive accumulation을 위한 '얼굴 알리기'나 캐스팅에 결정적인 지렛대로 작용한다는 점에 유의할 필요가 있다.

한편 연예 산업 내에서 연예인들이 경쟁적으로 추구하는 자본은 다른 영역들에서처럼 기본적으로 경제 자본과 상징자본(즉 연예 자본)으로 구분 가능하다. 그런데 이때 연예 자본의 포트폴리오를 구성하는 것은 연예계 내부의 제도화되거나 비제도화된 상징적 인정 — 작가 감독과의 협업, 각종 수상, 비평가들에 의한 평가 등 — 만이 아니다. 오히려 연예 자본의 더욱 중요한 부분은 가시성 자본capital de visibilité(일상어로 옮기자면, '인지도')에 의존한다고 보아야 한다.

연예 자본은 대중에게 널리 알려진 정도, 즉 가시성 자본을 주축으로 삼는다는 점에서 다른 유형의 상징자본(예를 들면 과학 자본)과는 차별화된 특징을 드러낸다. 그것은 여타 상징자본과는 달리 경제 자본으로의 전환이 상당히 빠르게 일어나며 환금성이 높다는 속성을 지니는 것이다.[25]

25 부르디외는 상이한 자본 유형들이 서로 전환 가능하다는 점을 각별히 강조한다. 예를 들어, 경제 자본은 문화자본으로 전환될 수 있고, 그 반대도 마찬가지다. 또 사회관계 자본(연줄망)은 노동 시장에서 문화자본(학위)의 상징적·경제적 수익을 극대화하는 데 도움을 줄 수 있다. 그것은 또 경제 자본의 문화자본으로의 전환(즉 학업 투자)이 실패했을 때 이차적 출구(인맥을 통한 취직)를 마련해 주기도 한다. 문화자본이 사회관계 자본으로 전환된다든지(교양을 매개로 한 사교 관계의 확장), 역으로 사회관계 자본이 문화자본으로 전환되는 경우도 있다(지인의 네트워크를 통한 교양의 축적). 자본주의 사회에서 경제 자본은 다양한 자본 유형들의 원천으로 기능하는데, 이런 의미에서 경제는 결정의 최종 심급이라 할 만하

가시성 자본

가시성 자본은 프랑스의 예술사회학자 나탈리 에니크Nathalie Heinich가 창안한 개념이다. 에니크는 '남들에게 알려져 있다는 것의 이득'에 주목하며, '유명인과 무명씨의 차등성differentiel'이 진정한 자본으로 기능한다고 주장한다. 그에 따르면, 사람들의 상호 인지에서 불균형이 있을 때 우리는 자본의 질서로 들어간다. 한편에는 자기를 아는 사람보다 자기가 아는 사람이 훨씬 더 많은 시청자, 수용자, 대중이 있고 다른 한편에는 자기가 아는 사람보다 자기를 아는 사람이 훨씬 더 많은 공인, 유명인, 연예인이 있다. 가시성에의 접근이 상대적으로 민주화되었음에도 불구하고 상호 인지에서의 불균형은 적은 수의 엘리트에 집중되어 있는 가장 단순하고 근본적인 형태의 불평등이라 할 수 있다. 이러한 가시성 자본은 역사상 사진, 영화, 텔레비전 등 영상 미디어의 발전과 더불어 비약적으로 발전해 왔다. 미디어에 나오는 인물을 일방적으로 아는 사람들의 범위가 엄청나게 확장된 것이다. "기술 복제 시대의 얼굴"이 갖는 의미를 반추하면서 에니크는 유명인과 일반인, 연예인과 팬의 관계에 "구성적인 비상호성"이 존재한다는 점을 지적한다(Heinich, 2012: 2장).

연예 자본의 일부로서 가시성 자본은 상징적 이윤(유명인의 권위)을 가져올 뿐만 아니라, 경제적 이윤 또한 가져온다. 달리 말해, 가시성 자본의 이윤이 언제나 상징적이기만 한 것은 아니다. 그것은 이른바 '협찬'이나 '연예인 할인' 같은 일상의 소소한 금전적 지원에서부터 공식적인 출연료와 광고 모델료에 이르기까지 여러 층위에서 영향을 미친다. '잘 알려진' 스타 연예인은 그 인지도와 지명도에 대비해 이른바 '몸값'이 높아진다. 연예 자본의 구성에는 가시성 자본 말고도 사회적 공인과 관련된 고유한 상징자본 — 사회적 평판, 수상 경력, 작품에 대한 비평적 평가 등 — 을 덧붙일 수 있다. 가시성 자본 이외의 이 통상적인 상징자본 역시 연예 산업의 경우 환금성이 높다. 예컨대, 연말의 각종 시상식이나 영화제 등에서의 수상 실적은 작품 개런티, 행사 출연료의 직접적인 인상 요인으로 작용할 수 있다. 연예 산업 내 상징자본의 이러한 직접적 환금성에는 크게 두 가지 이유가 있는 것으로 보인다. 하나는 연예 산업이 문화 영역 가운데서도 경제 자본의 영향력이 강하게 작용하며 경제적 이윤 추구의 경향이 두드러지는 '대규모 생산 장'의 성격을 띤다는 것이다. 다른 하나는 부르디외가 상정하는 '경제적인 것 대 상징적인 것'의 대립적 구도가 후기 자본주의 사회에서 흐려지는 경향을 띤다는 것이다. 즉 많은 부문에서 경제 자본은 상징자본을 상승시켜 주는 역할을 하며, 상징자본은 이전에 비해 훨

다. 유념할 부분은 자본들의 상호 전환이 가능하다는 말이 그것이 모두 동일한 방식으로 간단히 이루어진다는 뜻은 아니라는 것이다. 자본의 전환이 일어나고 실질적인 권력을 생산해내려면 상당한 시간과 노력이 필요하다. 예를 들어, 경제 자본으로 어떠한 서비스를 구매하기란 별로 어렵지 않지만, 사회관계 자본으로 원하는 서비스를 적절한 순간에 얻어 내려면 일정한 기간 동안 관계 유지를 위한 투자를 했어야만 한다. 경제 자본이 문화자본으로 전환되는 데에도 오랜 학습과 교육 기간이 소요된다. 이러한 전환에는 실패의 위험성 역시 필연적으로 뒤따른다(이상길, 2018: 5장 참조).

씬 더 빠르게 경제 자본으로 전환된다.

연예인이 사회적 경쟁 과정에서 활용할 수 있는 자원으로서 매력 자본이 갖는 특수성, 그리고 연예 자본의 구성에서 가시성 자본이 차지하는 막강한 비중은 연예 산업 내 주요 행위자들의 고유한 실천 논리와 권력관계를 이해하는 데 중요한 개념적 수단을 제공한다.[26]

인격화된 상징자본으로서 연예인

이미 반세기도 훨씬 전에 사회학자 에드가 모랭Edgar Morin은 스타를 분석한 저작《스타》에서 스타를 "자본으로서의 상품"이라고 은유한 바 있었다(Morin, 1957/1992: 141). 모랭은 그 의미를 충분히 발전시키지 않았지만, 우리는 이 '상품-자본'의 개념을 연예인에 대한 상징경제적 접근의 출발

---

26 연예인 지망생을 위한 자기 계발서들은 연예인의 일차적인 자질이 매력 자본의 배양과 관리라는 점을 아주 '실용적인 관점에서' 논의한다. 예컨대, '스타 이미지 컨설턴트' 한규리에 따르면, 연예인의 이미지를 만드는 구성 요소들로는 외모, 표정, 자세, 행동, 말투 등을 들 수 있다. "스타들에게 이미지 메이킹은 필수 조건이자 꼭 필요한 전략이다. 스타들은 자신의 이미지 형성에 중요한 역할을 하는 의상, 메이크업, 헤어스타일, 표정, 말투, 행동 등을 조절하여 대중에게 좋은 이미지로 비치도록 만든다. 아름다움과 능력을 계발하여 자신의 모습을 최상으로 만들어가는 노력은 스타들에게 영원한 숙제이자 일상으로 자리 잡았다"(한규리, 2012: 16). 그는 또 스타가 되기 위한 트레이닝 코스로 표정 트레이닝, 목소리 트레이닝, 피부 관리, 몸매와 체형 관리, 자세와 워킹 훈련, 메이크업과 헤어스타일, 인성 트레이닝 등을 제안하며, "동안 피부로 어필"하고 "젊고 활기 넘치는 안티에이징 습관"을 들이고 "탄력 있는 몸매"로 가꾸며 "성형 수술로 포토샵 얼굴"을 만들라고 주문한다(한규리, 2012). 한편 한국연예매니지먼트협회 회장 손성민은 미래의 스타를 위한 코칭 5단계로 '마음가짐 다지기,' '외모와 그 이상의 실력 갖추기,' '끈기 있게 도전하기,' '자기에게 맞는 소속사 찾기,' '초기에 적극적으로 마케팅하기'를 제시한다(손성민, 2018).

점으로 삼을 수 있다. 자본주의 사회에서 연예인은 한편으로 노동 시장에서 그 가격이 매겨지고 거래되는 노동력 상품이지만, 다른 한편으로 부르디외의 다양한 자본 개념을 원용해 보자면 일종의 인격화된 상징자본(매력 자본과 연예 자본의 조합)이기도 하다. 이러한 이해는 연예인을 대중문화 산업 내의 중요한 주체이자 적절한 전략을 구사하는 사회적 행위자로 복원하는 동시에, 그가 행사하는 권력의 복잡한 면모를 바라보게 해 준다.

연예인은 대중문화의 다양한 콘텐츠 산업에 직접 용역을 제공하는 당사자로서 그가 없이는 아예 콘텐츠의 제작 자체가 불가능하다는 점에서 필수불가결한 생산 요소이기도 하다. 그는 연예 산업으로의 진입 방식에 따라 크게 세 가지 유형으로 분류 가능하다(조인희 외, 2008: 2장 참조).

첫째, 자본 축적형이다. 예컨대, 연예인 지망생이 정규, 비정규 교육 과정(예술고, 대학의 연극영화과, 연기 학원, 아마추어 밴드, 실용음악과, 대학 개그 동아리 등등)을 거쳐 문화자본과 매력 자본을 축적하고 이를 공인받는 경로(탤런트나 개그맨 공채, 가요제 입상 등)로 데뷔해 가시성 자본을 쌓아가는 방식이 대표적인 예다. 과거에는 카페나 길거리에서의 '우연한 캐스팅,' 또는 '별 생각 없이 친구 따라 시험 보러 갔다가 나만 붙었다'는 식의 연예계 데뷔 스토리가 적지 않았으며, 이는 뭔가 즉흥적이고 무질서하며 정형화된 규칙이 없고 운이 주로 작용하는 연예계라는 이미지를 강화시켰다. 이러한 진입 방식은 여전히 일부 남아있겠지만, 사실 1990년대 즈음이 되면 이미 연예계 진입은 모델 에이전시나 학원 등을 매개로 훨씬 더 체계화된 것으로 보인다(김광수 외, 1997 참조). 기업화된 매니지먼트사들이 성장하면서 자체 오디션을 통한 선발 과정을 거쳐 연예인을 회사 내부에서 양성하는 인하우스 생산 시스템 또한 등장했다.

둘째, 자본 전환형이다. 이는 다른 장에서 쌓은 자본을 연예 자본으로 전환하는 경우를 말한다. 스포츠 스타에서 '예능인'으로 변신한 강호동, 서장훈, 이만기라든지, 프로게이머에서 '방송인'이 된 홍진호, 전문 모델에서 배우로 성공한 차승원, 강동원, 주지훈, 배두나, 신민아, 김민희 등을 예로 들 수 있다. 요즘엔 심지어 정치인과 '방송인'을 넘나드는 강용석, 이준석 등의 사례도 드물지 않다.

셋째, 자본 상속형이다. 이는 연예인에 요구되는 자본이 일정하게 상속 가능하다는 사실 — 유전적 외모와 신체의 탁월성, 유사한 인상이 드러내는 친숙성, '누구의 딸/아들'이라는 이름으로 부여받는 명성, 사회관계 자본의 일정한 공유와 전수 — 에서 기인한다. 〈아빠를 부탁해〉(SBS) 류의 프로그램에서 나오는 가족 연예인들이라든지 김구라와 MC그리 부자 등은 이 유형을 예시한다. 이러한 맥락에서 자본 전환형이나 상속형의 연예인들이 예전에 비해 훨씬 증가하고, 자본 축적형 역시 전통적인 개인 주도에서 매니지먼트 기업 주도로 이행하는 현상은 눈여겨볼 만한 변화의 흐름이라고 할 수 있다.

흔히 활동 영역별로 구분되는 연예인(탤런트, 영화배우, 모델, 가수, 개그맨 등)은 집단 내부에서 연예 자본의 총량을 기준으로 강하게 위계화되는 양상을 드러낸다. 단순하게 말해, 가장 상층부에 사람들에게 널리 알려진 적은 수의 유명 연예인 집단이 있다면, 아래로 갈수록 가시성 자본이 적고 구성원 수는 많은 '무명' 연예인 집단이 있는 식이다. 그 옆에 비공식 연관 시장(이른바 '클럽,' '밤무대,' '야간 업소' 등)에서 일하는 일정한 수의 '준準연예인들'이 있다. 공식 시장 안에 편입되어 있지 않은 이 집단은 비공식-시장에서 연예 활동을 하면서 자본을 축적한다. 그 결과 그들은 공식 시장에 진출하기도 하는데, 특히 과거에는 이러한 방식이 중요한 연예인 충원 경로를 구성했다. 끝으로 학교나 학원, 기획사 등에 광범위하게 퍼져 있는 연예 산업의 산업 예비군이 존재한다. 이른바 '연습생'에서 학생, 아마추어 등에 이르는 폭넓은 스펙트럼의 이 집단은 공식·비공식 시장 진입을 위해 훈련 중이라 할 수 있는데, 최근 몇 년간 급증한 오디션 리얼리티 프로그램을 통해 극적으로 가시화된 바 있다.[27]

연예인 위계 구조의 정점에 있는 사람들은 통상 스타라는 이름 아래 범주화된다. 스타가 가진 매력 자본과 연예 자본은 대중문화산업을 만성적으로 위협하는 수요의 불확실성과 시장 실패의 위험성을 관리하는 데 매우 효율적인 자원이라 할 수 있다. 따라서 이들은 시장 관계에서 독점적 지위를 차지하며 공급자 독점을 형성한다. 또 이들이 갖는 자원의 희소성으로 인해 자연적인 독점 지대가 발생한다(이를 가시성 자본의 독점이윤으로 볼 수도 있을 것이다).[28] 스타 시스템의 활용은 흥행 실패의 상시적인 위험을 벗어날 수 있는 가장 현실적이고 매력적인 대안이기에, 관련 기업들이 스타에게 높은 독점 지대를 지불하는 것은 합리적인 전략이라 할 수 있다. 대중문화산업의 산업 연관적 창구 효과의 발생 가능성 역시 스타의 독점 지대 가격을 더욱 상승시키는 방향으로 작용한다(장용호, 1993: 217).[29] 스타는 이처

27 예를 들면, 〈슈퍼스타K〉 연도별 참가자 수는 2009년 72만 명, 2010년 134만 명, 2011년 196만 명, 2012년 208만 명에 이르렀다. 이러한 엄청난 연예 산업 예비군의 등장은 이제 출신 계급에 따른 전통적 자본들의 안정적인 재생산 체제가 확립되었기에 매력 자본의 불가측성을 통한 사회적 이동만이 유일하게 남은 계급 상승의 사다리라는 사람들의 인식이 투영된 결과라고도 볼 수 있다.

28 스타는 자본주의 지대의 특수한 형태 가운데 하나인 독점 지대를 발생시킬 수 있다. 자연 조건이 특히 유리해 수요가 집중되는 소량의 토지에서 나오는 산물은 독점 가격에 거래될 수 있고 그 판매자는 초과 이윤을 거둘 수 있다. 만일 그 토지가 임차된 것일 경우, 그 초과 이윤은 독점 지대로 전화해 토지 소유자에게 이전된다(Harvey, 1982: 349~350). 마찬가지로 소수의 제한된 인기 연예인에 대한 과도한 경쟁적 수요는 연예인의 독점 지대 가격을 형성시킨다.

29 창구 효과는 상이한 시점에서 각기 다른 유통 플랫폼으로 동일한 콘텐츠 상품을 공급할 때 발생하는 경제적 효과를 가리킨다. 콘텐츠 상품의 이러한 순환은 상품의 수명을 연장시키며 부수 수입을 증가시킨다. 창구 효과는 국내 시장뿐만 아니라 해외 시장과의 관련 속에서도 적용된다. 단일한 상품이 시장 확대에 따라 다단계의 창구를 거치면서 이윤을 실현

연예인의 '몸값'

1990년대 민영 채널 SBS가 처음 등장했을 때, CJ 등 케이블 채널이 드라마 제작을 시작했을 때, 그리고 jtbc 등 종편 채널이 나왔을 때, 스타 배우와 작가들의 개런티가 큰 폭으로 올랐다. 새로 드라마를 내놓는 채널에서는 화제성을 위해 스타 배우나 작가가 필요했고, 스타들은 인지도와 상징자본이 부족한 새 채널로 가는 데서 오는 상징적 리스크를 상쇄하고도 남을 만한 경제적 대가를 요구했기 때문이다. 방송사의 경영 실적 악화와 광고 시장의 전반적인 침체에도 불구하고 이른바 '한류'와 IPTV 등 부가 판권 시장의 성장과 새로운 채널의 출범은 스타의 과도한 '몸값'과 그에 따른 기형적 드라마 제작비 구조를 최근까지도 지속시키는 요인으로 작용하고 있다. 한 예로, 최근 tvN 〈미스터 션샤인〉에 출연한 주연 배우 이병헌은 회당 1억 5000만 원, 24부작 기준 총 36억 원을 받은 것으로 알려졌다. 약 400억 원으로 추산되는 이 드라마 전체 제작비의 약 10%를 배우 한 사람의 출연료로 지급했다는 말이다. 텔레비전 미니시리즈의 경우, 통상 제작비의 70% 정도가 주연급 배우 몇 명의 출연료와 작가의 고료로 쓰이며 남은 30%로 100여 명 가량의 스태프들 인건비와 촬영 등에 드는 비용을 해결해야 한다.[30]

럼 자신이 축적한 상징자본을 그에 상응하는 경제 자본으로 빠르게 전환할 수 있고, 이는 그가 산업 안에서 행사하는 막강한 권력의 기반을 제공한다. 스타의 권력이 크다 보니, 이것이 콘텐츠 산업의 경제적 수익성을 악화시키고 시장 구조를 왜곡하는 부작용을 낳는다는 지적 또한 끊이지 않는다(윤태진, 2005; 하윤금·김영덕, 2003). TV 드라마의 경우 스타의 높은 출연료 → 적은 출연 횟수 → 희소가치 상승 → 출연료 재상승 → 다른 생산요소들(여타 연예인, 작가, 연출 등)의 개런티 동반 상승 → 제작비의 급격한 상승 → 흥행 부담 증가 → 위험성을 줄이기 위한) 스타 출연료 재상승이라는 악순환을 빚어낸다는 것이다(박은희·이정훈, 2007: 80~81).

연예인의 입장에서 상징자본은 여러 문화산업 부문의 시장 영역을 넘나들며 이용할 수 있는 자원이기도 하다. 그는 크게 공식 연관 시장들 — 방송, 영화, 연극, 공연 — 과 비공식 연관 시장들 — 광고, 이벤트(행사), 향락 — 을 오가거나 가로지를 수 있다.[31] 소비재 광고 시장은 광고의 규

하는 것이다. 이는 생산자 입장에서 생산비의 분산 효과를 낳기에 생산자는 여러 유통 창구를 고려한 시장 전략을 수립할 수 있다(장용호, 1993: 216).

30 김윤정, "회당 1억 5천, 톱배우 드라마 출연료에 얽힌 씁쓸한 뒷얘기," 〈오마이뉴스〉, 2018. 9. 3. http://star.ohmynews.com/NWS_Web/OhmyStar/at_pg.aspx?CNTN_CD=A0002468311&PAGE_CD=N0002&CMPT_CD=M0114

31 이때 공식 부문과 비공식 부문의 구분은 다음과 같이 이루어진다. 공식 부문은 연예인이 직접적인 생산 요소로서 생산 과정에 투입되고 따라서 연예인 비용이 생산 요소 비용의 절대적인 부분을 차지하는 경우를 가리킨다. TV, 영화, 연극, 음반 시장 등이다. 비공식 부문의 경우, 연예인은 주 상품인 소비재 수요를 관리하고 판매를 촉진하기 위해 이용되며 연예인 비용의 부담은 주 상품의 생산 원가나 판매 가격에 전가된다. 광고 시장과 향락 시장이 대표적인 경우다. 이벤트 시장은 그 구체적인 성격에 따라 공연 시장과 향락 시장의 중간에 걸쳐 있다. 연예인의 이러한 공식·비공식 시장 이동은 각 시장의 구조적 특성 — 상품의 공공재적 성격 여부, 상품 공급 방식, 규모의 경제 발생 여부, 시장의 불안정성 정도, 창구 효과 여부, 해외 시장, 시장 실패의 전가 메커니즘(예컨대 광고나 공공 지원) 등 — 에 의해 일정하게 제약받을 수밖에 없다(장용호, 1993: 213~220). 한편 가시성 자본을 주축으로 삼는 상

모의 경제, 연예인 지대 전가의 규모의 경제, 스타의 공급자 독점 구조 등이 상호 상승 요인으로 작용해 전체 연관 시장 가운데 가장 높은 초과 독점 지대를 가능하게 한다(장용호, 1993: 219) 하지만 대중문화산업 내 연예인의 시장 이동은 순전히 연예인의 지대 추구 행위라는 경제적인 논리에 의해서만 일어나지 않는다. 우리는 시장들 사이에 느슨하지만 명확한 상징적 위계가 존재한다는 사실 — 예를 들어, 공식 시장 〉 비공식 시장, 연극 〉 영화 〉 TV와 같은 식으로 — 을 감안해야 한다. 그러한 상징적 위계는 대체로 경제적 지대의 산출 정도와는 반대로 가는 경향이 있다. 예컨대, 높은 지대나 초과 독점 지대를 보장하는 비공식 시장은 상징적 권위의 면에서는 낮다. 역으로 낮은 지대만을 가져오는 연극 부문에의 참여가 독점 지대를 낳는 영화나 TV에 비해 상징적 권위는 높은 경향을 띤다.[32] 물론 이러한 부분은 경제 자본의 중요성이 막강해진 후기 자본주의 사회에서는 좀 더 복잡한 양상을 드러내는 것이 사실이다. 그럼에도 상징적 위계질서는 여전히 중요하게 작용하며 대체로 경제적 보상과는 반비례하는

징자본은 특정한 산업의 여러 시장뿐만 아니라, 이질적인 여러 장을 가로질러 통용될 수 있다는 속성을 지닌다. 예를 들어, 미디어 장에서 축적한 상징자본은 정치 장이나 사회 운동의 장에서도 쉽게 이용된다. 언론계 종사자들이 정치인으로 종종 전직하는 현실이 이를 잘 보여 준다. 최근의 사례로는 SBS 이정현 아나운서나 MBN 박종진 아나운서, MBC 배현진 앵커 등을 들 수 있을 것이다. 종편 채널의 시사 프로그램 패널로 나왔다가 정치에 입문하는 변호사들도 점점 더 많아지는 것으로 보인다.

32 상징적 요소는 시장의 유형별 권위에 작용할 뿐만 아니라, 그 내부의 장르 등에서도 미세하게 끊임없이 작용한다. 또 예를 들면, 같은 광고라 할지라도 스마트폰 광고나 화장품 광고, 의약품 광고, 대부업 광고 등은 그 상징적 가치에서 큰 차이가 난다. 어떤 광고는 스타가 기존에 지닌 상징자본을 단순히 이양하거나 심지어 훼손할 수도 있지만, 어떤 광고는 제품의 상징자본을 일정하게 모델이 된 연예인에게 이양해 줌으로써 상호 상승 효과를 발휘한다. 이는 시장의 경우도 마찬가지다.

구조로 나타난다는 점을 부인하기는 어렵다.[33]

따라서 순전히 경제적인 논리상으로만 본다면, 특히 스타 연예인의 경우 높은 독점 지대가 발생하는 대중문화산업 부문으로 계속 시장 이동을 해야 하며, 인기도가 높을수록 그 속도와 빈도가 높아져야 하지만, 실제 일은 반드시 그런 식으로 일어나지 않는다. 어떤 배우들은 TV 아닌 영화에만 출연하는 식으로(송강호, 김윤석, 박해일, 안성기 등), 또 어떤 이들은 TV나 영화에서 지대가 낮은 연극 부문으로 때때로 시장 이동을 함으로써 자신들의 연예 자본을 관리한다. 물론 이는 그들이 이미 상당한 경제 자본을 보유하며, 연예 산업 내에서 상징자본의 환금성이 높기 때문이라고 볼 수 있다. 비인기 연극배우의 경우, 문화산업 수요의 불확실성 관리에 거의 영향력이 없기 때문에 시장 이동 기회가 근본적으로 제약받으며, 시장 가격 또한 최저 생계비 수준에서 정해진다. 연예 자본의 양이 적기에 이윤 또한 규모가 작은 것이다. 이러한 비인기 배우는 기회가 생긴다면 큰 경제적 유인이 발생하는 시장(TV, 영화)으로 이동해 경제 자본과 가시성 자본을 동반 상승시키고자 할 가능성이 매우 크다. 이때 연극 부문이 '예술'로서 갖는 상징적 가치는 배우의 자유로운 이동을 제약하는 주요소로 작용할 수 있다. 반면 텔레비전 드라마와 영화의 문화적 가치 상승과 실제 시장 이동의 다양한 성공 사례들(예컨대, 송강호, 설경구, 박희순 등)은 강력한 촉매제가 될 것이다.

---

33 한 예로 배우 원빈의 경우, 여전히 강력한 매력 자본과 가시성 자본을 지니고 있음에도 2010년 영화 〈아저씨〉 이후 더 이상 '작품' 출연을 하지 않으며 고유한 상징자본의 관리에 소홀함으로써 전체적인 연예 자본의 면에서 일정한 손실을 입고 있는 것으로 추정된다. 최근 그에게 가해지는 (더 이상 '배우'가 아니라) 'CF 스타'일 뿐이라는 식의 지적은 일종의 멸칭이라 할 수 있다. 이는 연예 산업과 관련해 사람들의 머릿속에서 작동하는 미묘한 상징적 위계의 존재를 드러낸다.

연예인의 경제 자본 확보에서 특히 중요한 것은 상징자본의 환금성이 매우 높은 광고 시장과 이벤트 시장(대학 축제, 지자체 행사, 개점 행사), 향락 산업에서의 서비스 공급자로서의 활동이다. 그는 방송 등을 통해 축적한 상징자본을 바탕으로 이러한 비공식 연관 시장에서의 수익 창출을 위해 노력한다. 향락 산업과 이벤트 산업은 경제적으로 높은 부수 지대spin-off rent를 보장함으로써 인지도와 가격 수준이 다양한 연예인들의 시장 이동을 발생시키며, 특히 비인기 연예인들의 생존 여지를 마련한다. 이 산업들은 상징적 위계의 아래쪽에 위치해 있다는 특성상 유명 연예인들에게는 매우 높은 경제적 초과 지대를 보상해야 한다(장용호, 1993: 220). 스타의 경우 자신의 상징자본을 부수적으로 MD 사업(패션, 굿즈)이라든지 프랜차이즈 기업 활동(예컨대 요식업) 등에 활용할 수 있다. 이러한 활동은 연예인이 직접 연예 용역을 제공하지 않아도 지속적으로 매출이 발생할 수 있다는 점에서 기본적으로는 상징자본이 생산하는 부가가치의 논리에 기대어 작동하는 성격을 띤다.

상징자본과 경제 자본의 관리자로서 매니지먼트사

직업인으로서 연예인이 처하는 근본적인 난점은 현재 아무리 인기가 있더라도 그가 가진 다양한 자본을 안정적이고 장기적으로 관리하지 않으면 금세 생존까지 어려워질 수 있다는 사실이다. 기본적으로 연예인은 비정규직 프리랜서의 성격을 띠고 있으며, 그가 지닌 연예 자본은 상당한 변동성과 불가측성을 속성으로 한다. 예컨대, 사람들의 관심이 경제적 성패의 핵심 변수가 되는 주목 경제attention economy의 메커니즘 속에서 잠재적 경쟁자군이 두텁고 신참자가 계속 증가하며 유행의 주기가 짧아지는 상황은 연예인의 가시성 자본을 지속적인 감소 위협에 시달리게 만든다. 한편 연예인이 가지는 매력 자본의 총량은 육체의 생물학적 노화에 의해 점진적으로 감소하는 추세를 보인다. 이는 물론 절대적인 것이 아니다. 계급에 따라 노화가 상이한 의미를 가질 수 있듯이, 연예인 역시 노화를 관리하기에 따라서는 나름대로 자신에게 유리한 방향으로 이용할 수도 있기 때문이다. 그럼에도 일반적으로 노화는 매력 자본에 부정적인 효과를 가져오는 것으로 여겨진다. 또한 특정한 연예인이 가진 매력 자본의 평균 이윤율은 시간이 흐르면서 점차 저하하는 경향이 있다. 처음에 신선하다든지 개성 있는 것으로 받아들여졌던 외양은 사람들에게 점점 익숙해지면서 차별화 이윤이 감소하고, 연예인-상품은 한계효용 체감의 법칙에 직면한다. 이를 막거나 늦추거나 때로 역전시키기 위해서는 그것을 체계적으로 통제, 지원하는 회사의 도움이 필요해진다(박성혜, 2010 참조).

연예 매니지먼트란 연예인이 영화, TV 드라마, 연예 프로그램, 음반, 광고 등을 통해 활동하는 전체 과정을 기획, 관리, 유지하는 매니지먼트 사이클management cycle을 효율적으로 운용하고 이를 바탕으로 이윤을 창출하는 행위로 정의된다(하윤금·김영덕, 2003: 20). 달리 말해, 연예인의 매력 자본과 상징자본이 경제적·상징적 이윤을 지속적으로 생산할 수 있도록 한편으로는 연예인 자신, 다른 한편으로는 그가 활동하는 생산·유통 시장의 제반 환경과 조건을 우호적으로 관리하는 일인 셈이다. 이러한 연예 매니지먼트를 전문적으로 담당하는 회사는 연예인과 더불어 연예 산업을 구성하는 양대 축이라 할 수 있다. 국내에서는 1990년대 이래 연예 매니지먼트사가 본격적으로 발전하고 대기업 자본이 시장에 유입되면서 기업형 매니지먼트 시스템이 도입되기 시작했다. 여기엔 몇 가지 배경 요인이 작용했는데, 직접적으로는 1990년 민영 방송 SBS가 개국하면서 KBS와 MBC의 등급제 산정 방식이 붕괴되고, 이전까지 전속제였던 연예인과의 출연 계약 형태가 자유계약제로 전환되었던 것, 1995년 케이블 방송의 시작으로 연예인들의 활동 공간이 넓어진 것 등이 중요하게 작용했다(유승관, 2007; 김광수 외, 1997: 231~272 참조). 1980년대 중반 이후 경제 호황과 더불어 이루어진 문화 상품의 소비자층 확대와 대중문화산업의 성장 역시 연예 산업 활성화의 계기를 마련했다.

이는 기업 구조의 변동을 동반했다. 1980년대까지만 하더라도 대표나 소속 스타 한두 명이 연예기획사 전체를 개인적인 주관이나 능력에 따라 좌지우지하는 구조가 지배적이었다. 기업형 매니지먼트 회사의 부상과 더불어 연예 산업에서는 장기적인 사업 계획과 체계적인 경영 기법으로 무장한 인력과 조직, 자본력을 갖춘 구조가 출현했다. 이는 그 이전까지 주먹구구식으로 이루어졌던 연예인 상품 생산과 상징자본의 관리 과정을 한층 합리적이고 효율적으로 변화시켰다. 1994년 최초의 기업형 종합 매니지먼트사로 꼽히는 스타서치가 설립되었다가 우여곡절 끝에 1년 만에 문을 닫았다(박성혜, 2010 참조). 하지만 곧이어 1995년 등장한 SM엔터테인먼트(원래 SM기획으로 1989년 창설)가 1996년 H.O.T를 성공시키고 급부상하면서 국내 시장에 새로운 매니지먼트 방식이 본격적으로 정착된다. 그것은 미국 유학 경험이 있던 SM 대표 이수만이 미국 대중음악계의 전문화된 기획·관리 시스템을 도입한 결과이기도 했다. 이후 대형 연예 매니지먼트사들은 시장에 대한 과학적인 조사 분석과 기획, 공개 오디션을 통한 신인 선발과 교육, 체계적으로 분업화된 제작과 마케팅, 다양한 창작 인력의 활용, 여러 분야(회계, 제작, 홍보, 법률)에서의 전문성 확보, 매니저 업무의 세분화, 방송 등의 공식적인 섭외 활동, 적극적인 팬덤 관리와 부가 상품 마케팅, IT 기반의 홍보 전략, 사업 다각화(라이센싱, 퍼블리싱, 방송·공연·인터넷·모바일 콘텐츠, 패션 사업 등)와 공격적인 해외 시장 진출 등을 특징으로 삼게 되었다(손남원, 2015; 안윤태·공희준, 2012 참조).

1990년대 이래 연예 매니지먼트사들은 시기에 따른 굴곡과 부침을 거치며 변화해갔는데, 초기 기업형에서 소규모 기업으로의 이행, 2000년대 이후 금융화에 힘입은 거대 매니지먼트사의 부상, 그리고 개인 기업으로의 분화 등 대형화와 파편화를 반복적으로 겪으며 발전해 왔다. 국내 연예 매니지먼트사는 대개 연예인 관리의 매니지먼트 업무와 계약 담당의 에이전트 업무를 동시에 수행하는 형태로, 업무의 조직 기반에 따라 크게 다섯 유형으로 분류가 가능하다. 첫째, 연예인이 소속 회사 없이 가족, 혹은 친척 중심의 개별 매니지먼트 행위를 하는 경우, 둘째, 연예인 1인 중심으로 조직된 회사, 셋째, 전문 매니지먼트사, 넷째, 제작사 기반의 매니지먼트사, 다섯째, 일반 기업을 모체로 한 매니지먼트사 등이다(박은희·이정훈, 2007).

연예인과의 관계라는 측면에서 볼 때, 매니지먼트사들의 요체는 결국 연예인(특히 스타)이 소유한 상징자본의 체계적인 관리와 확대 재생산, 그리고 경제 자본으로의 원활한 전환에 있다고 할 수 있다. 스타는 기업으로서 매니지먼트사의 경제 자본과 상징자본을 동시에 보증하며, 따라서 시장에서의 매출액과 협상력을 높이는 관건이 된다. 많은 국내 매니지먼트사들이 무리한 전속금과 비합리적인 수익 배분 구조를 무릅쓰고 스타를 보유하려고 애쓰는 이유가 거기 있다. 하지만 스타의 보유는 언제나 양날의 칼에 가깝다. 한편으로 매니지먼트사는 스타를 내세워 캐스팅과 제작에까지 관여하면서 방송사, 제작사와의 협상에서 상당한 권력을 행사할 수 있다. 이는 때로 제작사에 대한 과다한 수입 배분 요구, 스타를 빌미로 한 과도한 투자 수주, 회사 주가 띄우기 등 무리한 기업 행위로 이어지기도 한다. 다른 한편으로 이처럼 스타에의 의존도가 높아지면 매니지먼트사와 스타 사이의 권력 불균형이 과하게 발생하고, 이는 다시 스타의 무리한 요구, 전속 관계의 일방적 파기라든지 계약 분쟁의 사례들로 나타날 수 있다.

연예인과 매니지먼트사는 몇 가지 차원에서 권력 관계의 긴장 상태에 놓이는 것으로 보인다. 일단 연예인의 경력과 위상에 따라 매니지먼트사에 대한 협상력이 달라진다는 점을 전제해두자. 스타와 중견급 연예인은 신인에 비해 계약에서 훨씬 더 큰 협상력을 가진다. 또 사회 내 젠더 불평등 때문에 매력 자본의 축적 방식이 더 다양하고 유연한 남성 연예인은 여성 연예인에 비해 구조적으로 우월한 지위에 놓인다(김현경, 2014). 그러한 전제 위에서 첫째, 경제적 이익 배분을 둘러싼 긴장은 언제나 일종의 상수로 존재한다. 이는 연예인의 상징적 위상과 가치가 변화할 때, 또 그것에 대한 당사자와 매니지먼트사의 평가가 상이할 때 증폭될 가능성이 높다. 둘째, '작품성' 있는 문화 상품의 선택을 통해 자신이 가진 상징 자본의 포트폴리오를 적절히 관리해야 하는 연예인과 상대적으로 연예인의 경제적 수익과 매출에 더 민감할 수밖에 없는 매니지먼트사 사이에 일정한 구조적 간극이 생겨날 수 있다. 부르디외는 문화 생산 영역에 종사하는 사람을 '이중적 인물personnage double'이라고 묘사한 바 있다. 예컨대, 책이 상품이자 의미 작용이듯이, 출판인 또한 돈과 예술을 조화시킬 줄 아는 이중적 인물이라는 것이다(Bourdieu, 1999: 16). 정도의 차이는 있겠지만, 이러한 지적은 문화 예술의 모든 분야에 적용된다. 연예 산업이라고 예외는 아닐 터다. 다만 우리는 '생활인'인 동시에 '대중 예술인(아티스트)'을 자처하는 연예인과 냉혹한 시장 경쟁에 끊임없이 시달리며 기업 조직으로서 경제적 이익을 내고 생존해야 하는 매니지먼트사는 그 '이중성'에서 상당한 간극이 있을 것임을 합리적으로 추론할 수 있다. 그리고 그 간극은 일상적으로 벌어지는 갈등과 타협의 원천으로 작용할 것이다. 셋째, 노동력 재생산과 자기실현을 위한 여가 시간을 최대한 확보하려는 스타의 욕구와 스타의 연예 용역 노동 빈도 및 시간을 최대화함으로써 수익과 매출의 극대화를 꾀하려는 매니지먼트사의 이윤 추구 성향이 충돌할 가능성이 상존한다. 사실 매니지먼트 업무는 기본적으로 고비용·저수익의 불균형한 구조를 갖는다. 연예인의 용역 노동에 의해 연예 산업의 매출이 발생하는 기간은 한정되어 있는 반면, 지출은 상시적으로 발생한다. 경쟁이 치열하고 수요가 불안정한 연예 시장에서 연예인의 활동 시기는 제한적인 반면, 상징자본의 지속적인 관리를 위한 비용은 증가하는 경향이 있다(유승관, 2007 참조). 이러한 상황에서 매니지먼트와 에이전시, 제작과 교육 업무를 모두 결합한 형태를 띠는 대형 연예 매니지먼트사들의 경우에는 스타 중심의 제작 시스템을 활용하면서 드라마, 영화, 음반, 공연 외에도 다양한 부가 사업으로 매출을 극대화하고자 시도한다. 이는 매니지먼트사들의 사업 다각화 전략, 특히 연예인들을 관리하는 요소 시장에서 더 나아가 (콘텐츠를 직접 제작하고 유통시키는) 생산 시장과 유통 시장을 결합시킨 종합 회사로의 지향에서 분명히 드러난다(이문행, 2009, 2011). 넷째, 기업으로서 매니지먼트사는 이윤 증대를 위해 시장의 유행과 대중의 변화하는 취향에 맞는 '연예인-신상품'을 계속 출시하려는 경향이 있으며, 이는 기존의 소속 연예인들에게는 경쟁을 심화시키는 끊임없는 압박 요인으로 작용한다(김현경, 2014).

한편 1990년대 중반 이래 등장한 대중음악계 매니지먼트사는 고유한 연예인 육성 시스템을 개발해 정착시켰다는 점에서 흥미롭다. 재능 있는 연예인 후보생을 수년 동안 도제식으로 훈련 시켜 스타로 키워 내는 방식은 국내에서는 1980년대 중반 가수 김완선을 성공적으로 데뷔시킨 매니저 한백희가 원조 격으로 꼽힌다. 일본 바둑계의 프로 바둑기사 양성법을 연상시키는 이 시스템은 1990년대 이후 SM, YG 같은 기획사들이 시도해 성공하면서 활성화되었다. SM의 현진영, H.O.T로부터 보아, 슈퍼주니어, 소녀시대, EXO 등과 YG의 빅뱅, 투애니원 등, JYP의 비, 2PM, 원더걸스, 미쓰에이, 트와이스 등으로 이어지는 아이돌들이 대표적인 예다(손남원, 2015; 안윤태·공희준, 2012 참조). '아이돌'이라는 용어가 10대 때부터 기획사에서 연습생 시절을 거쳐 데뷔한 가수라는 의미로 통하게 된 것도 SM엔터테인먼트가 배출한 H.O.T가 등장해 성공하면서부터였다(이문행, 2011: 11). 2000년대 이후 오랫동안 대중음악계 매니지먼트의 삼각 편대를 구축한 SM, YG, JYP는 스타라는 인격화된 거대 상징자본을 기획사 내부에서 자체 생산해내는 시스템을 구축했고, 그럼으로써 스타를 회사의 기획력과 매니지먼트 능력, 경제적 이익과 목표에 철저히 종속시키면서 차별화된 형태로 구성하는 전범을 제공했다.

이 '아이돌 메이킹'의 작업은 기획사의 철저한 관리 아래 연예 산업 예비군들에게 매력 자본과 상징자본을 축적시키고 그것을 광범위한 국내외 시장에 유통시킴으로써 경제 자본으로 전환해내는 과정이라 할 수 있다. 이는 매력 자본을 이미 '갖춘' 신인을 발굴해내는 방식에 비해 연예인의 매력 자본을 시장에 맞추어 기획사가 '주조하는' 방식이라는 점에서 기업의 계산적·전략적 합리성이 관철되는 정도가 훨씬 더 높다. 이 '한국적인' 육성 시스템은 연습생들을 선발해 도제식 교육과 주입식 교육을 결합한 훈육 체계 속에서 적어도 2~3년, 평균 4~5년 동안 생활하게 하고 외모나 연예 역량(보컬, 댄스, 연기, 화법, 외국어)은 물론 '인성'까지 주형한 후, 그 가운데 절반가량만 최종 데뷔시키는 훈련-선별 메커니즘을 가동시킨다(김수정·김수아, 2015 참조). 이렇게 만들어지는 아이돌들은 시장의 수요와 반응에 대한 예측에 따라 '선 기획, 후 캐스팅'의 수순을 밟는다. 이들은 이른바 '만능 엔터테이너'로서 대중문화산업을 통합 시장으로 상정하고 양성되는 경우가 많으며, 해외 시장까지 적극적으로 겨냥함으로써(이는 당연히 연습생 선발에서부터 고려된다) 국가적·지리적 경계를 넘어선다. 이들의 전 지구적 유통 잠재력은 많은 부분 신체적 속성에 기댄 매력 자

본의 일정한 보편성과도 무관하지 않을 것이다.[34]

유의할 점은 이러한 아이돌 혹은 스타 육성 시스템은 단순히 재능 있는 신인을 발굴해 연예인 상품화하는 과정에 비해 훨씬 장기간에 걸쳐 진행된다는 것이다. 달리 말하면, 아이돌 메이킹은 연예 산업이 긴 시간 축 위에서 '경제 자본(기획사 투자) — 상징자본(연예인) — 경제 자본(수익)'의 전환 과정을 내적으로 통합해 체계적으로 구현하는 능력을 가장 단적으로 보여 준다. 회사가 수년간 지출만 발생하고 매출이 나오지 않는 연습생 집단을 유지하기 위해서는 상당한 경비와 투자가 요구되며 적지 않은 실패 위험 역시 감수해야 한다는 점에서, 이러한 방식은 고비용-고수익의 노선을 따른다. 그것은 매니지먼트사 입장에서는 연예인이라는 자본-상품이 회사에 대해 갖는 구조적 권력을 통제할 수 있는 효율적인 수단이기도 하다. 보통 10대 청소년으로 이루어지는 연습생 집단은 성인에 비해 통제와 관리가 수월하고 경제적 책임으로부터 자유롭기 때문에 준비 기간은 물론 데뷔 이후에도 일정 기간 수익을 분배하지 않는 계약이 가능하다. 하지만 인격-자본으로서 연예인이 갖는 주체성과 예측 불가능성이

34 대중음악계에서는 팀을 이뤄 활동하는 밴드나 그룹이 그 자체 일종의 브랜드화함으로써 상징자본으로 작동하는 상황이 오랫동안 이어져 왔다. K팝 아이돌의 경우, 특히 이러한 그룹의 브랜드 자체와 구성원 각각의 상징자본을 극대화함으로써 양자 간에 시너지를 불러일으키며 자본 총량을 증식시키는 전략을 적극적으로 수행한다. 여러 명으로 구성되는 아이돌 그룹은 이른바 '칼 군무' 등 스펙터클의 생산에 유리하다는 점 외에도 멤버들의 독자적인 매력을 활용한 개별 캐릭터 구축이 가능하다는 점, 멤버들의 이탈이나 사고, 군복무 등에 효과적으로 대처할 수 있다는 점, 여러 멤버를 번갈아 조합해 가며 새로운 유닛이나 솔로 활동을 수행하도록 만들 수 있다는 점과 같은 다양한 장점이 있다. 그룹의 개별 구성원들은 자기 고유의 상징자본을 축적하는 동시에 아이돌 그룹이라는 하나의 브랜드와 상징자본을 주고받는다. 이러한 아이돌 시스템은 미국 대중음악계의 보이 밴드와 일본의 아이돌 시스템(모닝구 무스메, AKB48)이 중요한 참조점을 제공한 것으로 알려져 있다.

매니지먼트사의 권력과 통제를 넘어설 가능성은 언제든지 존재한다. 회사 측의 투자 대비 이익 회수라는 경제적 합리성과 형식적·합법적 계약 관계의 논리만으로 온전히 환원되지 않는 '갑질,' '노예 계약' 논란과 아이돌들의 관리 실패 사례(수퍼주니어, 동방신기, EXO, KARA)는 그러한 문제를 여실히 드러낸다(이재목, 2011 참조). 한편 아이돌 메이킹은 신자유주의의 자기계발 및 자기 주도 성공 신화와 조응하면서 사회 내에서 특유의 이데올로기적 효과를 생산한다. 메이킹 과정 자체가 단순한 홍보용의 목적을 넘어 인기 있는 방송 프로그램 장르의 하나로 안착함으로써 그러한 효과는 더욱 자연스럽게 발휘되는 것처럼 보인다(《프로듀스101》의 사례).

가시성 자본의 축적 토대로서 미디어 플랫폼

연예인과 연예 매니지먼트사가 주축을 이루는 연예 산업이지만, 콘텐츠 제작사나 유통 플랫폼을 빼놓고 이야기하기 어려운 이유는 크게 두 가지다. 하나는 연예인과 매니지먼트사 모두 결국 콘텐츠 제작과 유통을 위한 일종의 준비 단계에 있는 행위자들이기 때문이다. 콘텐츠의 측면에서 보자면, 연예인은 하나의 생산 요소이며 매니지먼트사는 그 생산 요소가 실제 생산에 상품 가치를 가지고 투입될 수 있도록 관리하는 주체라 할 수 있다. 따라서 연예 시장의 매출은 주로 연예인이 자신의 실연 노동을 콘텐츠 제작자에게 제공하고 받는 대가로 이루어진다. 또 다른 하나의 이유는 연예인이 상징자본을 축적하고 확대 재생산하는 과정에서 제작사와 미디어가 결정적인 권력을 행사하기 때문이다. 이는 매니지먼트사의 경우, 기본적으로 연예인의 상징자본을 관리하는 역할을 수행한다는 사실과 대비를 이룬다.

제작사와 미디어는 연예인 가시성 자본의 축적을 좌우한다. 에니크에 따르면, 가시성 자본의 핵심은 '인지(알아보기) 관계'의 '불균형'에 있다. 즉 그 자본의 축적은 연예인이 많은 사람들에게 '일방적으로 알려지면서' 시동을 거는 것이다. 이는 일단 콘텐츠 상품(영화, 드라마, 방송 프로그램, 음반, 음원 등)의 생산에 연예인이 참여해 노동력을 제공함으로써만 가능해진다. 연예인이 콘텐츠를 통해 연예 시장에 데뷔함으로써 가시성 자본의 시초 축적 과정이 시작된다. 연예인이 인지도를 갖추어가는 이 시초 축적 과정(연예인이 흔히 '무명 시절' 또는 '신인 시절'로 회고하는)은 두 층위의 수용자를 가진다. 일반 대중과 '연예계 관계자'가 그것이다. 이때 핵심적인 것은 연예인으로서 일반 대중에게 널리 얼굴과 이름이 알려지는 것만큼이나, 아니 어쩌면 그보다 더, 같은 업계의 관계자들 '눈에 드는' 것이다. 경쟁이 심한 세계일수록 집단적 구속 또한 강하고, 결국 서로가 서로에게 뒤지지 않기 위해 서로를 부지런히 참조하며 콘텐츠를 제작하기 때문이다(Bourdieu, 1996 참조). 동업자들의 호의적 평가는 가시성 자본의 안정적 축적에 결정적으로 기여한다.

이러한 상황에서 연예인이 가시성을 얻기 위한 구체적 토대로서 콘텐츠 생산에 참여 기회를 갖는 것은 연예 용역 제공에 따른 경제적 보상 못지않게, 연예 자본의 장기적인 축적과 확대 재생산을 위해 필수적인 계기를 마련한다는 의미를 지닌다. 따라서 그 기회를 제공하는 캐스팅이 가지는 중요성은 더할 나위 없이 크다. 제작사가 갖는 힘 또한 바로 이 캐스팅의 권한을 쥐고 있다는 데서 나온다. 물론 공급자 독점을 이루며 동시 수요가 발생하는 스타의 경우엔 연예인과 매니지먼트사 쪽의 권한이 클 수 있다. 하지만 이는 소수의 사례이며, 특히 가시성 자본이 적은 연예인들의 경우엔 해당하지 않는다. 이처럼 제작사는 매니지먼트사에 대해 구조적인 힘의 우위에 서게 되는데, 이는 매니지먼트사가 스타를 보유하려 애쓰거나 제작 부문을 수직적으로 통합하려 시도하는 이유가 된다.

일단 일정량의 상징자본을 축적한 연예인은 여러 시장의 이동을 통해 자신의 상징자본을 확대 재생산하고 이를 경제 자본으로 전환할 수 있게 된다. 예컨대, 2000년대 초 〈서프라이즈〉(MBC)의 재연 배우로 연예계 경력을 시작한 김수현은 조연, 주연을 거치고 2010년대에 드라마 〈해를 품은 달〉(MBC)과 〈별에서 온 그대〉(SBS)가 크게 성공하면서 스타로 자리 잡았다. 그 과정에서 그는 〈은밀하게 위대하게〉(장철수/2013) 등의 영화 출연을 비롯해, 드라마 OST 앨범, 예능 프로그램 등에도 참여했다. 그 밖에 CF, 홍보대사, 인터뷰, 화보 촬영 등 다양한 분야에서 캐스팅 수요가 많아진 것은 물론이다. 이는 단순히 금전적 수입뿐만 아니라 상징자본을 계속해서 확대 재생산하는 선순환을 그린다. 우리는 지금의 유명 배우나 가수, 모델 등 이른바 스타들에게서 유사한 궤적을 쉽게 발견할 수 있을 것이다.

에니크에 의하면, 경제 자본은 과시에 돈과 시간이 드는 반면, 가시성 자본의 과시는 희소성만을 대가로 치르며 보충적으로 더 커다란 가시성을 가져온다. 스타가 미디어에 나올수록 그의 가시성은 증가한다. 스타가 가시적일수록, 그의 팬은 양적으로 증가하고 그의 이미지 활용은 이윤을 가져온다. 가시성 자본은 이처럼 순환적이며 자기 구성적인 특징을 지닌다(Heinich, 2012: 49). 콘텐츠 생산에 투여된 연예인의 노동이 출연료나 개런티로 보상받고 나면, 이후 기술적으로 복제, 유통되는 콘텐츠는 연예인의 가시성 자본을 증대시킨다. 이렇게 증대된 자본은 더 많은 캐스팅 수요를 창출한다든지 개런티를 인상시키는 등의 효과를 가져 온다.

연예 자본의 확대 재생산에 중심적으로 기여하는 것은 유통 플랫폼으로서의 방송이다. 유통 플랫폼은 소비자가 콘텐츠를 다양한 방식으로 구매하는 공간이자 콘텐츠의 소비가 구체적으로 일어나는 공간을 가리킨다. 유통 단계에서 콘텐츠 상품의 교환 가치가 실현되고 콘텐츠 시장이 형성된다는 점에서 방송, 극장, 음원 서비스 등의 플랫폼은 커다란 경제적인 의미를 갖는다. 나아가 그것은 콘텐츠에 대한 인터페이스를 제공하고 소비 지표(시청률, 관객 수, 판매량)를 제공함으로써 가시성 자본을 실질적으로 형성시키고 확장한다. '시청률 40%의 사나이'라든지 '천만 배우,' '음원 차트 1위 가수' 등의 수식어는 특정한 스타가 갖는 가시성 자본의 정도를 통속적으로 표현한다. 그런데 대규모 자본이 요구되는 플랫폼 사업자 수는 제작사나 콘텐츠 수에 비해 현격하게 적고, 그 결과 플랫폼은 연예인의 공적 가시성을 결정하는 막강한 편성 권력을 행사하게 된다. 유통 플랫폼 가운데서도 특히 방송은 그 수가 상대적으로 적은 반면, 영상 미디어로서의 기술적 속성, 제도와 연관된 공적 권위, 일반화된 대중 미디어로서의 역사적 성격 때문에 아직까지는 상징자본의 가장 강력한 지렛대로 작용한다. 배우나 가수 등의 연예인들이 높지 않은 출연료에도 불구하고 드라마나 음악·예능 프로그램 등 방송 출연을 중시하는 이유도 그것이 상징자본 축적에 가장 빠르고 효율적인 수단이기 때문이다. 역으로 방송사에서 스타들에게 실제 인기도에 비례하지 않는 출연 가격을 책정할 수 있는 이유도 엄청난 범위의 가시성을 통해 상징자본을 제공하는 방송사의 권력이 눈에 보이지 않는 보상을 더해 주고 있다는 점을 은연중에 의식하기 때문일 것이다. 물론 방송사 역시 스타의 연예 자본이 끌어올 수 있는 시청자 수요에 의존적이기에, 방송사의 권력 역시, 모든 권력관계가 그렇듯, 결코 일방향적인 것만은 아니다.

더욱이 케이블, 종편 채널을 위시한 다채널 네트워크와 유튜브, SNS 등 각종 디지털 플랫폼의 부상은 기존의 소수 지상파 방송사가 독점적으로 행사해 오던 권력을 급격히 상대화하고 분산시키는 효과를 낳고 있다. 이는 분야에 따라 정도의 차이가 있지만, 특히 대중음악 부문에서 두드러지는 것으로 보인다. 매니지먼트사들 역시 그러한 변화에 민감하게 반응하며 다양한 디지털 플랫폼을 적극적으로 활용하고 있다. 가시성 자본을 최대한 효과적으로 증식하기 위해 기존 미디어와 새로운 미디어의 조합 역시 흔히 일어난다. 한 예로, YG에서는 빅뱅이 데뷔하기 전 〈리얼다큐 빅뱅〉이라는 서바이벌 오디션 프로그램을 통해 빅뱅의 멤버가 구성되는 과정을 소개했다. 2006년 인터넷상의 곰TV를 통해 먼저 방영된 이 다큐는 2주일 만에 조회수 100만을 넘기며 큰 화제를 모았고, 곧이어 MTV 코리아를 통해 방송되었으며 2007년에는 MTV SEA를 통해 아시아 15개국에서 동시 방영되며 인기를 끌었다(손남원, 2015; 위키백과 '리얼다큐 빅뱅' 항목 참고). 한편 2005년 시작된 유튜브 서비스에서는 DSP미디어가 2005년, SM이 2006년, YG와 JYP가 2008년 각각 자체 채널을 개설해 뮤직 비디오는 물론 라이브 공연 직캠, 팬들의 패러디 영상 등을 올리며 활발히 운영하고 있다. 유튜브뿐만 아니라 블로그나 페이스북, 트위터, 인스타그램 또한 연예인과 매니지먼트사가 가시성 자본을 관리하고 확대 재생산하는 새로운 미디어 플랫폼으로 그 영향력을 점점 더 키워가고 있다. 이는 최근 BTS의 전 세계적인 인기 사례에서 보듯 '열혈 팬덤'과 해외 시장의 성장을 촉진하는 핵심 창구의 역할을 톡톡히 수행하는 것으로 보인다.

대중문화산업의 상징경제적 접근을 위하여

이른바 스타, 셀럽, 연예인을 둘러싸고 형성되는 대중문화산업은 그 경제적 규모와 사회문화적 의미가 점점 더 커져가는 한편, 작동 논리는 단순한 경제적·계산적 합리성으로 환원되기 어려운 지점들을 드러낸다. 예술사회학자 에니크의 지적처럼, 감정, 애착, 인정의 추구가 행위의 핵심 동인으로 작용하는 넓은 의미의 '일반 경제'에서, '유용한' 물질적 재화의 수요와 공급에 기초한 통상적인 경제는 사실 하나의 특수한 사례에 지나지 않을지도 모른다(Heinich, 2012: 300). 이러한 문제의식 아래 이 장에서는 대중문화산업을 이해하는 하나의 대안적 관점으로 부르디외의 상징경제론이 어떤 원리와 개념들로 이루어져 있는지 설명하고 국내 연예 산업의 구조에 구체적으로 적용해 논의해 보았다.

상징경제적 접근은 기존의 경제학적 혹은 비판적 접근들이 상대적으로 간과해 왔던 경제적 행위자들의 상징적 행동 논리와 전략에 초점을 맞춤으로써 대중문화산업의 생산 메커니즘이 순전히 '경제적 경제'의 원리에 따라 이루어지지 않음을 부각시킨다. 그것은 또 단순히 비상업적인 고급 문화 부문만이 아닌, 산업화된 대중문화 부문에도 확장해 이용 가능한 개념들을 제공함으로써 사회 세계 내 문화 생산 영역에 대한 총체적인 이해를 가능하게 해 준다. 유념할 것은 상징경제적 접근이 기존의 다른 접근법들을 완전히 대체하는 분석틀은 아니라는 점이다. 예컨대 그것은 연예 산업 내 (외국) 금융 자본의 흐름이라든지 대형 매니지먼트사와 거대 엔터테인먼트 기업의 시장 독과점 및 해외 진출, 정치적 결탁과 종속 관계 등을 분석하기 위해 여전히 경제학이나 비판적 정치경제학의 언어를 필요로 한다. 다만 그것은 그러한 기업과 관련 행위자들이 추상적이고 물상화된 경제적 이윤 추구 논리를 넘어, 구체적이고 미시적인 수준에서 어떤 논리에 따라 판단하고 결정하며 행동하는지 분석할 수 있게 해 주는 것이다. 그럼에도 그것이 원래 프랑스 사회의 고급 문화 부문의 분석을 위해 정교화된 문제틀이라는 사실은 급속히 변화하는 현재의 우리 사회 대중문화산업의 논의에 어느 정도의 유용성을 가지며 어떤 한계를 지니는지, 또 어떤 식으로 확장되어야 하는지 따져 묻지 않을 수 없도록 만든다. 우리가 상징경제론을 이용한 문화산업 현실의 분석이 훨씬 더 유연하게 이루어질 필요가 있으며, 다른 비판적 접근들에 대해 보완적인 성격을 가진다고 강조한 이유다. 이러한 관점에서 이 장에서는 특히 상징자본 개념과 그 연관 개념들을 중심으로 국내 연예 산업의 행위 주체들이 드러내는 실천 논리의 역동성을 검토하는 데 논의를 집중했다.

최근 두드러지는 다양한 대중문화 현상들, 예컨대 셀럽 문화라든지 팬덤 문화, 한류 현상 등은 문화 경제에서 상징적인 것의 층위가 갖는 의미를 곱씹어보게 만든다(Davis, 2013: 7장 참조). 예술 영역의 상업화와 예술 시장의 성장, 그리고 스타 예술가들의 부상과 같은 변화 또한 그렇다. 언제부턴가 연예인(혹은 셀럽, 명사, 유명인)은 특정한 문화 상품의 가치 발생에서 가장 핵심적인 요소로 자리 잡았다. 영화나 음악, 뮤지컬 등에서 직접적으로 확인 가능한 스타들의 이른바 '티켓 파워'는 이를 단적으로 보여 준다. 이를 인격적 유형의 상징자본의 중요성이 증가하는 경향이라고 말할 수 있을까? 연예인의 상징자본은 그의 신체(활동)의 가시성, 시각성과 긴밀히 연계되어 있는데, 영상 미디어의 네트워크는 그 어느 때보다도 광범위하고 촘촘해졌다. SNS나 유튜브 같은 플랫폼의 전 지구적 발전과 스마트폰 등 개별화된 각종 디지털 기기의 일반화로 인해 공적 가시성 체제regime of public visibility의 변동이 일어나고 있다. 새로운 플랫폼과 디바이스는 단지 기성 연예인들이나 관련 기업들의 부가적인 상징자본 축적 수단에 머물지 않는다. 이른바 '셀럽 문화'의 부상이라든지 1인 미디어, 인기 유튜버들의 사례가 시사하듯이, 미디어 기술의 혁신과 전 지구적 네트워크화는 새로운 '유사 연예인' 집단을 대거 출현시켰다. 이러한 현상이 더 어떤 식으로 발전해 나갈지, 또 기존 연예 산업에 어떤 결과를 초래할지 아직 속단하기는 이른 시점이다. 다만 거대하고 급속한 변화의 와중에 우리가 확인할 수 있는 몇 가지 사실은 연예인 공급 부문의 경쟁이 매우 치열해졌고 성공의 불확실성은 커졌으며, 수요 부문의 역할과 소비자들의 결정력이 한층 중요해졌다는 점 등이다. 사실 상징자본은 경제 자본, 문화 자본과 달리 타자에 의해 부여된 자원으로서 타자 의존성이 매우 높다.

따라서 가시성 자본에서 나타나는 불균형과 그에 따른 권력의 불평등 때문에 상호의존성이 배제되는 것은 아니다. 오히려 기술 환경의 발달은 그러한 상호의존성의 무게 추를 소비자와 수용자 쪽으로 점점 더 옮겨놓고 있는 것처럼 보인다. 예를 들어, 아이돌 팬덤에서는 아예 팬들이 공동으로 생산하고 거래하는 굿즈나 MD 같은 비공식 경제 부문이 의미 있게 떠오르는 중이다. 상징경제적 접근은 이러한 새로운 변화 양상들을 체계적으로 이해하고 합리적으로 분석하는 데에도 나름대로의 통찰력을 제공해 줄 수 있을 것이다.

참고 문헌

김광수 외 (1997). 《스타를 만드는 사람들》. 문예마당.

김민규 (2012). "연예 산업의 구조와 관계적 속성에 관한 연구," 〈인문콘텐츠〉, 26집, pp.73~99.

김성덕 (2005). 《연예인 완전정복》. 순정아이북스.

김수정·김수아 (2015). "'집단적 도덕주의' 에토스: 혼종적 케이팝의 한국적 문화 정체성," 〈언론과 사회〉, 23(3), pp.5~52.

김현경 (2014). "기획사 중심 연예 산업의 젠더/섹슈얼리티 정치학," 〈한국여성학〉, 30(2), pp.53~88.

박성혜 (2010). 《별은 스스로 빛나지 않는다》. 씨네21북스.

박은희·이정훈 (2007). "한국 연예매니지먼트사의 구조적 특성과 의사결정구조에 관한 연구 — CEO 및 전문가 릴레이인터뷰를 중심으로," 〈방송문화연구〉, 19(2), pp.63~90.

손남원 (2015). 《YG는 다르다》. 인플루엔셜.

안윤태· 공희준 (2012). 《이수만 평전》. 정보와 사람.

유승관 (2007). "스타시스템과 엔터테인먼트 산업의 문제점과 개선방안," 〈한국언론학회 세미나 및 보고서〉, pp.43~62.

윤태진 (2005). "대중문화의 생산구조 — 한국 텔레비전 드라마의 제작시스템과 생산주체 간 권력관계의 변화," 〈방송문화연구〉, 17(2), pp.9~44.
이문행 (2009). "국내 연예매니지먼트 회사의 사업 다각화 현황 — SM 엔터테인먼트, 사이더스 IHQ, 예당 엔터테인먼트를 중심으로," 〈한국콘텐츠학회논문지〉, 9(8), pp.208~218.
이문행 (2011). "국내 연예매니지먼트 회사의 아이돌 스타 육성 전략에 관한 연구 — SM 엔터테인먼트를 중심으로," 〈한국언론학회 심포지움 및 세미나〉, pp.3~25.
이상길 (2016). "반反예술의 문화, 반半미학의 미학: 대중문화와 예술의 관계에 관한 사회학적 노트," 〈쓺〉, 3, pp.8-35.
이상길 (2018). 《아틀라스의 발 — 포스트식민 상황에서 부르디외 읽기》. 문학과지성사.
이재목 (2011). "연예인 전속 매니지먼트 계약의 법적 문제점에 관한 소고," 〈스포츠와 법〉, 14(4), pp.3~32.
조인희 외 (2008). 《엔터테인먼트 매니지먼트 실무론》. 비앤엠북스.
장용호 (1993). "탈렌트 노동시장 연구," 〈한국언론학보〉, 30호, pp.203~242.
하윤금 · 김영덕 (2003). 《방송과 연예매니지먼트 산업》. 커뮤니케이션북스.
한규리 (2012). 《유전자와 상관없이 연예인처럼 되기》. 중앙m&b.

Bourdieu, P. (1979). *La distinction*. Paris: Minuit.
Bourdieu, P. (1980). *Le sens pratique*. Paris: Minuit.
Bourdieu, P. (1996). *Sur la télévision*. Paris: Seui/Raisons d'agir.
Bourdieu, P. (1999). "Une révolution conservatrice dans l'édition." *Actes de la recherche en sciences sociales*, 126/127, pp.3~28.
Bourdieu, P. (2000). *Les structures sociales de l'économie*. Paris: Seuil.
Calabrese, A. (2004). "Toward a Political Economy of Culture." In A. Calabresse & C. Sparks (Eds.). *Toward a Political Economy of Culture. Capitalism and Communication in the Twenty-First Century* (pp.1~12). Oxford: Rowman & Littlefield.
Davis, A. (2013). *Promotional Cultures*. London: Polity.
du Gay, P. (Ed.) (1997). *Production of Culture/Cultures of Production*. London: Sage.
du Gay, P. & Pryke, M. (Eds.) (2002). *Cultural Economy: cultural analysis and commercial life*. London: Sage.
Hakim, C. (2011). *Honey Money: The Power of Erotic Capital*. [이현주 옮김. 《매력 자본》. 민음사. 2013].
Harvey, D. (1982). *The Limits to Capital*. Oxford: Basil Blackwell.
Heinich, N. (2012). *De la visibilité. Excellence et singularité en régime médiatique*. Paris: Gallimard.

Jessop, B. & Oosterlynck, S. (2008) "Cutural Political Economy: On making the cultural turn without falling into soft economic sociology." *Geoforum*, 39(3), pp.1155~1169.

Morin, E. (1957). *Les stars*. [이상률 옮김.《스타》. 문예출판사. 1992].

Polanyi, K. (1977). *The Livelihood of Man*. [박현수 옮김.《사람의 살림살이 1》. 풀빛. 1998].

Shilling, C. (1993). *Body and Social Theory*. [임인숙 옮김.《몸의 사회학》. 나남. 2011].

Taylor, C. (2004). *Modern Social Imaginaries*. [이상길 옮김.《근대의 사회적 상상》. 이음. 2010].

문화 권력의 지형과 국내 문화산업 탐구

이종임

8

#상징자본 #문화독점 #문화산업

#동영상플랫폼 #OTT(OverTheTop)

#MCN(MultiChannelNetwork) #넷플릭스

#CJENM #미디어생태계 #콘텐츠향유권

이종임은 서울과학기술대학교 IT정책전문대학원 강사로 젠더, 청년 세대, 아이돌 문화와 문화산업 그리고 미디어 테크놀로지의 영향력에 관심을 갖고 연구하고 있다. 중앙대학교 신문학과에서 석사와 박사 학위를 받았고, 미국 일리노이대학교(어바나－샴페인 캠퍼스) 동아시아연구소에서 방문학자를 지냈다. 책으로는 《아이돌 연습생의 땀과 눈물》, 《누가 문화자본을 지배하는가?》(공저), 《신한류와 문화이동의 지형학》, 《젠트리피케이션과 문화운동》, 《디지털 세대, 문화, 정체성》 등이 있다.

플랫폼, 콘텐츠 전쟁의 시작

문화산업은 콘텐츠, 유통 플랫폼, 소비자가 미디어 기술, 사회 제도와 밀접한 연관성을 지니며 빠르게 변화해 왔다. 최근 디지털 미디어 환경이 빠르게 변화하면서 자신의 라이프스타일에 맞는 플랫폼, 채널, 콘텐츠를 선택하는 것은 이제 일상적인 콘텐츠 소비 패턴이 되었다. 콘텐츠 생산자, 플랫폼 운영 주체들은 이러한 변화에 부합하기 위해 다양한 전략을 구사하기 시작했고, 국내의 미디어 생태계도 빠르게 변화하고 있다. 특히 넷플릭스라는 새로운 글로벌 플랫폼이 국내 문화산업에 유입되면서, 소셜 미디어 플랫폼과는 또 다른 방식으로 국내 문화산업에 영향을 미치고 있다(박병근, 2016; 강정석, 2017). 유튜브 이용자나 페이스북, 인스타그램과 같은 소셜 미디어 플랫폼은 기존의 전통적 미디어 채널과 연동 가능한 대상으로 인식해 왔다. 하지만 넷플릭스는 짧은 시간에 많은 국내 이용자를 확보하고 있으며, 국내 드라마, 영화 등 미디어 콘텐츠에 대한 투자도 병행하는 등 본격적으로 한국 시장 진출 행보를 이어 나가고 있다.

넷플릭스는 이미 봉준호 감독의 영화 〈옥자〉에 5000만 달러(약 578억

원)을 투자했다. 이 영화는 국제 영화제에 출품을 시도하면서 갈등이 있었다. 기존의 전통적 콘텐츠 플랫폼 관계자들도 고민에 빠졌다. 스트리밍 플랫폼이 제작한 영화 콘텐츠가 국제 영화제에 출품을 하리라고는 아무도 생각하지 못했기 때문이다. 앞으로 넷플릭스에 가입하는 이용자가 더욱 늘어날 것을 고려해 본다면, 기존의 전통적 플랫폼/채널은 새롭게 문화산업에 유입되는 새로운 미디어 플랫폼과의 경쟁을 피할 수 없게 되었다. 미디어 콘텐츠 장르가 융합되기도 하고, 미디어 플랫폼과 통신사가 제휴를 하는 등 실제로 국내 미디어 시장은 빠르게 변화하고 있다. 국내 통신사 LG유플러스는 넷플릭스와의 제휴를 통해 안방 텔레비전 수상기를 통해서도 넷플릭스 콘텐츠를 볼 수 있게 하겠다고 발표했다. 또한 1인 방송 채널이 TV 채널에 개설되는가 하면, 국내 방송 드라마에 넷플릭스가 투자를 하는 등 큰 변화를 경험하고 있다. CJ ENM이 세운 제작사 스튜디오드래곤이 제작한 드라마 〈미스터 션샤인〉도 넷플릭스로부터 투자를 받아 방송 전부터 큰 화제가 되었는데, 스튜디오드래곤이 넷플릭스와 계약한 넷플릭스 방영권 판매 금액은 280억으로 추정된다고 알려졌다(《조선비즈》, 2018. 6. 22). CJ ENM은 국내 시장뿐만 아니라 해외 시장 진출을 위해 꾸준히 노력해 온 국내 최대 콘텐츠 기업으로 CGV 멀티플렉스관의 해외 진출을 꾸준히 노력해 왔고, 국내에서 개봉되는 영화가 해외에서도 동시 개봉할 수 있는 발판을 만들기도 했다. 그러한 기업이 넷플릭스라는 플랫폼에 제작 콘텐츠를 제공하는 계약을 맺었다는 것은 상징하는 바가 크다.

국내 문화산업을 구성하는 생산 주체들은 해외 미디어 기업의 투자나 현지화를 시도하는 기업에 대해 매우 민감한 입장을 보여 왔다. 문화를 향유하는 대중의 시각도 비판적이었는데, 국내 문화산업이 대기업 중심의 콘텐츠 시장 점유율이 높은 것은 사실이지만, 스크린쿼터와 같은 국내 문화산업 보호 정책 담론이 등장한 후 해외 기업의 국내 시장 진출에 대해서는 호의적이지 않았다. 하지만 최근에는 해외 글로벌 미디어 기업이 국내 문화산업에 진출하는 문제에 대해 이용자들은 크게 비판적이지 않다. 스트리밍 플랫폼을 자유자재로 선택할 수 있는 이용자의 미디어 생태계 변화는 독과점 이전에 미디어 플랫폼을 통해 다양한 콘텐츠를 자유롭게 선택할 수 있는 콘텐츠 향유권을 더 우선시하는 상황이다.

2010년 이후 미디어의 소비 행태는 TV에서 모바일로, 선형에서 비선형 서비스로, 주파수와 케이블에서 인터넷을 통한 콘텐츠 소비로 빠르게 바뀌고 있다. 컨설팅 기업 매킨지McKinsey는 최근 미디어 소비는 무선, 디지털, 스트리밍이라는 키워드로 정리할 수 있다고 설명한다(McKinsey, 2015). 이용자의 모바일 미디어 소비도 2009년에는 8.7%에 불과했지만, 2014년 32.7%로 늘어났고, 2019년에는 58.3%가 될 것으로 예측한다. 세계 최대 라이브 스트리밍 플랫폼인 넷플릭스는 2017년 3분기에만 신규 가입자를 530만 명 확보했고, 총 30억 달러의 분기 매출을 기록했다. 넷플릭스의 진출로 미국 시장 내에서도 경쟁이 치열해졌는데, 아마존 프라임Amazon Prime, 훌루, 페이스북, 유튜브 중심으로 재편되고 있다. 이 외에도 애플Apple, 구글, 디즈니, 스카이sky, CBS, 버라이존Verizon 등도 진출한 상태다(한국콘텐츠진흥원, 2018: 41~42). 디파이미디어 조사 결과에 따르면, 13~24세 소비자는 유튜브, 소셜 미디어 및 기타 무료 온라인 미디어에서 주당 12.1시간을 소비하고, 넷플릭스 및 기타 구독 동영상 서비스는 매주 8.8시간을 사용하는 것으로 나타났다. TV 시청에는 주당 8.2시간을 사용한다(*Variety*, 2016. 3. 29). 따라서 최근 CJ ENM이 자사 콘텐츠를 넷플릭스에 제공하는 것이나, YG엔터테인먼트에서 제작한 콘텐츠를 넷플릭스에 제공하는 등의 움직임은 유튜브 등 소셜 미디어로 빠져나가는 미디어 이용자들을 붙잡는 동시에 해외의 넷플릭스 이용자들에게 자사의 콘텐츠를 소개할 수 있다는 점을 고려한 선택일 것이다.

현재 국내 문화산업 역시 빠르게 변화하는 미디어 생태계에 맞춰 생존 전략을 구사하기 위해 고군분투하고 있고, 이용자들은 좋은 콘텐츠를 찾아 미디어 생태계의 생리에 빠르게 적응하고 소비하고 있는 상황이다. 하지만 이와 함께 우리가 고민해야 하는 지점은 국내 대기업 중심의 콘텐츠 시장 독점 방식에 넷플릭스와 같은 해외 플랫폼 시장의 공존·경쟁이 이루어지면서 결국 이용자들의 미디어 소비 환경을 과연 긍정적으로만 볼 수 있을지에 대한 것이다. 한 편의 영화가 수많은 스크린을 차지하고, 소수의 제작자가 수많은 드라마를 제작하는 상황에서 해외 글로벌 플랫폼까지 가세하면서, 국내 문화산업 시장의 미래를 예측하기는 점점 어려워지고 있다. 글로벌 미디어 기업 간의 경쟁이 치열한 상황에서 국내 미디어 이용자들의 미디어 플랫폼, 미디어 콘텐츠를 선택할 수 있는 선택권은 좁아질지도 모른다. 해외의 경우 레거시 미디어와 신흥 강자인 스트리밍 플랫폼 간 경쟁이 치열해지면서 오리지널 콘텐츠 확보에 열을 올리고 있다. 지금의 미디어 생태계는 좋은 콘텐츠를 얼마나 편리하게 제공되는가에 따라 이용자의 수가 결정되고, 많은 수의 이용자의 확보는 문화 권력을 지닐 수 있는 첫 번째 단계이기 때문이다.

문화자본과 문화산업 독점의 가속화

최근 문화산업의 지형은 빠르게 변화하고 있다. 레거시 미디어의 다양한 플랫폼 확보를 위한 움직임이 나타나거나 통신사와 포털 사이트가 콘텐츠 제작 시장이나 동영상 콘텐츠 소비 시장에도 적극적으로 참여하고 있기 때문이다. 이러한 변화의 원인으로는 독점 경쟁이 그 어느 때보다 기술과 자본 중심으로 재편되면서 문화 기업의 생존과 확장 방식은 상상을 초월하고 있기 때문이다. 문화산업의 소비 주체로서의 이용자들은 편리하게 콘텐츠를 소비할 수 있는 플랫폼 서비스를 찾아 빠르게 이동하기 때문에 효율적으로 다양한 콘텐츠를 한눈에 볼 수 있는 플랫폼 서비스를 제공하는 것은 시장을 선점하는 데 매우 중요하다. 실제로 이용자들의 관심을 받는 플랫폼이 한 번 시장을 선점하게 되면 이용자 수는 기하급수적으로 증가한다. 이와 동시에 문화산업을 기반으로 형성되는 문화자본, 문화 독점의 문제를 분석하고 대안을 마련하는 데에는 많은 시간과 논의가 필요하다는 아이러니가 존재한다.

현재의 문화산업은 테오도르 아도르노Theodor Adorno와 막스 호르크하이머Max Horkheimer가 정의했던 범주를 넘어 매스 미디어, 엔터테인먼트, 여가, 라이프스타일, 관광, 정보, 커뮤니케이션 분야로 확대되었고, 문화 독점의 문제가 프랑크프르트학파의 논의처럼 문화산업 자체를 부정하거나 문화산업에 대한 이데올로기적 비판만으로는 설명하기 어려운 상황에 다다랐다(이동연, 2010: 26 참고). 이윤종(2015)은 문화산업과 문화자본의 독점을 논하기 위해 피에르 부르디외의 문화자본의 개념을 다시 소환해 지금의 문화산업 지형에 대한 분석이 필요하다고 설명한다. 부르디외는 문화라는 개념 내에 넓은 의미의 예술뿐만 아니라 개인의 생활양식 및 일상의 구조, 사회적으로 상용화되고 관습화된 사유와 행동의 체계까지 포함시킴으로써 그것이 자본이나 계급 혹은 계층과 형성하고 있는 관계를 분석했다. 그는 다양한 문화 양식이 자본주의 팽창 양식 속에서 이미 상품화된 현실을 인정하고 정통 문화를 고립무원의 우주로 분리시키는 성스러운 경계선을 제거해야 한다고 설명한다. 소비되는 문화 상품의 본성과 소비 방식을 통해 드러나는 성향과 문화 향유 방식을 다양한 문화 영역과 문화자본의 연관성 속에서 풀어냈다. 결국 문화자본은 단순히 상품화된 문화뿐 아니라 이를 소비하는 개인과 사회의 방식 속에도 담겨

문화산업

문화산업이란 용어는 프랑크푸르트학파인 테오도르 아도르노와 막스 호르크하이머가 《계몽의 변증법*The Dialectic of Enlightenment*》에서 처음 사용한 용어로 알려져 있다. 특히 이들의 논의에 기반을 둔 문화산업은 자본주의적으로 대량 생산된 대중문화Mass Culture를 의미한다. 그들이 대중문화 대신 문화산업이란 용어를 사용한 것은 그것이 대중에 의해 생산된 것이 아니라 산업적 구조에 의해 상품으로서 생산된 것이기 때문이다. 이윤의 도구가 된 문화산업이 대중문화의 기반이 되면서 대중을 무력화하고 독점 자본주의 체제가 유지되고 재생산하는 기능을 비판했다. 현재의 문화산업은 아도르노와 호르크하이머가 정의했던 범주를 넘어 매스 미디어, 엔터테인먼트, 여가, 라이프스타일, 관광, 정보, 커뮤니케이션 분야로 확대되었고, 문화 독점의 문제가 프랑크프르트학파의 논의처럼 문화산업 자체를 부정하거나 문화산업에 대한 이데올로기적 비판만으로는 설명하기 어려운 상황에 다다랐다. 국내에서는 영화부터 웹툰까지 다양한 영역의 문화산업에 관여하고 있는 CJ ENM을 중심으로 문화산업의 구조는 변화에 직면해 있고, 여기에 국내 대형 엔터테인먼트 기획사도 미디어 콘텐츠를 제작하는 데 본격적으로 뛰어든 상황이다. 문화산업의 영역이 점차 확장되면서 문화산업은 창의 산업, 창조 산업 등으로 정의되기도 한다.

있는 글로벌 자본주의의 논리라는 것이다(Bordieu, 1979/2005: 30; 이윤종, 2015: 15~16).

국내의 경우 문화자본 독점이나 산업의 특징을 논하는 데 가장 먼저 거론되는 분야는 영화와 방송 같은 영상 콘텐츠 분야다. 비교적 문화적 할인율이 낮아 진입 장벽이 낮고, 일상적으로 소비될 수 있다는 특징이 문화적 취향을 자연스럽게 향유함으로써 문화자본을 형성할 수 있기 때문이다. 실제로 영화, 음악, 방송 채널을 통해 큰 수익을 얻고 문화권력까지 얻게 되면서 문화 콘텐츠 시장은 대기업 중심으로 재편되었다. 최근에는 여기서 더 나아가 상업적 이익을 고려하지 않고 예술적 가치에만 집중하는 독립 영화, 인디 음악 등의 영역에도 대기업 자본의 투자가 이루어지는 추세다. 대기업의 멀티플렉스관의 예술 영화 전용관, 대형 엔터테인먼트 기획사의 인디 레이블 운영 등이 이에 해당된다.

문화자본을 통해 자신의 정치적이고 사회적 우위를 점하고 싶어 하는 개인의 문화자본 실천 양상은 고급 문화에 대한 계급적 취향뿐만 아니라 대중문화 전반에 대한 개인의 이해도와 호감도에도 영향을 미친다. 따라서 멀티플렉스관에서 감상하게 되는 예술 영화는 또 다른 의미의 문화자본 실천으로서의 문화 향유의 경험을 제공하는 결과를 갖는다. 여기에 최근 미디어 이용 행태가 모바일 중심으로 미디어 콘텐츠를 소비하게 되면서 개인의 미디어 향유 방식의 변화는 기존의 미디어 콘텐츠 제작 주체들의 변화를 이끌게 되었고, OTT(Over The Top) 서비스에 적합한 콘텐츠 방식은 기존의 콘텐츠 플랫폼의 변화를 이끌어 내고 있다. 매번 그렇듯이, 새로운 미디어 기술이나 플랫폼의 등장은 미디어 이용자와 콘텐츠 소비자에게 효율적이고 편리한 문화 향유 환경을 제공하기도 하지만, 그 기저에는 자본주의 지배 구조를 유지하려는 욕망과 이를 전복시키려는 욕망이 경합하는 복잡한 작동 구조가 존재한다. 사회적 차이, 이용자의 문화

자본을 잘 드러내는 것이 바로 문화 상품이기 때문에, 문화 상품은 다양한 자본의 형태로 드러나고 있다.

국내에서는 영화부터 웹툰까지 다양한 영역의 문화산업에 관여하는 CJ ENM을 중심으로 문화산업의 구조는 변화에 직면해 있다. 방송 채널과 영화 극장 투자와 제작, 배급 그리고 음원, 웹툰, 공연까지 운영하던 방식에서 더 나아가 인터넷 방송, 스트리밍 플랫폼 등으로 그 영역을 넓히기 위한 움직임이 나타나고 있다. 여기에 국내 대형 엔터테인먼트사도 미디어 콘텐츠를 제작하는 데 본격적으로 뛰어들었고, 국내 문화산업에 해외 투자자들의 투자도 활발하게 이루어지고 있다.

개별 채널에서 MCN으로 확장

16개 채널을 보유한 CJ ENM은 채널을 운영하는 데도 멀티플렉스 방식을 한동안 차용해 왔다. 하나의 드라마 콘텐츠나 대형 음악 행사 방송을 다수의 채널에서 동시에 방영하는 전략을 적극적으로 활용했다. 하지만 최근에는 채널을 채울 수 있는 콘텐츠 제작에 집중하고 있다(임정수, 2016). 동일한 콘텐츠를 다수의 채널에 방송하는 방식에서 벗어나 콘텐츠의 특색, 시청자들의 기호에 부합하는 트렌드를 찾는 것에 집중하고 있다. 2017년 '다이아TV'의 출시가 그에 해당된다. CJ ENM이 운영하는 온라인 콘텐츠 제작자 네트워크 전문 채널로, 인터넷 개인 방송 전문 크리에이터의 방송을 온라인이 아닌 TV 채널에서도 볼 수 있게 된 것이다. 아프리카TV와 유튜브 스타들을 방송 플랫폼에서도 볼 수 있도록 새롭게 시도한 것으로, 인터넷 개인 방송이 기존의 채널과 플랫폼에 큰 영향을 미치고 있다. 구글코리아에 따르면 2017년 말 기준, 10만 명 이상 구독자를 가진 크리에이터는 2015년 367개에서 2017년 1275개로 2년 동안 4배 증가했다. 구독자 100만 명을 돌파한 크리에이터도 100개를 넘어섰다(《전자신문〉, 2018. 10. 13).

인터넷 개인 방송 콘텐츠 시장이 확대되면서 MCN(Multi Channel Network) 전문 사업자 외에 지상파 방송사, 방송 채널 사용 사업자(program provider: PP), 포털 사이트 사업자 등도 MCN 사업에 적극적으로 뛰어드는 상황이다. 지상파 방송사인 KBS와 MBC도 예띠TV, 엠빅TV를 설립하며 MCN 사업을 시작했다. KBS는 트레저헌터와 해외 공동 진출 업무 협약을 맺기도 했다(김치호, 2016). 네이버TV캐스트와 카카오TV와 같은 동영상 플랫폼 업체들 역시 연예인을 내세우거나 유명 크리에이터를 섭외하면서 MCN 사업에 진입했으며, 이동 통신 업체들도 지분 투자나 콘텐츠 제휴 방식으로 MCN 사업에 합류하고 있다. 인터넷 개인 방송의 1인 창작자 콘텐츠의 인기는 온라인상에서 지상파 콘텐츠를 추월하고 있다(최형우, 2016). 실제로 TV 시청률을 보여 주는 데이터는 인터넷 콘텐츠로 빠져나가는 시청자들을 보여 준다. 과거에 비해 시청률이 확연히 낮아졌고, 방송 채널은 지상파, 케이블, 종합 편성 채널 구분 없이 인터넷 방송 크리에이터가 출연하거나 방송 콘텐츠를 활용하려는 전략을 구사하고 있음을 쉽게 찾아볼 수 있다. 하지만 아직까지 다이아TV를 포함해서 국내 MCN 기업들은 의미 있는 수익률을 내지 못하고 있다. 이를 극복하기 위해 최근 국내 주요 MCN 사업자들은 국내 시장의 협소함을 극복하기 위한 전략으로 해외 시장으로 적극적인 진출을 시도하고 있다. 소셜 미디어 플랫폼의 영향력이 점차 커지면서 기존의 미디어 채널과 플랫폼은 변화에 적응하기 위해 노력하고 있는데, 그중에서도 CJ ENM이 눈에 띄는 전략을 선보이고 있다.

지난 2016년 CJ ENM은 콘텐츠 영역을 강화시키기 위해 자회사인 스튜디오드레곤을 설립했다. 16개 채널을 운영하는 CJ ENM이 스튜디오드레곤을 통해 프로그램을 제작하는 구조가 될 경우, 특수 관계자가 주요 프로그램을 제작하는 구조가 된다. 따라서 유료 방송 채널에 대한 외주 의무 편성이 필요하다는 주장이 제기되었다. 대형 유료 방송이 거대 기업 계열사로 운영되면 콘텐츠 제작 시 계열사 상품이나 서비스를 간접 광고 또는 협찬에 이용하는 데 유리하므로 대형 유료 방송 프로덕션과 외주 제작사와의 공정한 경쟁이 불가능하다. 또한 CJ ENM의 여러 채널과 특수 관계자 위치에 있는 스튜디오드래곤은 프로그램 수주에 유리한 점을 불공정 거래 환경으로 볼 수 있다. 한국콘텐츠진흥원에서는 외주 시장의 독과점 규제와 유료 방송 시장의 외주 제도 도입이 필요하다고 의견을 제시하기도 했다(한국콘텐츠진흥원, 2016: 61~62).

이러한 움직임은 CJ ENM뿐만 아니라 지상파에서도 나타났다. 2016년 6월 KBS는 자본금 400억 규모의 KBS미디어, KBSN과 공동 출자하여 방송 콘텐츠 제작사로 특수 관계자에 해당되는 몬스터유니온을 설립하고 2016년 8월부터 본격적인 운영을 하고 있다. KBS는 몬스터유니온을 통해 KBS의 외주 물량 처리와 다른 방송사의 대형 드라마와 예능 제작을 하게 하고 나아가 해외의 제작 자본 국내 진입에도 대응하는 프로덕션으로 육성하겠다는 계획을 밝혔다. 몬스터유니온 제작 프로그램으로는 〈최고의 한방〉(2017), 〈나물캐는 아저씨〉(2018) 등이 있다.

KBS의 몬스터유니온 설립은 '방송법 일부개정법률안 — 2조 특수 관계자 편성 비율 제한 삭제 법안'이 통과됨에 따라 설립이 가능해졌다. 방송개정법에서 '특수 관계자'란 지상파의 자회사, 계열사 및 지분 투자 등의 관계사를 말하는 것으로 단적으로 KBS의 몬스터유니온이 해당된다. 또한 올해 초 지상파에서 외부 외주 제작사에 대해 간접 광고를 허용하는 대신에 순수한 외주 제작 프로그램 편성 비율을 기존 40% 이내에서 35% 이내로 축소시키면서 KBS의 외주 제작사 몬스터유니온 설립이 가능해졌다. 지상파가 이러한 제작사 시스템을 구축했다는 점에서 몬스터유니온이 설립될 당시 독립 제작사들로부터 큰 비판을 받았다(《아주경제》, 2016. 8. 2). 변화하는 미디어 시장에 적응하기 위해 다양한 전략이라고 보기에는 영화 산업뿐만 아니라 드라마 제작 시스템과 편성에 독과점 시스템을 구축하고 있다. KBS의 몬스터유니온이 제작한 콘텐츠 수는 아직 많지 않지만, 지상파가 제작사를 소유하는 문제는 여전히 논쟁적이다.

대형 기획사가 제작한 예능 콘텐츠의 증가

지상파와 케이블 채널에서의 제작 시스템의 변화뿐만 아니라 국내 미디어 산업 구조의 변화 중 주목해야 하는 또 다른 현상은 방송 예능 프로그램 제작에 대형 엔터테인먼트 기획사가 가세하고 있다는 점이다. 유튜브 등의 다양한 소셜 미디어 플랫폼을 통해 콘텐츠를 소비하는 방식의 대중화, 1인 크리에이터의 증가, 포털 사이트에서 소비 가능한 다양한 콘텐츠 앱의 등장, 그리고 넷플릭스 등의 플랫폼이 가세하면서 국내 방송사 채널들도 변화의 상황에 직면했다. 채널뿐만 아니라 국내 엔터테인먼트사 역시 변화를 모색해야 하는 상황이다. 엔터테인먼트 소속 아이돌 가수 활동의 수익 구조에만 집중하기보다 이를 기반으로 다양한 문화산업 영역에 진출하기 시작했다. 아이돌 가수 육성뿐 아니라 예능 PD와 배우를 영입하는 등 다각적 영역에서의 수익 창출 모색에 나서기 시작했다. 몇 년 전에는 방송사 간 예능 프로그램 제작 PD의 이동이 이뤄졌다면, 지금은 엔터테인먼트 회사까지 PD를 영입하는 상황이다.

K팝이 한류를 주도하게 되면서 문화산업 영역에서 큰 영향력을 갖게 되었고, 이를 기반으로 음악 영역뿐만 아니라 엔터테인먼트 산업으로의 확장을 가능하게 만들었다. 일례로 SM은 2012년 걸그룹 소녀시대가 일본 시장 진출에 성공하고, 아이돌 그룹 엑소가 성공적으로 데뷔하는 등 높은 경제적 수익을 얻게 되었는데, 이러한 성공이 SM의 산업 확장에 더욱 힘을 실어 주었다. 같은 해 SM은 여행사 BT&I를 인수하고 SM의 콘

텐츠 제작 전문 자회사인 SM C&C(SM Culture&Contents)를 설립했다. 이후 2013년부터 드라마, 예능 프로그램 제작에 나섰다. SM C&C가 제작한 드라마 〈아름다운 그대에게〉는 SBS에서 방송되었고, 현재까지 드라마와 예능 프로그램을 꾸준히 제작해 오고 있다. 2017년 12월에는 SK그룹의 인하우스 종합 광고 대행사를 흡수 합병하여 광고 대행업까지 사업을 확장했다(www.smcultureandcontents.com).

JYP엔터테인먼트는 드라마 〈드림하이〉를 키이스트와 공동 제작했고, 하이틴 드라마 〈왓츠업〉의 제작에 참여하기도 했다. IHQ는 드라마 예능 제작을 위해 IHQ프로덕션을 만들어 〈뿌리 깊은 나무〉를 제작했고, 매니지먼트사와 제작사를 동시 운영하는 팬엔터테인먼트도 〈해를 품은 달〉을 만들어 성공했다. 제작사도 매니지먼트 사업에 나서며 지배력을 강화하고 있고, 유통사도 제작에 뛰어들고 있다. 음원 차트 멜론, Mnet 등을 운영하는 유통 사업자가 연예 매니지먼트를 겸업하거나 공연·음반 사업을 동시 진행하고 있다. 멜론 서비스의 로엔엔터테인먼트는 제작 사업에 나서 가수 아이유의 활동을 통해 큰 수익을 얻었다.

이와 같이 연예 기획사가 드라마와 예능 등 영상 콘텐츠에 진출하는 이유는 지속성과 안정성, 부가가치 파생 때문이다. 기획 관리 업무만으로는 수익의 불안정성이 지속될 수 있으니 이를 안정화하기 위해 제작 유통에도 진출한다. 제작사와 매니지먼트사 간 마찰을 줄이며 자사 연예인으로 큰 수익을 만들어 낼 수 있기 때문이다(《오마이뉴스》, 2013. 1. 4).

최근에는 대형 기획사가 제작한 예능 프로그램이 안정적인 시청률을 얻게 되면서, 자사의 소속사 연예인이 출연하는 예능 프로그램도 활발하게 제작되고 있는 추세다. 국내의 대형 엔터테인먼트사들은 이렇게 드라마, 예능 등의 프로그램 제작에도 본격적 활동을 나서고 있는데, 특히 SM C&C, YG, FNC가 대표적이다. 현재 국내 대형 엔터테인먼트사가 매니지

표 1. 대형 엔터테인먼트 회사가 제작한 예능 프로그램

SM C&C	YG	FNC
〈아는 형님〉(jtbc) 〈인생술집〉(tvN) 〈발레교습소 백조클럽〉(KBS) 〈너에게 나를 보낸다〉(E채널) 〈아이엠셰프〉(TV조선) 〈토크몬〉(tvN) 〈효리네 민박 2〉(jtbc) 〈슈퍼TV〉(XtvN)	〈믹스나인〉(jtbc) 〈꽃놀이패〉(SBS) 〈교칙위반 수학여행〉(jtbc) 〈착하게 살자〉(jtbc)	〈신드롬맨〉(KBS) 〈며느리모시기〉(TV조선) 〈영웅삼국지〉(TV조선) 〈씬스틸러〉(SBS) 〈뭉쳐야 뜬다〉(jtbc)

먼트뿐만 아니라 콘텐츠 제작과 배급까지도 그 영역을 확장하는 행보는 해외의 사례와 비교해 보면, 큰 차이를 발견할 수 있다(이종임, 2018).

미국의 경우 에이전트는 탤런트의 고용을 알선하려면 노동위원회로부터 면허를 취득해야 하며 에이전시는 예능인과 배우와 계약을 맺고 제작자와 이뤄지는 다양한 업무들을 처리한다. 에이전시는 계약을 맺은 연예인들이 출연한 영화와 텔레비전 프로그램을 모니터하고 수시로 대중 호감도 등을 파악하며 홍보 마케팅을 담당한다. 매니저는 출연 계약과 같은 직접 협상들은 하지 못하게 법으로 금지하고 있다. 미국에서 역시 전속금 제도가 없고 수수료 제도가 활성화되어 있다. 매니지먼트사나 에이전트사가 연예인을 철저하게 고객으로 간주해 여러 업무와 서비스에 따른 이익을 제공하고 그에 따른 수수료만 취한다. 연예인이 마음에 안 들면 계약을 파기하거나 에이전트를 해고한다. 중요한 것은 제작사가 매니지먼트와 에이전시 역할을 못하게 법으로 규정하고 있는 점이다. 캘리포니아주를 중심으로 한 탤런트에이전시법Talent Agency Act은 매니저와 에이전시를 나눌 뿐 아니라 소속 연예인을 동원해 영화나 TV 프로그램 제작

사업을 금지한다. 에이전시가 자체 제작을 한다면, 기업 이익을 위해 연예인이 희생되는 결과가 생길 수 있다는 우려 때문이다. 이런 에이전시로는 CAA(Creative Artists Agency), UTA(United Talent Agency), ICM(International Creative Management), WMA(William Morris Agency), TAA(Triad Artists Agency) 등이 있다. 중요한 것은 이들이 처음부터 스타들을 인위적으로 키워 내는 시스템이 아니라는 점이다. 미국 에이전시가 연예인과 스포츠 스타, 유명 작가 심지어 정치인까지 관리하고 있는 점도 우리와 다르다. 일본은 철저하게 프로덕션 시스템이다. 사실상 한국의 기획사는 일본의 모델을 벤치마킹했다고 평가된다. 일본에서는 방송사가 가수와 배우를 직접 발굴하고 육성하지 않으므로 이런 프로덕션이 인적 자원을 공급, 관리, 마케팅한다(《오마이뉴스》, 2013. 1. 4).

하지만 국내의 엔터테인먼트 회사는 미국와 일본과도 다른 방식으로 운영하고 있다. 대기업이 영화 산업에 참여하면서 독립 개봉관의 생존을 어렵게 하고, 독립 영화의 극장 개봉 방식에도 큰 영향을 미치는 것처럼, 엔터테인먼트 회사가 소속된 연예인을 출연시키는 드라마와 예능 프로그램을 제작하는 방식으로 이루어지면서 대형 엔터테인먼트 회사의 영향력은 점차 커지고 있다. 물론 기존의 방송사가 편성이나 제작에 있어서 보여 주었던 외주 제작사와의 관계, 편성권에 대한 문제 등도 여전히 비판의 대상이지만, 현재 국내 콘텐츠 제작 방식은 대형 엔터테인먼트 회사, 대기업 중심으로 시장이 운영되면서, 자유로운 콘텐츠 개발과 유통, 새로운 생산 주체들의 시장 유입은 점차 어려워지고 있는 상황이다.

멀티플렉스관의 상징성과 새로운 플랫폼의 구축

국내 멀티플렉스관 중심의 영화 산업 지형의 형성은 대기업이 영화 산업에 참여하게 되면서 시작되었다. 1990년대 이러한 시스템이 구축되기 시작했다. 1995년 삼성이 계열사인 삼성영상사업단을 통해 진출해, 씨넥스, 명보극장, 서울극장 등을 운영했고 디즈니 계열사 영화를 유통하다 1995년 철수했다. 대우는 계열사 대우영상사업단을 1988년부터 운영해 씨네하우스, 대한극장, 스카라극장 등을 운영했고, 홈비디오 유통에도 참여했지만 1999년 철수했다. 제일제당은 CJ엔터테인먼트를 1995년 드림웍스로부터 투자를 받아 시작했고 호주 골든빌리지와 합작을 통해 1998년 멀티플렉스관 CGV강변을 운영하기 시작했다. 이와 같이 현재 CJ ENM이 문화 콘텐츠 시장으로 진입을 가능하게 했던 영역은 영화라고 해도 과언이 아닐 것이다. 당시 CJ 제일제당이 CGV라는 멀티플렉스 시스템을 도입한 이후 한 개의 영화관에 다수의 상영관을 보유한 형태의 영화 상영 방식이 국내에 자리 잡게 되었고, 이후 롯데, 메가박스 등 국내 대기업 주도의 국내 미디어 산업 시장 지형이 형성되었다.

대기업 자본이 영화 산업에 유입되며서, 제작과 유통 구조는 확연하게 달라졌다. 1998년 CGV 멀티플렉스관의 개관 이후 2000년대를 중심으로 대기업들은 멀티플렉스관의 확장에 집중했고, 영화 산업을 통한 이익도 전체 수익에서 차지하는 비중도 컸다. 현재 국내 영화 배급사는 CJ, NEW, 롯데, 쇼박스를 중심으로 이루어지고 있으며, CJ는 현재까지도 관객 점유율 1위를 놓치지 않고 있다.

2017년 전국 극장 452개 중 79.9%에 해당하는 361개가 멀티플렉스 극장이다. 멀티플렉스 극장이 3대 체인 및 기타 7개관 이상의 극장을 포괄하는 만큼 스크린 수는 전체의 94.2%라는 높은 비중을 차지했다. 멀티

표 2. 1990년대 대기업의 영상 사업 참여 현황

대기업	계열사	진출 시기	철수 시기	사업 내용
삼성	삼성영상사업단 삼성전자	1995	1999	• 영화 제작 수입 및 배급 • 씨넥스, 명보극장, 서울극장 등 운영 • 드림박스, 스타맥스 등 비디오 프로그램 공급업을 통해 디즈니 계열사 영화 유통 대행
대우	대우영상사업단	1988	1999	• 영화 제작 수입 및 배급 • 씨네하우스 대한, 스카라 등 극장 운영 • 홈비디오 유통, 20세기 폭스, 컬럼비아 트라이스타, MGM 비디오 위탁 판매
현대	금강기획 현대전자	1996	1999	• 영화 제작 수입 및 배급 • 씨네플러스 등 극장 운영 • 홈비디오 유통(미라맥스), 사반엔터테인먼트사 제휴
선경	SKC	1984	1998	• 홈비디오 유통 • MBC프로덕션과 제휴 • 제작 수입 및 배급
새한	새한 디지털미디어	1996	분사	• 새한 홈비디오 설립 • 1996년 디지털 미디어, 영화 수입 배급 및 홈비디오 유통
제일제당	제일제당 CJ 엔터테인먼트	1996	현재	• 1995년 드림웍스 11%, 3억 달러 투자 • 호주 골든빌리지와 합작, 멀티플렉스 CGV강변 개관 • 제이콤: 영화, 제작, 배급 • Mnet

출처: 황동미 외(2001).

플렉스의 관객 점유율은 총 관객 수의 97.7%, 총 매출 점유율은 98.4%에 이른다(영화진흥위원회, 2018: 56).

국내 영화 산업의 특징 중 하나는 다른 시장에 비해 새로운 제품이 시장에 자주 출시되고 개별 제품이 시장에 머무는 시간이 짧기 때문에 상영관 확보 경쟁이 매우 치열하다. 2006년부터 2015년 동안 전국적으로 스크린 수는 29% 증가하였지만 개봉 영화 편수는 345편에서 1275편으로 270%나 증가하였다. 이에 따라 배급사의 상영관 확보 경쟁은 더욱 치열해지고 있다. 매주 10여 편의 신작 영화가 개봉하며, 개봉 영화가 상영관에 머무는 기간은 흥행 영화를 제외하면 대체로 3주를 넘지 못한다. 영화 시장에서 상영 규모가 영화의 흥행과 관련이 높아지면서 영화의 상영관 확보는 제작사와 배급사에게는 매우 중요한 이슈다(영화진흥위원회, 2015). 미국의 경우 영화 매출에서 극장 수입이 차지하는 비중이 30% 이하인 반면, 국내의 경우 매출에서 영화 극장 상영 수입이 차지하는 비중은 2014년 기준 87.5%(한국영화진흥위원회, 2016)로 매우 높기 때문에 상영관 확보는 더욱 중요하다. 영화의 상영관 배분은 배급사와 극장의 협의에 의해 결정된다. 영화의 개봉 전에 해당 영화의 배급사와 극장은 상영 계약을 체결하여 계약서에 상영 기간, 부율(배급사와 극장 간 수입 배분 비율), 상영 조건 등을 명시한다. 부율의 경우 우리나라 영화 시장에서는 고정 부율이 적용되며, 영화진흥위원회의 '영화 상영 표준 계약서'가 상영 조건 등을 제시하고 있다. 하지만 표준 계약서와 고정 부율은 이행 의무가 없는 권고 사항이므로 개별적인 사례에서 부율이나 상영 조건은 다양한 형태를 가질 수밖에 없다.

최근 해외 블록버스터 영화가 국내에서 큰 흥행을 하는 이유는, 국내 영화 제작 방식이 '천만 관객'과 같은 큰 수익을 낼 만한 곳에만 투자와 제작이 이루어지면서, 국내 영화 제작 편수는 줄어들고, 멀티플렉스관이

표 3. 2013~2017 배급사별 관객 점유율

순위	2013			2014			2015			2016			2017		
	배급사	상영편수	관객 점유율(%)	배급사	상영편수	관객 점유율(%)	배급사	상영편수	관객 점유율(%)	배급사	상영편수	관객 점유율(%)	배급사	상영편수	관객 점유율(%)
1	CJ	42	21.4	CJ	31	24.9	CJ	26	22.9	CJ	24	17.4	CJ	25	15.1
2	NEW	21	18.4	롯데	30.5	12.1	쇼박스	11	17.1	쇼박스	10	13.6	롯데	18.5	11.4
3	롯데	37.5	14.9	소니	16	11.3	디즈니	9	11.6	디즈니	10	12.3	쇼박스	7	10.7
4	쇼박스	13	13.7	워너	12	10.8	폭스	16	9.4	워너	13	10.3	디즈니	13	9.1
5	소니	18	9.5	폭스	14	8.9	UPI	32	8.6	폭스	14	9.6	UPI	22	9.0
	기타	903.5	22.1	기타	1084.5	32.0	기타	1,181	30.4	기타	1,594	36.8	기타	1,762.5	44.7
	계	1,035	100.0	계	1,188	100.0	계	1,275	100.0	계	1,665	100.0	계	1,848	100.0

출처: 영화진흥위원회(2018)..

표 4. 2017년 멀티플렉스 비중

지역	극장 수(개)			스크린 수(개)			관객 수(천 명)			극장 매출(천 원)		
	전체 극장 수	멀티플렉스 극장 수	비중(%)	전체 스크린 수	멀티플렉스 스크린 수	비중(%)	전체 관객 수	멀티플렉스 관객 수	비중(%)	전체 극장 매출	멀티플렉스 극장 매출	비중(%)
서울	86	68	79.1	555	531	95.7	58,092	75,045	98.2	482,744,673	475,784,484	98.6
부산	30	27	90.0	216	210	97.2	16,417	16,159	98.4	130,792,947	129,241,360	98.8
대구	23	19	82.6	143	139	97.2	11,616	11,439	98.5	94,150,240	93,328,373	99.1
인천	25	20	80.0	161	148	91.9	11,352	10,924	96.2	90,622,508	88,347,647	97.5
광주	15	13	86.7	112	110	98.2	8,105	8,062	99.5	61,985,564	61,596,814	99.4
대전	10	9	90.0	65	65	98.5	7,582	7,574	99.9	60,713,473	60,656,480	99.9

출처: 영화진흥위원회(2018: 56).

라는 거대한 물적 자본을 기반으로 안정적 수익을 얻을 수 있는 곳에만 투자를 하기 때문이다. 하지만 최근 미디어 이용자들의 영화 관람 수가 과거에 비해 줄어들게 되자 해외 시장 진출에 눈을 돌리기 시작했다. 베트남, 태국 등 동남아시아 지역에 국내 CGV나 롯데시네마 등의 멀티플렉스관 진출이 눈에 띄게 늘어난 것이다.

국내 영화 시장의 대기업 중심의 쏠림 현상은 현재까지 변화없이 그대로 유지되고 있으며, 해외 시장 진출이 한류 문화 육성과 글로벌 시장 진출에 대한 방안 모색에 집중되면서 국내 극장의 독과점 문제를 해결할 현실적 대안은 아직까지 부재한 상태다.

로컬에서 글로벌로, 플랫폼 경쟁 시대

거실에서 TV를 통해 방송을 보던 시청자들은 현재는 편성표와 상관없이 자신이 원하는 공간에서 가능한 시간에 원하는 방식으로 콘텐츠를 소비하고 있다. 온라인 방송 시장의 성장을 이끈 OTT 사업자들은 현재 다양한 콘텐츠를 개방형 또는 폐쇄형으로 서비스하고 있다. 인터넷을 통해 콘텐츠를 전송하고 배포한다는 것은 시공간의 제약없이 언제 어디서나 자신이 보유한 디바이스로도 콘텐츠 시청이 가능하다는 것을 의미한다. 여기에 기존 TV 방송 시청시에는 불가능했던 다양한 양방향interactive 서비스까지 더해지면서 이용자들은 기존과는 확실히 다른 시청 경험을 얻게 되었다. 이에 대응하여 기존 사업자들의 콘텐츠 전략도 다양해지고 있다. 여러 디바이스에서 자유자재로 콘텐츠 소비를 유도할 수 있는 멀티플랫포밍multi-platforming 전략을 내세우는 한편, 이용자들의 다양해진 시청 니즈를 파악하고 이에 최적화된 콘텐츠를 기획하고 제작하고 있다.

OTT 플랫폼은 인터넷을 통해 드라마나 영화 등의 다양한 콘텐츠를 개방형 또는 폐쇄형 방식으로 서비스하는 것을 통칭한다. 인터넷을 통해 콘텐츠를 전송하고 배포하기 때문에 언제 어디서나 어떠한 단말기로 콘텐츠 시청이 가능한 'TV Everywhere,' 'N-screen' 서비스가 가능하다. 동시에 인터넷이라는 상향 채널return path을 활용한 상호 작용 서비스를 통해 이용자의 능동적 시청 행위에 보다 잘 대응할 수 있다.

이용자들은 모바일의 앱을 통해 다양한 콘텐츠를 소비할 수 있게 되면서 '접근 가능성이 높은 콘텐츠' 소비에 대한 관심이 높다. 해외의 콘텐츠를 소비할 수 있는 방법은 케이블 채널이나 유로 다운로드 서비스를 통해 소비해 왔지만, 현재는 다양한 해외 플랫폼 채널을 통해 콘텐츠를 소비할 수 있게 되었다. 유튜브, 페이스북, 애플뮤직, 넷플릭스 등이 이에 해당되며, 아마존, 구글 등 국내 시장에 진출하기 위한 준비를 하고 있는 플랫폼도 점차 늘어나게 될 것이다.

유튜브는 '유튜브 레드 서비스'를 선보이며, 프리미엄 서비스 시장에도 적극적으로 참여하고 있다. 광고없이 프리미엄 동영상 콘텐츠를 제공하는 서비스로 월 구독형이다. 또한 1인 방송을 진행하는 이른바 크리에이터들과의 협력을 통해 장편 영화를 제작하기도 했다. 멀티채널 네트워크 어섬니스TVAwesomeness TV와 손잡고 최초의 장편 영화 〈댄스캠프*Dance Camp*〉를 제작하기도 했다(한국콘텐츠진흥원, 2016: 7). 넷플릭스나 유튜브 등 온라인 동영상 플랫폼들은 유통뿐 아니라 자체 프리미엄 콘텐츠 확보를 강화하고 있는 추세다.

미국 기업 아마존은 1994년 설립 이후 최근에는 유통, 엔터테인먼트, 패션, ICT 등에서 큰 영향력을 발휘하고 있다. 아마존은 최근 영상 콘텐츠 사업에도 뛰어들었는데, 언박스Unbox(다운로드 방식), 인스턴트 비디오Instant Video를 거쳐 2011년 아마존 프라임 비디오Amazon Prime Video를 런칭하며 서비스를 본격적으로 시작했다. 넷플릭스 가입자의 60% 이상이 아마존 프라임 비디오를 중복 사용하고 있는 것으로 나타났다(네이버포스트, 2017. 12. 13).

국내 문화산업계에서도 플랫폼에 대한 관심이 점차 높아지고 있는데, 영화와 방송 콘텐츠 이외에 유튜브나 아프리카TV 등의 플랫폼이 구축하는 새로운 콘텐츠 시장을 크게 주목하고 있다. 아프리카TV는 2006년 출범한 이후 다양한 1인 방송 콘텐츠가 생산되었고, MCN 시장에 수익성과 이용자 수가 늘어나게 되면서, CJ ENM과 같은 기존 미디어에서도 MCN 산업에 뛰어들었다. 그 외에 트레저헌터Treasure Hunter, 메이크어스Make Us 등 많은 스타트업들이 탄생했다. 많은 가입자를 보유하고 있는 포털 사이트에서도 영상 콘텐츠를 서비스하기 위한 노력을 계속하고 있다. 네이버 TV캐스트와 카카오TV가 새롭게 가세해 경쟁적으로 서비스 영역을 확대하고 있다. 네이버는 동영상 서비스 네이버TV캐스트 내에 MCN 전문 채널을 포함해 영화, 드라마, 패션, 애니메이션 등 220여 개 채널을 운영하고 있으며, 스타들의 게임 라이브 채널인 'V앱'과 '플레이리그' 등을 통해 동영상 서비스를 확장하고 있다. 카카오도 동영상 서비스인 다음TV팟을 통해 MCN 서비스 강화를 추진하고 있다.

이와 더불어 글로벌 사업을 통해 CJ ENM이 지니고 있는 문화자본의 글로벌화를 시도하고 있는데, 2007년 한미 합작 영화 〈어거스트 러시*August Rush*〉를 시작으로 〈설국열차〉(2013), 한중 합작 영화 〈이별계약〉(2013)과 같이 영화 콘텐츠의 공동 제작, 그리고 CGV 멀티플렉스관의 해외 진출 등의 다양한 방식의 전략을 구사하고 있다. 영화 분야의 경우 해외 진출의 가장 큰 성과를 나타낸 곳은 베트남이다. 2006년 중국 시장 내에 극장을 중심으로 영화 산업 진출을 도모했지만, 중국 정부의 외국 기업에 대한 차별과 규제 등으로 진출 후 5년 동안 10개 극장도 개관을 하지 못했다. 이후 동남아시아 시장에 진출을 꾀하면서 2015년 기준 베트남 시장 내 총 377개 상영관 중 CJ CGV는 196개, 롯데시네마가 86개로 한국 사업자가 차지하는 영화관 운영 비율은 거의 75%에 달한다(최순규·강지훈, 2017: 116). 또한 지난 2018년 1월 CJ ENM과 CJ 오쇼핑 합병의 움직임은 국내 시장뿐만 아니라 해외 시장 확장을 위한 노력을 더 본격적으로 하고 있음을 짐작하게 한다.

콘텐츠 향유권의 확대 혹은 독과점의 강화

현재 미디어 산업의 변화를 보여 주는 사례는 프랑스 칸영화제와 넷플릭스와의 갈등이다. 2017년 넷플릭스가 제작한 영화 〈옥자〉가 칸영화제에 출품된다는 사실이 알려지면서 프랑스 극장협회는 스트리밍 서비스 영화를 경쟁 부문에 초청한다는 데 대해 거세게 반발했다. 개봉 영화는 상영 후 3년이 지나야 스트리밍 서비스를 할 수 있다는 프랑스법에 위배된다고 항의한 것이다. 이에 칸영화제 측은 넷플릭스 등 스트리밍 서비스 기반 영화를 향후 경쟁 부문에 초청하지 않겠다고 초청작 심사 규정을 변경했다. 여기까지만 보면 기존의 전통적 미디어 산업 구조는 여전히 탄탄한 기반을 가지고 콘텐츠 시장에서의 우위를 점한 듯 보인다. 하지만 2018년 그 판세는 달라졌다. 고작 1년 만이다. 칸영화제 측에서 2017년 경쟁 부문에 넷플릭스와 같은 스트리밍 서비스를 목적으로 한 영화를 경쟁 부문에 출품할 수 없다는 방침을 재확인하자 이번에는 넷플릭스 측에서 칸영화제 출품을 거부하겠다고 발표했다. 넷플릭스의 이 같은 대응에 칸영화제 측은 예상치 못한 계획을 변경해야 하는 상황에 처하게 되었다. 경쟁 부문이 아닌 다른 부문에 넷플릭스의 영화를 초청하려 했기 때문이다. 하지만 넷플릭스는 칸영화제의 주요 부문이 아닌 다른 분야에도 참여하지 않겠다는 입장을 발표했다(《한국일보》, 2017. 5. 18; 〈스타뉴스〉, 2018. 4. 13). 이러한 사례는 현재 미디어 산업에서 영화와 방송과 같은 콘텐츠 시장에 넷플릭스라는 플랫폼이 미치는 영향력을 상징적으로 보여 준다. 앞으로는 넷플릭스가 아닌 다른 어떤 플랫폼이 이러한 변화를 주도하게 될지도 모른다.

국내 문화산업은 대기업 주도의 성장 시스템이 오랫동안 지속되어 왔다. 새롭게 부상한 한류 산업 역시 대형 엔터테인먼트 기획사 주도의 성장과 해외 시장 확장도 비슷한 방식으로 이루어진다. 국내외에서 주목을 받는 문화산업의 경우 새로운 생산 주체나 콘텐츠가 유입되기는 점점 어려워지고 있다. 가장 대표적 사례로는 영화 산업에서 독립 영화 시장의 축소와 멀티플렉스관의 의존도가 더욱 높아지는 상황을 들 수 있다.

실제로 CJ ENM뿐만 아니라 SM 등의 대형 엔터테인먼트사들도 영역 확장에 몰두하고 있으며, 이러한 상황에 소셜 미디어 플랫폼과 넷플릭스 등의 스트리밍 플랫폼이 국내 시장에 유입되면서, 국내의 지상파 방송사와 콘텐츠 제작자들은 프랑스의 극장주들과 같은 상황에 놓이게 되었다. 국내의 대중은 로컬과 글로벌 기업 간의 경쟁과 합병의 상황에 놓이게 되면서, 이용자의 콘텐츠 향유와 채널 선택의 폭은 점차 좁아지고 있는 상황이다.

모바일을 통한 콘텐츠의 소비 증가로 모바일에 최적화하여 사용할 수 있는 환경이 구축되면서 스낵 컬처Snack Culture[1]라 불리는 콘텐츠 시장의 확장, 스트리밍 플랫폼의 이용률 증가 등은 국내 독과점 기업뿐만 아니라 해외 글로벌 기업의 독점 문제도 함께 고려해야 하는 상황에 놓이게 되었다.

---

1 스낵 컬처는 매거진 〈와이어드*Wired*〉가 2007년에 문화 시장의 트렌드를 설명하면서 소개된 용어다. 손으로 쉽게 즐길 수 있는 스낵처럼 음악, 방송, 영화, 게임, 패션 등의 대중문화의 트렌드 변화를 일컫는다. 최근에는 웹툰, 웹드라마, 하이라이트 클립 영상 등 모바일 미디어를 통해 다양한 콘텐츠를 빠르게 소비하는 현상을 스낵 컬처라 지칭한다(Miller, 2017).

몇 년 전만 해도 넷플릭스가 국내 시장에서 안정적인 가입자를 확보한다는 것은 어려울 것이라는 전망이 지배적이었다. 하지만 현재 국내 가입자 수는 20~30만 명이며 전 세계 가입자 수는 빠르게 증가하고 있다. 아시아 시장에서의 입지를 다지기 위해 국내 방송사와 엔터테인먼트사가 제작한 프로그램 서비스를 시도할 수 있는 이유이기도 하다. 〈유병재: 블랙 코미디〉, 〈범인은 바로 너!〉와 같은 예능 프로그램을 서비스했고, 2018년 하반기에는 〈YG전자〉를 방송했다. 넷플릭스는 그동안 〈비밀의 숲〉(tvN), 〈효리네 민박〉(jtbc) 등 국내 방송사 판권을 꾸준히 확보해 왔지만, 국내 방송 프로그램에 대한 투자도 적극적으로 하고 있다(《조선비즈》, 2018. 10. 6). 또한 네이버의 V라이브, 아프리카TV, SK텔레콤의 '옥수수,' 왓챠플레이, 카카오페이지의 동영상 서비스 등 국내 관련 기업들의 동영상 플랫폼을 이용하는 이용자들은 빠르게 늘고 있다. 그러나 아직은 '동영상 플랫폼'으로서 자리 잡은 유튜브와 넷플릭스와의 경쟁에서 우위를 차지하기는 쉽지 않다는 것이 정설이다.

하지만 이러한 논의에서 조금 벗어나 생각해 보자. 이미 국내 문화산업은 대기업, 대형 기획사, 네이버와 다음카카오, 그리고 통신사 중심으로 재편되고 있었다. 새롭게 등장한 문화산업 영역인 웹툰과 웹소설도 주류 미디어를 통해 이용할 수 있게 되고, 모바일 중심의 콘텐츠 향유 환경이 구축되면서 국내 주요 통신사와 대기업은 콘텐츠 향유 판로를 독점하기가 오히려 더욱 쉬워졌다. 그리고 여기에서 더 나아가 유튜브, 구글, 넷플릭스 등의 새로운 플랫폼이 국내 시장과 이용자들에게 접근 가능해지면서 독과점 논쟁이 자본의 이익을 중심으로 복잡하게 얽히게 된 것이라는 점이다. 결국 손가락 하나만으로 전 세계의 다양한 콘텐츠를 향유할 수 있는 미디어 환경이 구축된 듯하지만, 소수의 플랫폼과 기업 주도로 제작된 콘텐츠를 소비할 수밖에 없는 상황이 도래한 것이다(Srnicek, 2016). 가입자 수의 증가는 플랫폼의 권력에 힘을 실어 주는 주요한 동력이자 근거가 되는데, 모바일을 통해 플랫폼에 가입하고 다양한 콘텐츠를 소비하는 과정이 매우 간편해지면서 국내 이용자들의 해외 플랫폼 이용 시간은 점차 늘어나고 있다. 결국 구글과 페이스북, 아마존 간의 경쟁, 트위터와 유튜브 등의 플랫폼 간의 경쟁과 합병 등 글로벌 기업의 경쟁 관계는 국내 문화산업 생태계 논리를 넘어서는 또 다른 방식의 독과점적 산업 구조를 구축하게 될지도 모른다.

국내에서 문화산업 영역의 주요한 분야이자 독과점 문제로 가장 크게 비판을 받았던 영화 분야는 스크린 독과점 제한, 배급과 상영의 겸업 금지 등의 정책을 중요하게 다루고 있지만, CGV, 롯데시네마 등은 아시아 시장 진출에 집중하고 있고, 방송 채널 운영에서의 문제도 MCN 채널 구축으로 돌파구를 찾고 있는 상황이다. 음악 산업에서도 매니지먼트, 음악 채널, 공연 등을 운영할 수 있는 CJ ENM의 영향력은 여전히 유효하다.

결국 기존의 문화산업 구조가 새로운 미디어 기술과 만났을 때의 변화가 어떤 형태로 드러나는지를 보여 주었던 칸영화제와 프랑스 극장협회의 사례는 국내 문화산업 환경에도 적용 가능하다. 칸영화제가 넷플릭스라는 새로운 플랫폼에 대해 적절한 대응을 하지 못했던 점는 시사적이 다. 국내 문화산업에 적용해 보자면, 대기업 주도의 문화산업이 구축되었고, 이로 인해 발생하는 문화자본의 독점적 상황이 유발하는 문제는 일상적으로 이용자들이 체험하고 있지만 이를 타계하기 위한 정책은 아직 답보 상태다. 이런 상황에서 해외 글로벌 기업의 국내 시장 유입이 빠르게 이루어졌다. 이용자들은 편리하고 효율적인 미디어 이용 방식에 예상보다 빠르게 적응하고 있지만, 효율적 미디어 향유 방식의 빠른 보급이 독과점을 벗어난 문화자본을 향유한다고 보기는 어렵다. 이용자 수는 플랫폼 경쟁력을 유지하는 중요한 근거가 되고, 많은 문화 콘텐츠가 소수의 플랫폼으로 몰리게 된다면, 이는 또 다른 의미의 독과점 문제를 유발하게 될 것이기 때문이다. 국내 문화자본의 독과점 문제를 해결하기도 전에 우리는 글로벌 플랫폼 기반의 정보와 콘텐츠 독점을 마주하게 된 것이다. 글로벌 기업의 국내 시장 유입이 국내 이용자들의 콘텐츠 향유 방식은 더욱 자유롭게 할지 혹은 독과점의 강화를 가져오게 될지 좀 더 지켜봐야 할 것이다.

참고 문헌

강정석 (2017). "〈옥자〉, 넷플릭스, 영화의 미래," 〈문화과학〉, 2017년 가을호, pp.248~268.

김승경 (2014). "자본의 다양화와 투자사의 영역 확장 — 새로운 자본의 유입과 역할을 중심으로," 〈현대영화연구〉, 19호, pp.81~108.

김치호 (2016). "MCN사업의 현황과 과제," 〈인문콘텐츠〉, 40호, pp.167~187.

김희경·노기영 (2016). "MCN 비즈니스에서 BJ와 동영상 플랫폼에 대한 현행법 적용 가능성 분석," 〈방송통신연구〉, 95호, pp.9~34.

박병근 (2016). "넷플릭스, 다음세대의 TV가 될 것인가," 〈디지에코 보고서〉.

〈스타뉴스〉 (2018. 4. 13). "'옥자' 쇼크! 넷플릭스, 칸 영화제 보이콧… 칸 당황."

〈아이뉴스24 뉴스〉 (2018. 5. 10). "CJ오쇼핑 · E&M 통합사명 'CJ ENM' 확정."

〈아주경제〉 (2016. 8. 2). "외주제작사 '새 방송법은 KBS 자회사 일감몰아주기'… 제작비 미끼로 판권 독식?."

영화진흥위원회 (2017). 〈2015년 한국영화산업결산〉.

〈오마이뉴스〉 (2013. 1. 4). "연예기획사의 문어발식 확장 어디까지…"

이동연 (2010). 《문화자본의 시대》. 문화과학사.

이윤종 (2015). "문화자본과 문화독점," 이동연 외, 《누가 문화자본을 지배하는가?》, 문화과학사.

이종임 (2015). "국내 거대 미디어 기업의 등장과 미디어 시장구조의 변화," 이동연 외, 《누가 문화자본을 지배하는가》, 문화과학사.

이종임 (2018). "JTBC, 뉴스와 예능은 가는 길이 다르다?," 〈문화과학〉, 2018년 봄호(통권 제93호), pp.156~171.

임정수 (2016). "MCN사례에 대한 미국 레거시 미디어 기업의 대응 전략 모델," 〈방송통신

연구〉, 95, 2016. 7, pp.35~63.

임채원 (2018). "CJ E&M의 해외 진출 전략인 OSMT(One Source Multi Territory)에 관한 고찰," 〈글로컬창의 문화연구〉, 7(1), 2018. 7, pp.22~37.

〈전자신문〉 (2018. 10. 16). "1인 방송 전성시대, 로지텍 등 전문 촬영 인프라 '주.'"

〈조선비즈〉 (2018. 10. 6). "한국서 유튜브· 넷플릭스 훨훨 나는데… 마땅한 '토종' 대항마가 없네."

〈조선비즈〉 (2018. 6. 22). "스튜디오드래곤, 미스터션샤인 넷플릭스 판매 최소 287억 — 미래."

최세경 (2015). "유통 플랫폼이 이끄는 방송 콘텐츠의 진화와 혁신," 〈방송트렌드 & 인사이트〉, 2015. 8~9, Vol. 7~21.

최순규 · 강지훈 (2017). "CJ CGV의 인수합병을 통한 베트남 극장 시장 선점 전략," 〈Korea Business Review〉, 제21권 제3호, 2017. 8, pp.115~145.

최지혜 · 이선희 (2017). "글로벌 OTT 자체 콘텐츠," 〈정보통신방송정책〉, 29권 18호 통권 655호, pp.20~28.

최진웅 (2016). "인터넷 개인방송의 문제점과 개선방안," 〈이슈와 논점〉, 1187호, 국회입법조사처.

최형우 (2016). 〈국내외 MCN산업 동향 및 기업 실태 조사〉, 한국전파진흥협회.

〈한국경제〉 (2018. 5. 16). "CJ E&M '다이아 티비' 구독자 수 1억 6000만명 돌파… 2016년 대비 3배 증가."

〈한국일보〉 (2017. 5. 18). "칸영화제 심사위원장 '옥자' 수상 반대 발언 논란."

한국콘텐츠진흥원 (2013). "CJ E&M의 글로벌 진출 현황과 전략," 〈창조산업과 콘텐츠〉, 9, 10월호.

한국콘텐츠진흥원 (2016). 《콘텐츠산업백서》.

한국콘텐츠진흥원 (2018). 〈2017 하반기 해외콘텐츠 시장 동향〉, 2018. 1, No. 2.

황동미 외 (2001). 《한국영화산업구조분석 — 할리우드 영화 직배 이후를 중심으로》. 영화진흥위원회.

Bourdieu, P. (1986). *Distinction: A Social Critique of the Judgement of Taste*. Routledge. [최종철 옮김. 《구별짓기》. 새물결. 2005].

Horkheimer, M. & Adorno, T. W.(1989). *Dialektik der Aufklärung: Philosophische Fragmente*. [김유동 옮김. 《계몽의 변증법》. 문예출판사. 1995].

McKinsey (2015). Global Media Report 2015: Global Industry Overview.

Miller, N. (2017). "Minifesto for a New Age," *Wired*, 2017. 3. 1. https://www.wired.com/2007/03/snackminifesto/

Srnicek, N. (2016). *Platform Capitalism*. Polity.

사회적 장치로서 아이돌

원용진 김지만

9

#감정노동 #문화기술 #문화정책

#아이돌 #연예기획사

#연성국가주의 #장치

#팬덤 #표현규칙

원용진은 서강대학교 신문방송학과 교수로 서강대학교 신문방송학과를 졸업하고 미국 위스콘신대학교에서 박사 학위를 받았다. 한국언론정보학회장과 한국영상문화학회장을 지냈다. 책으로는《새로 쓴 대중문화의 패러다임》,《텔레비전 비평론》,《광고 문화비평》,《PD 저널리즘》(공저),《현대 대중문화의 형성》(공저),《동아시아의 종전기념일》(공저),《아메리카나이제이션》(공저) 등이 있다.

● 원래 이 글은 원용진, 김지만의 공동 작업으로 이뤄졌으나 김지만이 고인이 되어 이 책의 의도에 맞추어 원용진이 수정·보완하였다. 그에게 출판 소식을 알리며 명복을 빈다.

아이돌, 연예계를 주름잡다

아이돌이 한국 대중문화계를 완전히 장악한 사실을 누구도 쉽게 부정하지 않는다. 각종 가요 차트의 상위권은 언제나 아이돌의 몫이고 텔레비전 예능 프로그램에도 아이돌 스타가 넘친다. 국내 활동을 넘어 해외 활동으로 이름을 날리는 통에 '애국자'로까지 불리며 각종 뉴스에까지 얼굴을 내밀고 있다. 이러한 경향성은 날이 갈수록 더욱 거세지고 있다. 아이돌 생산의 산실로도 불리는 기획사 SM은 프랑스 공연을 성공리에 마쳐 우리에게 서구의 시선이 한류와 K팝의 존재를 인식하고 있음을 보여 주며 자신과 아이돌의 존재를 한국 사회에 다시 한 번 각인시켰다. 이젠 남북미 전역에서 인기를 끄는 아이돌(예를 들어 방탄소년단 등) 덕분에 아이돌은 한국 사회의 현상임을 넘어 전 세계적 현상인 것 같은 착시를 불러일으킬 정도다. 아이돌은 대중음악의 무대를 넘어서며 한국 사회 전반을 휩쓰는 역동적이며, 창의적이고, 유용한 주체로 부각되기 시작했다. 아이돌을 기획한 기획사는 창의적인 집단으로 대우를 받기 시작했고, 그를 이끄는 CEO는 사회를 이끄는 새로운 유형의 지도자로까지 대접받고 있다. 그들의 문화적 영향력을 언급하는 것 자체가 진부한 일이 되었다. 그들이 구축한 트레이닝 시스템은 새로운 인재 발굴 시스템으로 추종되어야 할 대상으로까지 자리 잡고 있다. 아이돌, 아이돌 트레이닝 시스템, 트레이닝 시스템을 만든 기획사, 기획사를 이끌고 있는 CEO 그리고 그들의 협력으로 이뤄지고 있는 글로벌 무대에서의 K팝의 힘 등이 아이돌 현상의 핵심 요소이고, 중심 담론이 되고 있다.

아이돌이 대중문화의 아이콘으로 부상하고, 대중음악계에서 기획사와 트레이닝 시스템이 차지하는 비중이 커지고 있지만 그에 대한 접근은 과소한 편이다. 트레이닝 시스템에 대한 정보가 간혹 기획사의 홍보 내용으로 흘러나오긴 하지만 여전히 블랙박스로 남아 있다. 아이돌 담론 중에서 팬덤, 섹슈얼리티 논의가 있긴 하지만 아이돌이 구성해내는 사회적 위치, 영향력 등에 대한 논의는 한정적이다. 그런 중에 제시된 '문화구성체로서의 아이돌' 논의는 의미가 있다(이동연, 2011). 문화구성체 제안은 현재 이뤄지고 있는 한국의 팝 문화 현상을 두고 '아이돌 팝'이라 정의한다. 아이돌 팝은 내재적 조건과 외재적 조건의 연합으로 구성된다. 내재적 조건은 어린 나이에 데뷔하고, 각자의 역할이 부여된 그룹을 구성해서, 춤의 비중이 높은 '댄스 & 일렉트로닉'을 중심으로 활동하며 수년 동안의 스파르타식 훈련이 가해져 만들어진다는 암묵적인 전제를 의미한다. 외재적 조건은 아이돌 그룹의 춤과 노래가 동시대의 문화 유행이 되고, 멤버에 관련된 다종다양한 사건들은 단번에 헤드라인을 타는 관심의 대상이 되는 등 사회적 지표 역할을 하고 있다는 점이다. 동시에 수많은 국내외 팬덤을 형성하고, 팬덤은 때로는 아이돌의 성패에 직, 간접적 영향력을 미치며 연예계 내 움직임을 분주하게 만든다. 이 같은 내재적 조건과 외재적 조건의 연합은 아이돌 팝을 지금 한국 문화 담론의 최전선에 서게 한다. 그 연합을 기반으로 아이돌 팝은 문화구성체를 이루게 된다. 문화구성체는 다양한 아이돌 요소로 이뤄지는데 문화자본, 막강한 연예기획사, 기획사의 트레이닝 시스템, 상징자본, 아이돌 고시 열풍, 역동적인 팬덤 세력권, 국가의 문화 정책 등이 그에 포함된다. 이러한 구성 요소에 따라 형성된 문화구성체로서의 아이돌 팝은 정치적, 경제적, 사회적 효과를 낳기도 하지만 한국 사회의 다양한 문제를 반영하는 거울 역할도 한다. 문화구성체로서의 아이돌 팝 논의는 그레임 터너Graeme Turner가 유명 가수, 배우 등(셀러브리티)을 사회적 영향력, 역할을 가진 문화적 형태로 파악한 것과 비슷한 맥락일 것이다(Turner, 2010).

이 같은 관점은 아이돌의 생성, 그 과정, 주체에 대한 논의를 아이돌 현상에 국한시키는 것을 넘어서 좀 더 큰 질문을 하게 해 준다. 우선 아이돌을 국면적 사건으로 파악케 해 준다. 신자유주의가 정점에 이르자 그에 대한 불만이 고조되고, 곳곳에서 그를 비판하는 담론이 형성되고 있는 가운데 전 세계를 강타하는 것처럼 홍보되거나 혹은 인지되는 아이돌 현상은 도대체 어떤 의미가 있는 것일까? 그것이 단순히 붐이거나 지나가는 현상이 아니라 다양한 문화적 요소들이 절합되어 만들어진 문화구성체라면 그에 대해서는 신자유주의 국면과 관련해 어떤 해석을 내리는 것이 옳을까? 국가는 왜 나서서 아이돌 중심의 팝 음악의 육성에 열을 올리는 것일까? 한국의 대중은 과거 미국의 팝 문화가 문화적 간섭이라고 열을 올리다 K팝의 선전에 열광하는 것일까? 이 같은 질문이 이전에도 없었던 것은 아니다. 혹자는 아이돌 중심의 댄스 음악, 뮤직 비디오의 등장을 놓고 신자유주의의 조절 양식으로 설명하려 한 적이 있었다. 신자유주의의 생활 리듬에 맞춘 문화 양식으로 해석한 것이다. 하지만 그동안의 논의는 추측에 머물렀다는 한계를 갖는다. 아이돌 현상의 다기한 부분에 초점을 맞추어 치밀한 분석을 하지는 않았던 결과다. 이 장은 위에서 던진 질문에 대한 경험적 답변을 시도할 목적을 갖는다.

사실 신자유주의와 아이돌을 연결시키는 목적을 갖지만 '정확하게 아이돌의 어떤 부분에 초점을 맞추어 그 논의를 시작할 것인가' 하는 체계 잡힌 논의가 선행되어야 한다. 그렇지 않을 경우 아이돌 현상의 등장 시기와 신자유주의의 왕성함을 연결짓고 마감하는 섣부른 논의에 머물 수도 있다. 이 글에서는 현재 벌어지고 있는 아이돌의 '감정 노동Emotional Labor'과 그를 훈련하는 과정, 그리고 그것이 갖는 사회적 효과에 초점을 맞추어 보고자 한다. 아이돌 현상을 단순히 대중음악계의 자구책으로 등장한 한 패턴이 아니라 그 유행의 물질적 조건에 맞춘 결과로 파악하면서 동시에 신자유주의를 더욱 추동하는 주체를 만들어 내는 과정으로 보려 한다.

아이돌과 감정 노동

아이돌을 키워 내는 기획사는 자신들의 스타가 가수로만 그치지 않고 다양한 활동을 할 수 있는 엔터테이너로 만드는 것에 주력한다고 밝히고 있다. 연기, 개그, MC, 노래 등 어느 하나도 소홀히 하지 않는 'TV 뮤지컬 배우' 양성을 목표로 한다(이종임, 2018). 아이돌의 전방위적 활동은 아이돌을 통한 수익원과 밀접한 관계가 있다. 아이돌은 부단한 미디어 노출을 통해 좋은 이미지를 형성해 충성도 높은 팬덤을 만들고, 그들로부터의 인기를 기반으로 방송의 예능 프로그램, 드라마, 영화, 광고, 공연에 출연해 수익을 올리는 패턴을 지닌다. 부단한 노출을 통한 좋은 이미지 형성은 간단한 연출로만 이뤄지진 않는다. 주어진 시간 내에 좋은 인상을 선사할 장면을 연출할 줄 아는 역능을 지니고 있어야 가능한 일이다. 그리고 언제 어디서든 준비된 순발력으로 좋은 이미지를 구성하는 훈련이 있어야 가능하다. 그런 탓에 아이돌은 연예인으로서의 생활과 개인 생활을 구분하지 않고 자신을 드러낸다. 뿐만 아니라 어떤 시공간에서도 일관된 좋은 이미지 생산에 주력할 수 있도록 훈련되어 있고, 준비되어 있어야 한다(김수정·김수아, 2015). 달리 말하자면 그들은 언제 어디서든 카메라 앞에 노출되는 존재이고, 카메라를 의식하지 않은 채 일관되게 연기하고 이미지를 만들어 내야 하는 존재다.

이 같은 아이돌의 연예 활동은 앨리 러셀 혹실드Alie Russell Hochschild (1983/2009)가 제기한 '감정 노동' 개념에 가까운 노동으로 파악할 수 있다. 혹실드는 "임금을 받기 위해 외부로 드러나는 얼굴 및 신체적 표현을 만들어 내는 감정의 관리"를 감정 노동이라 정의한다. 원래 인간이 갖고 있는 감정의 능력을 감정 작업emotion work이라 하는데, 그 능력을 특정 목적을 위해 사용하도록 극대화하는 과정을 감정 노동이라 부른다. 감정 노동의 정의는 분명해 보이지만 감정 노동은 외관으로 쉽게 드러나지 않는다. 객관적으로 관찰하여 파악하는 일이 용이하지 않다. 우회적으로 '표현 규칙display rules'이라는 개념을 이용하면 그에 대한 이해가 쉬워진다.

표현 규칙은 구체적 감정을 관리하는 구체적 행동으로 파악한 결과를 의미한다. 이는 자신의 감정을 억제하는 등 감정을 조절하고 관리하도록 한 지침이기도 하다. 그 지침을 기반으로 훈련된 감정 노동자가 교환될 상품으로 내놓은 감정적, 행동적 지표를 의미하기도 한다(Ashforth & Humphrey, 1993). 감정 노동과 표현 규칙이 같이 논의되면서 감정 노동에 더 초점을 맞추는 쪽과 표현 규칙에 더 관심을 갖는 쪽으로 연구진은 나뉘고 있다. 즉 감정이 관리된다는 사실에 주목하는 쪽과 표현 규칙이 어떻게 이뤄져 있는가에 관심을 두는 쪽이 있다는 말이다. 사실 서비스 노동이 많아지고 있는 후기 자본주의에서는 조직이 직접 표현 규칙을 만들고 그를 통해 감정을 관리하는 현상이 많아지고 있음에 비추어 연구의 두 경향은 통합적으로 이뤄져야 할 필요가 있다. 감정 노동을 논의함에 있어 표현 규칙 논의는 필수이며, 표현 규칙으로 인해 본래의 감정이 억압되고 있음에도 주목해야 한다는 말이다.

감정 노동은 표면 행위와 내면 행위로 구분된다. 감정 노동자가 표현 규칙에 따라 타인(고객)에게 향하는 표면만을 수정하는 것이 표면 행위다. 규칙에 따라 감정만 살짝 비틀어 내보이는 경우를 말한다. 이는 표현 규칙을 따를 뿐 진심이 아닌 것으로 드러날 수 있다. 그와는 달리 내면 행위는 노동자가 훈련된 상상력을 사용하여 자신의 감정을 완전히 비우고 조직에 맞는 감정으로 바꾼 결과다. 아이돌과 팬과의 관계를 예를 들어 보자. 팬덤이 자신을 향하기 때문에 아이돌은 웃음을 요구하는 팬에게 친절하게 대하며 웃음을 띠는 표현 행위를 할 수 있다. 그러나 자신이 전혀 받아들이거나 동의할 수 없는 상황에서조차 웃음을 띠며 다가가는 일은 쉽지가 않다. 그런 일을 해내기 위해서는 팬이 없이는 자신이 존재할 수 없다는 자기 최면 걸기, 가상 상황을 설정해 두고 연습하기 등을 통해 내면화시켜 두어야 한다. 자신의 몸 안에 그런 기억을 해두었다가 어떤 상황이 오더라도 웃음을 띠거나 가까이 다가가는 그런 행위를 두고 내면 행위라 한다. 감정 노동의 품질은 표면 행위에서 내면 행위로 이어질 때 높아진다. 서비스 경쟁에서 우위를 점할 욕망을 가진 경영진 측으로서는 자연스레 내면 행위로서의 감정 노동을 요청하게 된다.

감정 노동자의 감정 노동 과정은 늘 순탄하게만 이뤄지진 않는다. 표면 행위, 내면 행위 모두 감정 노동자의 원래 감정과 긴장 상태에 놓인다. 감정 노동자는 상대를 만나면서 친절, 웃음, 다소곳한 말 등 표면 행위를 행하는 데 익숙하다. 하지만 상대가 보이는 말투나 대응에 따라 그 표면 행위조차 바꾸는 경우도 많다. 내면 행위로 단련되지 않았을 경우 그런 일은 쉽게 발생하고, 감정의 부조화가 생긴다. 표현 규칙을 따르지만 내면 행위가 실제 경험을 따르지 못하는 경우 자아 분리가 생기고 감정 관리에 실패하게 마련이다. 경영의 입장에서는 감정의 부조화는 실패한 노동력이라고 파악한다. 감정 노동 과정에서의 부조화를 최소화하고, 표현 규칙에 맞춘 내면 행위와 표면 행위가 자연스레 조율되도록 훈련하는 데 관심을 가지게 된다.

감정 노동은 이처럼 표현 규칙, 내면 행위와 표면 행위, 그리고 감정 부조화라는 경로적 요소들을 통해 재정의될 수 있다. 서비스 직종의 노동에 대한 연구들도 이 같은 하위 요소들에 주목하여 주로 이뤄졌다. 하위 요소들을 가진 감정 노동의 개념을 노동 전반에 적용함에 문제가 없는지에 대한 논란이 있어 왔다. 서비스 이외의 직종들도 노동 과정에서 감정적인 부담은 존재하기 마련이다. 하지만 서비스 이외의 직종에서는 감정 자체가 노동의 전부를 구성하지는 않는다는 점, 그리고 서비스 업종의 노동자들은 자신의 감정 상태 자체를 그 직업에 개입시켜야 하며, 그 감정은 서비스라는 생산물의 일부가 된다는 점에서 서비스 직종에 주로 국한되어 논의가 이뤄졌다. 그렇다면 아이돌이 행하는 연예 노동도 감정 노동의 범주에 포함될 수 있는 것일까.

예술 노동은 특별한 업무 수행이다. 배우의 예를 들어 보자. 배우는 관객에게 환상을 만들어 전하는 감정 관리자다. 배우의 감정 관리에 대한 연구는 여러 형태의 감정 관리에 대한 통찰을 제공해 왔다. 무대 위의 여러 장치들은 배우의 감정 관리를 용이하게 만들도록 꾸며져 있다. 배우들의 감정 노동을 편하게 해 주는 무대 장치는 타 영역에서의 감정 관리나 감정 노동을 용이하게 만드는 장치의 모델로 논의되어 왔다. 배우의 감정 표출을 위한 조명, 배경 음악에 대한 논의가 그 예다. 사실 감정 노동에서의 내면 행위와 표면 행위는 종종 배우 수업과 연관되어 설명되기도 한다. 배우의 내면 연기를 강조했던 콘스탄틴 스타니슬랍스키Konstantin Stanislavsky는 메소드method 연기를 강조했다. 메소드 연기 방법은 내면 연기를 위해 배우가 특정 장치들을 통해 자신의 기억을 저장하거나 표출할 수 있도록 한 방법이다. 배우가 자신이 맡은 역할에 완전히 빠져들게 만드는 방식인 셈이다. 내면 행위적 감정 노동을 요청하는 쪽에서는 감정 노동자가 메소드 연기의 배우가 되기를 원할 것이다. 아이돌을 기획하는 기획사의 입장에서도 아이돌이 감정 부조화를 겪지 않고 자연스레 감정 노동에 임할 수 있는 내면 행위적 감정 노동을 요청할 것이고, 그가 성공적으로 수행하도록 감정 규칙을 만들 것이다. 아이돌이 되기 이전까지 연습생 신분으로 지속적으로 표현 규칙이 내면화되도록 반복 연습하고, 아이돌이 된 이후에도 실천으로 반복되도록 요청받는 것이다.

앞서 밝혔듯이 아이돌의 경우 이전의 연예인과는 다른 노동 패턴을 갖는다. 우선 팬덤 의존도가 높다는 사실을 지적할 필요가 있다. 팬덤 의존도가 높음으로써 팬들과 친밀도intimacy를 상시 유지해야 한다. 또한 음악 연행 외에 다양한 출연이 수입의 근원이 되기 때문에 텔레비전 예능 프로그램 등에서 순발력 있는 감정의 전환을 필수적으로 보여야 한다. 그들의 연예 노동의 성패가 찰나적인 순간에 갈라지기 때문에 특별히 숙련된 형태의 준비, 훈련이 요청될 수밖에 없다. 숙소 개방 등과 같은 사생활 노출을 자연스레 받아들여야 하는 감정 조절, 가상 부부이지만 자연스럽게 드러내야 하는 아내 혹은 남편의 감정 조절 등은 훈련 과정 없이는 어려운 일이다. 그러므로 아이돌이 되기 위한 과정에서의 훈련은 엄격하고, 그 훈련을 지시하는 표현 규칙은 체계적이고 억압적이다. 다만 그 표현 규칙이나 감정 조절 훈련은 창의적인 기획에 의해 맞춰진 훈련 과정일 뿐이며 극기의 과정인 것처럼 그려져 그 내용이 상세히 알려지지 않았을 뿐이다. 연습생 시절이 지나 아이돌 반열에 올랐다고 해서 그 훈련이 그치는 것은 아니다. 오히려 아이돌 스타가 된 이후에는 숙련도를 더 높여야 하는 경우가 많다. 스타의 반열에 올라서면서 자신의 원래 감정을 드러내고 물의를 일으키는 아이돌을 경험했던 기획사 측으로서는 이미 성공을 거둔 아이돌에게도 반복적으로 감정 조절 훈련을 지속시킨다.

이렇게 아이돌은 숙련된 감정 노동자가 되어간다

시간이 좀 지나긴 했지만 SBS가 2011년 처음 방영을 시작한 〈K팝스타〉는 여러 모로 기획사의 트레이닝 시스템과 감정 노동 과정을 살펴보기에 적절한 프로그램이다. 이 프로그램에서는 한국의 3대 기획사를 대표하는 인물이 심사위원으로 참여한다. 경연은 아직 아이돌의 표현 규칙에 익숙하지 않는 참가자들 사이에서 벌어진다. 프로그램은 주로 표현 규칙을 몰라서 생기는 일, 표현 규칙에 대한 심사위원들의 심사평, 감정 부조화로 고생하는 경연자를 보여 준다. 3대 기획사를 대표한 심사위원들은 효과적인 감정 관리를 위한 다양한 방법과 장치를 소개한다. 그들의 조언에 맞추어 적응한 경연자와 그렇지 못한 경쟁자를 가려 내는 평가 과정을 보여 준다. 프로그램에서 보여지는 감정 노동 훈련은 방송인 탓에 현실 트레이닝과 비교해 유연하고 완화된 모습으로 드러난다. 반복되는 내면적 감정 노동 훈련 과정을 자세히 들여다보기 위해서는 텔레비전에서 드러난 것 외에 기획사 관계자 등에 의해 언급된 훈련 과정을 보태는 작업이 필요하다. 여기서는 〈K팝스타〉 전체 방영 프로그램과 신문, 잡지, 방송 등 기타 미디어에 드러난 기획사가 언급한 감정 노동 훈련 방식, 지향점, 감정 부조화의 제거 방식 등을 수집 분석해 감정 노동과 관련된 트레이닝 방식을 살펴보고자 한다.

먼저 표현 규칙을 익혀라

〈K팝스타〉는 3대 기획사를 전면에 등장시킨 프로그램이다. 세 기획사로부터 심사위원을 초빙했을 뿐 아니라 일정 수준 이상의 참가자에게 세 기획사의 트레이닝 시스템을 체험하게 해 준다. 심사위원이며 기획사 대표인 양현석은 "외부 사람 출입 통제였던 YG가 처음으로 연습 시스템을 공개하는 것"이라며 의미를 부여했다(《K팝스타》, 8회, 이하 괄호 안의 회차는 〈K팝스타〉의 회차를 나타냄). 기획사 입장에서는 대외비라 칭하는 트레이닝 시스템을 이 프로그램에서 처음으로 드러냈다. 세 기획사는 75팀을 선발하는 1라운드 오디션에서 "지금까지 선보이지 않았던 것을 세상에 보일 수 있는 사람"(1회)을 뽑는다며 선정 기준을 제시했다. 3차례의 오디션(8회의 방송)을 통해 트레이닝 기회를 얻을 수 있는 36명을 선발해 각 기획사에서 트레이닝 후 이들 중 절반인 18명만을 선발한다.

3사의 트레이닝에 참여하는 과정을 보여 주는 영상에서 흥미로운 내용이 발견된다. JYP의 연습실 벽에 붙어 있는 사훈(9회)이다(그림 1). 연습생들이 대부분의 시간을 보내는 연습실 벽에 붙은 이 글은 연습생을 포함한 구성원에게 강조하는 내용이다. 주로 행동 지침과 표현 규칙으로 이뤄져 있다. 'JYPE Vision'은 연습생 개인이 내면화해야 할 조직 목표를 담고 있다. 큰 꿈을 갖고, 그 꿈을 달성하기 위해 행해야 할 행동 지침을 담고 있다. 조직 목표를 수행하기 위해 조직 구성원으로서 갖추어야 할 미덕을 스타일과 시스템에 적어 두고 있다. 연습생은 언제나 책임자를 따라야 하고, 자신은 언제나 작은 한 부분에 불과하며, 어떤 일이든 해내야 하는 존재임을 각인시켜 준다. 그리고 자신이 곧 기획사이며, 기획사가 곧 자신인 시스템을 내면화하도록 주문하고 있다. 이는 기획사 내 구성원이 갖추어야 할 행동 규칙인 동시에 자신이 지니고 있는 감정 규칙을 버리고 전혀 새로운 감정 조절자가 되도록 하는 표현 규칙이기도 하다. 아이돌을 꿈꾸고, 더 나아가 리더가 되어야 하는 연습생들은 현재 자신들의 리더인 조직의 표현 규칙을 따를 것을 벽보 내용은 담고 있다. "우리 회사는 무대

JYPE Style

1. 모든 일엔 책임자가 있다.

2. 모든 일엔 Deadline이 있다.

3. 모든 일엔 가능한 방법이 있다.

4. 모든 일은 system 속에서 한다.

JYPE System

1. 회의 결과를 중시하고 존중한다.

2. 회사가 무엇을 하는지 내가 알고, 내가 무엇을 하는지 회사가 안다.

JYPE Vision

Leader in Entertainment

1. 리더는 깨끗하다.

2. 리더는 존경받는다.

3. 리더는 연구한다.

4. 리더는 변화한다.

5. 리더는 듣는다.

6. 리더는 솔선수범한다.

7. 리더는 system으로 말한다.

8. 리더는 꿈이 크다.

그림 1. JYPE Style, System, Vision

위에서는 가수처럼 하지만 생활은 다 수험생처럼 한다"(9회)라는 박진영의 말처럼 어기기 힘든 지시인 셈이다

JYP의 지침이 독특한 것은 아니다. 타 기획사도 비슷한 지침을 지니고 있다. JYP보다 훨씬 더 세심한 규칙을 지닌 곳도 있다(YG에는 양사장님의 지시 사항이란 이름으로 회사 건물 내부에 부착되어 있다). 한 기획사는 행동 지침에 다음과 같은 내용을 담고 있었다. (1) 수업 시간 및 연습 복장 규정 철저히 지킬 것, (2) 절대 흡연 금지, (3) 무조건 인사 90도로 하기, (4) 저녁 시간 이외의 핸드폰 사용 금지, (5) 연애 금지, (6) 수업 시간 중 절대 웃고 떠들지 않기, (7) 연습생끼리 음주 금지, (8) 연습 시간 지각 무단 결석 금지, (9) 음식물 반입 금지, (10) 스태프 외 연습실 출입 금지. '준비생 및 연습생 행동 지침(이하 행동 지침)'으로 알려진 이 내용은 감정에 대한 언급을 하고 있진 않지만 개인의 감정을 덜어 내기 위한 행동을 요청하고

있다. 기획사는 연습생들을 원석原石이라 칭한다. 기획사는 원석으로부터 상품(아이돌)을 가공해내는 과정의 주체라 자칭한다. 연습생들은 사회생활에 대한 경험이 부족한 나이고 감정의 통제가 어려운 연령대에 속한다. 소속사는 원석을 다듬어서 전혀 새로운 존재로 만들기를 시도하는데, 그 가운데 하나가 행동 지침이다. 행동 지침은 곧 개인이 지닐 수 있는 감정의 발로를 억제하고, 훈련된 감정을 갖도록 하는 쪽으로 짜여 있다. '무조건 인사'와 '연애 금지'가 대표적 조항이다.

예의를 강조하는 '무조건 인사 90도로 하기'는 '휴대전화 폴더 인사'라고도 불린다. 과도하게 머리를 숙이는 행위는 자신을 상대방보다 낮추어 상대방의 감정을 호의적으로 만들기 위한 노력이다. 이것은 일반 서비스업 종사자들이 감정 노동의 숙련을 위해 아침마다 반복하는 인사 훈련과 유사하다. 하지만 일반적인 인사 훈련은 조직 외부(고객)를 향한 감정 노동인 반면, 행동 규칙에서 제시하는 '무조건'이란 단서는 조직 외부만이 아니라 조직 내부로도 향하여 있음을 알 수 있다. 제시된 표현 규칙을 성실히 따르며 권력화된 기획사에 대한 복종을 표현하는 표면 행위다. 데뷔를 위한 표면 행위는 반복되는 훈련을 거쳐 내면 행위에 이른다. 심지어 후배에게도 예의바른 '90도 깍듯 인사'를 하는데까지 이른다. 이 행동은 카메라를 의식하지 않고 이루어져야 하는 행동이기 때문에 몸에 붙어 버린 내면 행위로 볼 수 있다. 대중은 그 같은 내면적 감정 노동에 대해 긍정적 반응을 보이고, 따라서 기획사는 아이돌이 된 후에도 반복적으로 연습하도록 요청한다.

'연애 금지'는 주체적으로 감정을 표현하는 것 자체를 금지하는 지침이다. 이성 간의 사랑은 사춘기를 겪는 시기인 10대에게 정서적으로 영향을 가장 크게 미치는 것이므로 기획사의 입장에서는 세심한 주의를 기울인다. 연예인을 향한 대중의 사랑이 수익과 연결되는 소속사의 입장에서 연예인의 사적인 사랑은 수익 증대에 커다란 장애물이 된다. 더군다나 아이돌은 맹목적으로 사랑을 표현하는 소년소녀 팬을 지니기에 기획사는 더욱 예민할 수밖에 없다. 아이돌의 개인적인 연애는 소속사의 허락이 있어야만 가능하다. 기획사는 고객인 팬들의 감정(아이돌을 향한 사랑, 동경 등의 호감)을 계속해서 생산해내기 위해 연습생의 감정을 미리 통제한다. 아이돌은 비밀 연애, 연애 금지로 인한 감정의 부조화를 후일담 에피소드로 내놓고 있지만 이는 그들의 연애 감정이 극도로 제한당하고, 자기 표출이 불가능한 입장에 놓여 있음을 의미한다.

이상의 지침은 일상에서 늘 지켜야 하는 것들이다. 트레이닝 과정 중에는 무대 위에서 특별히 지켜야 할 지침들이 교육된다. 특히 음악 수행과정 중에 효과적으로 대중에게 어필하기 위한 표현 규칙이 전달된다. 〈K팝스타〉 심사평의 대부분은 이 표현 규칙들을 제대로 지키지 못함을 지적한다. 특히 JYP 박진영이 이에 대해 많은 언급을 하고 있다. 그는 진심과 진정성이 드러나도록 표현할 것을 강조한다. 대중에게 감동을 가져올 가장 중요한 요소로 그 둘을 꼽고 있다. 팬에게 감동이라는 감정을 생산해내는 표현 규칙(진심과 진정성)을 참가자들이 모르고 있어 적절한 표면 행위가 이뤄지지 않고 있다고 불평한다. 적절한 표면 행위를 위해서는 근본적인 것, 즉 내면 행위로 그 표현이 가능하도록 해야 함을 강조한다.

감정 표현 자체가 이뤄지지 않는다는 평가를 받은 경연자에 대한 언급을 살펴보자. 참가자인 이미쉘(19회)과 백아연(19회)은 자신의 감정을 제대로 표현할 수 없는 성장기를 보낸 사람들이므로 그를 표현하기 위해 감정 노동 훈련을 받아야 했다. 이미쉘은 혼혈인 탓에, 백아연은 어린 시절 악성림프종을 앓았던 탓에 노래와 관련된 경험을 갖지 않아 특별한 훈련이 필요했다. 이미쉘은 슬픈 감정을 불러일으키기 위한 노력을, 백아연은 섹시한 감정을 자극하기 위한 노력을 경주할 것을 요구받았다. 그러나 특별한 성장기 탓에 그 요구를 잘 받아들이지 못했고, 심사위원과 기획사는 특별히 그들에 더 많은 관심을 기울였고, 더 많은 훈련을 부과했다. 그리고 감정 표현이 부족하다는 지적을 많이 받았던 이미쉘의 단점을 보완하기 위해 연극적 장치를 활용했다. JYP는 핀 조명을 사용하고 슬픈 분위기를 연출하는 무대를 꾸민다. 표면 행위에 서툰 그녀가 남자 친구와의 이별 경험을 통해 겪었던 아픈 감정을 쉽게 기억할 수 있도록 장치들을 배치하여 내면 행위로 이어지게 했다. 이 기억된 감정은 슬픈 노래와 연결되어 표현 규칙이 서툰 표면 행위일지라도 내면 행위로 이어져 대중에게 슬픔이라는 감정을 만들어 낼 수 있다.

백아연은 JYP와 이미 섹시한 무대를 연출한 적이 있기 때문에 같은 분위기의 무대를 준비하는 SM은 섹시함에 집중했다. '소녀시대'로부터 안무 지도를 받게 하고 섹시한 의상, 메이크 업, 그리고 선정적인 춤을 추는 댄서들을 동원하여 섹시한 분위기를 만드는 장치들을 배치하였다. 청아한 목소리를 부각시키는 발라드곡 위주로 선곡했던 20세의 백아연이 받은 안무 지도는 섹시함을 만들어 내는 표현 행위였다. 섹시한 감정을 만들어 내는 것이 익숙하지 않았기 때문에 무대의 전체 분위기를 섹시함으로 가득 채워 그 같은 감정에 익숙하도록 배려한 것이다.

'섹시함'은 여성 아이돌의 상품 가치를 높이는 대표적인 요소로 활용되고 있다. 이 표현 규칙은 특히 안무 연습 과정에서 두드러지게 강조된다. 2007년 이후 '걸그룹 전성 시대'라 불릴 정도로 여성 아이돌 그룹들의 활동은 활발했는데 이들은 성애적 이미지, 섹시한 콘셉트를 전면에 내세웠다. 하지만 청소년 아이돌이 표현하는 '섹시함'에는 한계가 있기 마련이다. 불가피하게도 '섹시함'은 트레이닝 과정에서 표현 규칙에 따라 반복적으로 훈련되어야 한다. 여성 아이돌은 섹시한 감정 관리를 용이하게 하는 섹시한 의상에 부담을 느끼곤 한다. 섹시한 감정을 자아낼 내면 행위로 숙련되지 못했기 때문이다. 아이돌들은 상대방에게 '자신이 섹시하다'라는 감정을 불러일으키기 위해 자신이 경험하는 감정인 부끄러움이나 민망함을 이겨 내야 하는 감정 노동을 수행하고 있다. 여성 아이돌의 선정적인 의상이나 무대 연출이 자주 등장하고 있는 이유는 치열한 경쟁 탓이다. 치열한 경쟁은 상품 가치가 높은 '섹시함'에 대한 감정 노동의 강화로 이어진다. 즉 경쟁이 치열해지면 질수록 섹시함에 대한 표현 규칙은 세분화되고 그럴수록 감정 노동 역시 강화된다.

〈K팝스타〉는 무대 위에서 보여 주는 감정 노동의 능숙함을 무대 위 성공의 척도로 삼는다. 아이돌을 기획하는 연예기획사에서도 아이돌 등급을 매길 때 같은 기준을 적용한다. 아이돌 트레이닝 시스템 연구에 따르면 기획사는 연습생을 네 등급으로 나눈다고 한다. 첫 번째 등급은 데뷔를 앞둔 그룹(팀의 이름과 멤버 구성, 멤버의 역할, 데뷔곡과 안무가 완성된 상태), 두 번째 등급은 데뷔를 2년 정도 앞둔 그룹(안정된 팀의 이름으로 지속적으로 연습과 데뷔 준비)이다. 대체로 이 두 번째 등급까지만 공식적으로 숙소를 제공하고 소속사에서 전문적으로 관리하는 것으로 알려져 있다. 〈K팝스타〉의 생방송 진출자들이 여기에 해당된다. 공식 데뷔 그룹에서 탈락했거나 데뷔 준비 과정에서 문제를 일으켜 잔류하는 잉여 멤버들이 세 번째 등급에 속한다. 이 등급에 속한 이들이 해당 소속사에서 데뷔하는 것은 사실상 불가능하다. 그 밖에 이제 막 오디션을 통과했지만 특별하게 팀 구성을 받지 못하고 4~5년 정도 연습이 필요한 그룹과 여기저기 오디션을 보러 다니거나 자발적으로 연습생을 자원하는 그룹이 나머지 등급에 해당된다. 이 등급의 사다리를 타고 오르기 위해 연습생들의 감정 노동은 경쟁 상태에 놓이게 된다. 제시된 표현 규칙을 다른 연습생들보다 더욱 잘 준수함을 보여 주기 위해 필사의 노력을 경주한다. 해리 브레이버맨Harry Braverman의 말을 빌어 표현하면, 기획사는 경쟁을 통해 연습생(아이돌)들에게 그들과 계약된 노동량보다 더 많은 노동력을 제공받는 것이다(Braverman, 1987). 〈K팝스타〉는 아이돌을 꿈꾸는 모든 이들에게 아이돌이 될 수 있는 길을 보여 주고 훈육하는 장치라고도 할 수 있다.

감정 부조화를 없애라

강도 높은 감정 노동은 감정 부조화를 야기한다. 앞서 나눈 아이돌 등급 중 세 번째 등급, 즉 데뷔 준비 과정에서 문제를 일으킨 부류로 등급 매겨진 쪽 연습생들은 감정 부조화를 겪었던 연습생들로 볼 수 있다. 〈K팝스타〉에서는 이 같은 이들을 다루는 기획사의 방식을 반복해서 보여 준다. 경연자였던 이하이(19회)는 생방송 이후부터 재미를 느끼지 못하고 심사위원들이 원하는 감정 표현을 드러내는 데 어려움을 겪는다. 사실상 감정 노동에 대한 부담감의 표현이었다. 17세 소녀에게 심사위원들이 요청하는 여러 형태의 표현 규칙은 힘겨운 것이었다. 자신의 주체성을 굽히지 않거나, 감정 노동의 이유를 쉽게 수긍하지 못하는데서 오는 부조화였다. 요청에 대한 부담감은 곧 방송 프로그램을 통해 충돌로 비쳐졌다. 원석으로부터 상품으로까지 이어지는 과정에서 생긴 충돌 과정으로 그려졌다.

감정 노동 과정에서의 부조화는 두 가지 방식으로 발생한다. 이하이의 경우처럼 주체성이 강한 연습생이 상품성이 강한 아이돌로 변화하는 것을 거부할 때 생기는 것이 그 첫 번째다. 두 번째는 그 역의 방향으로 발생한다. 상품성이 강해진 아이돌이 한 인간으로서 주체성을 회복하고자 할 때 발생하는 부조화다. 이 같은 부조화는 정체성 혼란의 가벼운 형태부터 약물, 폭행, 도박 등의 사건 사고까지 다양한 형태로 발생한다. 기획사는 양쪽의 부조화를 야기하는 주원인으로 주체성을 꼽는다. 주체성이 살아나지 않도록 단속하는 일은 그래서 중요한 과제가 된다. 〈K팝스타〉 심사위원인 보아는 서울대 경영학과에 재학 중인 참가자 민동우의 주체성에 대해 고민을 털어놓는다. 그의 목소리가 매력적임에도 불구하고 자기 주관이나 고집이 강하다는 이유로 합격시키길 주저한다(3회). 주체성은 아이돌 상품이 되는 과정에서 걸림돌이 되는 원석의 성격인 셈이다.

애초부터 표현 규칙을 만들어 주체성을 갖지 않은 채 감정 노동을 하도록 훈련시켰다 하더라도 아이돌이 점차 성장해가면서 자신을 찾게 되고, 자기 목소리를 갖게 되면서 부조화는 불가피하게 발생한다. 인기가 정점에 섰을 때 기획사와 마찰을 빚는 아이돌이 등장하게 되는 것도 그런 이유다. 본인들이 기획사에 충분한 수익을 가져다주었음에도 지속적으로 일정 규칙을 요청할 경우 주체성을 드러내며 저항하는 일은 자연스러운 수순처럼 보이기도 한다. SM이라는 거대 기획사를 상대로 싸우고 있는 JYJ는 좋은 예다. 개인의 이익이 곧 기획사의 이익이고, 그 반대도 성립한다는 지침 속에서 살아온 아이돌이 자신의 이익과 기획사의 이익이 반드시 부합하지만은 않는다는 사실을 깨달으면서 부조화는 발생하고 때론 송사訟事로까지 이어진다.

아이돌을 기획하고 훈련시키는 조직에서는 주체성 확보를 통한 저항을 예방하거나 주체성 관리를 위한 장치를 준비해둔다. '프로 정신의 강조'와 '긍정성의 환상'이 그것이다. 프로 정신은 〈K팝스타〉 심사평에서 가장 많이 들을 수 있는 용어 중 하나다. 프로 정신은 스타가 되겠다는 절실함, 간절함과 스타가 되기 위한 준비로서의 완벽함에 이르게 하는 자양분이라고 설명한다. 프로 정신이 있어야 모든 어려움을 이겨낼 수 있다고 심사위원들은 부추긴다. 프로가 되겠다는 철저한 감정적 목표 탓에 자신의 주체성을 죽일 수 있고, 주체성이 사라진 자리에 훈련된 표현 규칙이 자리를 잡는다. 그것 없이는 완벽함으로 이를 수가 없으니 완벽한 감정 노동을 위한 훈련으로 스타에 이르게 된다. 기획사의 표현 규칙에 의해 관리되는 아이돌의 감정은 조직이 원하는 불가능해 보일 정도의 많은 양의 일정을 묵묵히 수행하도록 한다. 혹시 과로로 쓰러졌을지라도 주사를 맞으며 남은 일정을 소화해내는 아이돌에게 미디어는 맡은 바 임무를 끝까지 수행해내는 '프로'라는 찬사와 함께 박수를 보낸다. 반대로 과도한 노동으로 인해 괴롭고 힘든 감정을 드러낸다면 '프로'답지 못하다는 비난을 받게 된다. 이로써 프로 정신을 강조하는 기획사는 이 과정에서 빠지고 프로 정신을 달성해야 하는 연습생, 아이돌의 감정 노동 과정만 남게 된다.

또 다른 장치인 '긍정적 환상'은 감정 노동의 어려움과 불만을 희석시킨다. 대표적으로 1인 기업이라 불리는 연예인과 기획사는 하나의 가족처럼 묶여 있다는 환상이다. '1인 기업'은 일반 기업의 매출에 버금가는 스타의 매출과 수입을 강조할 때 주로 사용된다. 트레이닝을 통해 기획사가 제시한 표현 규칙을 지키는 감정 노동을 숙련하면 누구나 1인 기업이 될 만큼 성공할 수 있다는 환상을 심어 주며 이겨 내도록 유도한다. 기획사의 연습실 벽에는 이미 성공한 소속 아이돌들의 모습을 걸어둔다. 연습실에서 연습을 하면서 포스터 속의 아이돌과 자신을 동일시하며 현재의 어려움을 이겨 나갈 장치를 해둔 셈이다. 〈K팝스타〉는 긍정적 환상을 심어 주기 위한 또 다른 방법을 보여 준다. 박진영은 라디오 생방송에 감정 부조화로 힘들어하는 이하이를 출연시킨다. 이하이의 감정 부조화를 관리하기 위해 방송 출연 경험을 제공한 것이다. 이후 이하이는 이전의 감정적 부조화를 해소했다는 느낌을 전한다.

긍정적 환상은 대체로 성공한 아이돌에 적용된다. 성공한 아이돌에게 더 큰 성공의 환상을 불어 넣고 자신의 주체성을 줄이도록 하는 장치다. 감정 노동자의 주체성을 지우거나 줄이고 대신 가공된 주체성으로 채우도록 하는 작업이다. 연습생으로 하여금 기량을 갈고 닦음으로써 성장할 수 있다는 환상을 갖게 만들고 그것을 곧 자신의 것으로 받아들이도록 한다. 노동력을 파는 '노동자'가 아닌 '자본가'라는 환상을 갖도록 돕는다. 사생활을 침해당한다는 느낌이 아니라 곧 스스로가 자본가로서의 역량을 기르는 과정에 포함되어 있는 것처럼 느끼게 한다. 기획사는 감정 노동자가 아닌 감정 자본가를 키우는 기획자이며, 창조자가 된다. 〈K팝스타〉 21회에서 심사위원 보아는 자신이 일본에서 겪었던 어려움을 전하며 그를 겪고 났을 때의 단단해짐, 자본가로서의 행복감을 전달한다. 긍정적 환상을 심어 주어 지금 현재의 어려움을 이겨 내도록 돕는다. 이 같은 긍정적 환상은 기획사를 거쳐 갔으나 여전히 성공하지 못한 많은 이들을 은폐하는 역할을 한다.

〈K팝스타〉는 첫 회, 첫 번째 참가자를 통해 그 은폐성을 여실히 드러냈다. 첫 번째 참가자인 26세의 손안나는 중학교 2학년 때부터 SM에서 5년, 다른 기획사에서 3년, 총 8년의 연습생 경력을 갖고 있었다. 노래는 잘하지만 개성이 없다는 평을 받고 이 프로그램에서도 탈락한다. 양현석은 "노래 잘하는 사람이 아니라 특별한 사람을 뽑고 싶기 때문에 기존의 오디션과는 다른 심사 기준을 심사위원들이 갖고 있다"고 탈락 이유를 밝힌다. 당장 인기를 끌고 수익을 얻지 못할 연습생은 기획사와 함께 이해관계를 같이할 수 없는 파트너로 규정된다. 일정 기준 중심으로 자격이 되는 연습생은 긍정적 환상을 함께하며 앞으로 더 큰 자본을 키워 갈 가족으로 받아들여진다. 가족이라는 용어가 연습생과 기획사 모두에 의해 빈번하게 사용되고 기획사의 사장에 붙여진 호칭에서도 그런 분위기가 묻어난다. 〈K팝스타〉에 심사위원을 낸 세 기획사는 자신의 이름 뒤에 별칭을 달고 있다. SM타운, JYP네이션, YG패밀리식의 이름을 갖고 있다. 서로 다른 이름을 갖고 있긴 하지만 가족의 연장을 도시, 도시의 연장을 국가로 보자면 가족이라는 용어는 세 기획사 모두에 포괄되어 있다 해도 과언은 아니다. 연습생은 가족이라는 이름으로 묶여 같은 도시, 같은 나라 안에 산다는 공동 의식을 갖게 된다. 공동체를 통해 긍정적 환상을 온전히 갖도록 하는 이름의 장치로 볼 수 있다. 가족 안에 들어야 긍정적 환상을 나눌 수 있으므로 최선을 다해 그로부터 탈락하지 않도록 하는 것이다. SM과 갈등 관계에 놓여 있는 JYJ는 〈이름 없는 노래 Part 1〉을 통해 가족주의 환상의 허구성을 드러내고 있다.

> 우리를 필요로 할 땐 가족
> 우리가 필요로 할 땐 회사
> 갈수록 신기한 일들만 많아져 가는 기분

지금까지 〈K팝스타〉와 트레이닝 시스템 관련 미디어 텍스트를 통해 아이돌의 감정 노동을 살펴보았다. 요약하자면, 아이돌의 감정 노동은 트레이닝 시스템을 통해 숙련화된다. 연습생은 기획사가 제시한 표현 규칙에 따라 표면 행위를 수행하고 이 표면 행위는 장기간 훈련 속에서 내면 행위로 점차 옮겨간다. 그러나 숙련된 감정 노동은 감정 부조화라는 부정적 결과를 초래하기도 한다. 때문에 조직은 수익 실현의 극대화라는 조직의 목표를 위해 감정 노동과 감정 부조화를 효과적으로 관리한다. 이 관리는 프로정신의 강조나 긍정적 환상이라는 장치를 이용하여 효율적으로 이루어진다.

아이돌 감정 노동이 갖는 사회적 의미

도대체 감정 노동을 위한 강도 높은 트레이닝을 하는 이유를 무엇으로 보아야 할까? 가수에 대한 기획사의 입장은 뻔해 보인다. 긴 기간 동안의 강도 높은 훈련은 연습생을 스타 위치로 올려놓으려는 전략의 일환이다. 사업의 한 방편인 셈이다. 하지만 우리가 주목하고자 하는 점은 과거의 기획사와는 다른 행보라는 점이다. 기획사는 과거 능력 있는 자를 찾아서 그가 활동할 공간을 찾아 주고 그를 통해 수익을 배분하는 보조적 자리였다. 연행과 관련된 면은 오롯이 가수의 책임이었고, 양보한다 하더라도 방송사, 음반사, 기획사가 협의한 결과였다. 그러나 연습생을 찾고, 훈련시키며, 아이돌의 반열에 오르게 하는 기획사는 과거의 그것과는 명확한 차이를 갖는다. 이제는 능력도 기획해 스타를 만들고, 자신의 스타가 기획을 넘어서지 않도록 하고, 기획된 대로만 활동하게 하고, 기획이 실패로 끝나면 또다시 예비군을 동원하고, 성공으로 이어지면 그를 다양한 방식으로 활용하는 방식을 취한다. 그런데 기획사의 기획 시스템은 그냥 알려지지 않은 채 어딘가에 숨겨져 있는 시스템으로만 존재하지 않는다. 어느 틈엔가 사회로부터 칭송받는 시스템으로 변모해 있다. 사업적인 면을 넘어서 사회적인 것으로 변모해 사회적 파장을 일으키고 있다. 연예기획사에 대한 관심은 연예기획사가 연예계에서 어떤 위치에 있는가 하는 문제와 동시에 그것이 갖는 사회적 함의에도 맞춰질 필요가 있다.

아이돌로 키우는 트레이닝 시스템을 국가의 문화산업 정책, 한류 정책과 함께 하는 시스템과 연관지우며 기획사는 스스로를 국가의 협력자로까지 자신의 위치를 격상시켰다. 이른바 연성국가주의Soft Nationalism를 행사하며 자신의 트레이닝 시스템을 문화 기술Culture Technology로 포장하는 일도 행하고 있다(원용진·김지만, 2011). 사회 내 기업, 국가, 미디어 담론은 기획사의 기획을 새로운 형태의 인재 양성 방식으로 파악할 뿐 아니라 그를 널리 퍼트려야 하는 혁신적인 기술로 찬양한다. 더 이상 대중음악과 관련된 제도로만 그치지 않는 셈이다. 그렇다면 과연 연예기획사, 그가 주도하는 감정 노동 훈련, 그리고 트레이닝 시스템으로 구성되는 문화구성체로서의 아이돌 현상은 과연 어떻게 규정해야 옳을까? 감정 노동 주체를 형성해내는 제도를 넘어서 타 사회 제도의 담론적, 비담론적 측면과 '절합articulation'[1] 한 그 결과를 무엇으로 파악해야 할까. 감정 노동 트레이닝 과정을 통해 아이돌이라는 전에 없던 주체를 만들었고, 타 제도와 절합해 만들어 내는 사회적 효과는 무엇일까? 기획사가 아이돌을 낳고, 아이돌은 다시 아이돌 현상을 만들었다면 감정 노동을 수행하는 과정이 뚜렷한 아이돌 현상이 낳는 사회적 효과는 무엇일까?

텔레비전 화면의 프로그램, 텔레비전 방송 자체를 통해 아이돌 붐을 일으키고 그를 통해 자본주의 사회에서 갖추어야 할 감정 노동 학습을 제공한다고 말하면 이는 어김없이 루이 알튀세르Louis Althusser의 이데올로기론 혹은 이데올로기적 국가 장치(ideological state apparatus: ISA)로 규정될 가능성이 크다(Althusser, 1971). 문화구성체로서의 아이돌(과 기획사)이 '장치apparatus'로 규정된다는 말이다. 앞서 프로그램 분석에서도 별 다른 개념 규정 없이 장치라는 말을 사용한 바 있다. 이때 장치는 특정 주체를 형성해내는 제도라는 의미가 강하다. 알튀세르가 장치 개념을 통해 말하고자 한 바는 주체를 형성하는 기구에 관한 것이었다. 자본주의적 주체를 형성해내기 위해 지속적으로 호명(불러들임)하는 장치를 설명하고 있었다. 아이돌을 통해 자신처럼 열심히 트레이닝 과정을 밟으면 충분히 성공할 수 있다며 그를 따르기를 호명하는 과정으로서의 아이돌 현상. 하지만 아이돌 현상이 표상 체계(말, 이미지, 동영상의 언어 체계)로서 전달되기도 하지만 그것이 타 제도와 함께 절합된다는 점에선 표상 체계 이상인 것으로 파악할 수 있다. 뿐만 아니라 기획사가 아이돌의 내면화를 훈련시키는 과정까지 논의에 포

1 절합은 서로 다른 사물, 형태, 내용이 한데 합쳐져 전혀 새로운 사물, 형태, 내용이 되는 사건을 의미한다. 한국 아이돌 스타와 한국말로 노래 부르는 미국 팬의 만남을 보고 한국의 우수함이나 민족적 자부심으로 흥분해 말하는 해설자는 절묘한 절합 행위를 하는 것이라 말할 수 있다.

함시키기 위해서는 알튀세르의 장치 논의를 넘어서는 일이 필요해진다.

푸코에게 장치는 주체를 조절·관리·통제하는 테크놀로지, 곧 생명을 관리하는 존재다. 그는 지식의 고고학에서, 권력의 계보학으로, 그리고 윤리의 계보학으로 작업을 이어 갔다. 그 과정에서 초기 저작은 담론 우위성이나 표상 중심성을 드러냈다(알튀세르와 비슷한 입장에 서 있었다는 말이다). 계보학적 분석으로 옮겨 가면서 점차 푸코는 장치 이론에 담론과 실천이라는 양가적 관점을 담는다. '에피스테메episteme'라 불리는 인식 가능성의 조건이 담론적·언어적 편향에 기초했다고 보던 전반기에 비해, 후반기에는 담론적 실천과 비담론적 실천을 포괄하는 네트워크, 즉 장치dispositif에 관심을 보였다(장치의 외국어 표기가 apparatus에서 dispositif로 바뀌고 있음에 주의하라).

푸코는 장치를 다음과 같은 성격을 가진 것으로 받아들인다. 첫째, 장치는 말해지는 것과 말해지지 않는 것들의 네트워크이며 둘째, 장치는 권력의 게임에 관련되어 있다. 셋째, 장치는 지식을 지탱하고/지탱되는 힘 관계의 전략들이다. 이를 기반으로 장치는 '말해질 수 있는 담론과 말해지지 않는 비담론 사이의 관계를 새롭게 설정하기 위한 개념'이며, '권력 관계 안에서 작동하는 구체적 배치의 양상을 다루면서도 이것이 지식 체계와 맺는 전략을 그 대상으로 삼는다.' 그가 예로 들었던 판옵티콘이 장치의 가장 적확한 예라고 할 수 있다. 아이돌을 기획, 생산하는 기획사와 연습생의 권력 관계, 그로 인한 연습생들의 감정 노동 준비를 위한 표현 규칙의 내면화, 그로 인해 스스로 감시하는 예속 과정으로의 진입 그리고 국가, 미디어 담론과의 관계 맺기를 통해 지식 시스템으로의 지위 누리기 등을 감안하면 문화구성체로서의 아이돌은 푸코의 장치 개념에서 크게 벗어나지 않는다. 아이돌이 만들어지는 과정과 아이돌이 장치로서 역할을 하는 과정까지 푸코의 논의로 포괄할 수 있다는 말이다. 그런 점에서 알튀세르의 ISA보다는 미셸 푸코의 장치론이 문화적 구성체를 설명해내기에 유용해 보인다. 알튀세르가 표상 과정을 통한 주체 형성에 더 많은 방점을 찍었다면, 푸코는 훈육, 감시, 배치, 지식의 네트워크에 더 방점을 찍고 있다. 하지만 담론적, 비담론적 과정 모두를 포괄하면서 아이돌 주체의 형성이 가질 수 있는 사회적 효과까지 설명하는 데는 약간의 모자람이 있다. 푸코의 논의와는 달리 기획사의 아이돌 형성은 훈육적, 감시적인 면을 띠고 있으나 실제로 자신을 비우고, 표현 규칙을 채우는 과정을 반복한다는 점에선 새로운 흐름의 창조에 가깝고, 새로운 정상성을 사회에 전하는 경향을 띤다. 비정상을 드러내고, 제거하는 작업이 아니라 정상성을 창조하여 사회 성원이 그에 복무하도록 하는 장치[2]적 성격을 띠고 있다.

덴마크 언어학자인 루이 옐름슬레우Louis Hjelmslev에 기대어 질 들뢰즈Gilles Deleuze는 정상성의 형성과 사회적 보급을 장치과 연관시킨다. 옐름슬레우는 페르디낭 드 소쉬르Ferdinand de Saussure가 구분한 기표와 기의를 표현(진술 가능한 것, 담론)과 내용(가시적인 것, 비담론)으로 대체한다. 이들 각각을 형식과 실천으로 나눈다. 이를 교차하면 네 가지 요소를 구하게 된다. (1) 표현-형식, (2) 표현-실천, (3) 내용-형식, (4) 내용-실천. 푸코의 논의에 적용해 보면 형식은 실체를 규정한다(형법이 범죄를, 감옥이 범죄자를 규정한다). 이 규정성을 가진 형식의 네트워크가 곧 장치다. 표현 규칙과 같은 트레이닝 시스템은 아이돌의 감정 노동을 규정하고, 기획사는 아이돌의 연행을 규정한다. 트레이닝 시스템과 표현 규칙, 기획사는 장치 역할을 하고, 아이돌의 숙련된 감정 노동은 장치의 결과가 된다. 바르트가 소쉬르의 기표-기의 관계를 외시denotation를 넘어서 내포

2 '감옥'이라는 장치를 생각해 보자. (1) 감옥은 감옥이라는 물리적 공간과 그를 관리하는 기술, 죄수의 형량을 정하는 재판, 재판에 필요한 수사 기록 등의 네트워크이며, (2) 재판, 수사, 감금과 관련된 국가 권력, 사법부 권력, 경찰 권력의 네트워크적 개입이면서, (3) 거기에는 법학, 행정학, 수사학, 기록학 등의 지식 체계가 뒷받침하고 있다.

connotation로 확장시켰듯이 들뢰즈의 논의를 다시 아이돌 현상과 그를 수용하는 쪽과의 관계로 연장해낼 수 있다. 즉 아이돌의 연행이 미디어를 통해 자연스럽게 곳곳에서 벌어질 뿐만 아니라(표현-형식), 그 같은 현상을 지지하는 사회적 분위기가 장단을 맞추면서(내용-형식), 수용하는 측의 열광(표현-실천)과 자연스럽게 내면화시켜야 하는 것(내용-실천)으로 이어진다. 즉 기획사의 기획과 그로 인한 아이돌의 숙련된 감정 노동적 연행이 사회적 지지 분위기와 절합되면서 장치 역할을 하고 그 장치의 결과로 수용자는 열광하고 감정 노동 과정을 받아들이는 과정이 자연스레 성사되는 일이 벌어진다는 말이다.

애초부터 기획사가 신자유주의적 장치를 의도했다기보다는 사업적 장치가 타 사회 제도와 절합되면서 사회적 장치로 전유되었다고 보는 편이 옳다. 연예기획사의 경영 전략은 '아이돌 경영'이라는 이름으로 사회적 칭송을 받고 있다. 소셜 미디어 등을 활용하는 기획사의 마케팅도 최첨단 마케팅으로 일반 기업이 본받아야 할 것으로 규정되고 있다. 인재 육성 및 관리 등은 정치, 경제, 사회 분야 등 여러 분야의 롤 모델로 칭송받고 있다. 기획사의 성공에 여러 요소가 복합적으로 작용했지만 미디어는 특히 인재 육성 및 관리에 대해 중점적으로 다루고 있다. 정부의 관료, 학자, 저널리스트들도 기획사의 기획과 기타 관련 활동을 언급하면서 심지어는 그를 일종의 시대정신으로까지 확장시켜 내고 있다. 기획사의 트레이닝 시스템, 즉 새로운 장치를 지지해 주고 그를 새로운 사회 시스템으로 떠받들어 주는 또 다른 장치의 도움으로 확장력을 갖게 된다. 그런 점에서 보자면 감정 노동 주체인 아이돌을 만들어 내는 기획사 장치는 사업적 장치로 그치지 않고 그를 지지하는 국가 담론, 정책 담론, 회사 담론과 절합하면서 사회적 장치로까지 활약하게 되는 것이다.

아이돌 현상이 사회적 장치로 활약하면서 퍼뜨리는 가치는 표현 규칙을 내면화하는 감정 노동 훈련의 필요성, 성과 달성을 위한 자기 버리기의 효용성과 정당성, 실패에 대한 무한 자기 책임성에까지 이른다. 삼성경제연구소는 아이돌의 트레이닝 시스템에 대해 '기본기를 강조하는 인재 육성'이라고 평가한다. 지속적인 서바이벌 방식의 평가와 최종 경쟁에서 이기기 위한 혹독한 훈련을 통해 연습생과 소속 가수의 능력을 극대화한다고 평가한다. 특히 몇 배수의 연습생을 맹훈련시켜 '극소수'의 스타를 '걸러내는' 트레이닝 노하우가 한국 기획사만이 갖춘 '차별화된 경쟁력'이라는 주장을 펴면서 그들이 갖고 싶어 하는 인재 관리의 욕망을 드러낸다. 훈련을 통해 극대화된 능력을 수익 극대화라는 조직의 목표로 연결시키고 그를 기준으로 승자와 패자를 나누되 승자는 조직의 결과이고, 패자는 개인의 실패로 파악한다. 또한 승자의 훈련은 승리의 순간 멈추지 않는다. 또 다른 승리를 위해 자신의 내세움 없이 노동을 지속해야 한다.

전문적인 감정 노동자인 아이돌을 생산하는 트레이닝 시스템에서의 이 무한 경쟁 논리를 노동자의 '감정'에까지 대입시킨다. 이로써 노동자의 감정 관리가 기업의 중요한 경영 대상이 되었고, 인간의 감정 그 자체와 감정 표현 능력, 감정 표현 방식, 감정 통제 능력 등은 노동 과정과 인력 관리의 쟁점 중 하나가 되었다. 트레이닝 시스템을 포함한 아이돌 장치는 감정 노동으로 인한 폐해를 고스란히 개인의 책임으로 받아들이게 만든다. 감정 부조화로 인한 폐해들은 성공을 위해 당연히 감내해야 하는 성장통이 된다. 뿐만 아니라 조직이 제시한 규칙에 의해 관리되고 계발되는 감정은 분노와 저항을 느끼지 못하게 자신을 지운다. 분노와 저항은 자신이 처한 문제의 책임 소재를 자기 자신보다 사회 구조의 모순에서 찾는 위험한 표현이기 때문에 거세된다.

요약하자면, 아이돌을 훈련해내는 기획사, 그로 인해 발생하는 아이돌 현상은 감정 노동이라는 사회 구조의 문제를 개인의 문제로 치환시키는 것을 정당화하고 있다. 트레이닝 시스템과 아이돌의 성공 신화를 강조하는 담론은 '경쟁과 성공이라는 신자유주의적 체제와 이데올로기를 강화하는 데 기여'하고 있기도 하다. 이것은 함께하는 연대가 아닌 경쟁하는 개인으로 삶을 살아가는 한국의 젊은 세대에게 자신이 처한 문제점의 원인을 '사회 모순보다는 노력 부족'이라고 생각하도록 만든다. 다시 말해 노동자들이 부당하고 비합리적인 대우를 받을 때 집합적으로 표출되는 사회적 감정으로 작동해 왔던 '분노'보다는 감정 노동을 통하여 개인의 능력 부족이라는 반성과 자책을 강조하게 만든다.

아이돌은 정치적 사건

아이돌 현상을 감정 노동과 관련짓고, 그 감정 노동 주체가 되는 과정을 분석하고, 아이돌 현상이 갖는 사회적 의미를 정리해 보았다. 그간 벌어졌던 아이돌 현상을 대중문화적 현상의 한 영역으로 논의하거나, 아이돌을 메뉴로 한 수용 패턴에 주목해 왔던 논의를 뛰어넘어 사회적 의미를 도출해 보려는 시도였다. 원석을 찾아 아이돌을 만드는 기획사를 사업적 의미에서의 감정 노동 장치로 파악했고, 그것을 지원하는 담론들과 절합하면서 사회적 감정 노동 장치로까지 확장되고 있음을 밝히려 했다. 즉 아이돌 현상은 감정 노동과 관련해서 감정 노동이 사회적으로 바람직하며 앞으로 아이돌을 훈련하는 과정이 전 사회적으로 확산되어도 무리가 없는 것으로 받아들여지고 있음을 지적하였다.

방송 프로그램인 〈K팝스타〉와 트레이닝 시스템 관련 자료들을 통해 한 개인이 트레이닝을 통해 전문 감정 노동자로 되는 과정을 살펴본 결과 표현 규칙을 알지 못하는 참가자들은 심사평을 통해 표현 규칙을 배우고,

조직은 완벽한 무대를 만들기 위해 무대 장치와 직접 경험했던 감정의 기억을 끌어와 참가자들의 감정 노동을 돕고 있었다. 그리고 감정 부조화를 겪고 있는 참가자들에게 긍정적 환상과 프로 의식의 강조라는 수단을 활용하여 구조적 문제인 감정 노동의 부작용을 개인의 책임으로 돌리고 있었다. 현실의 트레이닝 시스템은 〈K팝스타〉라는 방송에서 보여 준 트레이닝 시스템보다 훨씬 냉정할 것이 뻔하다. 드러나지 않은 더욱 다양한 장치들이 사용되고 전문 감정 노동자인 아이돌은 조직의 요구에 충실히 따르는 노동하는 기계로 전락하는 일이 벌어지고 있다.

'피로 사회'를 주장한 한병철은 21세기가 규율 사회에서 성과 사회로 변모하였고, 사회 구성원을 성과 주체로 만드는 데 사회가 몰두하고 있음을 지적하고 있다. 성과 사회는 '할 수 있다'는 긍정성을 스스로 갖게 하고, 자기 스스로를 최대한 착취하도록 하는 자발적이고 자유로운 '자기 강제'를 하도록 한다. 지배 없는 착취로 여겨지게 한 결과 성과 주체는 피로와 탈진에 이르게 된다(Han, 2015). 자신을 비우고 표현 규칙을 내면화시키는 것도 성과 주체로 이르기 위한 경로다. 긍정성으로 좋은 이미지를 만들어 가고 수익을 올리는 아이돌은 그 같은 성과 주체이면서 사회 구성원을 성과 주체가 되도록 추동하는 또 다른 장치 역할을 한다. 사회가 그에 동의하게 되면서 이미 사회 내 존재하던 노동에 대한 제도는 무력화된다.

> "15세 이상 18세 미만인 자의 근로시간은 1일 7시간, 1주일에 40시간을 초과하지 못한다. 다만 당사자 사이의 합의에 따라 1일에 1시간, 1주일에 6시간을 한도로 연장할 수 있다." (근로기준법 제69조)

> "임산부와 18세 미만자를 오후 10시부터 오전 6시까지의 시간 및 휴일에 근로시키지 못한다." (근로기준법 제70조)

이러한 근로기준법은 아이돌과는 무관하다. 수익 증대라는 조직의 목표를 위해 감정이 관리되고 표현되는 아이돌의 감정 노동은 프로 의식의 강조라는 장치 속에서 더 많은 노동을 하고 더 많은 수익을 조직에 가져다주어야 한다. 만약 근로기준법을 주장하며 상품이기를 거부하고 주체성을 회복하려는 아이돌은 프로 의식이 결여되고 한 개인을 상품으로 만들어 준 조직의 은혜를 저버리는 사람이 된다.

한국 사회가 서비스 사회로 변화함에 따라 감정 노동의 중요성은 높아져 가고 노동자의 감정 관리는 중요한 경영 대상이 되었다. 수익의 증대라는 조직의 목적에 최대한 부합하는 인력들을 '전문성의 강조'와 '긍정적 환상'이라는 수단을 이용해 효과적으로 관리, 양성하는 방법을 트레이닝 시스템이 보여 주고 있다. 그리고 트레이닝 시스템이라는 장치는 무한 경쟁의 논리를 정당화하고 문제의 원인을 구조적 모순보다 개인의 책임으로 치환하는 것을 정당화한다. 즉 조직에 의해 관리되고 계발되는 감정은 구조적 문제에 대한 분노와 저항에 결코 이르지 못한다. 국가, 회사 경영, 글로벌 경영, 새로운 아이디어 등은 그 기획을 지지했고 그로써 아이돌은 연예계 사건임을 넘어 사회적 사건으로까지 확장된다. 아이돌 현상(아이돌 + 기획사 훈련 과정)을 사회적으로 확대된 새로운 주체를 만드는 사회적 장치라고 부르는 이유다. 문화 생산production of culture을 담당하는 것을 넘어 새로운 생산 문화culture of production를 생성하고, 실천하는 장치로 작동하고 있다.

물론 그 과정은 언제나 성공을 거두진 못할 것이다. 많은 아이돌 팬덤 연구가 밝혔듯이 수용 과정은 그 같은 기획 의도와 빗나가기 일쑤였고, 모든 아이돌 기획이 다 성공을 거두는 것도 아님을 보여 주기도 한다. 완벽한 장치라기보다는 부실한 장치로 작동하기도 한다. 하지만 장치의 힘은 성공과 실패의 함수 결과라기보다는 그것이 등장했고, 회자되며, 받아들여지고 있고, 시대적 분위기와 공명을 일으키며 발생하는 생성 장치라는 면에서 발생하고 있다. 심지어는 아이돌 현상을 대중문화 분위기를 흩트리는 것이라거나 윤리적 측면에서 청소년의 생활에 부정적인 영향을 미친다고 말하는 것조차 그 장치를 굳건하게 해 주는 지원 현상으로 작동하기에 그 힘을 쉽게 무시할 순 없다. 그런 점에서 보자면 지금 벌어지고 있는 아이돌 현상, 그들의 감정 노동에 대한 이상적 열광, 감정 노동에 대한 과소한 지적 등은 기획사가 — 연성국가주의 — 장치로서 활약하기 좋은 환경을 만드는 박수부대 역할을 하고 있는 셈이다. 매번 발표되는 국가의 문화 정책에서 한류, K팝에 대해 응원 담론을 쏟아냄은 2010년대 말엽 한국의 자본주의를 상징적으로 드러내는 일이기도 하다.

참고 문헌

김수정·김수아 (2015). "'집단적 도덕주의' 에토스: 혼종적 케이팝의 한국적 문화정체성," 〈언론과 사회〉 23권 3호, pp.5~52.

원용진·김지만 (2011). "연성국가주의에 편승한 연예기획사와 한류의 미래," 한류 2.0 시대의 진단과 분석, 한국언론학회, pp.45~50.

이동연 엮음 (2011). 《아이돌》. 이매진.

이수안 (2010). "대중문화 연예상품에서 문화적, 사회적 자본의 동원 메커니즘: 아이돌 스타의 경우를 중심으로," 〈사회과학연구〉, 18권 2호, pp.206~242.

이종임 (2018). 《아이돌 연습생의 땀과 눈물: 아이돌 성공신화와 연습생의 딜레마》. 서울연구원.

정수남 (2011). "계급분노와 저항의 감정적 동학," 〈민주주의와 인권〉, 제9권 3호, pp.243~281.

정승화 (2009). "감정을 통한 자본주의의 지배와 차가운 친밀성," 〈여성학논집〉, 제27집 1호, pp.219~228.

홍훈 (2011). "마르크스의 착취관계와 소비 및 동양의 인간관계," 〈마르크스주의 연구〉, 8

권 2호, pp.12~39.

Agamben, G. (2009). *What is An Apparatus?*, trans. David Kishik and Stefan Pedatella, Stanford University Press.

Althusser, L. (1971). "Ideology and Ideological State Apparatuses," in *Lenin and Philosophy and other Essays*, New York: Monthly Review Press.

Ashforth, B. & Humphrey, R. (1993). "Emotional Labor in Service Roles: The Influence of Identity," *The Academy of Management Review*, Vol. 18, No. 1, pp.88, 115.

Braverman, H. (1974) *Labor and Monopoly Capital: The Degradation of Work in the Twentieth Century*. [이한주 · 강남훈 옮김. 《노동과 독점자본: 20세기에서의 노동의 쇠퇴》. 까치. 1987].

Han, B. (2015). *The Burnout Society*. [김태환 옮김. 《피로사회》. 문학과지성사. 2012].

Hochschild, A. (1983). *The Managed Heart: Commercialization of Human Feeling*. [이가람 옮김. 《감정 노동: 노동은 우리의 감정을 어떻게 상품으로 만드는가》. 이매진. 2009].

Turner, G. (2010). "Approaching Celebrity Studies." *Celebrity Studies*. Vol 1. Issue 1, pp.11~20.

BJ/크리에이터의 유명인 '되기'

이설희

10

#마이크로셀러브리티 #크리에이터

#BJ #자기브랜딩 #셀러브리티되기
#디지털미디어 #인터넷개인방송 #1인미디어

#생비 #심층인터뷰

이설희는 현재 용인대학교 문화콘텐츠학과 교수로 미디어와 라이프스타일, 정체성, 영상 문화와 같은 미디어와 문화와의 관계에 관심을 가지고 연구하고 있다. 연세대학교 커뮤니케이션대학원에서 영상학으로 박사 학위를 받았다. 책으로는 《커뮤니케이션의 이해, 이론과 사상》(공역), 《TV 이후의 텔레비전》(공저), 《게임 포비아》(공저) 등이 있다.

BJ/크리에이터의 시대

웹 2.0의 가장 큰 특징 중 하나는 누구나 참여하고 공유할 수 있다는 점, 그래서 누구에게나 평등한 가능성을 열었다는 것이다. 디지털 미디어 등장 초기 많은 학자들은 이러한 '열린 가능성'이 좀 더 확장된, 공정한 시대를 열 것이라고 기대했다. 특히 디지털 미디어 시대를 경험하는 이용자들은 더 이상 소비자로서가 아니라 직접 참여하고 공유하면서 미디어 내의 콘텐츠를 만들어 가는 생산자로서의 모습으로 가시화되었고 이에 따라 참여 문화의 관점에서의 긍정적 생비의 모습으로 주목받았다(Jenkins, 2006; Fisher, 2015). 하지만 시간이 지남에 따라 참여와 공유는 마케팅 시장의 데이터로 변환되어 팔려 나가고, 이것이 자본화될 수 있는 상품화의 가능성으로 치환되면서 시장 자본에 빠르게 잠식되는 모습도 보였다. 이 과정에서 이용자의 적극적 참여 문화는 '자율적으로 착취당하는 노동'의 모습으로 평가되기도 했다(Terranova, 2000, 2004).

이러한 변화의 과정에 BJ(Broadcasting Jacket) 또는 크리에이터(또는 유튜버)라고 불리는 인터넷 개인 방송 생산자[1]들이 있다. 최근의 미디어 담론은 이들이 활동하는 1인 미디어 시장을 한편으로는 누구나 참여해서 새로운 콘텐츠를 만들어 낼 수 있는, 자신의 능력만 있다면 도전해 볼 수 있는 미래의 콘텐츠 생산 공간으로 소개하는가 하면, 다른 한편으로는 불법적인 일이 횡행하는 비주류 미디어 콘텐츠 생산 공간으로 비하하기도 한다. 이러한 이중적 시선은 항상 이 공간의 의미를 생산하는 BJ/크리에이터의 활동과 관련된다. 이들은 디지털 미디어의 적극적인 수용자이며, 동시에 자기 콘텐츠를 만들어 내는 생산자이기도 하다. 한때는 아무도 알아보지 못하는 일반인이었다면 이제는 일정 수의 팬들을 지닌 'SNS 스타' 또는 '마이크로셀러브리티micro-celebrity'이기도 하며, 미디어 콘텐츠 창작자라는 직업인이기도 하다.

디지털 미디어의 등장과 함께 급증하고 있는 이들 BJ/크리에이터들에 주목할 필요가 있다. 이들의 인지도는 젊은 세대로 갈수록 높아지며, 초등학생의 장래 희망 직업 목록의 상위에 꾸준히 등장할 정도로 현재 '이후'와 관계한다. 뿐만 아니라 디지털 미디어라는 새로운 기술뿐만 아니라, 포스트 시대의 경제적, 사회적, 문화적 양상을 빠르게 흡수하여 적응한

1 인터넷 개인 방송 생산자들은 그들이 직접 콘텐츠를 제작하고 있기 때문에 미디어 콘텐츠 창작자다. 한국직업사전에서는 2017년 미디어 콘텐츠 창작자를 유튜브 등 광고 기반 플랫폼에 영상 콘텐츠를 제작하여 올리고 이를 통해 수익을 창출하는 직업으로 등록했다. 이들은 유튜버 혹은 크리에이터로도 불린다. 국내에서는 여러 플랫폼에서 활동하는 이들이 모두 유튜브 크리에이터로 수렴되는 모습이 보이는 가운데, 이 장에서는 생방송을 기반으로 하는 인터넷 개인 방송 진행자에 초점을 맞추는 만큼, 좀 더 그 의미가 분명하게 전달될 수 있도록 BJ라는 명칭을 주로 사용한다. 국내에서 최근 1~2년 사이 주목받고 있는 유튜브 크리에이터들은 대부분 아프리카TV에서 활동한 경력을 가지고 있을 뿐만 아니라, 유튜브가 플랫폼 시장을 크게 잠식하기 전까지 아프리카TV 플랫폼에서 활동하는 방송 진행자를 지칭하는 BJ는 꽤 오랫동안 이들 1인 미디어 콘텐츠 창작자를 총칭하는 명칭으로 상징적으로 사용되어 왔다. 이 장에서 초점을 맞추는 BJ들은 모두 인터넷 생방송 진행을 1차 작업으로 하고, 편집의 과정을 거쳐 유튜브에 업데이트하는 유튜브 크리에이터다.

사람들이기도 하다. 따라서 이 장은 BJ/크리에이터를 직업으로 삼고 있는 사람들을 대상으로 이들의 활동 양상을 살펴보고, 이것이 가지는 사회문화적 의미가 무엇인지를 탐색하려 한다. 특히 마이크로셀러브리티로서의 이들의 실천, 즉 자기를 브랜드로 또는 상품으로 생산해내는 과정에 주목할 것이다.

셀러브리티, 마이크로셀러브리티란 무엇인가

인터넷 개인 방송 BJ는 마이크로셀러브리티로 정의할 수 있다. 셀러브리티에서 파생되어 사용되는 마이크로셀러브리티라는 용어는 기술의 발전과 함께 경제적, 사회적, 문화적 변화의 양상을 포괄하면서 나타난 개념으로 이를 좀 더 개념화해 볼 필요가 있다.

먼저, 셀러브리티는 우리말로 '유명인/유명한 사람' 정도로 번역될 수 있을 것이다. 셀러브리티celebrity라는 단어는 명성fame를 뜻하는 라틴어 셀레브리타스celebritas와 자주frequented, 많은populous, 유명한famous라는 뜻의 라틴어 셀레버celeber로부터 왔다(Boorstin, 1961/2004). 이러한 의미에서 파생한 셀러브리티는 "유명한 상태나 명성 높은 상태"를 일컬었다. 대니얼 J. 부어스틴Daniel J. Boorstin은 이렇게 유명한/명성 높은 '상태'를 가리키던 셀러브리티가 오늘날 유명한 '사람'으로 정의되어 사용되고 있으며, 사실상 그 의미마저 변질되었다고 비판한다. 그에 따르면 과학 기술, 매스 미디어의 발달과 함께 미디어와 홍보 전문가들에 의해 양산된 셀러브리티는 "사람 자체가 가짜 사건인 가짜 인간"이다. 이들은 과거에 용기, 숭고함 등을 가지고 명성을 내재한 영웅이 아니라 "이름이 널리 알려졌기 때문에 유명한 사람"이다(Boorstin, 1961/2004: 92). 즉 현대 매스 미디어 사회에서 셀러브리티는 어떤 업적이 필요한 게 아니라 미디어에 등장한다는 그 자체로도 만들어지기 때문에 일반인과 다를 바가 없다. 이러한 부어스틴의 주장은 셀러브리티가 미디어에 의해 양산되고 대중의 욕망을 자극하는 이미지로 제조되고 판매되는 상품이라는 의미를 포함한다. 디지털 미디어 사회에서 빠르게 양산되고 그만큼이나 빠르게 사라지는 유명인의 존재는 그의 논의에 다시 주목하게 한다. 물론 그의 논의에도 한계는 있다. 유명인을 영웅과 일반 사람이라는 이분법적 위치에서 지나치게 부정적으로만 묘사하고 있을 뿐만 아니라 오늘날처럼 미디어가 사람들의 일상에 깊이 스며들어 누구나 일반인인 동시에 유명인이 되는 시대적 맥락과, 유명인이 문화적, 경제적 과정이자 산물로 나타난 복합적인 사회 구성물이라는 사실을 간과했다.

2000년대를 전후해서 셀러브리티에 대한 연구가 증가한 것은 디지털 미디어 문화와 관계한다. 이때 연구자들은 대체로 셀러브리티를 평범한 사람들과 독점적이고 특권적인 거리로 특징지어지는 사회적 지위로 이해한다(Rojek, 2001; Turner, 2004; Senft, 2013; Jerslev, 2016). 디지털 미디어 문화에서 평범한 사람들과 셀러브리티의 경계는 모호해지는 경향이 있다. 이러한 환경에서 셀러브리티는 '존재being'이기보다는 '하기/되기doing'의 셀러브리티, 즉 셀러브리티로부터 셀러브리티 되기celebrification로 이동하고 있다. 디지털 미디어 환경에서의 셀러브리티는 사회, 문화, 경제적 환경, 셀러브리티와 팬들의 상호 작용 등 셀러브리티를 양산해내는 복합적이고 구조적인 구성물로 이해된다. 홍석경(2013: 166)은 참여의 웹 문화에서의 셀러브리티를 미디어에서 자신의 사적 삶을 노출시켜 인지도를 높이고, 그 과정에서 "변화하는 미디어 문화를 몸 자체로 예시"한 존재들로 정의하기도 한다. 올리비에 드리센스Olivier Driessens(2012)의 논의는 한 발 더 나아가서 개인적 차원에서의 '유명인 되기Celebrification'와 사회, 문화적 위

마이크로셀러브리티

마이크로셀러브리티는 셀러브리티에서 파생되어 나온 용어다. 우리말로 '유명인' 또는 '유명한 사람' 정도로 번역될 수 있는 셀러브리티는 개념상 평범한 사람들과 독점적이고 특권적인 거리의 사회적 지위로 정의되곤 한다. 그런데 디지털 미디어 문화에서 이러한 거리가 모호해지면서, 셀러브리티의 의미는 점점 '존재'에서 '하기/되기'의 셀러브리티, 즉 셀러브리티 되기로 이동 중이다. 특히 소셜 미디어 문화에서 자신의 일상을 지속적으로 미디어에 업로드하면서 네트워크로 연결된 사람들에 의해 유명해진 사람들을 마이크로셀러브리티라고 부르는데, 이들은 '유명인 되기'의 대표적인 사례라고 볼 수 있다.

상에서의 메타적 과정으로 내재화되는 '유명인이 되는 과정Celebritization'을 구분하기까지 한다. 그에 따르면 '유명인 되기' 과정에는 미디어화mediatization, 개인화personalization, 상품화commodification라는 세 차원이 복잡하게 얽혀 있다.

온라인 미디어 문화는 상호 소통의 연결 네트워크가 자기를 브랜드화하면서 유명해지는 것을 자연스럽게 엮어 준다. 크리스 로젝Chris Rojek(2001)은 이 문화가 이미 공개적으로 자기의 사생활 등을 노출하게 하는 징후를 보았으며 테레사 센프트Theresa Senft(2013)는 사적/공적 경계의 사라짐이 유명한 사람들과 유명해지기를 원하는 사람들을 널리 확장시켰다고 진단한다. 이러한 현상은 이미 오디션 프로그램과 같은 리얼리티 쇼를 통해 평범한 사람들이 시청자들에게 친밀감을 주면서 순식간에 유명한 사람들이 되는 식으로 드러났다.

셀러브리티의 이러한 성격 변화는 다양한 소셜 미디어 플랫폼의 출현과 함께 급진전되었다. 누구나 소셜 미디어를 통해 자신의 사생활을 노출할 수 있는 환경에서, 이제 개인은 자신의 일상을 지속적으로 미디어에 업로드하고, 이들과 네트워크로 연결된 사람들에 의해 유명해지고, 이렇게 유명해진 사람들은 '마이크로셀러브리티'로 불리기 시작했다. 2001년 센프트가 만든 신조어 마이크로셀러브리티는 이후 많은 연구자들이 사용하고 있다. 앞서 셀러브리티의 성격 변화에서 언급되었듯이, 마이크로셀러브리티는 인물만을 지칭하는 것이 아니라 자기를 브랜딩하는 모든 전략적 행위와 실천 그 자체를 일컫는 개념으로 사용된다(Marwick, 2013). 센프트(2013: 346)는 마이크로셀러브리티를 평범한 사람들이 인터넷 미디어 등에서 "마치 브랜드 상품처럼 자신의 온라인 정체성을 연출하고 유지하며 셀러브리티가 되는 사람"으로 정의하는데, 이는 마이크로셀러브리티 실천이 곧 자기를 브랜드하는 것과 직접적으로 관련됨을 시사하는 것이다. 또한 그는 명성의 불안전성이 극심해지면서 이미 대중적인 인지도를 지닌 기성 셀러브리티까지도 소셜 미디어를 이용한 셀프 브랜딩을 실천하고 있다고 지적한다. 안네 야슬레우Anne Jerslev(2016)는 전통적인 미디어에서 셀러브리티의 '일시성temporality'과 소셜 미디어상에서 셀러브리티 일시성과의 차별점을 추적한다. 그가 보기에 마이크로셀러브리티에게는 즉각적이고 진실되게 영구적으로 업데이트하는 일시성이 작동하기 때문에 진정성을 가지라는 압박이 그들에게 지속적으로 가해진다. 이러한 셀러브리티와 마이크로셀러브리티 개념에 대한 이해는 BJ/크리에이터를 이해하는 출발점이다.

마이크로셀러브리티, 자기 브랜드 실천의 배경

마이크로셀러브리티와 자기 브랜드self-branding 실천의 배경에는 후기 자본주의 사회의 경제, 사회, 문화적 요인들이 복잡하게 얽혀 있다. 온라인 미디어 공간은 소비자 중심의 공간이다. 개인들이 자신에게 필요한 정보를 적극적으로 찾아 나서는 이 공간에 자기 브랜드의 필요성이 있다(Driessens, 2012). 미디어/정보 과잉 사회에서 차별성과 가시성에 대한 중요성은 높아졌고, 이에 따라 마케팅 분야에서는 주목 경제attention economy가 두각을 나타냈다. 수없이 많은 상업 문구들이 산만하게 흩어져 있는 소비자의 주목을 받기 위해 경쟁한다. 주목 경제는 광고주에게 소비자와의 관계를 지속적이고 유연하며, 진화할 수 있게 하는 방법에 대한 새로운 아이디어를 주기도 해서 매우 현실적인 필요성이었다(Fairchild, 2007). 이러한 환경에서 자기 브랜딩은 기본적으로 주목을 받는 장치로 극심한 시장 경쟁에서 우위를 확보하도록 돕는다(Shepherd, 2005).

또한 소셜 미디어를 통한 자기 브랜딩은 관심과 서사를 중심으로 하면서도 명성과 유명 인사의 잠재력을 현저히 높인다. 소셜 미디어의 커뮤니케이션 기술과 결부된 글로벌 자본주의는 문화적, 경제적, 정치적 격변을 초래하고, 이러한 불안정한 환경에서 자기 브랜드는 취약한 개인들을 적절히 인도해 주는 전략이 되었다(Khamis, Ang, & Welling, 2017).

이러한 배경에서 마이크로셀러브리티와 자기 브랜드의 실천은 점점 증가하고 있다. 이를 좀 더 개인적인 차원에서 구체적으로 살펴보면 세 가지 양상과 관련된다(Khamis, Ang, & Welling, 2017). 첫째는 소셜 미디어(유튜브, 페이스북, 인스타그램 등)가 전략적으로 일반인 이용자들에게 명성을 약속하면서 마이크로셀러브리티의 실천을 독려하는 현상과 관련된다. 이들 플랫폼들이 지속적으로 개인의 일상을 업로드하는 것을 독려하고, 수

주목 경제

골드하버(Goldhaber, 1997)는 정보와 주목의 대비를 통해 '주목 경제' 개념을 제안하였다. 그가 보기에 경제의 기본 원리인 희소성을 지니지 않는 정보는 본질적으로 경제를 이룰 수 없는 것이다. 정보의 풍부함에 희소성의 가치를 투입하며 경쟁을 촉발하는 것이 바로 '주목'이다. 테라노바(Terranova, 2012)에 따르면 디지털 테크놀로지 발달에 따라 정보가 무한히 증대할수록 인간의 주목 영역에서는 질 저하가 일어나고 있다.

많은 개인들 중의 일부를 가시화시키며 수익화의 가능성을 보여 준다. 아프리카TV의 경우에도 새롭게 방송을 시작한 초보 방송인들에게까지도 해외여행을 통해 콘텐츠를 만들 수 있도록 지원하면서 일반인 시청자들에게 방송할 것을 독려한다.

두 번째로 신자유주의 개인주의 문화 맥락에서 자기 브랜드가 보상이 있을 것이라고 독려하는 환경이다. 불안정한 환경에서 자신이 잘하면 그만큼의 보상이 따른다는 믿음은 성공한 크리에이터/BJ들의 단골 멘트이기도 하다. 뿐만 아니라 대다수의 플랫폼이 '별풍선'과 같은 즉각적인 수익 장치를 탑재하면서 이러한 보상을 가시적으로 드러내기도 한다. 더불어 국내 환경에서 MCN(Multi-Channel Network)이 확장되고 있는 현상 또한 자기 브랜드에 대한 보상이 일정 정도 산업적으로도 체계를 갖추고 있는 것으로 보이게 한다. 이제 '조금만' 노력해서 일정 수의 시청자를 확보하면서 기업 차원의 지원도 받을 수 있는 것이다.

마지막으로 몇몇 소셜 미디어에서 영향 있는 사람들과 마이크로셀러브리티의 상업적 성공 가능성이 지속적이고 반복 가능함을 입증하는 현상들이 있다. 누구나 유명인이 될 수 있다는 환상을 심어 주는 이들 유명 크리에이터/BJ들은 텔레비전에서도 주목을 받으며 여러 프로그램에 등장하고 있다. 2018년 〈랜선라이프: 크리에이터가 사는 법〉(jtbc)에서는 크리에이터의 일상을 보여 주고, 유명 오락 프로그램은 이들을 패널 또는 고정 패널로 초대한다.[2] 이들은 이전과 이후의 중간 매개자로 위치하면서, 개인의 노력이 담보된다면 이 분야에서의 성공 가능성은 항상 열려 있음을 강조한다. 즉 이들은 이 일을 시작하게 된 계기가 또 다른 크리에이터/BJ들에게 영향을 받았음을 이야기하는 동시에 예비 후보자들에게는 늦지 않았으니 지금 바로 방송을 시작하라고 권고한다.

일반 대중이 자신의 사적 삶을 노출하면서 유명해지거나 성공하고 싶은 욕망을 가시화하는 현상의 확장에는 이들 마이크로셀러브리티들의 자기 브랜드 실천들이 있다. 이 장에서는 일반인이었던 이들이 인터넷 개인 방송을 시작하면서 자기를 브랜드로 만드는 과정에서 나타나는 여러 양상들을 살펴볼 것이다. 이는 생방송을 경험하거나 진행하는 아프리카TV BJ들이 자기 브랜드를 만들어 가는 양상에서 우리가 고민해야 하는 지점이 무엇인지를 드러내기 위함이다.

---

2 MBC 〈라디오스타〉는 뷰티 크리에이터 이사배와 축구 방송 BJ 감스트를 게스트로 초대해 화제를 모았으며, tvN 〈놀라운 토요일〉에는 먹방 BJ 입짧은 햇님이 2018년 9월 현재 고정 패널로 출연 중이다.

인터넷 개인 방송 BJ의 자기 브랜드 양상

마이크로셀러브리티, 자기 브랜드 과정을 살펴보는 데 있어 아프리카TV의 생방송 경험이 있는 크리에이터를 분석의 사례로 하는 것은 국내의 '성공한' 마이크로셀러브리티들에게 생방송 경험이 이 분야로의 진출에 중요하게 작용했기 때문이다. 최근에는 유튜브가 플랫폼 시장을 장악하면서 영상 편집본'만'을 올리는 크리에이터가 두각을 나타낸다. 하지만 현재 여러 플랫폼에서 크리에이터/BJ로 각광받고 있는 마이크로셀러브리티 중 상당수[3]는 기본적으로 국내에서는 오랫동안 이들의 무대였던 아프리카TV의 BJ였거나, 여전히 여타의 플랫폼에서 생방송을 통해 즉각적인 시청자 반응을 확인하고 있다. 또한 최근의 부정적인 담론에도 불구하고 아프리카TV의 매출액에 변동이 크지 않다는 것은 다수의 자기 브랜드 만들기 과정이 이 플랫폼에서 이루어지고 있다는 것을 보여 주고 있어서[4] 적어도 1인 방송을 통해 유명해지거나 성공하고 싶은 이들에게 생방송 경험이 중요하게 작용하고 있음을 시사한다.

이 글에서는 BJ/크리에이터의 자기 브랜드 과정을 살펴보기 위해 여러 자료를 복합적으로 활용했다. 1차적으로는 아프리카TV의 베스트/파트

---

3 2017년 한국방송통신전파진흥원에서 발표한 국내 인기 유튜버들의 광고 수익 순위 9명 중 5명이 아프리카TV의 BJ였다. 나머지 4명의 경우, 어린이를 대상으로 하는 유튜버들이었다.

4 일례로 한 페이스북 스타는 자신의 유튜브 채널에 아프리카TV의 별풍선 수입이 4600만 원, 유튜브 수입이 월 100만 원 그리고 인스타그램과 페이스북 광고에서 추가로 받는 금액을 공개한 적이 있다("SNS 핫스타," 〈스포츠서울〉, 2018. 1. 15). 이처럼 많은 크리에이터들은 특정 플랫폼에서만 활동하고 있는 것이 아니라 다양한 형태의 플랫폼을 자유롭게 이용하고 있다. 인터뷰에 참여했던 BJ들은 모두 2016년 당시부터 유튜브에 생방송 영상의 편집본을 업로드하고 있었으며, 그들 중에 30% 이상은 다른 플랫폼으로 이동해서 생방송을 진행하고 있거나, 다른 곳으로 이동했다 다시 아프리카TV로 돌아오기도 했다.

너 BJ 14명(A~N)과의 심층 인터뷰 자료가 이 글을 위한 주요 자원이 되었다. 이들 14명 BJ들과의 인터뷰 자료는 2015년 8월부터 2016년 3월까지 실시되었고, 이후 이들의 활동 및 인식의 변화는 추가 인터뷰 또는 다양한 언론 자료 등을 통해 확보했다.[5] 2018년 이들의 활동 양상을 간단하게 추가한 기본 정보는 표 1과 같다.

두 번째로 최근의 소셜 미디어 스타들에 대한 인터뷰 기사 역시 또 다른 기본 자료다. 〈스포츠서울〉의 기획 기사인 'SNS 핫스타' 세션에서는 소셜 미디어 스타(BJ/크리에이터)와의 인터뷰 내용을 지속적으로 보도하고 있어서 이를 분석 자료에 더했다. 비록 언론에 의해 편집된 인터뷰 자료이지만, 적어도 인용된 인터뷰 내용은 면대면 인터뷰 내용과 크게 차이가 나지 않을 것으로 판단했다. 개인의 생각과 사적 일상을 가시화하는 데 능숙한 BJ들은 보통 자신의 방송에서 언급한 내용을 외부의 인터뷰에서 반복하는 경향이 있다. 지난 인터뷰 기간 동안 인터뷰 참여자들의 방송 내용과 외부 인터뷰 내용, 그리고 연구자와의 대면 인터뷰 내용이 크게 다르지 않았다.

5 BJ의 노동 과정에 대한 연구를 위해 확보했던 이 자료는 노동의 구체적 과정뿐만 아니라 BJ의 활동을 폭넓게 접근하고 있고, 이들이 인터넷 생방송을 진행하는 방식은 2016년과 2018년이 크게 다르지 않기 때문에 유용했다. 그럼에도 2018년 현재의 모습을 추적하기 위해 먼저 아프리카TV 사이트를 통해 이들 14명의 활동 여부 및 방송의 변화 양상을 확인했다. 14명 중 8명은 현재 아프리카TV를 통해 활동하고 있지 않은데, 2명은 인터넷 개인 방송 자체를 중지했으며 6명은 다른 플랫폼을 통해 방송을 계속하고 있었다. 방송을 중지했거나 다른 플랫폼으로 이동한 BJ 중에 4년 이상 아프리카TV에서 활동한 BJ가 6명이었기에, 아프리카TV에서 베스트 BJ를 담당하는 직원을 만나 이들에 대한 정보를 수집했다(O). 아프리카TV 직원과의 인터뷰는 기존에 인터뷰한 BJ들의 간단한 근황뿐만 아니라 빠르게 변화하는 플랫폼 시장의 양상 및 담론의 변화 등에 대한 현장의 정보를 담고 있다. 마지막으로 2016년에 인터뷰한 이 중, 다른 플랫폼으로 이동해서 계속 생방송을 진행하고 있는 크리에이터 1명과 추가 인터뷰를 진행했다(K).

표 1. 인터뷰 참여자의 기본 정보

	성별	BJ 경력 (2016)	나이대 (2016)	애청자 수* 2016/2018	비고(2016)	2018
A	남	11년	30대 초반	243,291/227,599	파트너 BJ, 전 회사원	유지 / 방송 소재 변화
B	여	9년	30대 초반	331,549/326,907	파트너 BJ 전 학원 강사	유지
C	여	8년	20대 초반	108,345 / – **	파트너 BJ 대학생	이동/트위치
D	남	7년	20대 후반	464,144/462,531	베스트 BJ 공채 개그맨	유지
E	남	7년	20대 후반	162,177/160,015	파트너 BJ	유지
F	여	7년	20대 후반	28,323/26,661	베스트 BJ 바리스타	유지
G	남	6년	20대 중반	51,336/ –	베스트 BJ	방송 중지 개인 사정
H	남	6년	30대 초반	25,790/ –	베스트 BJ 전 KT 사내 강사	이동/트위치
I	남	4년	20대 중반	191,553/ –	파트너 BJ	방송 중지 / 비도덕적 사생활 노출
J	남	4년	20대 초반	628,913/ –	베스트 BJ 대학생	이동/유튜브
K	여	4년	30대 초반	407,696/ –	파트너 BJ 전 회사원	이동/카카오TV
L	여	2년	20대 후반	24,335/25,605	베스트 BJ 중국어 개인 학원 운영	유지
M	여	1년	20대 후반	25,411/ –	베스트 BJ 프로 바둑기사	이동/카카오TV
N	여	1년	20대 후반	66,355/ –	베스트 BJ / 메이크업 아티스트	이동/유튜브

* 2016. 10. 29 기준/2018. 5. 29 아프리카TV 기준.

** C는 미성년자 당시 부모 명의로 등록된 계정에서 본인 계정으로 옮기면서 계정을 새로 만들어야 했다. 이에 따라 애청자 수와 방송 시간이 이전의 애청자 수와 방송 시간에 비해 월등히 적다.

'나=당신' 인식시키기

BJ 문화에 접근하는 과정에서 많이 듣게 되는 질문은 "누구 팬인가요?," "아프리카TV를 본 적이 있는가요?," "별풍선을 보내 본 적이 있나요?"다. 이러한 질문들이 품고 있는 의미는 직접 그 공간을 경험해 보지 않으면 그 문화를 제대로 이해할 수도 공감할 수도 없다는 것이다. 실제로 이 공간에서의 이른바 '시청 공동체'는 마이크로셀러브리티를 이해하는 데 매우 중요한 부분이다. BJ들의 생방송 채널이 움직이는 중심에 '시청 공동체'가 있다(안진·최영, 2016; 이동후·이설희, 2017). 대부분의 BJ들은 직접 방송을 진행하기 전부터 이미 이러한 '시청 공동체'의 일원이었고 누군가의 팬이었다. 그리고 그 누군가의 영향을 받아 직접 방송을 시작하게 된 이후에는 여전히 애청자이면서 동시에 진행자가 되었다. 이들이 다른 여타의 팬들과 마찬가지로 누군가의 애청자 중 한 명이었다는 사실은 방송 진행자와 그/그녀의 팬들 사이의 경계를 허물어뜨리는 배경이 된다.

'경계 흐리기'는 시청자와의 친밀감을 증가시키고 결집력을 강화시키는 데 매우 중요한 실천 중 하나다. 이제 BJ들은 시청자들이 친근해할 만한 일반적이면서도 일상에서 흔히 볼 수 있는 여러 사람들 중 일부를 표명하는 캐릭터를 만들어 낸다. '착한,' '겸손한,' '카리스마 있는,' '매력적인,' '재미있는,' '말 잘하는,' '똑똑한,' '목소리 좋은,' '예쁜,' '잘생긴,' '못생긴,' '진짜 평범한'과 같은 여러 수식어들이 BJ 개인에게 붙여지면서 브랜드가 된다. 이를 좀 더 유형화한 임명빈·김수정(2018)에 따르면 인기 BJ들은 '막역한 친구'형, '반듯한 남친/여친'형, '능숙한 전문가'형으로 자아 브랜드를 특성화하고 있다. 이렇게 시청자와 결속된 방송 진행자는 모든 개별 시청자들의 가상의 동생, 형, 오빠, 언니가 되며, 이러한 결속력이 강하면 강할수록 친밀도를 기반으로 하는 브랜드로서의 가치는 증가한다.

그런가 하면 시청자와 평행선에 서 있는 듯이 보이는 이들은 유명인이 되는 중간 어디쯤에 위치해 있으며, 이들의 자기 브랜드 가치에 따라서 그 위치는 편재해 있다. 이미 공고한 위치에 있는 셀러브리티는 이들에게도 '신기한,' '특별한' 존재로 시청자와 공감하지만, 유명 셀러브리티와 함께 방송을 진행하거나 연락을 주고받을 수 있는 현재의 위치에 뿌듯함을 느낄 때 이들은 이미 셀러브리티의 일원이다. 이러한 중간자적 위치의 BJ 모습은 다수의 인터뷰 자료에서 나타나는데, 다음 인터뷰 내용이 그 사례 중 하나다.

> 아이돌과 방송은 처음이나 지금이나 신기해요. 걸그룹 달샤벳, AOA, 다이아 분들하고 같이 방송했어요. 연예인들과 방송하면 뭔가 인정받은 것 같아 뿌듯하기도 해요. 함께 방송한 인연으로 지금도 연락하고 지내요. 달샤벳이나 다이아 멤버들이랑 자주 연락해요. ("SNS 핫스타," 〈스포츠 서울〉, 2017. 2. 9, BJ 서윤 인터뷰).

어느 정도 인기를 누리고 있는 BJ들이 유명 연예인을 방송 채널로 초대해서 이야기를 나누는 것은 흔한 풍경이다. 인기가 없을 때 유명 연예인을 초대하는 것은 시청자와의 공모하에서 연예인을 섭외하는 그 시도 자체가 방송 콘텐츠가 되기도 한다(D). 이름이 알려지게 되면 이제 유명 연예인이 직접 출연을 요청하는 경우도 많다. 이처럼 BJ들이 자신의 '평범함'을 강조하며 시청자와 동일시하고, 동시에 시청자를 유명 스타와 연결시킬 때 BJ의 방송 채널에서 셀러브리티 경계는 흐려진다. 이제 평범한 시청자는 '평범한' BJ처럼 언제든지 유명인이 될 수 있는 그런 공간에 참여하면서 이미 BJ들이 경험한 "유명인이 되는 자아들celebrified selves"을 공유한다(Jerslev, 2016: 5235). "셀러브리티의 행위performance가 수많은 소비자들의 일상적 관행의 일부"가 되는 것이다(Hackely & Hackley, 2015: 469). 이들이 자신을 시청자의 일부가 되도록 하는 자기 브랜드 실천은 마이크로셀러브리티가 되기를 원하는 사람들을 끊임없이 불러들이고, 이러한 문화를 확장시킨다.

일상의 빈틈, 상품화하기

어떠한 주제도 방송으로 이용될 수 있다는 것, 즉 모든 순간이 방송이 될 수 있다는 것은 이 공간에서 성공하기를 원하는 사람들에게는 큰 가능성이기도 하지만, 실제 이들의 사적 일상이 모두 가시화되어 상품화되게 하는 이유이기도 하다. 이들은 생각지도 못한 엽기 행동이 주목을 받는가 하면, 아주 사소한 또는 오프라인에서는 인정받지 못했던 놀이에 사람들이 몰리는 현상도 목격했다. 따라서 이들에게 공적/사적, 방송으로 할 수 있는/할 수 없는 경계는 존재하지 않는다. 존재하지 않은 경계 속에서 자신을 브랜드로 만들거나 이를 유지하기 위해서는 긴 시간의 투자가 필요하고 모든 순간을 방송 콘텐츠로 만들 수 있는 환경을 만드는 것도 중요하다.

이들이 자기 브랜드를 만들기 위해 긴 시간을 투자하는 것은 단지 개인별 성공에 대한 욕망으로만 이루어지는 것은 아니다. 욕망을 추동하는 사회, 문화, 기술적 환경이 이들에게 방송하도록 동기를 유발affordance시킨다. 누구나 할 수 있다는 기술적, 문화적 가능성은 많은 BJ들이 방송을 고민하게 하는 출발점이 되었으며, '별풍선'과 같은 수익 구조는 이 공간이 직업 공간이 될 수 있도록 했다. 인터넷 개인 방송을 자신의 직업으로 여기고 그 안에서 일정 금액 이상의 수익을 기대하기 위해서 이들이 가장 먼저 해야 하는 것 중 하나가 방송을 오래 켜 놓는 일이었다. 왜냐하면 아프리카TV는 '신입 BJ'를 넘어 '베스트 BJ'가 되기 위해 일정 시간 이상의 방송을 지속해야만 한다는 규정을 두고 있기 때문이다. 인터뷰 참여 BJ들이 베스트 BJ가 되기까지의 기간은 모두가 달랐는데, 그 기간이 짧을수록 카메라를 켜 놓는 시간이 길었다. 한 BJ는 방송 초기 3~4일은 내내 카메라를 켜 놓고 지내는 경우도 종종 있었다고 회상한다(D).

시청자 수가 가시적으로 나타나기 때문에 이들은 하루 이틀의 부재 또는 게으름이 바로 시청자 수의 변화로 연결될 수 있음을 경험했다. 초기에는 매일매일 시간이 날 때마다 방송을 켰다면, 방송을 하는 데 능숙해짐에 따라 계획적으로 방송 시간을 공지하고, 그 외의 시간에는 '랜덤 방송'으로 진행하는 것이 점차 정착되고 있다. 대부분 BJ의 생방송 시간은 이들이 방송 시간으로 공지한 시간보다 길다. 생방송 BJ들이 명절 같은 휴일에도 시청자와 함께하는 경우는 매우 흔한 일일 뿐만 아니라, 심지어 BJ들은 카메라가 켜 놓은 상태에서 좀 더 편안함을 느끼기도 한다. 외로워도, 심심해도, 슬퍼도 이들은 카메라 앞에 앉는다. 몇몇 BJ들은 자신이 가장 힘들 때 카메라를 켜고 위로를 받았다고 회상하고 여러 BJ들은 카메라를 안 켜고 있으면 불안하다고까지 이야기한다.

매일의 반복성은 시청자에게 지루함으로 다가올 수 있기 때문에 변화가 중요하다. 이는 여러 방식으로 준비하게 되는데, 때로는 '특별한' 공간이나 음식을 보여 줄 수 있는 이벤트로 나타난다. 이벤트는 플랫폼에 의해 계획되기도 하지만(공동 방송, 특별 행사 등), 플랫폼과의 관계가 친밀하지 않은 BJ의 경우 자신의 일상의 이벤트가 곧 방송이 되어야 한다. 따라서 이들에게 개인의 휴가 기간은 가장 좋은 시청자를 위한 이벤트 기간이 된다. 겨우 시간을 낸 오래간만의 휴가 일정일지라도, 일상과는 다른 장면을 시청자들에게 보여 줄 수 있는 기회를 놓칠 수 없어 카메라를 켠다. 2018년 현재 아프리카TV에 자주 등장하는 것 중 하나가 BJ들끼리 특정 장소에서 2~3일간 합숙을 하고, 합숙 기간 내내 카메라를 켜 두고 방송을 진행하는 것이다. 이는 아직 인지도가 높지 않은 BJ에게는 방송 시간을 충족시키는 것과 동시에 새로운 시청자를 끌어들이는 기회가 되고,

베테랑 BJ에게는 이벤트성 영상을 보여 주는 기회가 된다.

새로운 소재나 다른 모습을 보여 주기 위해 생방송 시간 외에도 끊임없이 무엇인가를 해야만 한다. 단순히 먹는 모습을 보여 주는 방송을 하는 BJ가 시청자를 유지할 수 있는 것은 '많이 먹어도 찌지 않는' 모습을 보여 주는 것이다. 따라서 그는 남는 모든 시간(하루 7~8 시간)을 운동에 투자한다(J). 시청자의 고민 상담을 주로 하는 BJ는 다수가 수긍할 만한 조언을 하기 위해 심리학을 전공하고 모든 지식을 어떻게 방송과 연결할지를 고민한다(C). 보여지는 모습의 중요성을 알기에 컴퓨터 기술을 포함하는 영상 제작 기술을 꾸준히 배워야 하며, 조금이라도 다양한 모습을 보여 주기 위해 자신을 업그레이드시킬 수 있는 다양한 재능들(춤, 노래, 말하는 방법 등)을 계발할 시간도 필요하다(K). 때로는 이러한 준비의 시간조차도 방송의 소재가 된다. 한 먹방 BJ의 일상은 텔레비전을 통해 방송되고 있는데, 우리는 그가 수시로 카메라를 켜는 모습을 영상을 통해 확인할 수 있다. 다수의 BJ들은 시시 때때로 카메라를 켜고 이러한 준비의 과정들을 생방송한다. 아프리카TV의 첫 화면에는 방송을 위해 어디론가 이동하는 차 안에서 카메라를 켜고 생방송하는 BJ들도 흔히 볼 수 있다.

그런가 하면 BJ들은 시청자들이 많이 들어오는 시간에 방송을 하게 되는데, 그 시간은 대체로 밤 10시 이후이며 주말이다. 대부분의 BJ는 저녁 시간(7~8시)에 방송을 준비하기 시작해서 새벽 4~5시가 되어야 방송이 끝난다. 생방송은 2~3시에 끝날지라도, 생방송을 다시 모니터하며 다음날 유튜브에 올릴 영상을 편집해야 하기 때문이다. 아래의 인터뷰 내용은 직업으로 방송하는 대부분의 BJ들이 경험하는 일이다. 어느 정도 자리를 잡은 BJ는 적어도 일주일에 한 번은 쉴 수 있는 날을 공지하지만(또는 BJ의 건강을 걱정하는 열혈 팬들의 요청으로 쉬는 날을 만들기도 한다), 그것도 이미 자리를 잡고 난 이후의 사치다. 병원 입원으로 방송 중지가 빈번한 것이 우연은 아니다.

> 초창기부터 6개월 동안은 잠자는 시간이 하루에 세 시간밖에 되지 않았어요. 아프리카TV와 유튜브를 병행해서 수면 시간이 더 부족했죠. 저녁 9시쯤 일어나서 새벽 3시까지 라이브 방송을 하고, 그때부터 두 시간 동안은 또 유튜브 촬영을 했어요. 그 후엔 영상 편집 작업을 했고 완성된 영상을 다시 체크했어요. 휴방도 단 한 번도 안 했어요. (중략) 이렇게 이어 가다가 구독자 수가 10만 명을 넘어서부터는, 1주일에 한 번씩 휴방도 하고 여유도 생겨 3시간 이상 수면 중이에요. 한번은 제가 방송에서 '너무 힘들어서 자고 싶다'고 말하면서 울기도 했었어요. ("SNS 핫스타," 〈스포츠서울〉, 2018. 8. 20. 먹방 유튜버 김나름 인터뷰)

이러한 생활이 길어질수록 이들의 실제 대인 관계도 한정될 수밖에 없다. 오랜 친구들과도 거의 만날 수 없고, 집 주위의 한두 명과 몇 달에 한 번 잠깐 만나는 게 전부다. 따라서 이들의 관계는 방송 관계자들로 한정되는 경우가 대부분이었으며, 방송하기 어려운 자신의 사적 일상은 사라진다.

진정성의 압박 극복하기: 타자 역할로의 통합

어빙 고프만Erving Goffman(1959/1996)은 사회를 연극 무대로 상정하고, 사람들은 이 무대에서 자신의 역할을 수행하고 있다는 관점을 제시한다. 사회적 공간에서 사람들은 주어진 사회적 구성원으로서의 역할을 수행하는데, 여러 사회 구성체(원)와의 상호 작용 속에서 자신의 사회적 자아를 형성해 나간다는 것이다. 즉 사람들은 사회라는 무대에서 상호 작용하면서 자기 자신의 "제2의 천성, 인성을 구성하고 통합된 사회적 자아"를 만들어 낸다. BJ들은 끊임없이 다수에 의해 평가받고 타자의 요구에 부응해야 하는 '타자화된' 무대, 즉 방송에서의 역할이 있다. 이 무대에서 BJ들은 전체 사회 내에서 구성되는 통합된 사회적 자아로서의 역할들보다 자기를 브랜드화하기 위해 좀 더 인위적이고, 만들어진 모습의 '역할'을 수행한다. 그런데 이 역할(방송에서의 이미지)은 '자기의 모든 사회적 역할 그 자체'를 상품화하고 있는 BJ들에게는 다른 모든 역할들에 중첩적으로 작용할 수 있다.

앞서 서술한 것과 같이 BJ들의 많은 시간은 '생방송'으로 보여진다. 심지어는 이들은 카메라를 켜 놓고 책상 앞에서 엎드려 자기도 하는데, 이 시간에도 모니터상의 방송에는 시청자들의 채팅창이 계속해서 올라가고 있다. 또한 BJ들이 자신을 상품화하는 데 가장 중요한 것은 '솔직함,' '편안함,' '친밀감'인데, 이러한 상품성을 갖추기 위해 필수적인 것이 바로 자신의 내밀한 사적 삶을 노출하는 것이다. 매일 방송하는 BJ들은 당일 있었던 이야기를 소재로 시청자들과 가볍게 이야기한다. 교육이나 메이크업과 같이 특정 주제로 방송하는 BJ들도 방송 전후의 시간, 방송 중간, 또는 요일을 나누어 시청자와의 충분한 대화 시간을 갖는다. 이렇게 자신의 사적 삶을 공유하는 비중이 커질수록 이들의 사적 일상은 곧 방송 무대가 된다. 다시 말하면, 이들의 사적 일상 그 자체가 '타자화된' 무대에 올려져 있는 것이다.

> 사생활과 방송의 경계선을 두지 않아요. 인생의 밑바닥까지 보여 줄 수 있는 친구처럼 대하다 보니 시청자들도 친근하게 느끼는 것 같더라고요…… (중략) 거짓말을 하는 건 너무 상업적이잖아요. 방송을 보고 먹는 사람도 있을텐데 '이 음식은 맛이 없다'라고 솔직하게 얘기하는 게 좋은 것 같더라고요. ("SNS 핫스타," 〈스포츠 서울〉, 2018. 5. 14. BJ 슈기 인터뷰)

이 환경에서 BJ들의 '보이지 않는' 삶의 모습과 '보여지는' 삶의 모습의 차이가 클수록 마이크로셀러브리티에게 필수적으로 요구되는 진정성이 깨질 수 있다. 사전에 시청자와의 공감 없이 방송을 위해 '꾸며진' 모습이라는 것이 드러나는 순간, 시청자들은 순식간에 돌아선다. 이들을 만족시킬 만한 유사한 방송들은 얼마든지 널려 있기 때문이다. 따라서 위의 인터뷰 내용처럼 전략적인 BJ들은 두 무대를 하나로 통합시키려 노력한다(K). 어떤 공간에 있어도 자신의 모습은 다르지 않아야 위험 부담을 줄일 수 있기 때문이다. 이 차이가 클수록 언제든지 한순간에 나락으로 떨어질 수 있다.[6]

인터뷰 초반에 녹음에 대해 설명하고, 무기명으로 쓰인다고 설명할 때 대부분의 BJ들은 기명과 무기명이 전혀 상관없다는 반응을 보였다. 또한 이들 중 이미 다른 언론과 인터뷰 경험이 있었던 BJ들의 인터뷰 기사 내용은 연구자와의 인터뷰 내용과 거의 유사했다. 이들은 이미 매일매일 하는 자신의 방송에서 과거, 현재의 모든 경험을 소재로 삼았을 뿐만 아니라, 매일매일의 사건 사고에 대한 자신의 생각들을 시청자들과 논쟁하며 대화의 소재로 삼고 있다. 이러한 말들은 조금은 정제되면서 언론과의 인터뷰에서 반복되었으며, 비공식 인터뷰에서도 반복되었다. 인터뷰 참여자들 중에서 방송을 오래할수록, 그리고 수익이 많을수록 이러한 경향이 더 큰 것으로 보였다.

이러한 통합의 과정에서 BJ들은 자신들의 사적 감정을 다룰 수 있는 방법들을 터득한다. 자신의 공연 무대가 다수의 시선에 노출되어 있다는 것은 공격과 비난의 위험을 포함한다. 이 무대에서 자기 자신을 지킬 수

6 수익과 유명도가 상대적으로 높은 편이었던 인터뷰 참여 BJ 중 한 명은, 그가 방송에 드러내는 모습(인터뷰 당시의 모습)과 실생활의 차이가 크다는 폭로들이 잇따르면서 결국 BJ를 그만두었다.

있는 '자신만의' 방법을 가지지 못한다면 쉽게 무너질 수밖에 없다. BJ들 중 일부는 나름 기준을 정하고 이를 넘어서는 비난이나 욕설은 '강퇴'시키기도 하지만, 대부분의 BJ들은 이들에게 대처하는 '나름의 방법' 또한 기획해서 직접 방송에서 대응하거나, 인스타그램과 같은 개인 SNS를 통해 공개하기도 한다. 이러한 공개를 통해 또 다른 지지층을 확보할 수 있기 때문이며, 때로는 이 공간에서 이루어지는 '사소한' 논쟁이 언론을 통해 기사화되면서 오히려 BJ의 인지도를 높이기도 한다.[7] 이 과정 속에서 내밀한 개인의 상처들은 빠르게 봉합된다.

무대 '위'에서 살아남기: 끝없는 '소문'에의 대응

'타자화된' 무대에 서 있는 BJ들에게 미디어(플랫폼, 언론 등) 담론의 장은 곧 자신의 무대다. 즉각 바로 대응하지 않는 것은 솔직하지 못한 모습으로 오해 받을 수 있다. 따라서 이들은 자신에게 향해진 담론들에 대해 매우 민감하게 반응할 뿐만 아니라, 최대한 빠르게 대응한다. 유명 BJ는 자신에 대한 기사에 다시 언론으로 즉각적으로 반응하며, 그렇지 않은 BJ들도 플랫폼 위, '그들 내부'에서의 자신에 대한 아주 사소한 언급에도 즉각적으로 대응한다. 서로에게 도움이 되는 언급(BJ 추천 등)도 있지만, 오해를 가져올 만한 언급들도 있기 때문에 플랫폼 내에서 BJ들끼리의 불화는 비일비재하다. 아프리카TV의 경우, 내부적으로 '다른 BJ에 대한 험담' 등을 금지하는 조항을 두고 베스트 BJ들을 상대로 교육을 시킬 정도다.

이들이 이러한 '작은 소문'이나 '언급'에도 민감하게 반응하는 것은 이것이 곧 자기 브랜드와 직결되기 때문이다. BJ들끼리 작은 불화가 있을 경

---

7 "아프리카티비 BJ한나 심경고백, 별풍선 악플에 대처하는 자세" 직구로 던진 메시지는?"(문화뉴스, 2017. 10. 11). http://www.munhwanews.com/news/articleView.html?idxno=80954

우 시청자들은 기존의 BJ들의 이미지와 이 사건 간의 관계성을 판단하고 다수가 함께 움직인다. 팬사이트에서는 BJ와 관련된 모든 일들이 즉각적으로 공유되고, 시청자 개인은 이러한 BJ들의 사건 정보를 자신의 블로그 등을 통해 확산한다. 이런 방식은 오랜 기간 인터넷 세계를 경험한 BJ들에게는 매우 익숙하다. 이들은 한순간에 자기 브랜드가 무너질 수 있는 위험성을 잘 알기 때문에 소문들에 대한 대처 방식에 대해 끊임없이 고민한다.

개인이 생방송을 진행한다는 것이 디지털 미디어 시대에 새롭게 나타난 분야이기 때문에 이를 개척해 가는 BJ들에게는 어떠한 안내서도 없다. 따라서 이들은 언제 발생할지 모르는 우발적이고 예상할 수 없는 다양한 사건들에 대응하기 위해서 플랫폼상에서 일어난 여러 사건 사고에 대해 알아야만 한다. 더해서 방송 외의 사적 관계가 사라지고 있는 BJ들에게 같은 일을 하는 사람들과의 교류는 거의 유일하기도 하다. 대체로 이들의 관계는 방송을 통해서 이루어진다. 합동 방송은 시청자 확장을 위해 필요하기도 하지만, 이를 통해 BJ들 간에 교류가 이루어지기도 한다. BJ는 다른 BJ와의 관계에 대해서 경쟁 관계이지만 동시에 협력해야만 하는 관계로 정의했다. 이러한 BJ들 간의 관계조차도 무대 위에서 이루어지고 있다.

BJ들이 유명해지면서 이들이 대응해야 하는 논란은 플랫폼 내에 한정되지 않는다. 이들이 유명해진다는 것은 그만큼 사회적 담론과 밀접하게 관련되는 것이며, 좀 더 큰 담론 시장에 들어서는 것이다. 유명 BJ의 경우 이들의 모든 행동들이 기사화되곤 한다. 따라서 이들은 자신의 행동에 대해 타당한 이유를 늘 준비하고 있는 듯이 보인다. 2016년 전후로 글로벌 플랫폼들이 생방송을 시작하고, 국내에도 경쟁력 있는 플랫폼이 대거 등장하면서, 유명 BJ들이 아프리카 플랫폼을 떠나는 일이 발생했다. 플랫폼 이동의 과정에서 몇몇 BJ와 아프리카 방송 사이에 갈등이 일어났고, BJ들은 언론을 통해 자신의 이동 사유의 타당성을 주장했다. 이들은 오랫동안 아프리카라는 플랫폼을 대표하는 활동을 해 왔기에 이들의 이동에 '배신'이라는 부정적 담론이 따라올 수 있기 때문이다.[8]

아직 개별적 언론 기사를 생산하지 못하는 BJ들은 1인 미디어 시장에 대한 담론에 반응한다. 인터뷰를 승낙한 이유에 대해 BJ들은 '1인 미디어 시장에 대한 많은 분야에서의 관심이 시장 이미지를 긍정적으로 바꿀 수 있을 것'이라고 기대했다. 2018년 현재 아프리카TV에 대한 담론은 유명 BJ들이 떠나며 드러난 '갑질' 이미지와 지속적으로 선정적이고 자극적인 BJ들에 대한 담론들로 2016년 이전에 비해 상대적으로 부정적으로 바뀌었다. 이러한 부정적 담론은 아프리카 플랫폼에서 활동하고 있는 BJ들에게 크게 영향을 미치면서 외부 인터뷰 자체에 부정적인 반응을 보이게 할 정도로[9] 미디어 담론은 이들 개별 BJ들과 직결되어 있다.

자기 브랜드 가치, 관리하기

BJ들의 자기 브랜드는 몇 가지가 복합적으로 작용한다. 우선 외모, 출신, 어투 등 개인의 타고난 개별성, 개인의 경력이나 사회 경험, 지적 능력 등이 자기 브랜드에 중요하게 작용한다. 두 번째로는 얼마나 빨리 이 분야에

8 대표적인 사례가 대도서관과 아프리카TV 간의 갈등으로, 대도서관은 아프리카TV가 이른바 '갑질'을 하고 있다고 언론에 공개적으로 비판했다. 이 사건으로 플랫폼과 BJ들 사이의 계약 관계가 가시화되었는데, 이를 계기로 BJ들은 수익 배분율, BJ들에 대한 대우, 플랫폼의 정책 방향성과 BJ 방송 내용과의 차별성 등 다양한 이유로 플랫폼을 이동하게 되었으며, 이동하는 BJ들의 고정 팬들 사이에서는 플랫폼 이동을 크게 문제 삼지 않는 분위기가 형성되기도 했다.

9 2018년 아프리카TV의 베테랑 BJ 중 한 명과의 추가 인터뷰 내용 중에 현재 미디어 담론 지형에 대한 이야기가 포함되었다. 이후 인터뷰했던 BJ는 혹시라도 자신의 이야기가 아프리카TV에 대한 이미지에 조금이라도 부정적인 영향을 미칠 수 있을지도 모른다는 지나친 우려로 인터뷰 내용 인용을 거절해서 분석 자료에서 제외해야만 했다.

먼저 자리 잡게 되었는지도 중요하다. 많이 먹는 몸짱 BJ는 다른 누군가가 따라할 수는 있겠지만, 이미 앞선 이가 있다면 같은 유형의 브랜드화는 쉽지 않다. 그래서 인기 BJ들은 자기만의 콘텐츠를 만들어 내라고 예비 후보자들에게 조언한다.

이러한 점을 전제하면서, 이제 일정 수의 시청자 수를 확보해야만 한다. 이 과정이 얼마나 걸리는지는 BJ 개인의 능력과 노력에 따라 크게 다르다. 최근에 아프리카TV의 경우 플랫폼의 주도하에 시청자를 확대하는 차원에서 인기 BJ와 신입 BJ의 콜라보 합동 방송이 자주 등장하는데, 이러한 콜라보 합동 방송이 때로는 인기 BJ에게 의무로 다가와 다른 플랫폼으로 이동하는 원인이 되기도 한다(K). 그럼에도 인지도가 없는 BJ에게 인기 BJ와의 합동 방송은 자신의 브랜드를 높이는 데 매우 중요한 과정이기 때문에 BJ들 간에는 서로 자신의 방송 출연에 대한 의뢰 및 제안 등이 수시로 '거래'되고 있다(B). 어느 정도의 자기 브랜드를 확보한 BJ는 이제 유명한 셀러브리티와의 합동 방송을 기획하는데, 누구를 섭외할 수 있는지는 인터넷 개인 방송 시장에서의 자기 브랜드를 확인 받는 과정이기도 하다.

일정 정도의 자기 브랜드를 확보하게 된 BJ는 이제 좀 더 시장을 넓히는 것을 고민한다. 앨범, 책 등을 발간하기도 하고 외부 행사에 초대되어 강연 및 사회를 보기도 한다. 라디오나 텔레비전 출연 기회는 이들에게 매우 중요한데, 그만큼의 자기 브랜드를 높일 수 있는 기회로 작동하기 때문이다. 이들의 필요와 불안정성이 높아지면서 끊임없이 새로운 것을 찾아나서고 있는 전통적인 미디어 시장의 필요가 맞물리면서 이제 이들 중 몇몇은 유명 셀러브리티 못지않은 브랜드 가치를 가지게 되었다.

대부분의 경우 이 모든 과정에서 나타날 수 있는 혼란, 위기, 위험, 보상을 모두 BJ 개인이 짊어지게 된다. 자기 브랜드를 확보하는 데 걸리는 긴 시간은 미래를 위한 투자나, 자신이 자율적으로 선택한 취미 활동이나 재미라는 의미로 전환되면서 합리화된다. 그래도 일정 정도의 자기 브랜드를 확보하면 최소한의 방어 시스템으로 MCN과 계약을 하게 되는데, BJ들은 MCN이 광고를 대행해 주는 것 외에 특별히 다른 혜택을 주고 있는 것이 없다고 생각한다.[10] 자신의 일이 많아지면, 이제 그들은 누군가를 개별적으로 고용하거나, 직접 회사를 차리기도 한다. 이러한 과정은 이들에게 노동자의 정체성보다는 기업가적 정체성을 부여하는 듯이 보인다. 그들은 인터넷 방송 시장이라는 새로운 시장에 개별적으로 뛰어들어 그때 상황에 맞게 유연하게 대처하는 데 익숙하다. 때로는 규제 등 플랫폼 정책에 불만이 있을지라도 이에 문제를 제기하기보다는 지켜야 할 것을 명확하게 해 주기를 요구한다. 수시로 변하는 인터넷 개인 방송 시장에 빠르게 적응하면서 자본 시장의 논리를 빠르게 습득하고 실천한다. 개인적 차원에서 그들은 자신의 상태를 위협할 수 있는 수많은 불안 요소들(소문, 담론, 시장의 불안정성 등)을 대처해야 할 도전, 또 다른 기회와 같은 긍정적인 사고로 전환하며 당연히 받아들여야 하는 것으로 인식한다. 또 다른 새로운 주제와 일들로 끝없이 대체하면서 자신의 브랜드 지위를 유지하고 있다.

남겨진 질문

자기 브랜드 과정에서 드러나는 여러 가지 고민에도 불구하고 대부분의 BJ들은 자신의 일에 꽤 만족한다고 응답했다. 이들은 방송을 자신이 자율적

10 이 경우 MCN이 점차 시스템을 갖추고 있고, 개별 MCN의 책임 범위, MCN과 크리에이터의 계약 사항에 따라 모두 다르다. 하지만 인터뷰한 BJ들의 경우 자신이 어떤 MCN과 계약을 하고 있는지를 헷갈려 할 정도로 MCN과의 계약에 큰 의미를 두지 않은 경우도 많았다.

으로 만들어 가는 세계로 규정하며, 자기가 노력한 만큼 되돌아오는 보상이 있기 때문에 이 직업에서 겪게 되는 상처들은 내면을 강하게 훈련시키면서 극복해야만 하는 소소한 일로 치부하기도 한다. 사적 일상을 포기하는 모든 시간의 투자는 미래에 대한 투자의 과정으로 바라보며, 끊임없이 새로운 이야기와 형식을 발굴하기 위해 자신이 할 수 있는 최대한의 노력을 기울인다. 이러한 과정을 거치면서 인터뷰 참여자들 대부분은 자신의 인지도를 높이는 데 어느 정도는 성공했다. 그들은 이 성공을 자신의 노력에 대한 보상으로 받아들이며, 이 경험을 토대로 예비 후보자들에게 시간과 노력을 들이는 것이 최선이라고 조언한다. 특히 인터뷰 참여자 중 두 명은 현재 유튜브 크리에이터로 크게 성공하면서 마이크로셀러브리티라고 불리기 무색할 정도의 '빅 스타'가 되어, 자신의 '성공적인' 삶의 궤적을 텔레비전으로 가시화하면서 수많은 예비 크리에이터들의 '모범'이 되고 있다. 그리고 이들의 이야기는 수많은 언론 기사와 함께 확장되고 있다.

한편으로 우리는 경직된 사회 구조를 탈피해서 새로운 길을 만들어 가는 자율적인 주체로 이들을 바라볼 수 있다. 구조화된 사회 내에서 갈 길을 잃었던 '미약한' 개인이었지만 다른 대안적 길을 스스로 발굴해 나가고 있는 이들은 선구자이며 개척자다. 견고한 사회 구조 내에서 미시적 일상의 실천에 의미를 두는 것에서 한 발 나아가 변화하는 사회 구조에 적응하고 이를 주도적으로 이용하는 이들의 발걸음은 후기 자본주의 사회를 내면화한 '순종적인 주체'로만 이들을 바라보는 것을 경계하게 한다.

그럼에도 이들이 자기를 브랜드화하는 과정이 기업가적이고 전략적이며 자기 지시적인 노동을 요하는 신자유주의적 신념과 맞닿아 있다는 것 또한 부정할 수 없다. 이른바 '자기 주식회사me.Inc'가 보여 주는 것은 이들 모두에게 경영인의 속성을 부여하며, 자본 시장의 논리를 습득하고 동조하게 한다.

후기 자본주의 시장에서 이들이 자신을 채찍질하며 전략적으로 나아가는 과정에서 놓치고 있는 것은 무엇일까? 그것은 자기 브랜드를 실천의 주요 목표로 삼는 그 순간부터 시작되는 것이다. 일반적으로 사물에 가치를 부여하며 불리는 브랜드는 마케팅 용어로 주로 사용되어 왔다. 이러한 브랜드가 사람에게 붙여진 것은 이른바 유명 스타가 상품이 되면서 자연스럽게 이루어지기 시작했다. 문화산업에서 스타 산업이 크게 주목받는 순간 스타는 상품이 되어 브랜드라는 용어와 어울리게 되는 것이다. 그런데 규격화되거나 일관된 품질로 상품의 브랜드가 그 가치를 인정받는 것과 달리 개인은 반복적이고, 지속적이며, 끊임없이 자기 브랜드를 만들어 가는 행위를 통해서만 유지될 수 있다. 언제까지 이러한 활동은 반복 또는 지속될 수 있을까? 개인의 모든 역량이 바닥을 드러내는 그 순간까지? 아니면 타자화된 무대 위에서 개인의 섬세하고 그 수를 헤아릴 수 없는 미묘한 차이의 감정들이 해소되지 않은 채 무시되거나 봉합되는 것이 더 이상 불가능해질 때까지?

만약 주체성이라는 것이 타자와의 균등한 관계에서 상호 작용하며 구성되는 어떤 것이라면, 이들이 타자화된 무대 위에서 구성하고 있는 자아는 불균등한 관계에서 수없이 많이 생길 수밖에 없는 빈틈을 강제로 메워가는 과정이 아닐지, 그리고 만약 자신의 사적 일상을 가시화하면서 유명인이 되는 것이 지금 우리 문화에 내재화되고 있다면 우리 모두 잠시 멈춰서 깊이 사색해 볼 시간이 필요한 것은 아닌지 질문해 본다.

이 글이 생방송을 진행하는 BJ를 대상으로 하면서 BJ/크리에이터의 문화에서 중요하지만 간과한 부분이나 추후 연구에서 지속적으로 관심을 가져야 할 부분이 있다. 먼저 이 글에는 편집이 기본이 되는 유튜브의 영상 업로드 실천에 대한 의미화 작업이 빠져 있다. 편집의 과정을 거친다는 것은 자신의 사생활을 긴 시간 거칠게 공개하며 팬들을 불러 모으는 생방송 실천과는 기본적으로 다르다. 이 과정은 또 다른 의미 실천의 영역이기에 추후 논의가 필요하다. 또한 산업 규모가 커지면서 등장한 관련 기관들과의 관계성에 대한 문제나 복잡하지만 일관성을 지니는 주제나 내용은 어떤 것이 있고 이들을 어떻게 사회 문화적으로 해석할 수 있는지 등 다양한 관점에서의 접근이 지속적으로 이루어져야 할 것이다.

참고 문헌

임명빈·김수정 (2018). "인터넷 개인 방송 BJ의 셀프 브랜딩 실천과 친밀성의 구성," 〈사회과학연구〉, 제29권 3호, pp.105～130.

안진·최영 (2016). "인터넷 개인 방송 시청공동체 특성에 관한 탐색적 연구," 〈한국방송학보〉, 30(2), pp.5～53.

이동후·이설희 (2017). "인터넷 개인 방송 BJ의 노동 과정에 대한 탐색," 〈한국언론학보〉, 61(2), pp.127～156.

홍석경 (2013).《세계화와 디지털 시대의 한류》. 한울.

Boorstin, D. J. (1961). *The image*. [정태철 옮김.《이미지와 환상》. 사계절출판사. 2004].

Drissens, O. (2012). "The celebritization of society and culture: Understanding the structural dynamics of celebrity culture," *International Journal of Cultural Studies*, 16(6), pp.641～657.

Fairchlild, C. (2007). "Building the authentic celebrity: the "Idol" phenomenon in the attention economy," *Popular music and society*, 30(3), pp.355～375.

Fisher, E. (2015). "The dialectics of prosumption in the digital age," In M. O'Neil & O. Fraysse (Eds.), *Digital labour and prosumer capitalism* (pp.125～144). London, UK: Palgrave Macmillan.

Goffman, E. (1959). *The presentation of self in everyday life*. [진수미 옮김.《자아연출의 사회학: 일상이라는 무대에서 우리는 어떻게 연기하는가》. 현암사. 2016].

Goldhaber, M. (1997). "The attention economy and the net," *First Monday*, 2, pp.4～7.

Hackley, C., & Hackley, R. A. (2015). "Marketing and the cultural production of celebrity in the era of media convergence," *Marketing Management*, 31(5~6), pp.461~477.

Jenkins, H. (2006). *Convergence culture: where old and new media collide*. Cambridge, MA: MIT Presws.

Jerslev, A. (2016). "In the Time of Microcelebrity: Celebrification and the YouTuber Zoella," *International Journal of Communication*, 10, pp.5233~5251.

Khamis, S., Ang, L. & Welling, R. (2017). "Self-branding, 'micro-celebrity' and the rise of Social Media Influencers," *Celebrity Studies*, 8(2), pp.191~208.

Marwick, A. (2013). *Status update: Celebrity, publicity and branding in the social media age*. New Haven, CT: Yale University Press.

Rojek, C. (2001). *Celebrity*. London: Reaktion.

Senft, T. (2013). "Microcelebrity and the branded self," (in) John Hartley, Jean Burgess, and Axel Bruns (Eds), *A Companion to New Dynamics* (pp.347~355), UK: Wiley-Blackwell.

Shepherd, I. D. H. (2005). "From cattle and coke to Charlie: meeting the challenge of self marketing and personal branding," *Journal of marketing management*, 21(5-6), pp.589~606.

Terranova, T. (2000). "Free Labor: Producing culture for the digital economy," *Social Text*, 63(18-2), pp.33~58.

Terranova, T. (2004). *Network Culture: politics for the information age*. Pluto.

Terranova, T. (2012). "Attention, economy and the brain," *Culture Machine*, 13. http://www.culturemachine.net

Turner, G. (2004). *Understanding Celebrity*. Thousand Oaks, Calf.: Sage.

문화산업과 미디어 노동

박진우

11

#미디어노동 #무임노동

#인턴십 #열정노동

#창의성 #창조산업

#신자유주의 #통치성 #불안전성

박진우는 건국대학교 신문방송학과 교수로 저널리즘, 미디어 문화연구 연구에 관심을 기울이고 있다. 서울대학교 언론정보학과(학사, 석사)를 졸업하고, 프랑스 파리5대학교에서 박사 학위를 받았다. 연세대학교 국학연구원 인문한국(HK)사업단 연구교수 및 한국언론진흥재단 선임 연구위원을 지냈다.

'그들이 사는 세상'[1]: 그대는 미디어 노동에 종사하고 싶은가

한때 '그들이 사는 세상'은 모두의 무조건적인 동경과 환상의 대상이었다. 1990년대의 민주화와 자율성의 확대, 새로운 수준의 소비문화 속에서 꽃을 피웠던 이른바 '문화의 시대'부터 시작된 미디어 직종에 대한 청년들의 열망은 곧 이은 외환 위기와 전 사회적인 신자유주의적 재편 과정에도 쉽사리 사라지지 않았다. 그 시대에도 자신의 삶이 고시나 공무원, 대기업 같은 '뻔하고 지루한' 일상에 갇히기를 바라지 않던 많은 청년들이 모두 KBS나 MBC에 합격하였던 것은 아니었고(일부 '명문대 출신'들이 대체로 그 자리를 차지했다), 디지털 마인드로 무장한 재능 있는 젊은이들 중에서 구글이나 네이버에 취업한 사례도 소수였다. 그럼에도 적어도 2010년대에 이르기까지, 전국의 신문방송학과(는 물론 상당수의 인문·사회 전공) 졸업생들은 — 취업 가능성과는 별개로 — 자신이 꿈꾸는 미래에 대한 열망을

1 2008년 KBS에서 방영된 드라마의 제목(각본 노희경, 연출 표민수)이기도 하다. 방송사의 드라마 PD가 주인공으로 등장한다.

거두지 않았다.

하지만 지난 10년간 정치적인 보수화와 탈민주주의de-democratization, 끝을 모르고 펼쳐진 신자유주의 디스토피아 — 이른바 '헬조선' — 의 현실 속에서, 이제 청년 세대는 자신들의 오랜 미래 '기대 지평'을 접기 시작했다. 나름의 목표를 향해서, '공시' 따위에는 눈길도 주지 않았던 제작 현장의 젊은 작가나 스태프들은 자기 인생을 걸었던 노동의 결말이 빈곤을 넘어 생명이 위험할 수 있는 처참한 것임을 알게 되었다.[2] 그들의 기대와 '개척 정신'이란 환상일 뿐, 실제로 그들을 기다리는 것은 (죽음에까지 이를 수 있는) 빈곤과 과로('열정 페이'), 부유하는 신분과 자존심 상실('루저'와 '잉여')이라는 것도 명백해지고 있다. 적어도 신문방송학과를 졸업하였거나 졸업 예정이거나 혹은 신문방송학과에서 강의를 담당하는 사람이라면, 아마도 눈에 명백히 보이는 이 사태를 부정하기 어려울 것이다. 그럼에도 불구하고 우리는 — 거의 관성이 되다시피 한 모습으로 — 열심히 영상

2 사회적으로 가장 많이 언급된 분야는 역시 드라마 제작 현장의 열악한 상황일 것이다. 실제로 최근 몇 년 사이에 — 예컨대 〈혼술남녀〉, 〈화유기〉, 〈서른이지만 열일곱입니다〉 등 — 스태프의 과로사나 사고사(안전사고, 교통사고 등)가 끊임없이 이어진다. 특히 2016년 10월에 생을 마감한 고故 이한빛 PD(당시 tvN의 조연출) 사건은 — 하필이면 그가 연출한 드라마 〈혼술남녀〉의 내용과 공명하면서 — 많은 사회적 우려를 낳았다(이로 인해 한빛미디어노동인권센터라는 사회 단체의 출범도 이루어졌다). 하지만 분명한 것은 이러한 잔혹사가 어제오늘의 이야기가 아니며, 신입 PD는 물론 촬영 조명 분장 등의 기술 스태프 그리고 (주조연 및 보조) 출연자에 이르는 광범위한 직군의 이야기라는 사실이다. "실제로 2012년 KBS 수목 드라마 〈각시탈〉의 보조 출연자가 교통사고로 사망했고, 이듬해엔 jtbc 주말드라마 〈궁중잔혹사 — 꽃들의 전쟁〉의 스태프 2명이 교통사고로 숨졌다. jtbc에서 2014년 방영된 〈달래된, 장국〉의 스태프 2명도 교통사고로 사망했다. KBS 대하 사극 〈대왕의 꿈〉에서는 교통사고가 두 차례 일어났는데 장비 트럭을 몰던 스태프가 숨졌고, 분장팀 스태프 7명은 중상을 입었다. 〈대왕의 꿈〉에선 선덕여왕 역의 배우 박주미 씨가 교통사고를 당해 역할이 배우 홍은희 씨로 교체되기도 했다"("[한국 드라마 — 스태프들의 지옥] 하루 20시간 '디졸브 노동'… 카메라 뒤에서 사람이 죽어간다," 〈경향신문〉, 2018. 9. 1).

제작 강의를 듣고 각종 현장 실습에 나선다. 교수들 스스로도 이를 진심으로 격려하기도 어렵고 말리기도 어려운 어정쩡한 상태에서, 무엇을 어떻게 교육해야 할지 갈피를 잡기 힘들어 한다. 이러한 비극적인 기대 지평의 전도 상황에서, 우리는 2018년 현재의 맥락에 맞게 미디어 노동의 문제에 대해 새롭게 고민해 보아야 한다.

미디어 직종과 노동의 구체적인 현실과 경험, 그리고 이에 대한 이론화 작업은 우리 시대에도 여전히 부진한 편이다(적어도 미디어 산업과 경영에 대한 연구와 비교하면 그렇다). 그런데 지금껏 노동 문제가 본격적으로 연구되지 않은 것은 그 자체로 문제적이다. 노동에 대한 연구는 미디어와 커뮤니케이션 현상 일반에 대한 보다 비판적인 접근의 핵심에 해당한다. 연구 영역의 특성상 그렇기도 하고, 또 시대적 맥락에서도 그렇다. 미디어 정치경제학과 문화연구, 그리고 넓은 의미의 비판 이론과 비판적 사회학이 공유하는 접점이라면 아마도 미디어 체제에서 행해지는 다양한 노동 과정과 결과물의 생산, 그리고 생산물의 의미에 대한 정치적· 경제적· 문화적 해석일 것이다. 또한 디지털 테크놀로지의 확산과 이에 따른 산업· 노동 현장의 변화들은 (물론 이는 단지 미디어 산업에 한정되지 않는 문제이지만) 단지 디지털 플랫폼 기업이나 컨버전스 콘텐츠 제작 산업, 혹은 각종 디지털 스타트업 기업 전략 차원에서만 중요한 것이 아니다. 어떤 형태로든 노동의 문제는 향후의 미디어 산업과 우리 모두의 미래의 삶 자체를 전면적으로 재검토하는 대단히 중요한 이론적· 실천적인 접점이 될 것이다. 이러한 과제들을 염두에 두고, 지금껏 우리가 미디어 노동에 대하여 알고 있으며 또 알아야 할 주요한 사항들을 논의해 본다.

미디어 노동이란 무엇인가

미디어 노동 연구의 대상은 무엇인가

여기서 말하는 '미디어 노동'이란 구체적으로 무엇을 지칭하는가? 수많은 정의가 가능하며, 또 이론적인 쟁점들도 적지 않다. 일례로 데이비드 헤스몬달프David Hesmondhalgh와 사라 베이커Sarah Baker(2011)는 문화 노동, 미디어 노동, 보다 넓게는 창의 노동creative labour 전반에 대하여 "문화산업 속에서 주로 발견되는, 상징적 가치를 만드는 일symbolic-making을 주로 하는 직업군"이자 "상징적 가치로부터 이익을 창출해내는 것을 주목적으로 하는 산업"에 종사하는 노동이라고 정의한다(p.15). 이는 조금 막연한 질문을 구체적으로 '미디어 노동자media worker란 누구인가'라는 것으로 살짝 바꾼 것이다. 일반적으로 미디어 노동자라면 다양한 종류의 미디어 기업에 여러 유형의 노동 계약을 통해 근무하면서 미디어 콘텐츠 제작에 직간접적으로 종사하는 사람들을 총칭한다. 미디어 노동은 이들에 의해 행해지는 일련의 노동 행위를 지칭한다.

미디어 노동이란 결국 다양한 유형의 미디어 콘텐츠를 제작하는 작업 과정의 총체다. 여기에는 이들이 제작하는 콘텐츠 — 다양한 플랫폼으로 전송되는 각종 뉴스는 물론 엔터테인먼트 콘텐츠(영화, 드라마, 예능, 게임), 광고 등 — 제작의 세부 실행자들(작가, 음악가, 시각 디자인, 특수효과, 웹 디자인, 프로그래머 등)의 업무들이 망라된다. 반드시 그런 것은 아니지만, 미디어 노동의 대다수는 미디어 산업(기업)이 주도하는 '대규모 생산'의 영역에 속하고, 이를 위해 고용되는 형태가 대부분이기에, 개인적으로 활동하는 예술가 그룹의 노동(혹은 '작업 활동')과는 구분된다. 또한 생산 과정에서 업무와 역할은 극도로 세분화·분업화되어 있는 경우가 많다. 따라서 헤스몬달프와 베이커의 언급(p.16)처럼 '핵심 창의 업무 집단primary creative personnel'(작가, 배우, 감독, 음악가 등), '기술 숙련 노동자 집단craft and technical workers'(카메라 감독, 영화 편집자, 음향 감독 등), '창의 경영자 집단 creative manager'(방송 프로듀서, 잡지 편집자, A&R[Artists and Repertoire] 담당자, 혹은 국내 기업에서의 이른바 '정규직' 기획·관리 직무 종사자 등)에 대한 구분과 이들 간의 위계 관계에 대하여 주목해야 한다.

그런데 이렇게 놓고 보면 두 가지 중요한 문제가 눈앞에 떠오른다. 하나는 노동의 내적 분화 및 위계화에 대한 것이며, 다른 하나는 창의성이라는 가치에 관한 것이다.

첫 번째로, 미디어 노동에 종사하는 사람들이 일하는 방식은 매우 다양하다. 한편으로 전통적인 신문사, 방송사의 경우처럼 정규직 고용 계약을 통해 미디어 기업 차원의 조직적인 제약 속에서 주어진 업무(콘텐츠 제작 혹은 기획·경영·관리 업무 등)를 수행하는, 그야말로 '전통적'인 유형의 미디어 노동이 존재한다. 다른 한편으로는 개별 프로젝트 단위로 단기간 계약으로 복수의 업무를 진행하는 매우 '유연화'되고 '불안정한' 미디어 노동이 존재한다. 문제는 전 세계적으로 정규직과 프로젝트 노동 사이의 격차가 점점 커진다는 점이다. 또한 후자 내부에서도 미국식의 '자유롭고 풍요로운' 프리랜서의 이데올로기를 실현하고 있다고 할 만한 극소수와 생계마저 곤란한 극단적인 착취 상황에 놓인 대다수의 사례로 극단적으로 분화되고 있다(Bologna, 2018).

사실 이 문제는 고용의 문제와 노동 과정 및 노동 주체성 형성의 과정 전체를 관통한다(박진우, 2011). 하지만 국내에서 이 문제는 흔히 '갑/을' 관계, 즉 동일 조직 내의 정규직/비정규직, 혹은 '원청/하청'의 위계 및 이에 뒤따르는 관행(이른바 '갑질')의 문제로 집약되면서, 결론적으로 '고용 구조의 문제'로 제기되는 경향이 있다. 즉 모든 콘텐츠 제작의 영역이 반드시 정규직 고용을 요구하지는 않으며 또 '아웃소싱'이 가능하다는 업계의 암묵적인 '관행'이 여전한 상황에서, 이 문제는 보통 제작의 영역이 기획·관리 업무에 종사하는 소수의 대형 미디어 기업 정규직과 이들과 하도급 고용 관계에 놓여 있는 독립적 제작사의 정규직·임시직·아르바이트 인력의 문제, 그리고 그들 내부의 위계화의 문제로 전환되고 있다(김동원, 2010; 김병선·김건용, 2011; 이상길 외, 2013; 이종임, 2018).

다음으로, 상식적인 인식과는 달리 창의성에 대한 요구가 반드시 모든 미디어 노동의 독자성을 규정하는 핵심적인 명제라고 무 자르듯 정의내리기 어렵다는 점이다. 현실적으로 무엇이 '창의적인 노동'이고 무엇이 그렇지 않은가를 명료하게 구분하는 기준이란 있을 수 없다. 게다가 콘텐츠 제작의 대부분의 영역에서 창의성은 필수적인 요소로 거론되지만, 개별 콘텐츠 제작 시스템 속에서 개별 노동자가 차지하는 위치, 또 그들이 제작하는 콘텐츠의 유형에 따라 창의성의 요구는 달리 적용된다. 자신의 아이디어를 가지고 제작사와 배급사를 사실상 결합시켜야 하는 '시나리오 작가'와 거대 언론사의 구성원으로서 특정 출입처에 배치되어 데스크가 요구하는 하루 몇 건의 기사를 의무적으로 작성해야 하는 '일간지 기자'의 창의성에 대한 인식은 현저하게 다를 수밖에 없다. 디지털 콘텐츠에 대한 아이디어로 무장한 뉴스 스타트업의 주체와 지상파 방송사의 경영 간부에게 요구되는 창의성의 유형도 지극히 다를 수밖에 없다. 그런 면에서 이들 각자의 위치에서 요구되는 노동 과정, 여기에 개입하는 창의성의 요구와 조직적 압력의 상관관계는 대단히 중요하다.

미디어 노동에 대하여 지금껏 무엇을 질문하였는가

미디어와 노동의 문제에 대한 학계의 연구는 상대적으로 여전히 부족한 편이다. 빈센트 모스코Vincent Mosco(2011: 230)의 언급처럼 노동은 여전히 커뮤니케이션과 문화연구의 맹점으로 남아 있다. 이는 노동이 중요한 연구 대상이어야 한다는 것 자체에 대한 일종의 '기억 상실' 상태라고 표현해도 지나치지 않다.

실제로 언론학 전반은 물론, 미디어 정치경제학이나 문화연구마저도 다양한 방법으로 노동 문제를 간과하거나 그 가치를 절하해 왔다. 이는 한편으로는 프랑크푸르트학파에서 유래한 오랜 '문화산업 비판'의 전통에서 미학적으로 무가치하며 이데올로기적으로 해로운 콘텐츠의 생산에 종사하는 소외된 노동, 이른바 '나쁜 노동bad work'[3]으로 인식되었기 때문이다(Hesmondhalgh & Baker, 2011). 다른 한편으로는, 역사적으로 미디어 콘텐츠의 생산 작업을 보다 창의성이 요구되는 장인적인 노동의 산물로 바라보는 문화(예술)사회학의 인식이 끼친 영향이기도 하다(Bourdieu, 1992; Reckwitz, 2017). 어떻든, 결과적으로 문화를 만들어 내는 노동 그 자체를 망각 속에 버려둔다는 점은 다를 바 없지만 말이다.

미디어 정치경제학이 노동 문제에 대하여 '무관심'하였던 점은 언뜻 보아 납득하기 어렵다. 하지만 미디어 산업의 구조적 변환과 이에 따른 노동의 성격 변화를 고려한다면, 그것이 '전통적'인 범주의 정치경제학을 통해 쉽게 해결하지는 못할 문제라는 점을 알 수 있다. 과거 미디어 정치경제학에서의 노동 이슈가 설정한 문제 틀은 비교적 단순하였다. 예컨대 포드 자동차 공장의 생산 시스템을 준거로 한 현대 자본주의 노동과정론에 비추어

3 '나쁜 노동'이라는 범주 속에는 임금 수준, 노동 시간, 고용 안정성, 노동 경험(무력감, 지루함, 고립감, 자기 회의 및 수치심, 과로) 등의 여러 요소들이 고려되어야 하지만, 그중에서도 '좋은 상품의 생산'이라는 것이 핵심적일 것이다(Hesmondhalgh & Baker, 2011: 62). 즉 노동자가 만드는 상품이 사회문화적인 가치를 가지고 있는가, 질적 수준이 높은 생산품을 만들어 공공의 이익을 증진하는 과정에 참여할 수 있는 노동인가 하는 기준에 절대적으로 미치지 못하는 노동에 종사하는 경우를 말한다. 이와 관련하여 국내에서 — 노동 연구의 관점에서 — 주목할 만한 사례로는 보수 정권하의 언론인들에 대한 연구(김세은, 2017; 임명현, 2017), 그 외에도 각종 문화산업 주변부 종사자들에 대한 연구들을 들 수 있다.

미디어 영역은 그 규모가 너무 작은 연구 대상이었을 것이다. 고전 할리우드 시대의 스튜디오 시스템이 확립한 '공정 합리화' 및 '표준화'의 수준 정도가 겨우 그 기준에 부합할 만한 대상이었다. 게다가 미디어 산업이 차츰 규모의 경제로부터 벗어난 소품종 대량 생산의 프로젝트 모델로 이행하면서 생산 과정의 협동적 유연성co-operative flexibility을 확장시키고, 또한 생산보다는 유통으로 비즈니스의 축을 점차 이동시켰다. 그렇기에 모스코와 맥크레커(Mosco & McKrercher, 2008)의 논의처럼 정보화·디지털화라는 거시적인 변화 속에서 단순한 미디어 콘텐츠 산업을 넘어선 전체 '지식 산업' 그리고 지식 노동의 문제로 논의의 초점을 일찌감치 전환시켜 버리는 현상도 나타났다. 이는 분명 '시대적인 흐름'[4]에 대응하는 미디어 정치경제학의 노력의 산물이겠지만, 결과적으로 커뮤니케이션 상품의 생산과 유통에 동원되는 노동의 고유한 특성 자체를 간과하게 만들었다.

문화연구 역시 여러 이유로 노동 문제에 대해 무관심하였다. 아마도 초기 문화연구 이후의 지적인 흐름 자체가 미디어 콘텐츠에 대한 이데올로기적 비평, 그리고 수용자들의 능동적 역할 중심의 이론적 패러다임을 발전시켜 왔기 때문일 것이다. 미디어 콘텐츠가 재현하는 이데올로기에 대한 해석에서 수용자들의 수용 행위와 실천이 핵심적인 역할을 한다는 가정은 결국 생산 과정을 포함한 전체 노동의 과정을 부차적인 것으로 보이도록 만들었다.[5] 여기서 벗어나려는 새로운 노력들도 계속

4 우리는 지식 노동의 범주가 부상하였던 1990년대 미국에서의 담론 구조를 기억할 필요가 있다. 빌 클린턴Bill Clinton 행정부의 노동부 장관 출신인 로버트 라이시Robert Reich(1991)가 주도한 정보 경제와 지식 노동의 담론은 여전히 문제적이기 때문이다.

5 이는 그동안 국내외 문화연구에서 생산(자) 연구production study의 영역마저 오랫동안 부진하였던 이유로도 작용하였다. 예컨대 임영호(2015)는 이로 인해 한국에서는 아예 생산 연구 자체가 오랫동안 '완전히 누락'되다시피 했다고 평가한다. 아울러 이 점은 또한 2010년대

되고 있지만, 여기서도 사실 노동 문제가 주된 관심사로 제기되지는 않는다.[6] 특히 2000년대의 문화연구가 영미권을 중심으로 널리 확산된 창조 산업Creative Industries론, 혹은 웹 2.0 시대의 기술 발전에 따른 '컨버전스' 및 '참여 문화' 등의 논의가 제기한 시대 진단 — 요차이 벤클러Yochai Benkler(2006)나 헨리 젠킨스Henry Jenkins(2006)가 대표적이다 — 은 노동에 대한 관심을 더욱 멀게 만들었다.

어쩌면 이런 '낙관론'을 뒤로 하면서 문화연구를 깨어나게 만든 계기는 결국 노동 시장의 실질적인 희생자였던 청년 세대의 몸부림이었는지도 모른다.[7] 청년층과 빈곤의 문제는 미디어 노동만의 이슈는 물론 아니다. 하지만 이들 청년들의 세대적인 삶의 양식에 대한 관심이 커지고 그것이 사회적으로 중요한 이슈로까지 성장해 나가는 과정에서(이광석 · 윤자형, 2018), 문화연구가 이를 외면하기는 불가능하였다. 디지털 미디어와 창조 산업 내부의 노동에 대한 새로운 관심이 서서히 커졌고, 1970년대 이후의 자본주의적 재생산 체제 자체의 신자유주의적 변환(Harvey, 2005), 그것이 기반으로 삼는 미학적 자본주의 원리의 확산(Boltanski & Chiapello, 1999)과 창의성의 이데올로기화(Reckwitz, 2017)라는 결정적인 변화에 주목하였다. 그것은 또한 2008년 글로벌 금융 위기를 전후한 시대적 변화 속에서

이후 한국의 문화연구와 생산 연구, 그리고 노동 연구가 서로 '동거'하면서 진행될 수 있었던 계기가 되기도 하였다.

6 2000년대 이후 '디지털'이라는 새로운 흐름 속에서 테크놀로지와 수용자 문제(Morley, 2007), 보다 넓은 범위의 '비재현적 이론non-representational theory'(Moores, 2018), 혹은 보다 급진적인 사회 이론의 재구성을 향한 문제로 향하는 노력(Lash, 2007) 등이 이어졌다.

7 2003년 창조 산업의 '쿨'한 분위기 속에서 청년층의 실질적 빈곤과 비정규직의 연대를 호소한 '유로메이데이Euro-MayDay' 운동이 밀라노에서 시작되었고, 《1000유로 세대》(Incorvaia & Rimassa, 2006)가 유럽 출판계의 화제로 떠오르고, 국내에서도 《88만원 세대》(우석훈 · 박권일, 2007)라는 문제 제기가 이어졌던 바 있다.

노동의 불안정성 자체가 당대 신자유주의 통치의 핵심적인 장치dispositif라는 보다 일반화된 주제와도 접목되는 것이었다(Lorey, 2015).

미디어 노동 연구의 영역과 쟁점

이 장에서는 앞서 살펴본 예비적인 논의들을 바탕으로 새롭게 활발히 진행되는 미디어 노동 연구의 몇 가지 중요한 주제 영역들과 쟁점들을 간략히 살펴본다. 그리고 최근 미디어 노동 연구가 집중되었던 몇 가지 주제들이 노동 연구로서의 자체적 의의와 더불어 시대적· 정치적 쟁점에 개입하는 연구자들의 노력의 토대이기도 하였음을 함께 언급하고자 한다.

비물질 노동, 무임노동, 그리고 디지털 노동

디지털 시대의 '무임노동free labour'[8]에 대한 관심을 불러 일으켰던 것은 2000년대 초반부터 영어권 일부에서 제기되었던 이른바 '자율주의 마르크스주의' 및 '인지 자본주의'적 관점의 연구자들에 의해서였다. 이제 미디어와 무임노동의 문제를 검토하면서, 이들의 기여와 함께 이들로부터 유래한 다소의 혼란에 대해서도 주의를 기울여 보자.

사회학자 마우리치오 라차라토Maurizio Lazzarato가 1996년에 발표한 논문 "비물질 노동Immaterial Labour"이 하나의 출발점일 수 있다. 그는 여기서 비물질 노동을 후기 자본주의적 정보 사회에서 핵심적으로 등

8 'free labour'의 번역어가 아직 정립되지는 않은 것 같다. 백욱인(2013)은 '자유노동,' 이희은(2014)은 '무임노동,' 김예란(2015)은 '무불노동'으로 쓰며, 그 외에도 '부불노동'이라는 표현도 다수 사용되고 있다. 개인적으로 '무임노동'이 가장 적절하다고 판단하지만, 그와는 별도로 이에 대한 학계의 논의가 조금 더 진행되기를 희망한다.

장하는 노동의 형태로서, 과거와 같은 육체적·물질적인 영역에서가 아니라 오히려 지식, 정보, 정신, 상징, 정동affect과 같은 영역에서 이루어지는 가치 생산의 과정이라고 말한다(Lazzarato, 1996). 이 시기 다수의 저자들 — 안토니오 네그리Antonio Negri, 파올로 비르노Paolo Virno, 마이클 하트Michael Hardt 등 — 은 디지털 시대의 물질적 생산이 점차 네트워크화된 지식과 정동, 그리고 사회적 주체성의 생산, 나아가 공동체와 '삶의 능력' 형성이라는 보다 고차원적인 이슈를 제기하였다. 티치아나 테라노바Tiziana Terranova는 2000년에 발표한 논문 "무임노동"에서 비물질 노동의 문제를 디지털 경제하에서 이용자의 생산 활동이 자본에 의해 전유되는 방식에 관한 논의로 확장시킨다. 이후 주제는 디지털 미디어, 디지털 수용자, 나아가 소셜 미디어와 가치 생산이라는 문제로까지 넓어지고 있다(Fuchs, 2015).

하지만 이러한 논의가 당시에는 (적어도 국내에서는) 그다지 많은 주목을 끌지는 못하였다. 알려진 대로 사회 전체의 신자유주의적 분위기가 급속히 확산되었던 와중에, 연구자들도 마르크스주의적인 '착취'의 이론보다는 '참여와 공유'의 이론에 더 관심을 가졌기 때문일 것이다. 이미 테라노바의 논의만 보더라도 결정적으로 대중은 자발적으로 노동을 제공하며 이에 대한 보상을 받지 않으며, 이는 즐거움과 착취가 동시적으로 발생하는 것임을 명시한다(Terranova, 2000). 마르크 안드레예비치Mark Andrejevic(2013) 역시 인터넷이라는 '작업장'이 개인적 만족의 공간이자 경제적 착취의 공간이라고 규정한 바 있다.

아무튼 이런 새로운 노동 형태, 특히 디지털 환경에서의 결정적인 노동 형태의 변화에 대한 이론적인 안목을 갖게 해 준 것은 분명히 이들 이론가들의 공로라고 할 수 있다. 하지만 넓은 의미의 '인지 자본주의'적 관점은 마르크스주의 정치경제학의 전통적인 노동–가치 이론과의 관계에서 결코 적지 않은 쟁점들을 여전히 해소하지 못하고 있다.[9] 결정적으로 디지털 생산의 영역에서 이루어지는 '놀이와 노동의 결합'이 모든 미디어 산업과 노동에 적용되지는 않는다. 그러므로 진행되는 노동·지식·통치성의 전면적인 '자동화' 국면에서 전통 미디어와 디지털 미디어의 관계에 대하여 새롭게 문제 설정해야 할 대목들을 과도하게 생략해 버린다. 더불어 디지털 플랫폼 사업자들의 경우만 놓고 보더라도 이용자들의 행위 자체를 '트래픽'이라는 새로운 개념 단위로 전환시키는 기술적·사회적 과정 문제가 더 중요해지고 있다(Stiegler, 2015; Stiegler & Kyrou, 2015).

인턴십, 희망 노동과 '열정 페이': 무임노동의 역사성과 진화

무임노동의 개념을 연구자들에게 이처럼 선명하게 각인시킨 앞서 논의들의 이면에는 또한 이론적으로 또 경험적인 차원에서 '무임노동'의 개념을 지나치게 좁게 설정하는 문제가 도사리고 있다. 경험적으로 무임노동은 그보다는 훨씬 다양하고 또 복잡하기 때문이다. 그렇기에 조금은 분석적으로 질문을 던져 볼 필요가 있다.

카린 파스트Karin Fast 등(Fast, Órnebring & Karlsson, 2016)[10]의 분류에서 이와 관련하여 '도제'와 '광부'라는 은유에 대하여 주목할 필요가 있다. 여기서 '도제'란 전통적인 도제 시스템의 진화된 형태다. 이는 배움의

---

9 대표적으로 카를 마르크스Karl Marx가 《정치경제학강요*Gründrisse*》에서 명시한 '노동의 자본주의적 성격'에 관한 해석을 둘러싼 논쟁은 계속되고 있다(Marx, 1973: 611; Stiegler, 2015 참조).

10 이 저자들은 따라서 "누가, 어떤 유형의 가치를, 누구를 위해, 어떤 유형의 노동을 통해서, 그리고 어떤 이유에서 창조하는가"(Fast, Órnebring & Karlsson, 2016: 966)를 기준으로 삼자고 제안한다. 그리고 무임노동의 유형을 7가지 메타포 — '노예slave,' '간병인carer,' '취미생활자hobbyist,' '자원봉사자volunteer,' '도제apprentice,' '광부prospector,' '반죽pasty' — 로 제시한다.

과정으로서 일한다는 이유로 무급여 혹은 아주 낮은 급여를 받는 노동 형태를 말한다. '인턴십'이 바로 (디지털 노동 훨씬 이전인) 1970년대 이전부터 널리 활용되었던 현대적인 노동 관리의 사례다. 이는 전통적으로 기업이 신규 채용을 대가로, 희망자들에게 저임금을 자발적으로 받아들이게 만드는 가장 효과적인 방법이었다. 핵심은 이들이 차후에 보다 나은 그리고 안정된 지위(정규직 등)로 나아갈 수 있으리라는 기대 속에서, 자신의 경력 관리 차원에서 이와 같은 저임금 혹은 무임금을 자발적이고 전략적으로 받아들인다는 점이다. 그러므로 인턴십은 미래에 대한 기대와 현재의 저임금 혹은 무임금을 사실상 교환하는 방식에 가깝다.

디지털 산업의 등장과 신자유주의적 이데올로기의 확산 과정에서 인턴십 제도 역시 끊임없는 변화를 거쳤다. 영국의 저널리스트인 로스 펄린 Ross Perlin이 기록한 내용처럼 영미권에서 해마다 인턴으로 취업하는 숫자가 200만 명을 돌파한 지 오래다.[11] 미디어 산업 내부에서도 특히 할리우드 스튜디오나 각종 언론사의 (디지털) 뉴스룸은 인턴 노동력이 없다면 사실상 유지되기 어려운 상황이다(Perlin, 2012). 실리콘 밸리의 IT 벤처 기업들의 노동에 대한 연구에서는 인턴십 참가자들이 이제 자신의 이력서 경력(이른바 '스펙'의 확보)과 경력 상승을 위한 인맥 네트워크 확보를 위한 적극적이고 전략적인 행위를 하고 있음이 밝혀졌다. 하지만 이들에게 팀워크나 사교 활동과 같은 네트워킹 과정은 점차 '의무화'되고, '의무감/기쁨, 자유/제한의 경계가 흐려지는 상황' 간의 경계도 점차 사라지게 된다(Neff, 2012). 더불어, IT 기업이나 미디어 직종과 관련해서 특히 중요한 대

11 국내 노동 시장에서 인턴십에 대한 체계적인 연구도 이제 시작 단계다. 다만 다수의 연구 성과들이 최근에 주로 사회학, 여성학 분야의 석사 학위 논문을 통해 제출되고 있는 것은 분명하다.

목은 아마도 해당 노동 영역에 진입하기 위해서는 이제 인턴십 과정이 필수적으로 요구되기 시작하였으며, 이를 위한 재교육 시장의 팽창 및 급기야 대학 교육 자체의 파행 현상이 나타난다는 점이다.[12]

이러한 상황에서 디지털·미디어 노동 분야의 인턴십은 새롭게 "희망 노동hope labor"(Neff, 2012; Kuehn & Corrigan, 2013) 혹은 "열정 노동passionate work"(Arvidsson et al., 2011)으로 재규정될 수 있을 것이다. 국내 사례들을 보면 여기에다 인턴십 진출을 위한 시간과 노력의 투자가 미래의 지위 향상이나 고용 보장과 같은 기대와 매우 뚜렷하게 단절되고 있다.[13] 그것이 청년층의 이른바 '희망 고문'의 가장 큰 이유일 것이다. 이희은(2015)의 연구에서 이 점이 두드러진다. 이 연구는 (비록 연구 대상을 명확히 미디어·디지털 노동으로 한정하지는 않지만) 대학생들의 '대외 활동' 지원 동기, 이를 준비하는 주체들의 전략적 선택, 진행 과정에서 나타나는 관리자와의 상호 작용과 그 의미의 내면화 과정을 상세하고 기술한다. 이는 전적으로 우리 사회에서 실리콘 밸리 유형의 '벤처 노동' 이데올로기와 인턴십 '희망 노동'의 메커니즘이 한국 사회에서 나타나는 전형적인 양상에 가깝

12 그러니까 대학이 스스로 수강생들에게 현대 자본주의의 문화적 의제들을 적극 도입하는 형태로 교육을 변형시키는 상황의 문제다. 따라서 이른바 '기업가적 대학entrepreneurial university'의 '교육-훈련 복합체education-training complex'의 등장에 대해서, 또한 그 속에서 문화연구의 성과들이 상업적 가치를 지닌 이른바 '하위문화자본subcultural capital'으로 변모하는 상황에 대한 비판적인 개입이 필요할 것이다(McRobbie, 2016 참조).

13 〈조선일보〉나 SBS 같은 상당수 국내 언론사들은 '6개월 인턴'에 대하여 어떤 취업상의 이익을 제공하지 않는다고 '공식적으로' 천명하였다. 일부 선호도가 높은 미디어 기업들은 아예 인턴십 제도 자체를 운영하지 않는다고 명시적으로는 표방하고 있다. 하지만 이들 회사에서의 인턴십 경력은 실제로 (어떤 고용 형태로든) 취업에 성공하는 여부를 판가름하는 매우 중요한 기준이라는 역설적인 현실도 존재한다. 또한 이들 기업들이 표방하는 이른바 '디지털 모바일 퍼스트 통합 뉴스룸,' 혹은 각종 방송 영상 콘텐츠 제작 현장이 인턴 노동력이 없다면 아예 유지조차 불가능한 것 또한 한국 언론 미디어 산업의 현실이다.

다. 하지만 연구자들이 아직은 미디어 노동과 인턴십의 문제를 정면으로 다루지는 않고 있다. 다양한 직종별로 — 예컨대 영화 및 방송 제작, 광고, 패션, 게임, 저널리즘 등 — 이루어지는 노동 경험에 대한 이론적 검토 작업도 아직은 충분하지 않은 편이다. 그렇지만 이와 관련하여 — '미디어 생산자 연구'라는 관점에서 — 방송·영상 제작 현장에서 활동하는 '비정규직' FD의 노동 경험 등과 같은 주제 영역에 대한 연구들이 속속 제출되고 있다(이상길·이정현 외, 2013 등).

파스트 등(Fast et al., 2016)이 말한 7가지 메타포 중에서 '광부'는 금방 언급한 도제(인턴십) 노동과 본질적으로 유사하면서 한 가지 결정적인 차이가 있다. 그것은 인턴십이 특정 미디어 조직과의 관계를 전제로 하는 반면, 여기서는 그러한 관계를 설정하지 않거나 아니면 매우 약한 관계만을 설정한다는 점이다. 그렇기에 자신의 노동 성과를 둘러싼 '위험–보상risk-reward'의 균형이 매우 불안정하다. 영화나 방송의 시나리오 작가들이나 대중음악 뮤지션들의 노동이 주로 그러하며, 상당 부분 창의성을 수반한 예술 노동인 경우가 많다. 따라서 특정 미디어 조직과의 안정적인 관계 자체보다는 자신이 직접 쓴 시나리오나 곡과 같은 창작물이 실제 제작으로 이어질 수 있는지 여부에 따라 보상이 결정된다(Hesmondhalgh & Baker, 2011). 전 세계를 막론하고 대중음악이나 영화 분야에서 이러한 노동이 대단히 광범위하게 이루어지고 있다. 왜냐하면 산업적인 관점에서 그것이 이른바 '숨어 있는 재능과 창의성'을 널리 발굴하고 이를 통해 해당 산업 자체의 생명력을 끊임없이 갱신해 나갈 수 있었던 원동력이었기 때문이다.

문제는 이것이 '전략적 선택'이 아닌, 어쩔 수 없는 '불가피한 선택'인 상황이다. 노동의 관점에서 보건대 이들은 보상을 받을 확률은 매우 낮다. 아울러 거기에 성공하기까지 이들 예술 노동자들의 생계 문제는 말 그대로 지극히 취약한 것일 수밖에 없다. 현재로서는 어떤 미디어 조직이나 사회 보장 제도도 제작 착수에 성공하기 전의 수많은 예비 단계의 노동과 그 성과물들에 대한 경제적 보상을 도입하지 않고 있다. 2010년대 이후로는 이러한 추세가 점점 확장되어 광고, 게임, 패션 산업 분야의 기획은 물론 저널리즘 영역에 이르기까지 이러한 위기-보상의 불균형 노동 체제가 확산되고 있다. 또한 '보상'의 규모와 방식에 대한 이해라는 문제에 대해서도 미국이나 영국, 한국 사회는 제각기 서로 다른 관행적 인식을 가지고 있다.

그런 면에서 국내에서도 《문화로 먹고살기》(우석훈, 2011)라는 '현실적인' 제목으로 문화·미디어 산업에 뛰어들기를 희망하는 청년 세대에게 바로 이 노동과 보상의 시간적 격차 문제에 대처하는 현실적인 방안이 논의되기도 하였다. 이 저자는 결국 보상받지 못하는 시간과 (예술) 노동에 대하여 사회적인 차원에서 복지망을 구축해야 할 필요성이 있다는 문제를 제기하고 있다. 이와 관련하여 예술 노동자들(이른바 '간헐적 노동자들les intermittents')에 대한 사회 보장 체제를 도입한 프랑스의 사례에 대한 관심도 높아지고 있다(Menger, 2009).

창조 산업, 창의 노동, 창의성: 정책 이데올로기와 현실

미디어와 노동의 문제를 다루면서 또 하나 반드시 짚고 넘어가야 할 쟁점은 '창의성'과 '창조 산업'을 둘러싼 정책 담론의 이데올로기적 성격일 것이다. 영미권 출신의 몇몇 관료 및 컨설턴트 출신의 '이데올로그'들이 학술적인 외양의 논의 속에 대중적이고 대단히 정치적인 담론들을 뒤섞으면서 큰 성공을 거두었고, 그것이 당대의 정책 입안자들에게 매우 큰 영향을 끼쳤다. 따라서 그것 자체로 미디어 노동을 이해하는 우리 시대의 매우 중요한 영역일 수 있다.[14]

---

14 이는 2013년 이후 짧은 기간이나마 한국 사회에도 영향을 미쳤던 '창조 산업' 관련 논

영국 문화부의 관료 출신인 크리스 스미스Chris Smith가 1998년에 주창한 '크리에이티브 브리튼Creative Britain'(Smith, 1998)은 당시 노동당 정부의 '신노동당New Labour' 정책의 핵심적인 이데올로기였다. 그것은 영국의 '고리타분한' DNH(Department of National Heritage)를 '창의성'에 기반을 둔 완전히 새로운 정책 패러다임을 실현시킬 부서, 즉 DCMS(Department of Culture, Media and Sport)로 탈바꿈시키면서, 창조 산업을 영국 경제의 새로운 성장 동력이자 이데올로기적 지표로 삼는 정치적 기획이었다. 그것은 (실제 실현 여부와는 무관하게) 영국의 문화·미디어 산업이 창의성을 지표로 삼은 대대적인 인프라 투자 및 제도 개혁, 그리고 적극적인 해외 자본의 개입을 주창하였다. 리처드 플로리다Richard Florida의 논의는 2000년대 초반 미국을 배경으로 특정한 도시 정책이 젊고 재능 있는 '창조적 계급creative class'을 어떻게 흡입시키면서 지역과 국가 경제 전체에 영향을 줄 수 있는지에 대한 제안으로 시작되었다. 하지만 미국의 비즈니스 스쿨 특유의 파격적인 용어들[15]을 동원한 그의 저술(Florida, 2002)은 산업과 비즈니스 담론의 차원에서 당대의 새로운 도시 중간 계급의 라이프스타일이라는 규범적 창출의 효과를 가져왔다. 이른바 '플로리다 효과Florida effect'는 특히 도시 중심의 문화 정책 영역에 적지 않은 파급력을 가지고 있었다. 여기서 문화·미디어 산업 '클러스터'는 해당 도시의 활기를 증명하는 산업적 역동성을 가지는 핵심적인 단위였다.

여기에는 새로운 범주의 노동 출현, 도시 환경의 변화, 이주/세계화의 문제 등이 결합되어 있다. 젊은 사람들이 전통적인 환경과 관습에서 벗어

의들의 전후 맥락을 파악하는 데에도 작은 도움을 준다.

15 '창의성,' '창조 산업'은 물론 '생비자'라든가 최근에 유행한 '4차 산업 혁명'이라는 말까지, 이런 마케팅 어법을 학술 논의가 그대로 수용하는 '지적 무장 해제'의 사례는 무수히 많다.

나서 보다 상향적인 이동성, 이를 통한 구식 생활 습관으로부터의 탈피를 꿈꿀 수 있게 만들어 주었던 원래의 변화의 힘들은 분명히 현실적인 것이다. 그것이 또한 창조 산업 종사자들에 대한 다수의 연구들이 인터뷰 속에서 밝혀낸 동기들 — 즉 힘들어도 이렇게 살고 싶은 이유가 무엇인지 묻는 질문들에 대한 대답들 — 이기도 하며, 최근의 '힙스터hipster 열풍'이라는 말이 그러하듯 끊임없이 이를 물질화시키는 새로운 용어들이 등장하는 이유이기도 하다. 또한 현실의 노동 세계라는 '물적 기반'이 충분히 '쿨cool함'의 이데올로기를 내세우기 좋을 만큼 어떤 의미에서는 불가역적인 변화 속으로 진입한 것도 사실이다. 미디어 직종은 물론 대다수 문화 산업 및 지식 노동 분야 전반에 걸쳐서 과거와 같은 규칙적인 시공간의 제약 속에서 이루어지는 직업적인 노동의 상당수가 더 이상 존재하지 않는다. 대단히 유연화된 시공간적 배경 속에서 노동이 이루어지며, 그 결과 노동하는 날과 그렇지 않은 날, 노동이 이루어지는 장소와 휴식의 장소 간의 뚜렷하던 경계도 매우 복잡한 형태로 분절되거나 그 경계가 흐려지고 있다(Stiegler, 2015). 따라서 이와 같은 노동/삶의 '시공간적 경계'의 부서짐fracture이 곧장 대다수 직업적 정체성의 부서짐과 병행하게 된다(Huws, 2014: 58). 이 간극을 인터넷을 비롯한 각종 정보 기술, 네트워크, 모바일 미디어가 메워 나간다(이광석, 2017). 과거에는 '예외적인' 노동의 형태로 받아들여졌던 상당수의 것들이 지구상의 수많은 사람들의 일이자 '직업'으로 변하면서 일상화되어 버린 측면이 강하다. 그렇기에 이러한 담론들이 보여 주었던 현실적인 효과는 결코 예상치 못한 것이 아니었다.

그럼에도 불구하고 그 성과에 대한 평가는 당연히 엇갈린다(즉 부정적이다). 애당초 영국의 창조 산업 담론은 신노동당의 이념적 정향에서 탄생한 일종의 정치적 프로젝트였다(Banks, 2010). 그럼에도 영국의 창조 산업은 이후 10년이 넘는 세월 동안 생각만큼 성장 속도가 빠르지는 않았다(DCMS, 2008; Hewison, 2011). 예술과 비즈니스 사이에서 공적인 지원이 필요한 '독립적인 창조자(예술자)'에 대한 환상을 불러 일으켰지만, 그것에 지나치게 현대 자본주의의 패러다임에 순응적인 조건들이 부여되었다(McRobbie, 2016). 그렇기에 대다수 창조 산업 종사자들의 지위는 "고도로 숙련된 기술을 가지고 있음에도 생산 과정에서 누릴 수 있는 권한 수준이 낮은 노동자 계급의 위치에 모여 있는"(Hesmondhalgh & Baker, 2012: 31) 경우가 많았다. 전 세계의 모든 도시가 뉴욕이나 런던과 같은 젊은 층에 대한 유입 요인을 갖추기는 어려운 상황에서, 개별 도시 특유의 역사성이나 차별성에 대한 관심이 제기되지는 않았다. 결정적으로 서울의 사례처럼 '글로벌 문화 허브'라는 미명하에 문화·미디어 산업의 90% 이상이 집중되는 곳에서의 지방과의 격차 심화 문제도 부차적인 의제로 격하되어 버렸다. 또 그렇게 유입된 글로벌 허브 도시의 청년층 주거나 교육, 노동의 문제에 대한 구체적인 쟁점들이 검토되지도 않았다.

창조 산업이 내건 '쿨 브리타니아Cool Britannia,' '보헤미아의 산업화industrialization of bohemia'라는 환상은 이제 더 이상 유지되기 어렵다. 더 이상 '쿨'한 노동은 없다(Ross, 2003). 이른바 '캘리포니아 이데올로기,' 즉 실리콘 밸리 '스타트업'들에게 요구되는 핵심적인 멘탈리티였던 '일의 즐거움,' 그리고 그것이 일(자리)의 불안정성을 상쇄해 줄 것이라는 기대는 잔인한 생존 경쟁의 현실 속에서 대단히 순진한 발상이었던 것으로 드러났다. 그것은 대신 오직 자신만을 염두에 두고 행동해야 하는 새로운 주체의 탄생을 가져왔을 뿐이다. 창조 산업은 현실적으로 글로벌 차원의 또 다른 계급적 불평등의 계기로 작동한다. 자기 경영self-entrepreneurship, 자기 계발, 자기 관리의 이데올로기는 앞서 언급한 벤처 노동, 희망 노동의 '윤리'와 접합되면서 저임금 노동simply low-paid work을 상시화시키면서, 구성원 개개인들에게 명백하게 이데올로기적 중간 계급화middle-classification

효과를 아울러 창출한다. '창조적 프롤레타리아트creative proletariat'의 탄생인 셈이다. 그런 면에서 오랫동안 '신자유주의적 주체 구성'이라는 이데올로기적 차원의 논의에만 머물렀던 기존의 (문화연구의) 신자유주의 분석은 노동이라는 보다 현실적인 계기들을 포괄한 이데올로기와 물질적 현실에 대한 비판으로 확장되지 않을 수 없었다.

불안정성, '노오력'과 열정, 잉여와 루저: 신자유주의 시대의 노동과 통치성

불안정성precariousness 및 불안정화precarization, '노오력'과 '열정,' '잉여,' '루저' 그리고 '헬조선' — 이 모든 새로운 용어들은 지금 한국 사회가 직면한 처지를 압축적으로 표현한다. 여기에는 경제적인 측면에서 계속되고 있는 노동 영역 전반의 신자유주의적 변화의 경향, 그리고 이를 반영한 사회문화적 차원에서의 새로운 경향들이 함께 포함되어 있다. 더불어 그러한 변화에서 가장 큰 경제적·사회문화적 위기 상황에 처해 있는 청년 세대들의 경험과 저항의 목소리들이 집약되어 있다. 그런 면에서 본다면, 신자유주의는 분명히 동시대의 문화, 미디어와 노동의 관계를 규명하는 데 핵심적인 분석 대상이며, 특히 그것이 야기한 새로운 '주체성'의 형성이라는 한층 정치적인 기획에 대해서도 비판할 수 있어야 한다. 미디어 노동의 영역에서 지금 가장 활발히 다루어지고 있으며 당분간은 그러할 이슈가 바로 이것이라 하겠다.

1998년 프랑스의 사회학자 피에르 부르디외는 1995년의 노동법 개정 반대 대투쟁의 승리 속에서 출범한 프랑스 좌파 내각이 (그럼에도 불구하고) 승계한 노동 시장 유연화 정책을 새롭게 사고하였다. 그는 이제 노동과 고용 자체가 일종의 특권이자 끊임없이 위협받는 매우 취약한 특권으로 변모하는 점에 주목하였다(Bourdieu, 1998: 97~98). 이러한 '취약한 임노동'에서 유래하는 빈곤은 단지 경제적인 차원의 문제로 그치지 않고, 보다 큰 범위에서 인간 실존의 파괴, 주체와 세계 사이의 모든 관계의 질적인 하락dégradation, 그리고 미래에 대한 불확실성의 상존으로 이어진다는 점에 주목하였다. 여기서 생겨난 총체적인 불안정성 및 '불안정화'를 새로운 유형의 지배 양식이자, 일반화되고 영구적인 불안insécurité을 통해 노동자들에게 착취에 저절로 순응하도록 강제하려는 '정치적 의지'의 결과물이라고 진단한다.

신자유주의적 노동 유연화와 불안정성에 대한 질문은 결국 정치적인 이슈다(Corsani & Lazzarato, 2008). 주디스 버틀러Judith Butler는 논의를 경제적인 불안정성precarity을 넘어서 실존의 영역 전반에 걸친 불안정성precariousness에 대한 철학적 명제로 이를 확장시킨다. 여기서 후자의 '불안정성'이란 삶(생명)과 육체의 조건 자체가 불안정해지는 실존적인 상황이 우리 모두의 관계적인 삶에 직접 영향을 끼치는 내재적인 조건으로 변모한 현실을 지칭한다(Butler, 2009). 그럴 경우 이념적으로 끊임없는 자기 충족과 자아실현을 도덕적인 이상으로 내세우는 사회경제적 체제가 실제로는 그러한 이상을 실현할 수 있는 가능성 자체를 봉쇄해 버리는 현실에 직면하게 된다. 이것이 바로 불안정성이란 '효과의 구조'가 야기하는 실질적인 결과다. 그러므로 논의는 이와 같은 총체적인 '존재의 불안정화'를 야기한 구조적인 원인들 — 한편으로는 신자유주의 독트린의 확산 그 자체이며, 다른 한편으로는 신자유주의에 내재된 매우 오랜 역사성을 지닌 근대적·자유주의적 통치성의 연장선상에서 유래하는 효과일 수 있는 원인들(Foucault, 2004; Lorey, 2015) — 에 대한 관심으로 전환되고 있다.

불안정(성)이란 따라서 그 자체로 오랜 것이지만, 우리 시대에는 새로운 형태의 통제 방식으로 등장한다. 더 이상 억압적인 기제를 통한 통제regulation가 불가능한 현대 사회에서 내재화된 자기 규율과 자기 통제의 양식이 작동함으로써 자신의 실존적 불안정성을 제어하도록 만드는 새로운 통치성(Lorey, 2015: 28), 이른바 '생명정치적 통치성biopolitical governmentality과 통치적 불안정화governmental precarization'라는 점이다(Butler, 2009).[16] 그러므로 신자유주의적 통치성이란 바로 주체들에게 '비안전'이 대단히 중요한 모두의 삶의 전제 조건이라고 생각하게 만드는 권력 형태로서, 여기서 '불안정성'이란 권력이 시민들에게 '안정을 주는' 형식을 확장시키기 위한 목적에서 산출된 것이라는 이론적인 위상을 가진다.

1997년 외환 위기 이후 전 세계적인 자본의 흐름에 실시간으로 접속하여 지속적인 구조적 변화를 겪어 온 한국 사회에서도 이와 같은 흐름이 상시적으로 관찰되는 것은 당연한 일이었다. 그리고 이러한 흐름에 대한 저항의 움직임 역시 가장 '취약한 고리'였던 청년 세대와 그들의 삶/노동의 문제로부터 터져 나왔다. 그리고 이러한 '삶의 불안정성'의 구조가 '미디어-불안정 노동'과 '창조성-자기 계발'의 이데올로기를 한데 모으는 정치적 기획 — 혹은 통치성의 '장치' — 들에 대한 비판의 목소리가 높아지고 있다.

이광석·윤자형(2018)의 지적대로 특히 대중서 출판 시장을 중심으로 대단히 빠른 속도로 청년 담론의 지배적인 패러다임이 확산되고 전환되어 나갔다. 저자들에 따르면 2008~2009년을 전후하여 '젊음, 꿈, 용기, 패기, 열정, 도전, 청춘, 위로, 희망'의 미사여구들이 '체념, 좌절, 절망, 무기력,

16 이러한 통치성 속에서는 — 버틀러 그리고 이자벨 로라이Isabel Lorey의 견해를 따르면 — 불안정성이란 일종의 '주권적 예외'에 가까운 것이다. "불안정성이란 예외가 아니다. 그것은 오히려 규칙이다"(Lorey, 2015: 1). 그러한 주권적 예외 속에서는 '주권적 시민의 이념을 지배하는 규범에 의하면 모든 사람들이 다 불안정한prekarisiert' 상황이며, 주권의 실행이란 바로 이러한 위협으로부터의 안정성을 요구하는 것으로 이루어진다는 점을 강조한다. 즉 보호에 대한 보상으로 복종을 요구하는 토머스 홉스Thomas Hobbes적인 주권 원리와는 반대로, 우리 시대의 생명정치적 통치성은 우선적으로 사회경제적인 불안정성insecurity을 통해 불안정성을 최대한 증가시키면서 이에 대한 최소한의 보장assurance을 규제하는 방식을 통해 작동한다는 것이다(p.2).

무감각, 생존, 분노, 탈출'과 같은 정서와 표현으로 급속히 옮겨갔다(p.80).[17] 이 시기, 보수 정권하의 정책적 기조가 그러하였듯, 노동 현실은 날로 악화되었다. 아마도 청년 노동은 그러한 악화된 현실의 축약판이었을 것이다. 미디어 직종은 물론 모든 직종을 막론하고 한국 사회 전반에서 나타난 노동 강도의 폭발적인 증가, 업무의 표준화와 획일화, 상시적인 업무 평가 시스템의 도입의 직접적인 타격을 받았다. 단기 계약과 '프로젝트 기반 노동project-based work' — 달리 말해 하도급 외주 제작 등 — 의 일상화, 이에 따른 갑질의 스트레스도 점점 커져만 갔다. 교육과 '셀프 프로모션'의 중간 혹은 결합된 형태로 변화한 각종 자발적 노동 — 앞서 언급한 인턴십이나 각종 대외 활동 등 — 의 비생산적인 경험과 무급 노동의 적나라한 현실이 이들 청년들의 입과 손으로 나날이 전해졌다. 이들이 진술한 경험은 바로 이 같은 불안정 고용과 빈곤, 그로 인한 '영혼'의 불안정화, 정체성의 상실 등이 한데 뭉뚱그려진 어떤 것이었다. 일본의 '로스 제네'나 '프리터'와 같은 표현이 보여 주듯이 청년들은 노동 현장에서 스스로를 '일회용'으로 쓰고 버려지는 것으로 체험하였고, 이것이 자신의 삶 전체의 기조와 전혀 다르지 않다고 말한다. 수저계급론, 을乙의 존재론, 잉여, 헬조선과 탈조선의 담론이 그런 체험의 과정에서 탄생한 것이다(이희은, 2014; 채석진, 2016).

17 《아프니까 청춘이다》(2010)는 순식간에 《열정은 어떻게 노동이 되었는가》(2012), 《청춘을 위한 나라는 없다》(2013), 《잉여사회》(2014), 《노오력의 배신》(2015), 《부들부들 청년》(2016)으로 바뀌어 나갔음을 우리 모두 잘 기억하고 있다.

미디어 노동은 여전히 중요한 주제인가

여기서 지금껏 살펴본 내용은 미디어 노동이라는 연구 대상과 접근 방식, 그리고 지금까지 진행되었던 미디어 노동에 대한 비판적 언론학 연구에서의 성과들이다. 반드시 학계의 주도로 이루어진 것은 아니었지만, 글로벌 자본주의와 이에 연동된 한국 사회의 지난 20년 동안의 변화가 이러한 연구의 필요성을 강력하게 제기하였고, 어느 정도 성과를 지금껏 남겼다. 그럼에도 불구하고 여전히 중요한 과제들이 남아 있음을 알 수 있다. 그것이 비판적 언론학, 나아가 비판적 사회과학 전반에 걸쳐 많은 주제들을 남겨 놓고 있음도 알 수 있다. 논의를 마치면서, 이와 관련된 몇 가지 사항들에 대해 간략히 언급한다.

하나는 미디어 직종 전반에 걸친 노동의 경험, 그것의 양면성과 모순성에 대한 보다 세밀하고 구체적인 추적 작업이다. 한국 사회에서 벌어진 수많은 '갑질'의 강렬한 인상과 체험 때문에 이 문제가 고용 문제(비정규직 문제)로 환원되기 쉽지만, 이는 근본적으로 노동 과정에 대한 논의로 확대되어야 하는 것이다. 특히 미디어 노동의 영역에서 발생하는 한국 사회의 특유의 경험들, 특히 노동의 각 영역에서 나타나는 불평등 관계 및 위계관계에 대한 상세한 분석이 필요할 것이다. '갑질'은 사회적 관계의 산물이며, (모 항공사의 사례처럼) 특정인의 인격 문제라기보다는 구조적인 쟁점일 것이다. 그렇다면 예컨대 방송사에서 오디션 프로그램의 기획자(아마도 지상파나 종편사의 정규직 PD일 가능성이 높다)에게 주어진 권한, 수많은 인턴 제작자들의 성과물에 대해 평가하는 지위에 있는 언론사 데스크들의 작업 방식, 그리고 그들이 외면하는 개별 영역의 구체적인 조직적 갈등의 이슈를 들여다 볼 필요가 있다. 핵심은 이들 모두가 노동 현장에서 누릴 수 있는 업무 현장 자율성workplace autonomy을 확대하는 방안에 관한 고민이다.[18] 노동자 개인이나 집단이 특정 직무를 수행하는 동안 자기 결정을 할 수 있는 범위는 확장되어야 한다. 그 노동의 현장이 과연 얼마나 '좋은 노동'일 수 있는지 여부는 여기서 결정될 것이다. 그것이 미디어 노동 전반에 걸친 창의적 자율성creative autonomy, 즉 예술, 지식, 상징 생산의 과정에서 다른 결정 요인들의 영향으로부터 독립적으로 업무를 수행할 수 있는 범위를 결정하게 될 것이다. 개인, 조직, 제도가 결합된 보다 확장된 관점에서 노동 현장과 경험, 그리고 개별 작업장에 대한 연구가 필요하다.

다음으로는 과연 미디어·문화산업에 종사하는 노동이 보다 '좋은 노동good work'으로 조금이라도 나아질 가능성은 없는지에 대한 물음이다. 이 장에서 소개하였던 논의들의 결론은 대체로 비관적이다. 그렇지만 많은 연구 속에 들어 있는 자료들을 유심히 읽어 보면, 여전히 다수의 청년들은 복잡하고 도전 의식을 불러일으키며 흥미롭고 다양한 일을 하는 동안 자율성을 누리면서 기쁨을 느낀다고 진술한다. 그러니까 미디어 노동은 고된 노동을 동반하지만, 일에 대한 성취감과 일을 잘 끝냈다는 만족감을 느낄 수 있는 상당한 기회들을 제공하는 것도 틀린 말은 아닐 것이다. 자신의 직업이 경제적 보상과 무관하더라도 사회적으로 흥미롭다고 인식되는 것에 큰 만족감을 느끼는 노동의 경험도 결코 적지 않다. 어떤 어려운 노동 환경과 낮은 급여에도 불구하고, 자신만의 사명감을 가지고 언론인의 길을 가겠다거나 영화감독으로 진출할 뜻을 포기하지 않고 있는 젊은이들은 무수히 많다. 이들에게 '일찌감치 관두고 딴 일 찾으라'고 하는 것만이 능사는 아닐 것이다. 이들은 신자유주의 통치성 담론의 희생

18 2014년 세월호 사건 보도 현장에서 우왕좌왕했을 젊은 언론인들의 경험은 이 점을 새삼스럽게 환기시킨다. 세월호 사건 초기의 보도 참사의 책임을 한국 언론 전체가 져야 한다는 점에 대해서 나는 어떤 의문도 제기하지 않는다. 다만 노동의 관점에서, 개별 작업 현장에서의 자율성 문제는 이 과정에서 분명히 제기되었어야 했다.

자임이 분명하지만, 그렇다고 그것이 이들의 삶과 희망에 대한 진술 자체를 봉쇄하는 구실이 될 수는 없다.

결국은 아주 복잡한 현실이 우리를 기다리고 있다. 분명히 미디어 직종 진출을 희망하는 다수의 청년들이 자신을 기다리고 있는 노동 조건과 경험의 형태들을 항상 완벽하게 인지하고 있는 것은 아니다. 때문에 이들에게 제공할 수 있는 보다 '좋은 노동의 경험,' 적절한 임금· 노동 시간· 안정성, 자율성, 재미와 참여, 사회성, 열망과 자부심, 자기 현실화, 일과 삶의 균형, 고용 안정성 등을 조금씩이라도 늘려갈 수 있는 구체적인 방안은 여전히 고민되어야 한다. 이들이 미디어 노동으로 진출하는 접근성 문제, 또 노동을 통해 얻을 수 있는 보상 수준을 보다 평등하게 만들 수 있는 방안들에 대한 학문적인 접근, 그리고 정치적· 정책적 해결책도 필요하다.

아무튼, 이 주제는 결코 이 정도에 그치지 않겠지만, 이를 시작으로 한층 확장되고 섬세해 진 미디어 노동 연구가 계속되기를 희망한다.

참고 문헌

김동원 (2010). 〈한국 방송산업의 유연화와 비정규직의 형성: 계급관계의 재구성을 통한 방송자본의 등장〉. 한국외국어대학교 박사 학위 논문.

김병선· 김건용 (2011). "지상파 방송 프로그램 제작 스태프 고용 구조의 변화에 관한 연구: 인력 이동 및 비정규직 비율 변동을 중심으로," 〈언론과학연구〉, 11권 2호, pp.28～68.

김세은 (2017). "'신'해직 언론인의 '압축적' 생애사를 통해 본 한국 정치권력의 언론 통제," 〈언론과 사회〉, 25권 3호, pp.221～328.

김예란 (2015). "디지털 창의노동: 젊은 세대의 노동 윤리와 주체성에 관한 한 시각," 〈한국언론정보학보〉, 69호, pp.71～110.

박진우 (2011). "유연성, 창의성, 불안정성: 미디어 노동 연구의 새로운 문제 설정," 〈언론과 사회〉, 19권 4호, pp.41~86.
백욱인 (2013). "속물 정치와 잉여 문화 사이에서," 백욱인 엮음, 《속물과 잉여》, 지식공작소. pp.3~33.
우석훈 (2011). 《문화로 먹고살기: 경제학자 우석훈의 한국 문화산업 대해부》. 반비.
우석훈 · 박권일 (2007). 《88만원 세대: 절망의 세대에 쓰는 희망의 경제학》. 레디앙.
이광석 (2017). "동시대 청년 알바노동의 테크노미디어적 재구성," 〈한국언론정보학보〉, 83호, pp.157~185.
이광석 · 윤자형 (2018). "청년 대중서로 본 동시대 청년 담론의 전개 양상," 〈언론과 사회〉, 26권 2호, pp.77~127.
이상길 · 이정현 · 김지현 (2013). "지상파 방송사 비정규직 노동자의 직무인식과 노동경험: 파견직 FD에 대한 심층인터뷰를 중심으로," 〈방송과 커뮤니케이션〉, 14권 2호, pp.157~206.
이종임 (2018). "국내 방송드라마산업의 제작구조와 노동환경에 관한 연구," 〈인문사회 21〉, 9권 3호, pp.741~755.
이희은 (2015). "디지털 노동의 불안과 희망: 대학생의 '대외활동'에 대한 심층 인터뷰," 〈한국언론정보학보〉, 66호, pp.211~241.
임명현 (2017). 〈2012년 파업 이후 공영방송 기자들의 주체성 재구성에 관한 연구: MBC 사례를 중심으로〉. 성공회대학교 문화대학원 석사 학위 논문.
임영호 (2015). "한국 텔레비전 생산 연구의 실태 진단: 성과, 한계와 가능성," 〈언론정보연구〉, 제52권 1호, pp.5~32.
채석진 (2016). "테크놀로지, 노동 그리고 삶의 취약성," 〈한국언론정보학보〉, 79호, pp.226~259.

Andrejevic, M. (2013). "Estranged free labor," in T. Scholz, (ed.). *Digital Labor: The Internet as Playground and Factory*. (pp.149~164). New York: Routledge.
Arvidsson, A., Malossi, G. & Naro, S. (2011). "Passionate work: labour conditions in Italian fashion," *Journal for Cultural Research*, 14(3), pp.295~309.
Banks, M. (2010). "Craft labour and creative industries," *International Journal of Cultural Policy*, 16(3), pp.305~321.
Benkler, Y. (2006). *The Wealth of Networks: How Social Production Transforms Markets and Freedom*. New Haven: Yale University Press. [최은창 옮김. 《네트워크의 부: 사회적 생산은 시장과 자유를 어떻게 바꾸는가》. 커뮤니케이션북스. 2015].
Bologna, S. (2018). *The Rise of the European Self-Employed Workforce*. London: Mimesis International Press.
Boltanski, L. & Chiapello, E. (1999). *Le nouvel esprit du capitalisme*. Paris: Gallimard. [G. Elliott, tr.

The New Spirit of Capitalism. London: Verso, 2005].

Bourdieu, P. (1992). *Les règles de l'art: Genèse et structure du champ littéraire*. Paris: Seuil. [하태환 옮김.《예술의 규칙: 문학 장의 기원과 구조》. 동문선. 1999].

Bourdieu, P. (1998). "La précarité est aujourd'hui partout," *Contre-feux: Propos pour servir à la résistance contre l'invasion néo-libérale* (pp.95~101). Paris: Liber / Raison d'Agir. [현택수 옮김.《맞불》. 동문선. 2003].

Butler, J. (2009). *Frames of War: When Is Life Grievable?* London: Verso.

Corsani, A. & Lazzarato, M. (2008). *Intermittents et précaires*. Paris: Ed. Amsterdam.

DCMS (Department for Culture, Media and Sport) (2008). *Creative Britain: New Talents for the New Economy*. London: DCMS.

Fast, K., Órnebring, H. & Karlsson, M. (2016). "Metaphors of free labor: A typology of unpaid work in the media sector," *Media, Culture & Society*, 38(7), pp. 963~978.

Florida, R. (2002). *The Rise of the Creative Class: And How It's Transforming Work, Leisure, Community and Everyday Life*. New York: Basic Books. [이길태 옮김.《창조적 변화를 주도하는 사람들 = Creative Class》. 전자신문사. 2002].

Foucault, M. (2004). *La naissance de la biopolitique: Cours au Collège de France (1978~1979)*. Paris: Gallimard / Seuil. [오트르망(심세광 · 전혜리 · 조성은) 옮김.《생명관리정치의 탄생》. 난장. 2012].

Fuchs, C. (2015). *Culture and Economy in the Age of Social Media*. New York: Routledge.

Harvey, D. (2005). *A Brief History of Neoliberalism*. Oxford: Oxford University Press. [최병두 옮김.《신자유주의: 간략한 역사》. 한울. 2007].

Hesmondhalgh, D. & Baker, S. (2011). *Creative Labour*. New York and London: Routledge. [안채린 옮김.《창의 노동과 미디어 산업》. 커뮤니케이션북스. 2016].

Hewison, R. (2011). "'Creative Britain': Myth or monument?" *Cultural Trends*, 20(3/4), pp.235~242.

Huws, U. (2014). *Labor in the Global Digital Economy: The Cybertariat Comes of Age*. New York: Monthly Review Press.

Incorvaia, A. & Rimassa, A. (2006). *Generazione mille euro*. Milano: Rizzoli. [김효진 옮김.《천유로 세대: 비정규 인생들이 펼치는 유쾌한 리얼 드라마》. 위즈덤하우스. 2006].

Jenkins, H. (2006). *Convergence Culture: Where Old and New Media Collide*. New York: New York University Press. [김정희원 · 김동신 옮김.《컨버전스 컬처: 올드 미디어와 뉴 미디어의 충돌》. 비즈앤비즈. 2008].

Lash, S. (2007). "Power after Hegemony: Cultural Studies in mutation?" *Theory, Culture & Society*, 24(3), pp.55~78.

Lazzarato, M. (1996). "Immaterial Labor," in P. Virno & M. Hardt, (eds.). *Radical Thought in Italy* (pp.133～147). Minneapolis: University of Minnesota Press. [조정환 옮김. "비물질노동," 《비물질노동과 다중》. 갈무리. 2005].

Lorey, I. (2015). *State of Insecurity: Government of the Precarious*. London and New York: Verso.

Marx, K. (1973). *Gründrisse: Foundations of the Critique of Political Economy*. London: Penguin Books. [김호균 옮김. 《정치경제학 비판 강요》. 그린비. 2007].

McRobbie, A. (2016). *Be Creative: Making a Living in the New Culture Industries*. Cambridge and New York: Polity.

Menger, P.-M. (2009). *Le travail créateur: S'accomplir dans l'incertain*. Paris: Gallimard / Seuil. [*The Economics of Creativity: Art and Achievement under Uncertainty*. Cambridge, MA: Harvard University Press, 2014].

Moores, S. (2018). *Digital Orientations: Non-Media-Centric Media Studies and Non-Representational Theories of Practice*. New York: Peter Lang.

Morley, D. (2007). *Media, Modernity and Technology: The Geography of the New*. London and New York: Routledge.

Mosco, V. (2011). "Communication and cultural labour," in P. Smith, (ed.). *The Renewal of Cultural Studies* (pp.230～237). Philadelphia: Temple University Press.

Mosco, V. and McKercher, C. (2008). *The Laboring of Communication: Will Knowledge Workers of the World United?* Lanham, MD: Lexington Books.

Perlin, R. (2012). *Intern Nation: How to Earn Nothing and Learn Little in the Brave New Economy*. London: Verso. [안진환 옮김. 《청춘 착취자들: 너의 노동력을 공짜로 팔지 마라!》. 사월의책. 2012].

Reckwitz, A. (2017). *The Invention of Creativity: Modern Society and the Culture of the New*. Cambridge: Polity Press.

Reich, R. (1991). *The Work of Nations: Preparing Ourselves for 21st Century Capitalism*. New York: Vintage Books. [남경우 옮김. 《국가의 일》. 까치. 1994].

Ross, A. (2003). *No-collar: The Humane Workplace and Its Hidden Costs*. New York: Basic Books.

Smith, C. (1998). *Creative Britain*. London: Fabor & Fabor.

Stiegler, B. (2015). *La société automatique: 1. L'avenir du travail*. Paris: Fayard. [*Automatic society: 1. The future of work*. Cambridge and New York: Polity Press, 2016].

Stiegler, B. & Kyrou, A. (2015). *L'imploi est mort, vive le travail: Entretien avec A. Kyrou*. Paris: Mille et Une Nuits. [권오룡 옮김. 《고용은 끝났다, 일이여 오라: 베르나르 스티글레르와의 대담》. 문학과지성사. 2018].

Terranova, T. (2000). "Free Labor : Producing culture for the digitial economy," *Social Text*, 18(2), pp.33～58.